Dale Ca

JAK STAĆ SIĘ doskonałym MÓWCĄ I ROZMÓWCĄ

PO SZCZEBLACH SŁOWA

Wstęp i uaktualnienie dr Arthur R. Pell

Tytuł oryginału:
Public Speaking for Success
Projekt okładki:
Izabela Surdykowska-Jurek, Magdalena Muszyńska
Redakcja: *Anna Ratuś*
Przekład: *Dorota Piotrowska*

Public Speaking for Success is revised and updated from Dale Carnegie's
Public Speaking:
A Practical Course for Business Men, published in 1926

Wydanie drugie 2012

Informacji udziela:
Wydawnictwo Studio EMKA
ul. Królowej Aldony 6, 03-928 Warszawa
tel./faks (022) 628 08 38, 616 00 67
wydawnictwo@studioemka.com.pl
www.studioemka.com.pl

ISBN 978-83-63773-10-6

Skład i łamanie: Anter
Druk i oprawa: Drukarnia ReadMe
Łódź, ul. Olechowska 83

Na pytanie, czego boisz się najbardziej, ludzie najczęściej odpowiadają, że śmierci, a zaraz potem, że wystąpień publicznych.

Dale Carnegie

Nakładem Wydawnictwa Studio EMKA ukazały się następujące tytuły Dale Carnegie:

Jak zdobyć przyjaciół i zjednać sobie ludzi
Jak przestać się martwić i zacząć żyć
Jak cieszyć się życiem i pracą
I Ty możesz być liderem
Szkoła Biznesu
Jak zdobyć przyjaciół i zjednać sobie ludzi w epoce cyfrowej
Jak zdobyć przyjaciół i zjednać sobie ludzi do nastolatków
autorka Donna Dale Carnegie

Audiobooki

Jak zdobyć przyjaciół i zjednać sobie ludzi
Jak przestać się martwić i zacząć żyć

SPIS TREŚCI

DALE CARNEGIE

1888–1955

Dale Carnegie był pionierem w dziedzinie, którą dziś nazywamy rozwojem ludzkiego potencjału. Jego wykłady i publikacje pomogły ludziom z całego świata stać się osobami pewnymi siebie, ujmującymi i wpływowymi.

W 1912 roku Carnegie zadebiutował w roli nauczyciela wystąpień publicznych w Nowym Jorku w YMCA (Chrześcijańskie Stowarzyszenie Młodzieży Męskiej). Podobnie jak podczas większości prowadzonych wówczas kursów z tego zakresu, Carnegie rozpoczął od zapoznania słuchaczy z wiedzą czysto teoretyczną. Szybko jednak zauważył, że klasa zdradza oznaki znudzenia i zniecierpliwienia. Trzeba było coś zrobić.

Dale przerwał wykład i wskazał na mężczyznę w tylnym rzędzie, prosząc go o powstanie i powiedzenie o sobie kilku słów: skąd pochodzi i jak się tu znalazł. Gdy ten skończył, o to samo poprosił kolejnego studenta, po czym następnego, aż wypowiedział się każdy z obecnych. Dzięki zachęcie kolegów i wskazówkom wykładowcy, każdy ze słuchaczy przezwyciężył lęk i wykonał ćwiczenie z wynikiem zadowalającym. Jak skomentował później sam Carnegie: „Nie wiedząc, co robię, odkryłem najlepszą metodę pokonania lęku".

Jego kurs stał się tak popularny, że Carnegie zaczął prowadzić go także w innych miastach. Z biegiem lat coraz bardziej udoskonalał jego program. Przekonał się, że głównym punktem zainteresowania słuchaczy jest poprawa ich relacji z innymi. Dlatego też zmienił nacisk kursu z publicznych wystąpień na lepsze radzenie sobie w kontaktach międzyludzkich. Jednak na wykładach się nie skończyło; stały się one raczej środkiem prowadzącym do celu.

Poza tym, czego dowiadywał się od swoich słuchaczy, Carnegie prowadził też szeroko zakrojone badania na temat podejścia do życia, charakteryzującego ludzi sukcesu. Ową pracę badawczą włączył w tok swoich wykładów. Cały ten wysiłek zaowocował powstaniem jego najsłynniejszej książki: *Jak zdobyć przyjaciół i zjednać sobie ludzi*[1].

Książka natychmiast stała się bestsellerem, a począwszy od jej publikacji w 1936 roku (wraz z edycją wznowioną w 1981 roku), sprzedała się w ponad dwudziestu milionach egzemplarzy. W 2002 roku pewien magazyn biznesowy uhonorował ją tytułem Książki Biznesowej XX wieku. Kolejna książka Carnegie'ego, *Jak przestać się martwić i zacząć żyć*, napisana w 1948 roku, przetłumaczona na 27 języków, również znalazła miliony nabywców.

Kursy Dale'a Carnegie prowadzone są w wielu krajach, wywierając wpływ na życie kobiet i mężczyzn bez względu na status społeczny – począwszy od robotników fabrycznych, przez pracowników biurowych, menedżerów i właścicieli firm, aż po liderów rządów.

Dale Carnegie zmarł 1 listopada 1955 roku. W nekrologu zamieszczonym w waszyngtońskiej gazecie tak oto podsumowano jego zasługi dla społeczeństwa: „Dale Carnegie nie odkrył żadnej głębokiej tajemnicy wszechświata. Lecz, być może bardziej niż ktokolwiek z jego pokolenia, pomógł ludziom nauczyć się, jak znajdować wspólny język i dogadywać się między sobą – co czasem wydaje się być potrzebą największą ze wszystkich".

[1] Obydwa tytuły ukazały się nakładem wyd. Studio EMKA, Warszawa 1993 r., tłum. Paweł Cichawa.

WSTĘP DO WYDANIA UAKTUALNIONEGO

Czy istnieje choćby cień powodu, dla którego, stojąc przed słuchaczami, nie miałbyś być w stanie myśleć równie sprawnie, jak dzieje się to wtedy, gdy rozluźniony siedzisz sobie przy biurku w pracy, czy w domu? Czy jest jakiś powód, dla którego miałbyś być żywicielem dla motyli w swoim brzuchu i doznawać „drgawek" za każdym razem, gdy wstajesz i zwracasz się do ogółu zgromadzonych? Bez wątpienia wszystkim tym problemom można zaradzić, a trening i praktyka zetrą twój lęk przed wystąpieniami publicznymi i obdarzą cię pewnością siebie.

DALE CARNEGIE

Na pytanie, czego boisz się najbardziej, ludzie najczęściej odpowiadają, że śmierci, a zaraz potem, że wystąpień publicznych.

Prawda jest taka, że wielu spośród tych, którzy w rozmowach twarzą w twarz błyszczą inteligencją, nie mają problemów z formułowaniem myśli i nie odczuwają żadnego stresu, ale gdy przyjdzie im zwrócić się choćby do niewielkiego grona słuchaczy wielu spośród nich doświadcza kompletnego przerażenia i nie jest w stanie wykrztusić słowa. Ludzie biznesu nie rozwijają swoich karier, gdyż boją się zabierać głos na spotkaniach zespołu; mężczyźni i kobiety, mający ciekawe, ważne pomysły i spostrzeżenia, zachowują je dla siebie, zamiast wyrażać je na forum swojej społeczności, w kościele czy w szkole. Jednak ten lęk z łatwością można pokonać.

Dale Carnegie był pionierem w nauczaniu jak przezwyciężyć lęk przed zabieraniem głosu na forum publicznym. W jego kursach z zakresu publicznych wystąpień wzięły udział setki tysięcy słuchaczy z całego świata. We wczesnych latach swojej kariery napisał książkę, wyjaśniającą zasady, które uczyniły te kursy tak popularnymi.

Czytając ją, poznasz podstawowe elementy przygotowania i wygłaszania mowy. Dowiesz się, jak opracować potrzebne informacje, jak skupić uwagę słuchaczy podczas kilku pierwszych minut mówienia, jak wzbogacić mowę o przykłady, anegdoty, statystyki i analogie, dzięki którym twoje słowa nabiorą dla słuchaczy znaczenia, jak przekonać słuchaczy do przyjęcia tego, co chcesz im powiedzieć, a także, jak wykorzystać język ciała dla wzmocnienia przekazu. Dowiesz się też kiedy i jak posługiwać się humorem oraz jak podsumować mowę, by każdy z wniosków został uwzględniony, zapamiętany i zastosowany.

Poza tym, otrzymasz wskazówki, jak pamiętać o tym, co chcesz powiedzieć, bez konieczności uczenia się tego na pamięć, oraz jak stworzyć swój własny styl i osobowość sceniczną. Znajdziesz w tej książce ćwiczenia z zakresu posługiwania się głosem, a także mnóstwo przykładów, jak wielu sławnych i mniej sławnych mówców uczyniło swoje wystąpienia publiczne doskonałymi.

Z uwagi na fakt, że niniejsza książka została napisana w latach dwudziestych ubiegłego wieku, wiele wspomnianych lub zacytowanych w niej osób, doskonale wówczas znanych, może nie być już tak znanych dzisiejszemu czytelnikowi. Jednak zasady, które ci ludzie stosowali, są dziś równie cenne, jak niegdyś, i nadal mogą przynieść te same korzyści, jakie niosły ówczesnym czytelnikom tej książki. Dodatkowo, treść została wzbogacona o aktualne przykłady.

Książka podpowiada, jak stać się doskonałym mówcą, lecz jest to jedynie podpowiedź. Od ciebie zależy, czy ją przyjmiesz i zastosujesz, wykorzystując każdą nadarzającą się okazję, by wstać i powiedzieć kilka zdań do grona słuchaczy – w pracy, na zebraniu członków spółdzielni, podczas spotkania organizacji biznesowej lub zawodowej, grupy kościelnej lub lokalnego stowarzyszenia, do którego należysz (gdzie możesz zgłosić się do powiedzenia kilku słów na temat, który stanowi szczególny przedmiot twojego zainteresowania). Stosując przedstawione w tej książce techniki, pomocne przy zwracaniu się do grupy słuchaczy – dużej czy małej – będziesz mówcą zrelaksowanym i pewnym siebie, który przekazuje myśli w sposób zrozumiały i ekscytujący. Publiczne wystąpienia staną się dla ciebie doświadczeniem satysfakcjonującym i przynoszącym zamierzony efekt.

dr Arthur R. Pell

Sukces
na mównicy

Niebezpiecznie jest patrzeć w przyszłość wzrokiem pełnym lęku.

E.H. HARRIMAN

Nigdy nie słuchaj tego, co podpowiadają ci twoje lęki.

MOTTO STONEWALLA JACKSONA

Jeśli przekonasz samego siebie, że możesz zrobić daną rzecz (pod warunkiem, że jest to rzecz w pełni wykonalna), to uda ci się, bez względu na to, jak trudne może to być. Z drugiej strony, jeśli pomyślisz, że nie jesteś w stanie wykonać najprostszej rzeczy na świecie, to niczego nie osiągniesz, a najmniejsze wzniesienia będą dla ciebie jak najwyższe szczyty.

EMILE COUÉ

Odwaga to łaska pod presją.

ERNEST HEMINGWAY

Umiejętność skutecznego przemawiania to raczej cecha nabyta niż dar.

WILLIAM JENNIGNS BRYAN

By zapewnić sobie osobisty rozwój, znacznie korzystniej jest być osobą elokwentną, niż pełną wszelkiej wiedzy i mądrości.

„LONDON DAILY TELEGRAPH"

ROZDZIAŁ

1

NABIERZ ODWAGI I PEWNOŚCI SIEBIE

Ci, którzy zapisują się na kurs publicznego przemawiania, na pytanie o swoje oczekiwania wobec takiego kursu, w znacznej większości udzielają, o dziwo, tej samej odpowiedzi: „Gdy mam wstać i powiedzieć coś na forum publicznym – mówią – robię się tak skrępowany, tak przerażony, że nie mogę jasno myśleć, nie mogę się skoncentrować, nie pamiętam, co miałem powiedzieć. Chcę nabrać pewności siebie, opanowania i umiejętności szybkiego podejmowania decyzji. Chcę, by moje myśli układały się w logiczny ciąg i chcę być w stanie jasno i przekonująco przekazywać to, co mam do powiedzenia, gdy zwracam się do grona słuchaczy, czy to w pracy, w kościele, w społeczności lokalnej, czy gdziekolwiek indziej".

A oto konkretny przykład. Wiele lat temu, pewien człowiek o nazwisku D. W. Ghent zjawił się na moim kursie publicznych wystąpień, jaki prowadziłem w Filadelfii. Tuż po sesji otwarcia zaprosił mnie na lunch do Manufacturers' Club. Był to mężczyzna w średnim wieku, który zawsze prowadził aktywny tryb życia; był szefem własnego przedsiębiorstwa oraz aktywnym działaczem w kościele i społeczności lokalnej. Gdy tamtego dnia jedliśmy razem lunch, w którymś momencie nachylił się ku mnie nad stołem i powiedział: „Wiele razy proszono mnie o zabranie głosu na różnych zebraniach, ale nigdy nie byłem w stanie tego zrobić. Wpadam wtedy w panikę, w głowie mam zupełną pustkę; dlatego przez całe życie się od tego uchylałem. Ale teraz jestem przewodniczącym zarządu college'u. Muszę przewodniczyć spotkaniom. Po prostu muszę się odzywać. Czy sądzi pan, że mogę opanować tę umiejętność w tak późnym wieku?".

„Czy sądzę, panie Ghent? – odparłem. Tu nie chodzi o to, co ja sądzę. Ja *wiem*, że pan może. I *wiem* też, że *uda się* to panu, jeśli tylko będzie pan ćwiczył i stosował się do wskazówek i instrukcji".

Mężczyzna chciał mi wierzyć, lecz moja wizja wydawała mu się zbyt różowa, zbyt optymistyczna. „Obawiam się, że pan po prostu stara się być uprzejmy – powiedział – że jedynie usiłuje mnie pan zachęcić".

Gdy pan Ghent ukończył kurs, na jakiś czas straciliśmy ze sobą kontakt. Kilka lat później spotkaliśmy się i ponownie poszliśmy na lunch do Manufacturers' Club. Usiedliśmy w tym samym rogu pomieszczenia, zajmując ten sam stolik, przy którym jedliśmy tamtego dnia. Nawiązując do naszej ówczesnej rozmowy, zapytałem, czy moje zapewnienia rzeczywiście były zbyt optymistyczne. Mój towarzysz wyjął z kieszeni niewielki, czerwony notatnik i pokazał mi listę terminów, na które miał wyznaczone mowy. „Wie pan, umiejętność robienia tego – wyznał – przyjemność, jaką mi to daje i dodatkowa służba, jaką mogę pełnić wobec społeczeństwa – to jedne z najbardziej satysfakcjonujących rzeczy w moim życiu. Nie tylko wiele razy zabierałem już głos na forum publicznym, ale ostatnio zostałem nawet wybrany spośród wszystkich liderów społecznych w mieście, by wygłosić mowę wstępną, gdy Lloyd George [ówczesny premier Wielkiej Brytanii] będzie przemawiał na wiecu w Filadelfii".

I to był ten sam człowiek, który jeszcze niecałe trzy lata temu siedział ze mną przy tym samym stoliku i z pełną powagą pytał, czy sądzę, że kiedykolwiek będzie w stanie zabrać głos wobec szerszego grona słuchaczy!

Czy błyskawiczny postęp, jaki uczynił w umiejętności publicznego przemawiania, można uznać za niezwykły? W żadnym razie. Istnieją setki podobnych przypadków. By podać jeszcze jeden konkretny przykład: pewien lekarz z Brooklynu, nazwijmy go dr Curtisem, spędzał zimę na Florydzie w pobliżu terenów treningowych drużyny Gigantów. Jako entuzjastyczny fan bejsbola, często chodził przyglądać się treningom. Z czasem zaprzyjaźnił się z drużyną i któregoś razu otrzymał zaproszenie na przyjęcie, jakie wydawano na jej cześć.

Po posiłku, gdy podano kawę i orzeszki, kilku ważnych gości zostało poproszonych o „powiedzenie kilku słów". Nagle, z gwałtownością i zaskoczeniem godnym eksplozji, usłyszał, jak mistrz ceremonii mówi: „Jest dziś wśród nas lekarz, i chciałbym teraz poprosić dr Curtisa, by powiedział nam coś na temat zdrowia zawodników bejsbola".

Czy był przygotowany? Oczywiście. Był przygotowany najlepiej na świecie: od niemal trzydziestu lat zgłębiał tajniki zdrowia i praktykował medycynę. Mógłby siedzieć przy stole i przez cały wieczór opowiadać na ten temat osobie po swojej prawej czy lewej. Jednak wstać i powiedzieć to samo do choćby niewielkiego grona słuchaczy, cóż, to już kwestia innej natury. Na samą myśl o tym ogarniał go paraliż; serce podwoiło swe tempo i zaczęło gubić rytm. Nigdy w życiu nie wygłosił żadnej publicznej mowy, a wszystkie myśli, jakie mógłby przekazać, teraz nagle gdzieś uleciały.

Co miał zrobić? Sala rozbrzmiewała oklaskami. Wszystkie spojrzenia skierowane były na niego. Dr Curtis potrząsnął głową, lecz ten gest jedynie wzmógł natężenie braw zgromadzonych, domagających się mowy. Zaczęto coraz głośniej skandować: „Curtis! Curtis!".

Sytuacja była rozpaczliwa. Doktor wiedział, że nic z tego nie będzie, że nie zdoła wykrztusić z siebie kilku zdań. Dlatego wstał, odwrócił się plecami do przyjaciół i bez słowa wyszedł z pomieszczenia, głęboko zażenowany i upokorzony.

Na szczęście jedną z pierwszych rzeczy, jaką zrobił po powrocie do Brooklynu, było zapisanie się na mój kurs publicznego przemawiania. Już nigdy więcej nie chciał znaleźć się w tak żenującej sytuacji i nie zamierzał dopuścić, by przerażenie znów kiedyś odebrało mu mowę.

Dr Curtis należał do słuchaczy, w których prowadzący ma szczególne upodobanie: był niezwykle sumienny i gorliwy. Chciał umieć przemawiać i w tym jego pragnieniu nie było cienia wątpliwości; podchodził do sprawy z pełnym przekonaniem. Dokładnie przygotowywał swoje przemówienia, uparcie i niestrudzenie ćwiczył i nie opuścił ani jednej sesji kursu.

Efektem było to, co zawsze w przypadku takich słuchaczy: czynił błyskawiczne i zaskakujące dla siebie postępy, które przekraczały jego najśmielsze nadzieje. Po kilku pierwszych sesjach poziom jego nerwowości znacznie zmalał, a pewność siebie wzrosła. W ciągu dwóch miesięcy stał się najlepszym mówcą w grupie. Już wkrótce zaczął przyjmować zaproszenia do przemawiania na innych forach, a obecnie uwielbia to uczucie podekscytowania, jakie towarzyszy wystąpieniom publicznym, to poczucie wyróżnienia oraz wiążącą się z tym możliwość poznawania nowych osób i zawierania przyjaźni.

Pewien członek New York City Republican Campaign Committee [Nowojorskiego Komitetu Kampanii Republikanów], słysząc jedną z mów dr Curtisa, zaprosił go do przemawiania w tym mieście na rzecz jego partii. Jak zaskoczony był ów polityk na wieść o tym, że zaledwie rok wcześniej ten sam człowiek pełen wstydu i zażenowania bez słowa opuścił pewne przyjęcie, gdyż nie był w stanie wykrztusić z siebie słowa z powodu lęku przed publicznością!

Nabranie pewności siebie i odwagi oraz zdolność spokojnego i jasnego myślenia podczas przemawiania do grupy słuchaczy nie jest nawet w przybliżeniu tak trudna, jak sądzi większość ludzi. Nie jest to jakiś szczególny dar, jakim Opatrzność obdarza wybranych. To raczej jak umiejętność gry w golfa. Każdy może rozwinąć swoją własną, dotychczas ukrytą zdolność, jeśli tylko będzie posiadać wystarczające pragnienie, by to zrobić.

Czy istnieje choćby cień powodu, dla którego, stojąc przed słuchaczami, nie miałbyś być w stanie myśleć równie sprawnie, jak dzieje się to wtedy, gdy siedzisz spokojnie w domu czy za biurkiem? Wiesz, że takiego powodu nie ma. Prawdę mówiąc, twoje myślenie powinno być jeszcze bardziej sprawne, gdy masz przed sobą grupę słuchaczy. Ich obecność powinna cię mobilizować i dodawać energii. Ogromna rzesza mówców może potwierdzić, że obecność słuchaczy działa na nich stymulująco i inspirująco sprawiając, że umysł funkcjonuje sprawniej i jaśniej. Jak powiedział kiedyś Henry Ward Beecher, w takich momentach nagle zaczynają napływać do twojej świadomości myśli, fakty i pomysły, z jakich posiadania wcześniej nie zdawałeś sobie sprawy. Wszystko, co musisz wtedy zrobić, to po prostu wyciągnąć po nie rękę. Właśnie to powinno być twoim doświadczeniem, gdy stoisz przed publicznością. I prawdopodobnie będzie, jeśli oddasz się ćwiczeniom i wytrwasz.

Jest jednak coś, czego możesz być absolutnie pewien: dzięki treningowi i praktyce pozbędziesz się lęku przed publicznymi wystąpieniami: dadzą ci one pewność siebie i niesłabnąca odwagę.

Nie myśl, że twój przypadek jest szczególnie trudny. Nawet ci, którzy później stali się najbardziej elokwentnymi przedstawicielami swego pokolenia, na początku swojej kariery byli dotknięci równie przemożnym lękiem i nieśmiałością.

William Jennings Bryan, uznany za najznakomitszego mówcę swojego pokolenia, przyznał, że podczas swoich pierwszych wystąpień kolana trzęsły mu się tak bardzo, że uderzały jedno o drugie.

Gdy Mark Twain po raz pierwszy wyszedł na mównicę, miał wrażenie, że jego usta wypełnia bawełna, a tętno gnało z tak zawrotną prędkością, jakby uczestniczyło w wyścigu po złoto.

Generał Ulysses S. Grant zdobył Vicksburg i poprowadził ku zwycięstwie jedną z najwspanialszych armii, jakie świat wówczas oglądał; a jednak przyznał, że drżał ze strachu, gdy próbował przemawiać publicznie.

Jean Jaurès, najpotężniejszy francuski mówca polityczny swoich czasów, przez rok był niemym członkiem Izby Deputowanych, zanim zebrał się na odwagę i wygłosił swoją pierwszą mowę.

„Za pierwszym razem, gdy próbowałem wygłosić publiczne przemówienie – wyznał Lloyd George – mój stan był doprawdy rozpaczliwy. Język przykleił mi się do podniebienia, i nie jest to zaledwie figura retoryczna, mówię dosłownie. W pierwszej chwili niemal nie byłem w stanie powiedzieć słowa".

John Bright, znamienity Anglik, który podczas wojny domowej bronił w Anglii sprawy związków zawodowych i równouprawnienia, swoją pierwszą mowę wygłosił przed grupą chłopów zebranych w budynku szkolnym. W drodze na miejsce zebrania był przerażony, pełen obaw, że sobie nie poradzi. Ubłagał swojego towarzysza, by ten podczas przemówienia zaczynał klaskać dla dodania mu otuchy za każdym razem, gdy zauważy, że John zaczyna zdradzać oznaki wzmożonego podenerwowania.

Charles Stewart Parnell, wielki irlandzki przywódca, na początku swojej kariery oratorskiej tak bardzo się denerwował (jak zaświadczył jego brat), że podczas przemówień krwawiły mu dłonie z powodu częstego i silnego zaciskania pięści.

Benjamin Disraeli, który później został premierem Wielkiej Brytanii, przyznał, że wolałby raczej poprowadzić kawalerię, niż po raz pierwszy stanąć przed Izbą Gmin. Jego mowa otwarcia, jaką tam wygłosił, była koszmarną porażką.

Prawdę mówiąc, tak wielu słynnych angielskich mówców nie popisało się na początku swojej kariery oratorskiej, że obecnie w brytyjskim Parlamencie panuje przekonanie, iż zdecydowany sukces podczas pierwszego przemówienia nie wróży dobrze. Dlatego głowa do góry.

Po obserwacji przebiegu powyższych karier i po udzieleniu pomocy i wsparcia w rozwoju tak wielu mówcom, autor zawsze z zadowoleniem przyjmuje wiadomość o tym, że na początku jego uczeń przejawia pewne zdenerwowanie i wpada w nerwowy dygot.

Z wygłaszaniem przemówienia wiąże się pewna odpowiedzialność. Nawet, jeśli zwracasz się do zaledwie dwóch tuzinów osób zawsze istnieje pewne napięcie, mobilizacja, podekscytowanie. Mówca powinien być podniecony jak koń czystej krwi prężący się na wędzidle. Dwa tysiące lat temu nieśmiertelny Cyceron powiedział, że prawdziwie wartościowe publiczne przemówienie charakteryzuje pewna doza napięcia i podenerwowania mówcy.

Mówcy często doświadczają podobnego uczucia nawet wtedy, gdy zwracają się do słuchaczy na antenie radiowej. To tzw. lęk przed mikrofonem. Gdy Charlie Chaplin przygotowywał się do wystąpienia w radiu miał dokładnie zapisane wszystko, co zamierzał powiedzieć. Bez wątpienia był człowiekiem obeznanym z publicznością. Jeździł po kraju ze swoim wodewilem, mając już pewne doświadczenie jako aktor angielskich teatrów. A jednak, gdy wszedł do studia radiowego i stanął przed mikrofonem, doznał w żołądku uczucia, jakiego mógłby doświadczać, znajdując się gdzieś pośrodku Atlantyku w burzliwą, zimową noc.

James Kirkwood, słynny aktor i reżyser filmowy, miał podobne doświadczenie. Na scenie przed „żywą" publicznością był prawdziwą gwiazdą, lecz gdy wyszedł ze studia radiowego, po mówieniu do niewidzialnych słuchaczy, ocierał pot z czoła. „W porównaniu z tym, premiera na Broadwayu to małe piwo" – wyznał.

Niektórzy ludzie, bez względu na to, jak często przemawiają, zawsze tuż przed rozpoczęciem doświadczają tego rodzaju tremy i skrępowania, które jednak znika zaraz po tym, gdy wejdą w rolę.

Nawet Lincoln zmagał się z nieśmiałością. „Na początku był bardzo nieporadny – mówi prawnik, William Herndon, partner w interesach – i zdawało się, że odnalezienie się w otaczającej go rzeczywistości stanowi dla niego prawdziwy wysiłek. Przez jakiś czas bardzo się męczył, próbując przezwyciężyć wrodzoną nieśmiałość i nadwrażliwość, co jedynie potęgowało jego nieporadność. Często byłem świadkiem takich sytuacji i bardzo mu wtedy współczułem. Gdy zwracał się do szerszego grona, jego głos był ostry, piskliwy i nieprzyjemny. Jego zachowanie, postawa, jego ciemna, pożółkła twarz, sucha i pomarszczona, jego dziwna poza i niepewne ruchy – wszystko to zdawało się być przeciwko niemu, ale tylko przez moment". W ciągu kilku chwil odzyskiwał panowanie nad sobą, jego postać nabierała ciepła i powagi i zaczynał prawdziwe przemówienie.

Twoje doświadczenie może być podobne do tego, przez co przechodził Lincoln.

By wynieść jak najwięcej z naszego treningu, i by cały proces odbył się szybko i sprawnie, konieczne są cztery rzeczy:

1. ZACZNIJ Z SILNYM, NIESŁABNĄCYM PRAGNIENIEM

To kwestia o wiele ważniejsza, niż prawdopodobnie sądzisz. Gdyby twój nauczyciel mógł teraz zajrzeć do twojego umysłu i serca i sprawdzić, z jaką intensywnością pragniesz osiągnąć dany cel, niemal z pewnością mógłby też przewidzieć, jak szybko osiągniesz postęp. Jeśli twoje pragnienie jest blade i anemiczne, rezultat twoich wysiłków będzie miał podobne zabarwienie. Lecz jeśli z pełnym zaangażowaniem i uporem oddasz się sprawie, dążąc do celu z energią buldoga goniącego za kotem, nic nie będzie w stanie ci przeszkodzić.

Dlatego rozbudź w sobie entuzjazm dla tego studium. Policz korzyści, jakie ci przyniesie. Zastanów się, co ci da większa pewność siebie i rozwinięta umiejętność przekonującego mówienia. Pomyśl, co może to dla ciebie oznaczać i co powinno to dla ciebie oznaczać, w przeliczeniu na pieniądze. Pomyśl o potencjalnych korzyściach społecznych – o nowych przyjaźniach, jakie możesz dzięki temu nawiązać, o wzroście twojego osobistego wpływu na otoczenie, o przywództwie, jakie może stać się twoim udziałem. Bo rzeczywiście staniesz się liderem i będzie to efekt, który pojawi się w twoim życiu znacznie szybciej, niż cokolwiek innego, co mógłbyś sobie wyobrazić.

Philip D. Armour, założyciel firmy zajmującej się pakowaniem mięsa (nazwanej od jego nazwiska), po dorobieniu się prawdziwej fortuny, powiedział: „Wolałbym raczej być wielkim mówcą, niż wielkim kapitalistą".

To umiejętność, o której marzy niemal każdy, kto zajmuje się edukacją. Gdy Andrew Carnegie zmarł, wśród jego papierów znaleziono dokument ujawniający, że już wieku 33 lat miał projekt jak pokierować swoim życiem. Zgodnie z tym planem Carnegie miał tak pokierować swoją karierą, by w ciągu dwóch lat podnieść swój dochód do 50 tysięcy dolarów rocznie; w wieku 35 lat miał zamiar przejść na emeryturę, po czym pójść na Oxford i zdobyć gruntowne wykształcenie, „zwracając szczególną uwagę na publiczne przemawianie".

Pomyśl o blasku zadowolenia i przyjemności, jaki wypłynie z praktykowania tej nowej mocy. Autor zjeździł pół świata i miał wiele różnych doświadczeń, lecz jeśli chodzi o przeżycia dające pełną i trwałą, wewnętrzną satysfakcję, zna niewiele rzeczy, jakie można porównać do stania przed publicznością, która powtarza w myślach każde twoje słowo. Taka umiejętność to poczucie siły, poczucie mocy. Zdolność, która będzie napawać cię dumą z osobistych osiągnięć. Wyróżni cię i uplasuje ponad twoimi współpracownikami. Jest w niej magia i niezapomniany dreszcz. „Na dwie minuty przed rozpoczęciem – wyznał pewien mówca – wolałbym raczej być wychłostany, niż wejść na podium, ale na dwie minuty przed końcem, wolałbym zostać zastrzelony, niż przestać".

Podczas każdego kursu zdarza się, że część osób traci zapał i odpada; dlatego rozpal swoje pragnienie do białości, wciąż myśląc o tym, co przyniesie ci lektura tej książki. Rozpoczynając tę przygodę edukacyjną, powinieneś mieć w sobie entuzjazm, który z pełnym sukcesem przeprowadzi cię przez każdy rozdział, aż do końca. Powiedz przyjaciołom, że przy pomocy tej książki postanowiłeś udoskonalić swoją umiejętność przemawiania. Wyznacz konkretny czas na lekturę kolejnych rozdziałów. Mówiąc krótko, jak najbardziej ułatw sobie postęp na drodze do celu i jak najbardziej utrudnij sobie możliwość wycofania się.

Gdy Juliusz Cezar przepłynął przez kanał, lądując ze swymi legionami na ziemiach dzisiejszej Anglii, co zrobił, by zapewnić sobie zwycięstwo? Zrobił coś bardzo mądrego: zatrzymał swoich żołnierzy na kredowych klifach Dover, po czym kazał im patrzeć, jak 200 stóp niżej czerwone języki ognia pochłaniają całą flotę, którą tam przybyli. Stojąc na ziemi wroga i patrząc, jak płonie ostatnia możliwość wycofania się, jak tracą ostatnie ogniwo łączące ich w kontynentem, mieli przed sobą już tylko jedno: iść naprzód, podbić. I właśnie to zrobili. Oto, jakiego ducha był nieśmiertelny Cezar. Weź z niego przykład i rozbij w proch ten głupi lęk przed publicznością.

2. DOKŁADNIE WIEDZ, CO CHCESZ POWIEDZIEĆ

Dopóki nie przemyślisz i nie zaplanujesz swojej mowy i dopóki nie będziesz wiedzieć, o czym chcesz mówić, nie poczujesz się komfortowo stojąc przed słuchaczami. Będziesz jak ślepy prowadzący ślepego. W takiej sytuacji powinieneś odczuwać zażenowanie i skruchę, powinieneś wstydzić się swojego zaniedbania.

„Jesienią 1881 roku zostałem wybrany do New York Legislature [Legislatury Stanowej Nowego Jorku] – wspomina Theodore Roosevelt w *Autobiografii* – i okazało się, że jestem tam najmłodszy. Jak wszyscy młodzi i niedoświadczeni członkowie, miałem znaczne trudności z opanowaniem umiejętności przemawiania. Bardzo pomogła mi rada pewnego mocno stojącego na ziemi, starszego wiekiem rodaka, który nieświadomie parafrazował Duke'a Wellingtona, który z kolei bez wątpienia parafrazował kogoś innego. Owa rada brzmiała następująco: „Nie odzywaj się, dopóki nie jesteś pewien, że masz coś do powiedzenia i dopóki nie wiesz, co to jest; gdy już będziesz wiedział, wstań, powiedz to, po czym usiądź".

Ten „mocno stojący na ziemi, starszy wiekiem rodak" powinien był podzielić się z Rooseveltem jeszcze jedną radą, pomocną w walce ze zdenerwowaniem. Powinien był dodać: „Łatwiej uporasz się z zażenowaniem i wstydem, jeśli wykonasz przed publicznością jakąś czynność. Pokazanie jakiegoś przedmiotu, napisanie kilku słów na tablicy, wskazanie miejsca na mapie, przesunięcie stołu, otwarcie okna, manewry przy pomocach naukowych – każda czynność, za którą stoi jakiś cel, pomoże ci poczuć się bardziej swobodnie".

To prawda, nie zawsze łatwo jest znaleźć powód, który uzasadniałby taki czy inny ruch, ale jest to pewna sugestia. Korzystaj z tej pomocy, gdy nadarzy się okazja, jednak rób to tylko podczas kilku pierwszych wystąpień. Dziecko nie czepia się krzeseł, gdy już nauczy się chodzić.

3. DZIAŁAJ JAK OSOBA PEWNA SIEBIE

William James, wybitny amerykański psycholog, napisał:

> Działanie zdaje się iść w ślad za uczuciem, jednak prawda jest taka, że działanie i uczucie idą ramię w ramię; a przez regulowanie działania, które podlega najbardziej bezpośredniej kontroli naszej woli, możemy w sposób pośredni wpływać na uczucie, które tej kontroli nie podlega.
>
> Dlatego też uniwersalną, świadomą ścieżką wiodącą do pogody ducha, gdy utracimy nasz spontaniczny, dobry nastrój, jest podnieść głowę do góry i zachowywać się oraz mówić tak, jakby ten nastrój nigdy nas nie opuścił. Jeśli takie postępowanie nie przywróci ci pogody ducha, to nic tego nie zrobi.
>
> Zatem, by poczuć się odważnym, zachowuj się tak, jakbyś był odważny, wykorzystując do tego celu całą swoją wolę, a już wkrótce w miejsce strachu pojawi się odwaga.

Zastosuj radę Williama Jamesa. By nabrać odwagi, gdy stoisz przed słuchaczami, zachowuj się tak, jakbyś już tę odwagę miał. Oczywiście, jeśli nie jesteś właściwie przygotowany, to nawet najlepsze udawanie na niewiele się przyda. Lecz jeśli tylko znasz temat i wiesz, o czym będziesz mówić, wystąp raźnym krokiem i weź głęboki oddech. A w zasadzie to nie tylko jeden oddech; oddychaj głęboko przez trzydzieści sekund, zanim staniesz przed słuchaczami. Zwiększona podaż tlenu doda ci energii i odwagi. W plemieniu Peuhl w środkowej Afryce panuje zwyczaj, że gdy młodzieniec wkracza w wiek męski i chce założyć rodzinę, musi przejść przez ceremonię biczowania. Zbierają się kobiety, śpiewając i klaszcząc w rytm tam-tamów. Kandydat wychodzi naprzód, rozebrany od pasa w górę. Nagle mężczyzna uzbrojony w bat „napada" na młodzieńca i zaczyna okładać jego nagą skórę, biczując go i chłoszcząc jak szalony. Pojawiają się ślady po razach i obrzęki; skóra pęka, ciało spływa krwią; tworzą się trwałe blizny. Podczas chłosty, szanowany sędzia plemienny siedzi u stóp biczowanego, uważnie przyglądając się, czy ten porusza się lub zdradza najlżejsze oznaki bólu. By z powodzeniem przejść przez test, torturowany musi nie tylko znieść mękę, ale gdy już ją zniesie, musi też odśpiewać hymn pochwalny.

W każdej epoce i w każdym środowisku, odwaga zawsze była przedmiotem podziwu; dlatego, bez względu na to, jak mocno bije ci serce, wystąp odważnie naprzód, zatrzymaj się, wypręż jak smagany batem młodzieniec z afrykańskiego plemienia i, podobnie jak on, zachowuj się tak, jakbyś uwielbiał tam stać.

Wyprostuj się i spójrz swoim słuchaczom prosto w oczy, po czym zacznij mówić głosem tak pewnym, jakby każda z siedzących przed tobą osób winna ci była pieniądze. Wyobraź sobie, że tak właśnie jest. Wyobraź sobie, że wszyscy ci ludzie zebrali się tu po to, by błagać cię o przedłużenie terminu spłaty. Odczujesz pozytywne działanie takiego wyobrażenia na twoją psychikę.

Powstrzymaj się od nerwowego zapinania i rozpinania marynarki czy żakietu, bawienia się biżuterią, czy miętoszenia dłoni. Jeśli już musisz wykonywać jakieś nerwowe ruchy, skrzyżuj ręce za sobą i rób tam z nimi, co tylko chcesz, byle tylko nikt tego nie widział, albo poruszaj palcami stóp.

Generalna zasada mówi, że niedobrze jest, jeśli mówca chowa się za jakimś meblem; jednak podczas kilku pierwszych wystąpień stanie za biurkiem czy krzesłem i trzymanie się go może dodać ci nieco odwagi (podobnie jak zaciskanie w dłoni monety).

Jak Theodore Roosevelt rozwinął w sobie charakterystyczną odwagę i samodzielność? Czy może natura obdarzyła go tak śmiałym i odważnym duchem? W żadnym razie. „Będąc raczej chorowitym i nieporadnym chłopcem – wyznał w *Autobiografii* – stałem się młodzieńcem nerwowym i nieufnym wobec własnego męstwa. Musiałem przejść przez bolesny i męczący trening, nie tylko pod względem cielesnym, ale także duchowym".

Na szczęście podzielił się z nami tym, jak osiągnął tę przemianę:

> Gdy byłem chłopcem, przeczytałem pewien fragment książki Fredericka Marryata, autora wielu opowieści o przygodach na morzu, które zawsze robiły na mnie ogromne wrażenie. Był to fragment o tym, jak kapitan pewnego niewielkiego, brytyjskiego okrętu wojennego wyjaśnia bohaterowi, jak stać się człowiekiem pełnym odwagi. Mówi, że na początku niemal każdy jest przerażony, gdy wkracza na pole walki; najważniejsze jest jednak to, by w toku kolejnych wydarzeń tak mocno nad sobą panować, by zachowywać się tak, jakby się tego przerażenia nie odczuwało. Jeśli wytrwasz w tym stanie dość długo, udawanie przemieni się w rzeczywistość i w końcu naprawdę staniesz się odważny, co dokona się dzięki samemu ćwiczeniu odwagi, gdy wcale jej w sobie nie czujesz. (Posługuję się tu moimi własnymi słowami, nie Marryata).
>
> To teoria, od której zacząłem. Było wiele różnych rzeczy, których na początku się bałem, od niedźwiedzi grizzli, aż po narowiste konie i szaleńców z pistoletami; jednak zachowując się tak, jakbym wcale się nie bał, stopniowo pozbyłem się tego strachu. Większość ludzi również może tego dokonać, jeśli tylko zechcą.

Jeśli chcesz, możesz doświadczyć tej samej przemiany w toku naszego studium. Jak powiedział marszałek Ferdinand Foch, naczelny wódz sił Sprzymierzonych w czasie I wojny światowej: „Na wojnie najlepszą obroną jest atak". Dlatego zaatakuj swoje lęki. Wyjdź im naprzeciw, walcz z nimi i pokonaj dzięki praktykowaniu odwagi podczas każdej nadarzającej się okazji.

Zastanów się, co masz ważnego do przekazania zgromadzonym, po czym pomyśl o sobie jako o posłańcu, któremu polecono ową wiadomość dostarczyć. Przeważnie nie zwracamy zbyt dużej uwagi na posłańców. To wiadomość jest tym, co wzbudza nasze zainteresowanie. Wiadomość – oto rzecz kluczowa. Myśl o niej bez przerwy. Noś ją w swoim sercu. Poznaj ją na wskroś. Uwierz w nią bez reszty. Następnie mów, jakby od tego zależało twoje życie. Zrób to, a istnieją spore szanse, że już wkrótce będziesz doskonale panował nad sytuacją i nad samym sobą.

4. PRAKTYKA, PRAKTYKA I JESZCZE RAZ PRAKTYKA!

Ostatnia rzecz, o jakiej trzeba tu powiedzieć, to kwestia z całą pewnością najważniejsza. Nawet, jeśli zapomniałeś już wszystko, co dotąd przeczytałeś, zapamiętaj to jedno: pierwszym i ostatnim sposobem, zawsze niezawodną metodą wszystkich metod, pozwalającą rozwinąć pewność siebie podczas publicznych wystąpień, jest... publiczne występowanie. Naprawdę, cały problem ostatecznie sprowadza się do jednej, podstawowej rzeczy: do praktyki. To samo sedno sprawy, rzecz niezbędna i zasadnicza, bez której ani rusz.

„Każdy początkujący – ostrzegł Roosevelt – ma tendencję do ulegania czemuś, co można nazwać «gorączką łowcy». «Gorączka łowcy», to stan intensywnego podniecenia nerwowego, które nie ma nic wspólnego z nieśmiałością. Ten stan może dotknąć zarówno tego, kto po raz pierwszy staje przed publicznością, jak również i tego, kto po raz pierwszy widzi zwierzynę łowną czy wyrusza na bitwę. Tym, co taka osoba wtedy potrzebuje, nie jest odwaga, lecz kontrola nerwów, opanowanie. A to może osiągnąć jedynie dzięki praktyce. Przez nawykowe, wielokrotnie powtarzane ćwiczenie samokontroli, musi przejąć pełną władzę nad swoimi nerwami. To w przeważającej mierze kwestia nawyku, nieustannie ponawianych wysiłków i ćwiczenia siły woli. Jeśli ów człowiek ma w sobie to, co należy, to ćwicząc te cechy będzie stawać się coraz silniejszy psychicznie".

Dlatego nie ustawaj. Nie odkładaj na później lektury kolejnych rozdziałów, które zaplanowałeś przeczytać, bo akurat jakieś inne obowiązki utrudniają ci wygospodarowanie na to czasu. Chcesz pozbyć się lęku przed publicznością? Spójrzmy zatem, co jest jego przyczyną.

„Lęk rodzi się z niewiedzy i niepewności" – mówi James Robinson w *The Mind in the Making*. Innymi słowy: lęk jest wyrazem braku pewności siebie.

A co jest przyczyną braku pewności siebie? Niewiedza dotycząca tego, na co naprawdę cię stać, co naprawdę możesz zrobić. Zaś przyczyną tej niewiedzy jest brak doświadczenia. Gdy będziesz mieć za sobą ciąg udanych doświadczeń, twoje obawy i lęki znikną; rozpłyną się jak poranne mgły pod promieniami lipcowego słońca.

Jedno jest pewne: powszechnie stosowaną metodą nauki pływania jest wejście do wody. Wystarczy na razie tej lektury. Odłóż książkę i przystąp do prawdziwej pracy.

Wybierz jakiś temat, najlepiej taki, w którym posiadasz pewną wiedzę, po czym przygotuj trzyminutowy referat. Przećwicz go kilka razy w samotności. Następnie, jeśli to możliwe, wygłoś go przed grupą, dla której został pomyślany, lub przed jakąś inną, wkładając w to zadanie całą swoją moc i zaangażowanie.

JEDNYM SŁOWEM

- Większość tych, którzy zapisali się na mój kurs wystąpień publicznych, zaznaczyło, że nadrzędnym powodem, jaki skłonił ich do przyjścia na ten kurs jest chęć przezwyciężenia swojej nerwowości oraz rozwój umiejętności trzeźwego myślenia i wypowiadania się z pewnością siebie i ze spokojem, gdy stoją przed mniejszą lub większą grupą słuchaczy.
- Owa zdolność nie jest trudna do zdobycia. Nie jest to jakiś wyjątkowy dar, jakim Opatrzność obdarza jedynie nielicznych wybranych. To raczej jak umiejętność gry w golfa – każdy może ją nabyć, jeśli tylko dość mocno tego zapragnie.
- Wielu doświadczonych mówców lepiej rozumuje i lepiej wypowiada myśli, gdy zwraca się do grupy, niż podczas rozmowy twarzą w twarz. Obecność większego grona słuchaczy okazuje się być czynnikiem stymulującym, inspiracją. Jeśli sumiennie przebrniesz przez to studium, może nadejść czas, że ty również staniesz się jednym z takich mówców i z przyjemnością będziesz oczekiwać kolejnej okazji do powiedzenia kilku słów na szerszym forum.
- Nie myśl, że twój przypadek jest wyjątkowy. Na początku swojej kariery wielu słynnych mówców musiało zmagać się z nieśmiałością, doświadczając niemal paraliżującego lęku przed publicznością.
- Bez względu na to, jak często będziesz przemawiać, może zdarzyć się i tak, że już zawsze będziesz odczuwać tę nieśmiałość na chwilę przed rozpoczęciem, jednak kilka sekund po tym, jak wejdziesz w swoją rolę, to nieprzyjemne uczucie zniknie.
- By jak najwięcej skorzystać z lektury tej książki, a także, by owe korzyści osiągnąć dość szybko, wykonaj pięć następujących rzeczy:
  1. Podejdź do tego studium z silnym i niesłabnącym pragnieniem. Zrób listę korzyści, jakie ci przyniesie. Wzbudź w sobie entuzjazm. Zastanów się, co pomyślne ukończenie tego treningu może dla ciebie oznaczać finansowo i społecznie. Pomyśl o możliwości wywierania większego wpływu na otoczenie, o możliwości zawierania nowych przyjaźni oraz o zyskaniu większych kompetencji przywódczych. Pamiętaj, że postęp w opanowaniu tej umiejętności zależy od głębokości twojego pragnienia.
  2. Postaraj się jak najczęściej mówić do szerszego grona słuchaczy. Zabieraj głos na konferencjach biznesowych, na spotkaniach komitetu kościelnego, na wywiadówkach szkolnych, na zebraniach spółdzielni mieszkaniowej czy na spotkaniach politycznych.
  3. Przygotuj się. Nie będziesz czuć się pewnie, dopóki nie będziesz wiedzieć, o czym chcesz mówić.
  4. Działaj jak osoba pewna siebie. „By poczuć się odważnym – radzi William James – działaj tak, jakbyś naprawdę był odważny, wkładając w to całą siłę woli, a wtedy odwaga zastąpi lęk". Theodore Roosevelt wyznał, że właśnie

w ten sposób pokonał lęk przed niedźwiedziami grizzli, narowistymi końmi i szaleńcami wymachującymi bronią palną. Ty też możesz przezwyciężyć swój lęk przed wystąpieniami publicznymi, wykorzystując ten psychologiczny fakt.
5. Ćwicz. To rzecz najważniejsza ze wszystkich. Lęk jest skutkiem braku pewności siebie, a brak pewności siebie to rezultat niewiedzy w kwestii tego, na co cię stać, co tak naprawdę możesz – co z kolei spowodowane jest brakiem doświadczenia. Dlatego zbierz własną „kolekcję" pomyślnych doświadczeń oratorskich, a lęk przed publicznością nie będzie cię już więcej dręczył.

PRAWIDŁOWE POSŁUGIWANIE SIĘ SŁOWAMI

WŚRÓD/MIĘDZY. *Między* łączy się z dwoma (lub więcej) rzeczownikami liczby pojedynczej lub z rzeczownikiem w liczbie mnogiej, natomiast *wśród* tylko z rzeczownikiem w liczbie mnogiej. „*Między* panem X a panem Y istnieje ostra rywalizacja". „*Wśród* naszych pracowników panuje zdecydowany duch życzliwości".

ŻE/CZY. Nie używaj *że* w następujący sposób: „Nie wiem, *że* chcę to zrobić". Powiedz: „Nie wiem, *czy* chcę to zrobić".

WCHODZIĆ W POSIADANIE/GROMADZIĆ. „Spędził całe życie, *wchodząc w posiadanie* swojego majątku" to zdanie nieprawidłowe. Lepiej użyć tu słowa *gromadzić*, gdyż odnosi się ono do pewnego procesu, natomiast *wchodzić w posiadanie* dotyczy zajścia jednorazowego.

OCZEKIWAĆ/SPODZIEWAĆ SIĘ. *Oczekiwać* oznacza coś więcej, niż tylko *spodziewać się*; sugeruje przewidywanie czegoś, przygotowywanie się na dane wydarzenie. Jeśli *spodziewasz się* burzy, możesz jej *oczekiwać*, biorąc ze sobą płaszcz przeciwdeszczowy.

ĆWICZENIE GŁOSU – PRAWIDŁOWE ODDYCHANIE

„W doskonaleniu pięknego głosu – powiedziała śpiewaczka operowa Madame Melba – prawidłowe oddychanie to z technicznego punktu widzenia rzecz absolutnie podstawowa". Dlatego też opanowanie umiejętności prawidłowego oddychania nie tylko powinno, ale wręcz musi być pierwszym krokiem ku poprawie jakości głosu. Oddech to fundament głosu; to surowiec, z którego powstają wypowiadane przez nas słowa.

Właściwe posługiwanie się oddechem pozwoli wyprodukować pełne, głębokie, okrągłe tony; atrakcyjne tony, nie zaś jakieś cienkie, przykre dla ucha dźwięki; tony, które będą sprawiać słuchaczom przyjemność; tony, które będą się nieść.

Jeśli prawidłowe oddychanie jest w tym wszystkim tak ważne, to każdy mówca musi wiedzieć, co to w ogóle znaczy i jak to oddychanie ćwiczyć.

Słynni włoscy mistrzowie śpiewu zawsze podkreślali wagę oddechu przeponowego. Czym jest oddech przeponowy? Czy jest to coś nowego, dziwnego i wymagającego wysiłku? W żadnym razie. Każdy z nas oddychał w taki sposób jako dziecko i nadal to robi przez jakąś część doby. Gdy dziś w nocy będziesz leżeć płasko na łóżku, twój oddech będzie swobodny, naturalny i prawidłowy – będziesz oddychać przeponą. Z jakiegoś powodu, leżąc w tej pozycji trudno jest oddychać inaczej, jak tylko w ten prawidłowy sposób.

Cały problem sprowadza się zatem do takiego oto zadania: tę samą metodę oddychania, która przychodzi nam tak naturalnie, gdy leżymy na plecach, należy zastosować w pozycji stojącej. Sprawa nie wydaje się aż tak trudna, prawda?

Twoje pierwsze ćwiczenie: połóż się płasko na plecach i głęboko oddychaj. Zauważ, że główna czynność tego procesu odbywa się w środkowej części twojego ciała. Wykonując to ćwiczenie, nie unoś ramion.

A oto, co się wtedy dzieje: twoje gąbczaste, porowate płuca napełniają się powietrzem i rozszerzają się niczym balon. Balon zwiększa swoją objętość – ale jak, gdzie się to wszystko mieści? Od góry i po bokach, płuca ograniczone są konstrukcją kostną, na którą składają się żebra, kręgosłup i mostek. Żebra nieco się uginają, jednak najłatwiejszą drogą dla rozszerzających się płuc jest napór i wypchnięcie ku dołowi miękkiego mięśnia, stanowiącego ścianę dolną klatki piersiowej, a zarazem górną jamy brzusznej. Ten mięsień, zwany przeponą, dzieli nasze ciało na dwie różne części. W części górnej, klatce piersiowej, mieści się serce i płuca; w części dolnej, w jamie brzusznej – żołądek, wątroba, jelita i inne ważne organy. Ten spory mięsień rozpościera się nad jamą brzuszną niczym dach lub sklepienie.

Wyobraź sobie, że bierzesz do ręki papierowy talerzyk (z rodzaju tych, jakich używa się na piknikach). Odwracasz go do góry dnem i naciskasz na wybrzuszoną powierzchnię – co się dzieje? Powierzchnia robi się płaska, a boki wypychają się na zewnątrz. To samo dzieje się z przeponą, gdy płuca, napełniane powietrzem, naciskają na wierzchołek jej sklepienia.

Ponownie połóż się na plecach, połóż rękę tuż poniżej mostka i weź głęboki oddech. Czujesz, jak przepona robi się płaska i wypycha się na zewnątrz? A teraz połóż ręce wzdłuż tułowia, tak, by dotykały żeber. Głęboko oddychaj. Czujesz, jak rozszerzające się niczym balon płuca napierają i wypychają żebra na zewnątrz?

Ćwicz oddech przeponowy codziennie przez pięć minut tuż przed pójściem spać i przez pięć minut rano po przebudzeniu. Wieczorem pomoże ci to uspokoić nerwy i przyspieszy zasypianie. Zaś rano pobudzi cię i odświeży. Jeśli wytrwasz, czyniąc to ćwiczenie swoim codziennym nawykiem, nie tylko poprawisz swój głos, ale też przedłużysz sobie życie. Nie bez przyczyny śpiewacy operowi i nauczyciele śpiewu znani są ze swej długowieczności. Słynny Manuel Garcia, śpiewak operowy, żył 101 lat, co w dużej mierze przypisywał codziennym ćwiczeniom głębokiego oddychania.

Najlepszym sposobem nabrania pewności siebie jest tak świetne przygotowanie tego, co chcesz powiedzieć, by ryzyko porażki było znikome.

LOCKWOOD-THORPE
Public Speaking Today

Zaufaj natchnieniu chwili – oto zgubna w skutkach rada, z powodu której legło w gruzach wiele obiecujących karier. Najpewniejszą drogą do natchnienia jest przygotowanie. Byłem świadkiem porażki wielu odważnych i zdolnych ludzi, których zgubił zwykły brak sumiennego przygotowania i pracowitości. Mistrzostwo w mowie można osiągnąć jedynie dzięki mistrzostwu w danej dziedzinie.

LLOYD GEORGE

Zanim mówca stanie przed słuchaczami, powinien napisać list do przyjaciela, zawierający takie oto słowa: „Zamierzam wygłosić mowę na pewien temat i chcę poruszyć następujące kwestie". Następnie powinien wskazać na rzeczy, o jakich chce mówić, wymieniając je w takiej kolejności, w jakiej zamierza przedstawić je w swojej mowie. Jeśli w trakcie pisania listu przekona się, że tak naprawdę nie ma nic do powiedzenia, niech czym prędzej napisze do organizatora, który zaprosił go do zabrania głosu, by z żalem zawiadomić, że prawdopodobna śmierć jego babki może uniemożliwić mu przybycie na miejsce.

DR EDWARD EVERETT HALE

Ludzie wyrażają uznanie dla mojego geniuszu. A oto i cały mój geniusz: gdy mam przed sobą jakiś temat, dogłębnie go studiuję. Przyglądam mu się dzień i noc. Zgłębiam wszystko, co się z nim wiąże. Mój umysł staje się nim owładnięty. A potem wysiłki, jakie podejmuję, są tym, co ludzie z przyjemnością zwą owocami geniuszu. Lecz tak naprawdę to owoc pracy i przemyśleń.

ALEXANDER HAMILTON

ROZDZIAŁ

2

PEWNOŚĆ SIEBIE DZIĘKI PRZYGOTOWANIU

W ciągu ostatnich dziewięćdziesięciu lat, z początku sam autor, a potem jego następcy, pomagali mężczyznom i kobietom w różnym wieku i na różnych ścieżkach życia w zabieraniu głosu i wygłaszaniu przemówień na forum grup szkoleniowych, sponsorowanych przez organizację Dale'e Carnegie. Najważniejszym czynnikiem, który zawsze decydował (i wciąż decyduje) o sukcesie bądź porażce w prezentowaniu mowy, jest paląca potrzeba przygotowania tego, co chcesz powiedzieć, zanim staniesz przed słuchaczami, oraz konieczność posiadania wyraźnego i jasnego przesłania, jakim chcesz się z nimi podzielić: czegoś, co zrobiło na tobie wrażenie, i co nie może pozostać niewypowiedziane. Musisz sprawić, by słuchaczy coś do ciebie przyciągało, by czuli, że masz w sobie coś naprawdę ważnego, czym żarliwie pragniesz się z nimi podzielić, trafiając do ich umysłów i serc. To połowa sekretu przemawiania.

Gdy mówca znajduje się w tego rodzaju umysłowym i emocjonalnym stanie, odkrywa pewien znaczący fakt: a mianowicie, że jego mowa niemal tworzy się sama. Jej jarzmo jest lekkie, a jej ciężar łatwy do udźwignięcia. Dobrze przygotowana mowa w dziewięćdziesięciu procentach wygłasza się sama.

Głównym powodem, dla którego większość ludzi zapisuje się na kursy wystąpień publicznych, jest – jak już zostało to wspomniane w Rozdziale 1., chęć nabrania pewności siebie, odwagi i samodzielności. A głównym błędem, jaki wielu z nich popełnia, jest zaniedbywanie odpowiedniego przygotowania swoich przemówień. Jak mogą choćby mieć nadzieję na poskromienie swoich lęków i przezwyciężenie nerwowości, skoro wyruszają na tę bitwę kompletnie nieuzbrojeni? Nic dziwnego, że nie czują się zbyt komfortowo, stojąc przed publicznością. „Sądzę – powiedział Abraham Lincoln – że nigdy nie będę dość stary, by mówić bez zażenowania i wstydu, gdy nie mam nic do powiedzenia".

Jeśli chcesz pewności siebie, rób to, co konieczne, by ją zdobyć. Jak napisał Apostoł Jan: „Doskonała miłość usuwa lęk"[2]. Podobnie jak i doskonałe przegotowanie. Daniel Webster, uważany za jednego z największych mówców wszechczasów, powiedział, że wolałby raczej stanąć przed słuchaczami niekompletnie ubrany, niż niekompletnie przygotowany.

---

[2] List Św. Jana, 4.18.Wszystkie cytaty z Pisma Świętego pochodzą z *Biblii Tysiąclecia*, Wyd. Pallotinnum, Poznań, 2003 r.

Dlaczego zatem ci, którzy zapisują się na kursy publicznych wystąpień, nie przykładają wagi do należytego przygotowania swoich mów? Niektórzy nie do końca rozumieją, czym jest owo przygotowanie, ani jak mądrze się do tego zabrać; inni wymawiają się brakiem czasu. Przyjrzyjmy się bliżej tym problemom.

WŁAŚCIWY SPOSÓB PRZYGOTOWANIA

Czym jest przygotowanie? Przeczytaniem książki? To jedna z metod, jednak nie najlepsza. Czytanie może pomóc, lecz jeśli mówca zamierza jedynie wyjąć z książki zestaw gotowych myśli i przedstawić je słuchaczom jako swoje własne, to jego wystąpieniu będzie czegoś brakować. Słuchacze mogą nie być pewni, czego, ale całość nie zrobi na nich dobrego wrażenia.

Krótka ilustracja: gdy autor prowadził w Nowym Jorku szkolenie z zakresu wystąpień publicznych dla wyższych urzędników bankowych, członkowie grupy, mający dość napięte grafiki, często mieli problemy z należytym przygotowaniem się do zajęć lub z wykonaniem tego, co za to przygotowanie uważali. Przez całe życie myśleli samodzielnie, podsycając własne przekonania, patrząc na sprawy ze swoich własnych, odmiennych punktów widzenia, przeżywając swoje własne doświadczenia. Mówiąc krótko, przez dziesiątki lat zbierali materiał do przemówień. Jednak niektórym z nich trudno było to sobie uświadomić. Nie mogli dostrzec lasu, gdyż drzewa zasłaniały im widok.

Owa grupa spotykała się w piątkowe popołudnia, między piątą a siódmą. Któregoś piątku, jeden z dżentelmenów (nazwijmy go panem Jacksonem), wyszedł z pracy o czwartej trzydzieści, wciąż nie wiedząc, o czym będzie mówić podczas sesji, która miała zacząć się już za chwilę. Opuścił biuro, kupił w kiosku magazyn „Forbes", po czym, jadąc metrem do Banku Rezerwy Federalnej, gdzie odbywało się szkolenie, przeczytał artykuł zatytułowany „Masz tylko dziesięć lat, by odnieść sukces". Nie był jakoś szczególnie zainteresowany jego treścią; przeczytał go jedynie dlatego, że za moment czekała go mowa do wygłoszenia – musiał zabrać głos na jakiś temat, na jakikolwiek temat, wypełniając przydzieloną mu ilość czasu. Godzinę później stał przed grupą, usiłując przekonująco i interesująco mówić na temat, jaki poruszono w artykule.

Jaki był nieuchronny rezultat owych zabiegów?

Pan Jackson nie przetrawił tego, co próbował powiedzieć; nie przyswoił sobie tych treści. Właśnie, „próbował powiedzieć" to najlepsze określenie tego, co ostatecznie osiągnął. Próbował. Tak naprawdę nie miał nic ciekawego do powiedzenia, żadnego przesłania, które mogłoby przykuć uwagę słuchaczy, a jego ton i cały sposób wygłoszenia mowy wyraźnie dawały to do zrozumienia. Jak mógł się spodziewać, że słuchacze będą zainteresowani jego słowami, skoro on sam nie był? Wciąż odnosił się do przeczytanego artykułu, powtarzając, że autor powiedział to i to. W jego przemówieniu było za dużo „Forbes'a", a niestety za mało pana Jacksona.

Dlatego prowadzący grupę zwrócił się do niego mniej więcej tak: „Panie Jackson, nie jesteśmy zainteresowani bliżej nie znaną nam osobą autora tamtego artykułu. Tego człowieka tu nie ma. Nie widzimy go. Tym, co nas interesuje, to pan i pańskie przemyślenia. Proszę nam powiedzieć, co pan osobiście myśli, a nie, co powiedział ktoś inny. Niech w pańskich słowach będzie więcej pana Jacksona. Proszę przygotować ten sam temat na przyszły tydzień. Proszę jeszcze raz przeczytać ten artykuł i zadać sobie pytanie, czy zgadza się pan z jego autorem, czy nie. Jeśli się pan zgadza, niech pan dokładnie przemyśli jego tezy i sugestie i zilustruje je przy pomocy obserwacji z własnego doświadczenia. Jeśli się pan nie zgadza, proszę to wyraźnie zaznaczyć i powiedzieć nam, dlaczego. Niech ten artykuł stanie się zaledwie punktem wyjścia dla pana własnych przemyśleń i samodzielnie skonstruowanej mowy".

Pan Jackson poszedł za radą prowadzącego, jeszcze raz przeczytał ów artykuł, po czym stwierdził, że wcale nie zgadza się z jego autorem. Tym razem nie próbował przygotować się w ostatniej chwili w metrze. Dał sobie czas na dojrzewanie jego własnej opinii. Było to dziecko jego własnego umysłu, które rozwijało się i nabierało postury tak samo, jak działo się to z jego fizycznymi dziećmi. I podobnie jak jego córki, to umysłowe dziecko również rosło dzień i noc, gdy pan Jackosn nie był nawet tego świadom. Jedna z myśli przyszła mu do głowy, gdy któregoś dnia czytał coś w gazecie; innym razem niespodziewanie wpadł na pomysł pewnego przykładu, gdy dyskutował o danej sprawie z przyjacielem. Jego przemyślenia pogłębiały się i rozrastały, temat nabierał treści i ciężaru, gdy zastanawiał się nad nim w ciągu tego tygodnia.

Gdy podczas kolejnego spotkania pan Jackson wstał, by zabrać głos, miał już coś, co było tylko jego, złoto, które wydobył z własnej kopalni, monety wytłoczone we własnej mennicy. Mówił znacznie bardziej interesująco, gdyż tym razem nie zgodził się z autorem artykułu. Bycie przeciw zawsze pomaga przykuć uwagę słuchaczy.

Cóż za niezwykły kontrast między dwoma przemówieniami tego samego człowieka, wygłoszonymi na ten sam temat i to w odstępie zaledwie tygodnia! Jakże kolosalną różnicę może sprawić właściwe przygotowanie.

A oto jeszcze jedna ilustracja dotycząca tego, co należy, a czego nie należy robić w ramach właściwego przygotowania. Pewna kobieta, nazwijmy ją pani Flynn, była uczestniczką mojego kursu w Waszyngtonie District Columbia. Któregoś razu postanowiła poświęcić swoją mowę stolicy państwa i opowiedzieć o jej zaletach. Pośpiesznie i powierzchownie zebrała fakty, umieszczone w broszurze wydanej przez Waszyngtońskie Biuro Turystyczne. Rezultat brzmiał nie najlepiej – treść była sucha, niespójna i nieprzemyślana. Pani Flynn nie poświęciła odpowiedniej uwagi wybranemu przez siebie zagadnieniu. Temat nie wzbudził jej entuzjazmu. Nie była dość głęboko przekonana do tego, o czym mówi, by jej myśli warte były ich wyrażenia. Jej wystąpienie wypadło blado, beznamiętnie i nikomu nie przyniosło żadnych korzyści.

PRZEMÓWIENIE, KTÓRE NIE MOŻE BYĆ PORAŻKĄ

Dwa tygodnie później stało się coś, co głęboko poruszyło panią Flynn: z publicznego garażu skradziono jej Cadillaca. Czym prędzej poszła na policję i zaoferowała nagrodę za odzyskanie samochodu, lecz wszystko na próżno. Usłyszała, że nic nie da się w tej sytuacji zrobić; choć jeszcze tydzień wcześniej ci sami funkcjonariusze jakoś nie byli tacy bezradni, gdy wlepiali jej mandat, bo przekroczyła dozwolony czas parkowania o zaledwie piętnaście minut. Ci gnuśni gliniarze, którzy byli tak zajęci irytowaniem szanowanych obywateli, że nie starczało im już czasu na łapanie przestępców, wzbudzili jej gniew. Pani Flynn była oburzona. W tej sytuacji z pewnością miała coś do powiedzenia; były to słowa z krwi i kości, zamiast suchych faktów, pochodzących z broszury Biura Turystycznego – myśli, które wyrosły na gruncie jej własnych doświadczeń. To, co wtedy mówiła, stanowiło część prawdziwego świata, część jej uczuć i przekonań. Jej mowa na temat zalet stolicy została pieczołowicie przygotowana zdanie po zdaniu; teraz zaś po prostu stanęła i otworzyła usta, a słowa potępienia, skierowane ku waszyngtońskiej policji, wylały się z niej i popłynęły gorącym strumieniem, niczym lawa z czynnego Wezuwiusza. Mowa taka jak ta jest niemal niezawodna. Istnieją znikome szanse na to, że okaże się porażką. O jej powodzeniu decyduje własne doświadczenie plus odrobina refleksji.

CZYM NAPRAWDĘ JEST PRZYGOTOWANIE

Czy przygotowanie mowy polega na zebraniu pewnej liczby atrakcyjnych fraz i zapisaniu ich bądź zapamiętaniu? Nie. Czy oznacza zgromadzenie kilku obiegowych opinii, które bardzo niewiele mówią o samym mówcy? Ani trochę. Przygotowanie mowy to zebranie swoich własnych myśli, własnych pomysłów, przekonań i pragnień. Bo przecież każdy ma jakieś własne przemyślenia, własne pragnienia. Mamy je nieustannie, w każdej chwili dnia. Mamy je nawet w nocy, gdy śpimy, co widać w naszych snach. Cała nasza egzystencja przesiąknięta jest uczuciami i wszelkiego rodzaju doświadczeniami. Wszystko to leży głęboko w naszej podświadomości, odczucia i pragnienia tak liczne, niczym kamienie na morskim brzegu. Przygotowanie to zastanawianie się, rozmyślanie, przypominanie sobie różnych rzeczy, wybieranie tego, co najbardziej do ciebie przemawia, następnie doskonalenie wybranych myśli, polerowanie ich i układanie w spójną całość, w swoją własną mozaikę. Nie wydaje się to zadaniem nad wyraz trudnym, prawda? Bo takim nie jest. Wymaga to jedynie odrobiny koncentracji i ukierunkowanego zastanowienia.

Zapytałem kilku dobrze znanych mówców, co jest sekretem ich sukcesu. Jeden z nich, Dwight L. Moody, jeden z wielkich kaznodziejów i ewangelistów swoich czasów, odparł:

Nie mam żadnego sekretu. Gdy wybieram jakiś temat, zapisuję go na wierzchu dużej koperty. Mam wiele takich kopert. Jeśli, kiedy coś czytam, trafię na jakąś niezłą myśl dotyczącą tematu, który mam poruszyć, zapisuję ją i wkładam do właściwej koperty, po czym pozwalam jej tam leżeć. Zawsze mam przy sobie notatnik, i jeśli usłyszę coś, co rzuci nieco światła na mój temat, zapisuję to, po czym również wkładam do odpowiedniej koperty. Wszystko to może tam leżeć nawet rok czy więcej. Gdy mam wygłosić jakieś nowe kazanie, biorę jedną z takich kopert i wyjmuję całą jej zawartość. To, co się tam znajduje, plus moje własne przemyślenia, to materiał w pełni wystarczający. W zasadzie to ciągle powtarzam to, co już kiedyś mówiłem, wprowadzając pewne zmiany – trochę biorę stąd, trochę dodaję tam. W ten sposób moje kazania nigdy się nie starzeją.

MĄDRA RADA DZIEKANA BROWNA Z YALE

Gdy Yale Divinity School [Wyższa Szkoła Teologii] w Yale obchodziła setną rocznicę założenia, jej dziekan, dr Charles Reynold Brown wygłosił serię wykładów na temat sztuki głoszenia kazań. Co tydzień od ponad trzydziestu lat dr Brown sam przygotowywał swoje kazania i wykłady, a także uczył innych, jak to robić, i jak je wygłaszać. Dlatego też miał pełne prawo, by udzielić pewnej mądrej rady w tym zakresie; rady, która ma zastosowanie zarówno dla duchownego, który przygotowuje kazanie na temat dziewięćdziesiątego pierwszego Psalmu, jak i dla producenta obuwia, przygotowującego przemowę z okazji święta związków zawodowych. Pozwoliłem sobie zacytować tu ową radę:

> Dokładnie przemyśl swój temat i fragment Pisma, wokół którego masz zbudować kazanie. Rozmyślaj na tym tak długo, aż owe słowa staną się miękkie i elastyczne. Zobaczysz, jak na ich gruncie rodzi się całe mnóstwo obiecujących myśli, jeśli tylko stworzysz dla ukrytych w nich drobnych zalążków życia warunki sprzyjające wzrostowi i rozwojowi...
>
> Rezultat będzie znacznie lepszy, jeśli cały proces będzie trwać dość długo, najlepiej aż do dnia poprzedzającego dzień wygłoszenia kazania. Jeśli duchowny będzie przechowywać w swoim umyśle dane przesłanie przez miesiąc, sześć miesięcy, a może i rok, zanim podzieli się nim z wiernymi, będzie miał szansę wzbogacić je o nowe pomysły, nieustannie z niego wypływające, dzięki czemu osiągnie ono w pełni dojrzałą formę. Mówca może medytować nad tym przesłaniem, gdy idzie ulicą, albo gdy spędza kilka godzin w pociągu, a oczy są zbyt zmęczone, by czytać.
>
> Może też dumać nad nim nawet w nocy. Lepiej jest dla duchownego, jeśli nie będzie zabierał ze sobą do łóżka swojego kościoła czy swoich kazań – pulpit to doskonałe miejsce do nauczania, lecz niezbyt dobry towarzysz snu. Mimo to, cza-

sem zdarza się, że wstaję w środku nocy, by zapisać jakąś myśl, która akurat przyszła mi do głowy, gdyż boję się, że do rana może mi ulecieć...

Gdy jesteś w trakcie zbierania materiału do jakiegoś konkretnego kazania, zapisuj wszystko, co przychodzi ci na myśl w związku danym tematem i fragmentem Pisma, który ma być przedmiotem rozważań. Zapisz to, co uderzyło cię w tym fragmencie, gdy po raz pierwszy go wybrałeś. Zapisz wszystkie wiążące się z nim pomysły, jakie teraz, w tym momencie przychodzą ci do głowy...

Wszystko to umieść na papierze, w kilku słowach, by zaledwie uchwycić każdy z pomysłów. Niech twój umysł przez cały czas sięga po więcej, niech będzie zachłanny na wiedzę, jakby już nigdy miał nie ujrzeć innej książki. To sposób na ćwiczenie jego produktywności. Dzięki temu twoje procesy myślowe pozostaną świeże, oryginalne, twórcze...

Zapisz wszystkie pomysły, które są w pełni twoje, które zrodziły się bez żadnej pomocy z zewnątrz. Są one bardziej cenne dla twoich umysłowych procesów twórczych, niż rubiny, diamenty i złoto czystej próby. Zapisuj je najlepiej na jakichś kawałkach papieru, na odwrocie listów, fragmentach kopert, na makulaturze, na wszystkim, co wpadnie ci w ręce. To znacznie lepsze, niż używanie do tego celu ślicznych, czystych kartek papieru biurowego. I nie jest to tylko kwestia oszczędności – w ten sposób będzie ci o wiele łatwiej ułożyć treść kazania, gdy przystąpisz do porządkowania materiału.

Nie ustawaj w zapisywaniu wszystkiego, co przychodzi ci na myśl, przez cały czas mocno się zastanawiając nad danym tematem. Nie staraj się przyspieszyć tego procesu. To jedna z najważniejszych umysłowych transakcji, w jakich będziesz mieć przywilej uczestniczyć. I właśnie dzięki tej metodzie rośnie prawdziwie produktywna moc umysłu...

Przekonasz się, że kazania, jakich głoszenie sprawia ci największą przyjemność, oraz które najwięcej wnoszą w życie wiernych to te kazania, które w przeważającej mierze pochodzą z twojego wnętrza, rodząc się na gruncie twoich własnych przemyśleń. Są kością z twojej kości, ciałem z twojego ciała, dziećmi twojej własnej, umysłowej pracy, wynikiem twojej własnej, twórczej energii. Kazania, które powstają na drodze modyfikacji już istniejących, zawsze będą sprawiały wrażenie nieświeżych, „używanych”. Te zaś, które tętnią życiem i raźnym krokiem przekraczają próg świątyni, które, chwaląc Boga, trafiają do ludzkich serc i sprawiają, że człowiek rozwija skrzydła niczym orzeł i zaczyna podążać ścieżką sprawiedliwości, a jego krok nie słabnie – te prawdziwe kazania rodzą się na gruncie życiodajnej energii człowieka, który je wygłasza.

JAK LINCOLN PRZYGOTOWYWAŁ SWOJE PRZEMÓWIENIA

Jak Lincoln[3] przygotowywał swoje przemówienia? Na szczęście znamy fakty, a gdy będziesz czytać o jego metodzie, zauważysz, że dziekan Brown w swoim wykładzie zalecał niektóre z procedur, jakie Lincoln stosował już trzy czwarte wieku wcześniej. Jednym z najsłynniejszych przemówień Lincolna było to, w którym ogłosił swą proroczą wizję: „Dom skłócony nie może się ostać. Jestem przekonany, iż obecny rząd nie przetrwa, będąc w permanentnym stanie połowicznego zniewolenia i połowicznej wolności". Ta mowa zrodziła się w jego umyśle, gdy oddawał się swoim codziennym zajęciom, gdy spożywał posiłki, gdy szedł ulicą, doił krowę w stodole, gdy jak zwykle szedł do sklepu po mięso i warzywa – stary szal zarzucony na ramiona, w ręku kosz na zakupy, u boku kilkuletni syn, któremu buzia się nie zamyka, coraz bardziej rozdrażniony i szarpiący długie, kościste palce ojca, w daremnym wysiłku nakłonienia go do rozmowy. Lecz Lincoln, zanurzony we własnych myślach, zastanawiając się nad przemówieniem, wyglądał na nieświadomego obecności chłopca.

Podczas tego procesu dumania i obmyślania, od czasu do czasu coś zapisywał; jakieś zdania, fragmenty wypowiedzi i urywki myśli pojawiały się tu i tam, na starych kopertach, kawałkach papieru, skrawkach wydartych z papierowych toreb – na wszystkim, co było pod ręką. Lincoln chował te zapiski pod denkiem kapelusza i nosił tam dotąd, aż był gotów usiąść i je uporządkować, przejrzeć i spisać w całość, nadając swoim słowom kształt odpowiedni do wygłoszenia i publikacji.

W trakcie kampanii 1858 roku senator Stephen Douglas wygłaszał to samo przemówienie gdziekolwiek się udał. Lincoln natomiast ciągle rozmyślał, zgłębiał temat i zastanawiał się, aż uznał, że łatwiej mu jest każdego dnia wygłaszać nową mowę, niż powtarzać poprzednią. Temat przewodni wciąż rozwijał się i ewoluował w jego umyśle.

Na krótko przed przeprowadzką do Białego Domu wziął egzemplarz Konstytucji i trzy przemówienia, po czym zamknął się w obskurnym, zakurzonym zapleczu sklepu w Springfield i, posiłkując się jedynie tymi czterema dokumentami, z dala od wszystkiego, co mogłoby mu przeszkadzać, napisał swoją mowę inauguracyjną.

Jak Lincoln przygotował swoją mowę z Gettysburga? Niestety, krążą na ten temat różne fałszywe opowieści. Prawdziwa historia jest jednak fascynująca. Oto ona:

Gdy komisja zawiadująca cmentarzem w Gettysburgu postanowiła zorganizować oficjalną uroczystość ku czci poległych, zaprosiła Edwarda Everetta, by wygłosił mowę. Everett pełnił w swoim życiu wiele wysokich funkcji (był ministrem, rek-

[3] Abraham Lincoln (ur. 12 lutego 1809 roku w hrabstwie Hardin, Kentucky, zm. 15 kwietnia 1865 roku w Waszyngtonie) – 16. prezydent Stanów Zjednoczonych i zarazem pierwszy, którego zamordowano. Słynna przemowa prezydenta Lincolna, nazwana później adresem gettysburskim, została wygłoszona 19 listopada 1863 roku, podczas uroczystości na cmentarzu poległych pod Gettysburgiem żołnierzy Unii. Gdy ponownie wygrał wybory prezydenckie w 1864 roku wojna secesyjna miała się ku końcowi. Lincoln pragnął jak najszybszego zawarcia pokoju i włączenia obywateli obu zwaśnionych stron do odbudowy kraju. Program ów zawarł w swym słynnym drugim przemówieniu inauguracyjnym w marcu 1865 roku.

torem Harvardu, gubernatorem Massachusetts, senatorem, sekretarzem stanu) i generalnie uważany był za najbardziej sprawnego, amerykańskiego mówcę. Datą pierwotnie wyznaczoną na uroczystość był 23 października 1863 roku. Pan Everett bardzo mądrze oznajmił, że jest niemożliwe, by w tak krótkim czasie zdołał się odpowiednio przygotować. Dlatego dokonano przesunięcia terminu na 19 listopada, dając mu niemal miesiąc więcej. Trzy ostatnie dni tego okresu Everett spędził w Gettysburgu, przechadzając się po polu bitwy i zapoznając się ze wszystkim, co miało tam miejsce. Tamten czas rozmyślań i zadumy był najdoskonalszym przygotowaniem, sprawiając, że bitwa pod Gettysburgiem ożyła w jego wyobraźni, stała się dla niego rzeczywista.

Zaproszenia na uroczystość otrzymali wszyscy członkowie Kongresu, a także prezydent wraz z całym gabinetem. Większość członków gabinetu odmówiła przyjścia, dlatego komisja była zaskoczona, gdy Lincoln potwierdził swą obecność. Czy powinni poprosić go o zabranie głosu? Nie było tego w planach. Pojawiły się głosy sprzeciwu. Lincoln nie będzie mieć czasu na przygotowanie. Poza tym, nawet gdyby ten czas miał, to czy by sobie poradził? Bo prawdę mówiąc, całkiem nieźle radził sobie na debatach dotyczących niewolnictwa czy podczas wygłaszania mowy do Związku Bednarzy, ale nikt jeszcze nie słyszał go przemawiającego na żadnej uroczystości ku czci poległych. Było to bardzo poważne i uroczyste wydarzenie. Nie powinni ryzykować. Lecz gdyby tylko członkowie komisji byli w stanie zajrzeć w przyszłość, przekonaliby się, że ów człowiek, którego zdolności poddają teraz w wątpliwość, wygłosi z tej okazji mowę, która zostanie powszechnie uznana za jedno z najbardziej nieprzemijających przemówień, jakie kiedykolwiek wyszło z ust ludzkich.

W końcu, dwa tygodnie przed uroczystością, wysłano Lincolnowi spóźnione zaproszenie do wygłoszenia „kilku stosownych uwag". Owszem, właśnie tak to ujęto: „kilka stosownych uwag". Z takimi słowami do prezydenta Stanów Zjednoczonych!

Lincoln natychmiast rozpoczął przygotowania. Napisał do Edwarda Everetta z prośbą o kopię przemówienia, jakie ten znakomity uczony miał wygłosić. Następnie, dzień czy dwa dni później, udając się na umówioną sesję fotograficzną, zabrał ze sobą rękopis Everetta, by zapoznać się z nim w studiu w wolnych chwilach. Całymi dniami myślał o swojej mowie, rozmyślał nad nią w drodze między Białym Domem a gabinetem wojennymi, gdy odpoczywał na skórzanej kanapie, czekając na telegraf z najnowszymi wieściami z frontu. Na kawałku papieru napisał wstępny szkic, po czym schował go pod denkiem swojego wysokiego, jedwabnego kapelusza. Nieustannie zastanawiał się nad treścią czekającego go przemówienia, które rozwijało się w jego umyśle, stopniowo i nieprzerwanie nabierając kształtu. W ostatnią niedzielę przed uroczystością, Lincoln powiedział waszyngtońskiemu dziennikarzowi, Noahowi Brooksowi: „Przemówienie nie jest jeszcze dokładnie napisane. Nie jest skończone. Przepisywałem je już dwa czy trzy razy i będę musiał nanieść jeszcze ostatnie poprawki, zanim efekt będzie zadowalający".

Lincoln przybył do Gettysburga w przeddzień uroczystości. Niewielkie miasto wypełnione było przyjezdnymi do granic możliwości: jego zwykła populacja, licząca 1300 mieszkańców, nagle urosła do 15 tysięcy. Chodniki były zatłoczone, zupełnie nie do przejścia, mężczyźni i kobiety wylegli na brudne ulice. Grało kilka orkiestr; śpiewano „John Brown's Body". Przed domem, gdzie przyjmowano Lincolna, zebrał się spory tłum. Zgromadzeni witali go muzyką, domagali się przemówienia. Prezydent odpowiedział kilkoma dość szorstkimi słowami, dając wyraźnie do zrozumienia, że na przemowę przyjdzie czas jutro, po czym opuścił towarzystwo, by resztę wieczora poświęcić „nanoszeniu ostatnich poprawek". Udał się nawet do sąsiedniego domu, gdzie zatrzymał się sekretarz Seward, i przeczytał mu efekt swoich wysiłków, by wysłuchać ewentualnych uwag. Nazajutrz po śniadaniu kontynuował doskonalenie przemówienia, aż ktoś zastukał do jego drzwi z informacją, iż nadszedł czas, by Lincoln zajął miejsce w orszaku. Pułkownik Carr, który jechał tuż za prezydentem, powiedział później: „Gdy orszak ruszył z miejsca, Lincoln siedział sztywno wyprostowany na swoim koniu, wyglądając jak prawdziwy dowódca armii; jednak już po chwili jego ciało pochyliło się do przodu, ramiona zwiotczały, a głowa zaczęła się kołysać. Zdawał się być pochłonięty myślami".

Możemy się jedynie domyślać, że nawet wtedy rozmyślał nad treścią swojej krótkiej mowy, złożonej z dziesięciu nieśmiertelnych zdań, zastanawiając się nad „ostatnimi poprawkami".

Niektóre z przemówień Lincolna, te, których temat interesował go jedynie powierzchownie, były niekwestionowaną porażką; lecz jeśli chodzi o kwestie dotyczące niewolnictwa i związków zawodowych, potrafił mówić z niezwykłym żarem i mocą. Dlaczego? Ponieważ te problemy leżały mu głęboko na sercu, stanowiąc przedmiot jego nieustannej troski. Pewien człowiek, który któregoś razu dzielił z nim pokój w gospodzie w Illinois, pamięta, jak następnego ranka obudził się i ujrzał Lincolna siedzącego na łóżku i patrzącego w ścianę, a pierwsze, co wtedy od niego usłyszał, to słowa: „Ten rząd nie przetrwa, będąc w permanentnym stanie połowicznego zniewolenia i połowicznej wolności".

Jak Chrystus przygotowywał swoje mowy? Oddalał się od tłumów. Myślał. Dumał. Zastanawiał się. Wychodził samotnie na pustynię, gdzie medytował i pościł przez czterdzieści dni i czterdzieści nocy. Jak wspomina św. Mateusz: „Odtąd począł Jezus kazać"[4]. Niedługo potem wygłosił jedną z najsłynniejszych na świecie „mów": Kazanie na Górze.

„To wszystko jest bardzo interesujące – ktoś może powiedzieć – ale ja wcale nie pragnę zostać nieśmiertelnym mówcą. Chcę tylko umieć powiedzieć kilka zdań, gdy od czasu do czasu zabieram głos w pracy, w klubie, czy podczas jakiegoś spotkania".

To prawda, i twoje pragnienia są dla autora w pełni zrozumiałe. Ta książka została napisana w konkretnym celu, jakim jest pomoc ludziom takim jak ty w osią-

[4] Ewangelia Św. Mateusza, 4.17.

gnięciu właśnie tego. Lecz bez względu na to, w jakich okolicznościach i dla jakiej sprawy zabierasz głos, możesz odnieść korzyści i do pewnego stopnia posłużyć się metodami, jakimi posługiwali się ci słynni mówcy sprzed lat.

JAK PRZYGOTOWAĆ MOWĘ

Niektórzy z czytelników tej książki mogą być uczestnikami jednego z licznych kursów wystąpień publicznych, które w swoim programie wykorzystują zawarte tu treści. W czasie takiego kursu słuchacze kilkakrotnie proszeni są o wygłoszenie mowy. Na jaki temat powinieneś mówić? Na jakikolwiek, który wzbudza twoje zainteresowanie. Niektórzy potrafią wybrać własny temat, inni potrzebują sugestii prowadzącego.

Nie popełniaj niemal powszechnego błędu i nie próbuj zamknąć zbyt wielu treści w jednej, krótkiej mowie. Wystarczy, że wybierzesz jedną czy dwie kwestie, związane z danym tematem, i odpowiednio je rozwiniesz. Będzie doskonale, jeśli zdołasz to zrobić podczas krótkich mów, wymaganych w toku większości takich kursów.

Już tydzień wcześniej wybierz temat swojej mowy, by mieć dość czasu na dokładne przemyślenia. Myśl o tym temacie przez siedem dni, śnij o nim przez siedem nocy. Myśl o nim tuż przed udaniem się na spoczynek i nazajutrz rano przy śniadaniu, myśl kiedy bierzesz prysznic, jedziesz do miasta, czekasz na windę; rozmyślaj przy lunchu i w drodze na spotkanie. Dyskutuj o nim zc swoimi przyjaciółmi; niech dane zagadnienie stanie się tematem waszych rozmów.

Zadawaj sobie związane z nim pytania. Jeśli, na przykład, masz zamiar mówić o rozwodzie, zadaj sobie pytanie, co może być jego przyczyną, jakie są jego ekonomiczne i społeczne skutki. Czy powinny istnieć jednolite regulacje prawne dotyczące rozwodów? Dlaczego? Czy powinny istnieć jakiekolwiek regulacje prawne w tej kwestii? Czy należałoby uczynić rozwody trudniejszymi? Łatwiejszymi?

Przypuśćmy, że chcesz mówić o tym, dlaczego zapisałeś się na kurs wystąpień publicznych. W takiej sytuacji powinieneś zadać sobie następujące pytania: Co sprawia mi problem? Co mam nadzieję wynieść z takiego szkolenia? Czy mam już za sobą jakieś publiczne wystąpienie, jakąś mowę przed szerszym gronem słuchaczy? Jeśli tak, to kiedy to było? Gdzie? Co wtedy zaszło? Dlaczego uważam taki kurs za cenny? Czy znam ludzi, którzy posuwają się dynamicznie do przodu w swoich karierach zawodowych czy w innych dziedzinach życia, co w dużej mierze zawdzięczają swojej pewności siebie, stylowi bycia, umiejętności przekonującego mówienia? Czy znam innych, którzy prawdopodobnie nigdy nie osiągną zadowalającego sukcesu, gdyż brak im odpowiednich zdolności? Bądź konkretny. Opowiedz historie tych ludzi, bez podawania nazwisk.

Jeśli wstaniesz i przez dwie czy trzy minuty będziesz mówić, zachowując jasność umysłu, to na razie wszystko, czego będzie się od ciebie wymagać podczas tych kilku pierwszych wypowiedzi. Temat w stylu „dlaczego zapisałem się na kurs" jest dość łatwy. Wystarczy, że spędzisz nieco czasu na wyborze i uporządkowaniu materiału, a niemal z pewnością zdołasz wszystko dokładnie zapamiętać, gdyż będziesz przecież mówić o swoich własnych obserwacjach, własnych pragnieniach i doświadczeniach.

Z drugiej strony, załóżmy, że chcesz poruszyć temat dotyczący twojej pracy bądź zawodu. Jak zabrać się za przygotowanie takiej mowy? Masz już wystarczająco dużo materiału. Wszystko sprowadza się zatem do jego wyboru i uporządkowania. Nie próbuj przekazać słuchaczom całej wiedzy na dany temat w ciągu zaledwie trzech minut. Tego nie da się zrobić. Efekt będzie zbyt pobieżny, zbyt wyrywkowy. Weź na warsztat tylko jedno zagadnienie, po czym opracuj je i rozwiń. Na przykład, spróbuj opowiedzieć, jak wyglądała twoja droga do danej działalności czy profesji, jak zostałeś tym, kim jesteś. Czy jest to dzieło przypadku, czy może wynik świadomych działań? Opowiedz o swoich wczesnych zmaganiach, o porażkach, nadziejach, sukcesach. Niech to będzie rodzaj narracji, jaki można znaleźć np. w „Rider's Digest", historia wzbudzająca zainteresowanie. Prawdziwa, osobista historia z czyjegoś życia – opowiedziana skromnie i bez tonu obraźliwego egotyzmu – to historia zawsze zajmująca. To niemal niezawodny materiał na mowę. Albo porusz inną kwestię: z jakimi problemami musisz się w pracy mierzyć? Jakich rad mógłbyś udzielić komuś, kto dopiero wkracza na tę drogę?

Inny pomysł: opowiedz o ludziach, z którymi nawiązałeś kontakt – o ludziach uczciwych i nieuczciwych. Opowiedz o swoich problemach z osobami, które zatrudniasz, lub z którymi współpracujesz; o problemach z klientami. Czy praca, którą wykonujesz, wzbogaciła twoją wiedzę na temat ludzkiej natury – najbardziej interesującego zagadnienia na świecie? Jeśli zaczniesz mówić o technicznej stronie swojej pracy, o rzeczach, nie o ludziach, bardzo szybko możesz znudzić słuchaczy. Co innego sylwetki, osobowości – to zawsze doskonały temat, niemal pewny strzał w dziesiątkę.

Ponad wszystko zaś, postaraj się, by twoje słowa nie miały charakteru abstrakcyjnego nauczania. Słuchacze się tym znudzą. Niech to, co mówisz, będzie jak ciasto przekładaniec, złożone z ogólnych twierdzeń popartych przykładami. Pomyśl o konkretnych przypadkach, jakie znasz z obserwacji, oraz o fundamentalnych prawdach, jakie, według ciebie, znajdują w nich odzwierciedlenie. Przekonasz się też, że są one znacznie łatwiejsze do zapamiętania niż przypadki abstrakcyjne; że znacznie łatwiej się o nich mówi. Wesprą one i rozjaśnią twoją mowę.

A oto przykład takiej mowy, przygotowanej przez pewnego bardzo interesującego pisarza. Jest to fragment artykułu B. A. Forbesa, poruszającego zagadnienie konieczności delegowania zadań przez kierowników swoim współpracownikom. Zwróć uwagę na „ilustracje" – plotki na temat ludzi.

Wiele z dzisiejszych, ogromnych przedsiębiorstw było niegdyś firmami zarządzanymi jednoosobowo. Większość z nich utraciła już ten status. Mimo, że „każda wspaniała organizacja jest wydłużonym cieniem jednego człowieka", prowadzenie firmy odbywa się dziś na tak kolosalną skalę, że nawet najbardziej kompetentny człowiek musi zgromadzić wokół siebie zdolnych wspólników, którzy pomogą mu trzymać wszystko w ryzach.

F. W. Woolworth, założyciel tanich sklepów, które noszą jego nazwisko, powiedział mi kiedyś, że przez wiele lat jego firma była właśnie takim jednoosobowo prowadzonym przedsięwzięciem. W końcu mocno podupadł na zdrowiu i gdy tak tydzień za tygodniem leżał w szpitalu, zdał sobie sprawę, że jeśli jego firma ma się rozwijać, na co miał nadzieję, to będzie musiał podzielić się obowiązkami kierowniczymi.

Przez długi czas Bethlehem Steel była firmą zarządzaną jednoosobowo. Charles M. Schwab pociągał za wszystkie sznurki. Z biegiem lat Eugene G. Grace wzmocnił swoją pozycję w przedsiębiorstwie, przerastając kompetencjami samego szefa. Dziś Bethlehem Steel nie jest już kojarzona jedynie z nazwiskiem Schwab.

Na początku swojej działalności firma Eastman Kodak to był jeden człowiek; George Eastman. Jednak był on na tyle mądry, by już dawno temu stworzyć sprawnie działającą organizację. Wszyscy najwięksi chicagowscy wytwórcy przeszli przez podobną przemianę w początkowej fazie funkcjonowania, czyli jeszcze za czasów swoich założycieli. Standard Oil, wbrew obiegowej opinii, nigdy nic była zarządzana jednoosobowo po tym, gdy rozrosła się do sporych rozmiarów organizacji.

J. P. Morgan, choć tak potężny, był gorącym zwolennikiem dobierania sobie kompetentnych partnerów i dzielenia z nimi ciężaru odpowiedzialności.

Nadal spotkać można ambitnych liderów biznesu, którzy woleliby sami pociągać za wszystkie sznurki, jednak chcąc nie chcąc, i oni zmuszani są przez rangę i rozmiar dzisiejszych operacji rynkowych do tego, by delegować zadania zespołom współpracowników.

Niektórzy ludzie, wypowiadając się na temat swojej działalności zawodowej, popełniają niewybaczalny błąd mówienia jedynie o tym, co interesuje ich samych. Czy mówca nie powinien raczej upewnić się, jakie zagadnienia przykują uwagę jego słuchaczy? Czy nie powinien postarać się nawiązać do ich osobistych zainteresowań? Jeśli, na przykład, zajmuje się sprzedażą ubezpieczeń od pożaru, niech opowie, jak zapobiegać pożarom w miejscu zamieszkania. Jeśli jest bankierem, niech podzieli się jakimiś radami dotyczącymi finansów lub inwestycji. Gdy przygotowujesz swoje przemówienie dowiedz się kim są ludzie, do których będziesz mówić. Zastanów się, czego mogą chcieć, czego pragnąć – czasem odniesienie się do tych pragnień to już połowa wygranej.

Podczas przygotowania pewnych tematów zaleca się, jeśli tylko czas pozwoli, sięgnięcie po różne publikacje; warto sprawdzić, co inni powiedzieli na ten sam temat. Ale nie bierz się za ową lekturę, zanim sam nie przemyślisz danego zagadnienia. To bardzo ważne. Gdy już to zrobisz, udaj się do biblioteki publicznej i powiedz bibliotekarzowi, czego potrzebujesz. Jeśli nie masz nawyku zbierania materiałów, prawdopodobnie będziesz zaskoczony ilością i rodzajem publikacji, jakie mogą zostać przedłożone do twojej dyspozycji – specjalne opracowania na interesujący cię temat, streszczenia i akta debat, zawierające główne argumenty obu stron w danej sprawie, będącej przedmiotem publicznej dyskusji. Istnieją listy artykułów prasowych, poruszających różne zagadnienia, księgi faktów, almanachy i wszelkiego rodzaje publikacje encyklopedyczne. Są to narzędzia w twoim warsztacie. Posługuj się nimi. Od niedawna mamy też możliwość korzystania z Internetu, będącego potężnym źródłem informacji na niemal każdy temat.

SEKRET ZAPASÓW MOCY

Luther Burbank, prawdopodobnie największy botanik wszechczasów, na krótko przed swoją śmiercią powiedział: „Nieraz zdarzało się, że produkowałem milion sadzonek tylko po to, by znaleźć jedną czy dwie doskonałe, po czym niszczyłem wszystkie pozostałe". W pewnym stopniu również i mowa powinna być przygotowana w duchu takiej rozrzutności i wybiórczości. Zbierz sto myśli, po czym odrzuć dziewięćdziesiąt.

Zgromadź więcej materiałów i informacji, niż jesteś w stanie wykorzystać. Zdobądź je dla dodatkowej pewności siebie, dla większej znajomości rzeczy. To z kolei da pewien komfort umysłowy i psychiczny i odbije się pozytywnie na całym sposobie mówienia. To podstawowy i bardzo ważny czynnik procesu przygotowania; mimo to wielu mówców, zarówno tych publicznych, jak i prywatnych, wciąż go pomija.

„Przeszkoliłem setki przedstawicieli handlowych i wielu pracowników obsługi klienta – powiedział pewien uznany dyrektor sprzedaży. – Główny problem, słaba strona u większości z nich, co odkryłem, to był brak świadomości, jak ważna jest dogłębna znajomość swoich produktów oraz zdobycie takiej wiedzy jeszcze przed nawiązaniem kontaktu z klientem".

„Wielu handlowców przychodziło do mojego biura i po otrzymaniu opisu jakiegoś produktu wraz z krótkim przykładem, jak mają rozmawiać z klientem, natychmiast chciało iść i sprzedawać. Wielu z nich nie wytrzymało na swoim stanowisku jednego tygodnia, a spora część miała dość już po czterdziestu ośmiu godzinach. Szkoląc handlowców z branży spożywczej, usiłowałem zrobić z nich ekspertów od wyżywienia. Zachęcałem ich do analizy opracowań U.S. Department of Agriculture [Ministerstwa Rolnictwa] dotyczących różnych produktów spożywczych – ile dany produkt zawiera wody, ile białka, węglowodanów, tłuszczów i innych składników. Skłaniałem ich do pogłębienia wiedzy na temat produktu, poznania jego składu zanim zaczną sprzedawać; uzupełniania wykształcenia i zdawania egzaminów; do sprzedawania danych produktów innych handlowcom. Najlepsze mowy nagradzałem.

„Często miałem do czynienia z handlowcami, którzy niecierpliwili się podczas tej wstępnej fazy przygotowań, podczas której dokładnie poznawali oferowane przez siebie produkty". Mówili: „Nie będzie czasu, żeby opowiadać o tym właścicielom sklepów spożywczych. Ci ludzie są zbyt zajęci. Gdy zacznę mówić o tych wszystkich białkach i węglowodanach, nie będą chcieli słuchać, a jeśli będą, nie zrozumieją, o co chodzi". Wtedy odpowiadałem: „Nie zdobywasz całej tej wiedzy dla swojego klienta, ale dla siebie samego, dla swojej własnej korzyści. Jeśli poznasz swój produkt od A do Z, będziesz go czuć w sposób, który trudno wytłumaczyć. Będziesz tak pozytywnie naładowany, tak uzbrojony i umocniony w swoim podejściu do tego, co robisz, że klientom trudno będzie ci się oprzeć, a konkurencji pokonać".

Ida M. Tarbell, znana historyk ze Standard Oil Company, powiedziała autorowi, że wiele lat temu, gdy była w Paryżu, niejaki S. S. McClure, założyciel magazynu „McClure", poprosił ją o napisanie krótkiego artykułu o transatlantyckim kablu telegraficznym. Tarbell pojechała do Londynu, spotkała się z europejskim dyrektorem dużej firmy kablowej i zdobyła potrzebne informacje. Ale to nie był koniec jej przygotowań. Chciała poznać więcej faktów, rozbudować ich zaplecze, dlatego udała się do Muzeum Brytyjskiego, by przyjrzeć się różnym rodzajom przewodów elektrycznych; sięgnęła po lekturę książek na temat historii elektryczności. Następnie odwiedziła zakład na obrzeżach Londynu, by zobaczyć proces konstrukcji kabli.

Po co zebrała dziesięć razy więcej informacji i danych, niż mogła wykorzystać? Zrobiła to po to, by zdobyć pewien zapas mocy; wiedziała, że rzeczy, o których się dowie, lecz których nie wykorzysta w artykule, dodadzą siły i kolorytu nielicznym informacjom, jakie w nim umieści.

Pewien zawodowy mówca, który w ciągu lat przemawiał do około trzydziestu milionów słuchaczy, wyznał, że gdyby po skończonym przemówieniu nie zostało mu jeszcze wielu świetnych myśli do wykorzystania, miałby poczucie, że jego wystąpienie było porażką. Dlaczego? Bo z długiego doświadczenia wiedział, że mowy udane to te, które obfitują w materiał zapasowy, w mnóstwo informacji dodatkowych, których mówca po prostu nie ma czasu wykorzystać.

„Że co?! – zaprotestujesz. – Jak niby mam znaleźć czas na to wszystko? Mam pracę, rodzinę i całą masę zobowiązań. Nie mogę biegać do muzeów i bibliotek, czytać książek i całymi dniami chodzić i mamrotać tekst wystąpienia".

Ciągle słyszę podobne wymówki, dlatego postanowiłem wziąć je pod uwagę. Radzę moim uczniom, by mówili na temat, na który mają już pewne przemyślenia. Podczas kursu zdarza się, że zamiast z wyprzedzeniem otrzymywać polecenie przygotowania jakiejś mowy, proszeni są o błyskawiczne zaimprowizowanie kilku zdań na zadany temat. To najlepsze ćwiczenie samodzielnego myślenia – czegoś, co musisz robić podczas większości dyskusji.

Dr Franklin C. Ashby, współczesny uczeń Dale'a Carnegie, dodaje takie oto sugestie:

- Jak najwięcej dowiedz się na temat, na jaki zamierzasz mówić. Zbierz wszelkie możliwe informacje dotyczące danego zagadnienia. Zapisz pomysły, kluczowe słowa bądź frazy.
- Skorzystaj ze wszystkich dostępnych ci źródeł, by dosłownie przesiąknąć informacjami.
- Zajrzyj do Internetu i sięgnij do różnych specjalistycznych publikacji, by poznać najnowsze osiągnięcia w dziedzinie, o której będziesz mówić.
- Określ główne kwestie, jakie chcesz poruszyć. Podkreśl je w swoich notatkach.
- Przygotuj i uporządkuj fakty dotyczące poszczególnych kwestii.
- Przygotuj notatki i ilustracje (gdzie jest to wskazane), by mieć pewność, że każde zagadnienie zostanie omówione jasno i zrozumiale.
- Bądź świadom głosów przeciwnych twoim tezom i przemyśleniom; bądź przygotowany na zmierzenie się z nimi i odparcie ich.

Pójdź za sugestiami, przedstawionymi w tym rozdziale. Dzięki nim zyskasz łatwość i swobodę wypowiedzi, a także umiejętność skutecznego przygotowania mowy.

Jeśli przygotowanie i zaplanowanie przemowy będziesz odkładać do momentu, aż w twoim grafiku pojawi się nieco czasu wolnego, to prawdopodobnie nigdy się za to nie weźmiesz. Czy nie łatwiej jest robić to na zasadzie nawyku? Radzę wyznaczyć jeden wieczór w tygodniu, od ósmej do dziesiątej, który poświęcisz jedynie temu zadaniu. To metoda pewna i systematyczna. Spróbuj.

W SKRÓCIE

- Gdy mówca ma w umyśle i w sercu prawdziwe przesłanie – gdy posiada wewnętrzne pragnienie mówienia – niemal z pewnością zasłuży na uznanie. Dobrze przygotowana mowa to sukces w dziewięćdziesięciu procentach.
- Czym jest przygotowanie? Zapisaniem kilku mechanicznie ułożonych zdań? Zapamiętaniem tekstu? W żadnym razie. Prawdziwe przygotowanie to wydobycie czegoś z samego siebie, to zebranie i uporządkowanie własnych myśli, to pielęgnowanie i kształtowanie własnych przekonań.
- Nie próbuj stworzyć mowy w ciągu trzydziestu minut. Dłuższa wypowiedź nie jest czymś, co można wysmażyć niczym stek. Ona potrzebuje czasu na rozwój. Na dość długo przed terminem wystąpienia wybierz temat, po czym myśl o nim

w różnych chwilach w ciągu dnia, rozmyślaj nad nim, śnij o nim. Poruszaj go w rozmowach z przyjaciółmi; niech stanie się przedmiotem waszych dyskusji. Zadawaj sobie wszelkie możliwe pytania, jakie się z nim wiążą. Zapisuj na kawałkach papieru wszelkie myśli i przykłady, jakie przychodzą ci do głowy, i wciąż szukaj nowych. Myśli, sugestie i przykłady będą napływać do ciebie w rozmaitych momentach – podczas kąpieli, jazdy samochodem, gotowania kolacji. To metoda niemal wszystkich uznanych mówców.

- Gdy już będziesz mieć za sobą pewną ilość własnych przemyśleń, i jeśli czas pozwoli, udaj się do biblioteki i sięgnij po różne opracowania dotyczące twojego tematu. Poproś o pomoc bibliotekarza. Skorzystaj z Internetu. Sieć to prawdziwa kopalnia informacji.
- Zbierz znacznie więcej materiału, niż zamierzasz wykorzystać. Bierz przykład z Luthera Burbanka. Często produkował milion sadzonek tylko po to, by znaleźć jedną czy dwie doskonałe. Zgromadź sto myśli; dziewięćdziesiąt odrzuć.
- Sposobem na zbudowanie zapasów mocy jest zdobycie znacznie więcej informacji, niż jesteś w stanie wykorzystać; posiadanie całego magazynu informacji. Przygotowując przemowę, posługuj się metodami wcześniej przedstawionymi w tym rozdziale.

PRAWIDŁOWE POSŁUGIWANIE SIĘ SŁOWAMI

NIECHĘĆ/NIELUBIENIE. *Niechęć* jest instynktowna; *nielubienie* to często stan nabyty. Można odczuwać niechęć do kotów; nielubienie swojego gospodarza domu to stan nabyty.

AUTENTYCZNY/PRAWDZIWY. *Autentyczny* sugeruje posiadanie autorytetu w danej kwestii, zgodność z faktami; wiarygodność; *prawdziwy* to nie zafałszowany. Gdyby wyspiarz z Tahiti napisał książkę na temat hokeja na lodzie i podpisał ją swoim nazwiskiem, jego opracowanie byłoby *prawdziwe*, lecz prawdopodobnie brakowałoby mu *autentyczności* i *wiarygodności*. I podobnie: gdyby Amerykanin napisał książkę o magicznych praktykach na Tahiti – jego opowieść będzie prawdziwa, ale będzie jej brakowało *autentyczności* i *wiarygodności*.

ZACHOWANIE/PROWADZENIE SIĘ. *Zachowanie* odnosi się do czyjegoś sposobu postępowania w obecności innych – generalnie dotyczy konkretnej sytuacji. *Prowadzenie się* dotyczy ogólnego „tonu" czyichś działań w ważnych dziedzinach życia.

ZOBOWIĄZAĆ/POSTANOWIĆ. Można być *zobowiązanym* do zrobienia czegoś przez jakąś siłę z zewnątrz; ale można *postanowić* coś zrobić, podejmując własną decyzję. Można być *zobowiązanym* przez prawo do posłania dziecka do szkoły, ale też *postanowić*, że wyśle się je na studia.

ĆWICZENIE GŁOSU – PRAWIDŁOWE ODDYCHANIE

Słynny śpiewak operowy Jean De Reszke radził: „Noś szyję wysoko". Wstańmy teraz i pójdźmy za jego radą, nie przez uniesienie ramion, ale przez ułożenie klatki piersiowej w jej właściwej pozycji. Stań tak, by ciężar ciała spoczywał na piętach. Delikatnie oprzyj rękę na czubku głowy. Nie odrywając pięt od podłoża, spróbuj strząsnąć rękę z głowy. Spróbuj zrobić to nie dzięki sile ramion, ale przez skrajne wyprostowanie tułowia i możliwie jak najmocniejsze wyciągnięcie szyi. OK, świetnie. Stoisz teraz prosto jak świeca, brzuch wciągnięty, szyja i klatka piersiowa wysoko, tył szyi lekko odchylony. Uniosłeś ramiona? Jeśli tak, rozluźnij je i opuść. Masz nosić wysoko klatkę piersiową, nie ramiona. Nie opuszczając klatki piersiowej, zrób wydech. Utrzymaj jej wysoką pozycję, aż ostatni gram powietrza opuści twoje płuca.

Teraz jesteś gotów, by oddychać prawidłowo. Zamknij oczy. Zrób głęboki wdech, powoli, spokojnie przez nos. Spróbuj doświadczyć tych samych wrażeń, jakie miałeś podczas ćwiczenia oddechu przeponowego, gdy leżałeś płasko na łóżku (Rozdział 1.). Poczuj, jak dolna część twoich płuc rozszerza się i rozszerza, wypychając na boki dolne żebra; poczuj, jak żebra napierają na opuszczone luźno ramiona; zwróć uwagę na wrażenie w tylnej części tułowia; poczuj, jak przepona zostaje wypychana i spłaszczana niczym odwrócony do góry dnem, papierowy talerzyk, poddający się naciskowi z góry; poczuj, jak się rozszerza, kładąc palce tuż poniżej mostka. Powoli wypuść powietrze.

A teraz powtórz wszystko od początku. Zrób wdech przez nos. Przypominam jeszcze raz: nie unoś ramion i nie próbuj poszerzać górnej części płuc.

Szyja wysoko; nabierz powietrza i poczuj rozszerzanie w środkowej części tułowia.

Enrico Caruso, słynny włoski śpiewak operowy, codziennie ćwiczył głębokie oddychanie, dzięki czemu jego przepona stała się mięśniem o niezwykłej sile. Gdy przychodzili do niego uczniowie – co zdarzało się dość często – i prosili o radę w tej jakże ważnej kwestii prawidłowego oddychania, Caruso z reguły mówił: „Niech ktoś z całej siły naciśnie pięścią na moją rozluźnioną przeponę". Następnie słynny tenor robił gwałtowny, głęboki wdech, wypychając przeponę z taką siłą, że uciskająca go pięść nie miała szans.

Jednak samo posiadanie wiedzy na temat właściwego oddychania na nic się nie zda, jeśli tej wiedzy nie zastosujesz i nie zaczniesz ćwiczyć.

Dlatego ćwicz codziennie, gdy idziesz ulicą. Od czasu do czasu ćwicz w biurze. Po godzinie pracy nad jakimś zadaniem wstań, otwórz okno i napełnij płuca powietrzem. Nie stracisz czasu. Wręcz przeciwnie, zyskasz go, dodając sobie wigoru i wzmacniając zdrowie. Tego ćwiczenia nie da się przedawkować. A jeśli będziesz wykonywać je regularnie i sumiennie, ten nowy sposób oddychania stanie się twoim nawykiem. Nie będziesz mógł sobie wyobrazić, że kiedykolwiek oddychałeś inaczej. Oddychanie górną częścią płuc to oddychanie zaledwie połowiczne. A „ten, kto oddycha połowicznie", jak czytamy w sanskrycie, „żyje połowicznie".

Jest spora różnica między posiadaniem całego mnóstwa rozmaitych faktów, rozsianych bez ładu i składu po zakątkach umysłu i pomieszanych w trakcie gromadzenia, a trzymaniem tych samych zasobów w odpowiednio posegregowanych pudłach i skrzynkach, dla wygodnego ich przechowywania i możliwości błyskawicznej dostawy.

GEORGE HORACE LORIMER

Zdolność uchwycenia podstawowych kwestii problemów to zasadnicza różnica między człowiekiem wykształconym a niewykształconym. Niewątpliwie największą korzyścią, jaką można wynieść ze studiów wyższych, jest zdyscyplinowany umysł.

JOHN GRIER HIBBEN
rektor Uniwersytetu Princeton

Co jest tym, co z miejsca uderza nas w człowieku wykształconym i co, wśród ludzi wykształconych, tak błyskawicznie wyróżnia człowieka o ponadprzeciętnym umyśle? ... Prawdziwą przyczyną wywartego na nas wrażenia jest metodyczność umysłu takiej osoby.

SAMUEL TAYLOR COLERIDGE

Całe to zamieszanie to nie moja wina; po prostu mówię prawdę i rozpętuje się piekło.

HARRY S. TRUMAN

ROZDZIAŁ

3

JAK SŁYNNI MÓWCY PRZYGOTOWYWALI SWOJE MOWY

Gościłem kiedyś na uroczystym lunchu, wydanym przez New York Rotary Club, gdzie głównym mówcą był pewien znaczący urzędnik państwowy. Zajmowane przez niego wysokie stanowisko dodawało mu prestiżu i każdy z obecnych z niecierpliwością oczekiwał jego wystąpienia. Mowa miała dotyczyć działań prowadzonych przez jego ministerstwo, a chodziło o sprawy, które stanowiły przedmiot zainteresowania niemal wszystkich zgromadzonych.

Człowiek dogłębnie znał swój temat, jego wiedza znacznie przekraczała ramy przemówienia, jednak nie zaplanował tego, co chce powiedzieć. Nie dokonał wyboru materiału i nie uporządkował go. Niemniej jednak, z odwagą zrodzoną z braku oratorskiego doświadczenia, w sposób nieprzemyślany i niejako na oślep rozpoczął swoją mowę. Wyruszył w drogę, nie wiedząc, dokąd zmierza.

W jego umyśle panował kompletny miszmasz, i taka też był umysłowa uczta, jaką nam zaserwował. Najpierw podał lody, zaraz potem zupę. W następnej kolejności na stół wjechała ryba i orzeszki. Na koniec zaś uraczył nas czymś, co wyglądało na mieszaninę lodów, zupy i smakowitego, pomarańczowego łososia. Jeszcze nigdy i nigdzie nie widziałem mówcy, który byłby bardziej zagubiony i zdezorientowany.

Nasz gość usiłował improwizować, lecz w którymś momencie, w akcie desperacji wyciągnął z kieszeni plik notatek, wyznając, że przygotowała to jego sekretarka – i nikt nie zakwestionował prawdziwości owego twierdzenia. Notatki najwyraźniej nie były bardziej uporządkowane, niż wagon przewożący złom żelazny. Mężczyzna manewrował przy nich nerwowo, przerzucając kartkę za kartką, starając się zorientować w swoim położeniu i znaleźć jakieś wyjście z tej dziczy, usiłując jednocześnie kontynuować przemowę. Ale to było niemożliwe. Przeprosił, poprosił o szklankę wody, drżącą ręką wypił kilka łyków, po czym wydobył z siebie jeszcze parę nieskładnych zdań, powtórzył coś, co już powiedział, ponownie zajrzał do notatek... Z minuty na minutę stawał się coraz bardziej bezradny, coraz bardziej zagubiony, oszołomiony i zażenowany. Wyjął chusteczkę i otarł pot z czoła. My zaś, słuchacze, siedzieliśmy i obserwowaliśmy jego porażkę, ze współczuciem i udręką. Byliśmy równie zażenowani, co nasz mówca. Ten jednak uparcie parł naprzód, plącząc się, grzebiąc w notatkach, przepraszając i popijając wodę. Tylko on jeden zdawał się nie zauważać, że ów nieszczęsny spektakl szybko zmierza ku kompletnej katastrofie. Gdy w końcu zakończył swoje śmiertelne zmagania i usiadł, cała sala odetchnęła z ulgą. Była to jedna z najmniej komfortowych sytuacji, w jakich kiedykolwiek znalazłem się jako słuchacz, a ów człowiek był jednym z najbardziej zawstydzonych i upokorzonych mówców, jakich miałem okazję słyszeć. Zaczął mówić, nie wiedząc, co chce powiedzieć, a zakończył, nie wiedząc, co z siebie wydobył.

Nikt przy zdrowych zmysłach nie wziąłby się za budowę domu bez jakiegoś planu, a jednak ta sama osoba gotowa jest stanąć na mównicy, nie mając najmniejszego zarysu czy jakiegokolwiek planu tego, co się chce powiedzieć.

Przemówienie to podróż w konkretnym celu i jako takie, musi być usystematyzowane, zaplanowane. Jeśli zaczniesz znikąd, do nikąd też dotrzesz.

„Sztuka wojenna to dziedzina nauki, w której nic, co nieskalkulowane i nieprzemyślane, nie ma szans na powodzenie". Żałuję, że nie mogę wymalować tego powiedzenia Napoleona jaskrawymi, czerwonymi literami nad wejściem do każdego pomieszczenia, w którym zbierają się adepci sztuki publicznego przemawiania.

Bo jest ono równie prawdziwe w przypadku strzelania, jak i w przypadku publicznych wystąpień. Ale czy mówcy zdają sobie z tego sprawę? A jeśli tak, to czy biorą to pod uwagę i zgodnie z tym postępują? Niestety nie. Z całą stanowczością nie. Wiele mów powstaje w oparciu o plany i po przygotowaniach niewiele większych i nie bardziej starannych, niż te, jakie poprzedzają przyrządzenie garnka duszonej baraniny.

Jak najlepiej i najbardziej skutecznie uporządkować konkretny zestaw myśli? Odpowiedź na to pytanie wymaga dokładnego przyjrzenia się danemu zagadnieniu. Za każdym razem jest to nowy problem, odwieczne pytanie, które każdy mówca musi sobie zadawać i wciąż szukać na nie odpowiedzi. Nie istnieją w tej kwestii żadne niezawodne zasady; możemy jednak krótko zilustrować, w oparciu o konkretny przykład, co rozumiemy przez należyte uporządkowanie.

JAK SKONSTRUOWANO ZWYCIĘSKĄ MOWĘ

Oto mowa jednego z uczestników mojego kursu, wygłoszona podczas XIII Dorocznego Zjazdu Krajowego Stowarzyszenia Działaczy na Rynku Nieruchomości. Zdobyła ona pierwsze miejsce w konkursie na najlepszą mowę dotyczącą wybranego miasta, pokonując dwadzieścia siedem innych. Jest dobrze skonstruowana i pełna faktów, podanych jasno, żywo i interesująco. Ta mowa ma duszę, ma rytm i energię. Warto przyjrzeć się jej bliżej.

Panie Przewodniczący, Przyjaciele,

144 lata temu w Filadelfii narodził się nasz wielki naród, Stany Zjednoczone Ameryki[5]. Dlatego jest rzeczą całkiem naturalną, że miasto o takiej historycznej przeszłości posiada silnego, amerykańskiego ducha, który nie tylko uczynił je największym centrum przemysłowym kraju, ale także jednym z największych i najpiękniejszych miast na świecie.

Filadelfię zamieszkują blisko dwa miliony ludzi, a terytorium, jakie zajmuje, równa się łącznej powierzchni Milwaukee i Bostonu, Paryża i Berlina. Z naszych 130 mil kwadratowych, niemal 8 tysięcy akrów najlepszej ziemi przeznaczyliśmy na piękne parki, skwery i bulwary, by nasi mieszkańcy mieli dogodne miejsca na rekreację i wypoczynek, a także mogli przebywać w środowisku, na które zasługuje każdy przyzwoity Amerykanin. Filadelfia, przyjaciele, to nie tylko duże, czyste i piękne miasto, ale również miejsce powszechnie znane jako ogromny warsztat świata. Powodem, dla którego zwie się warsztatem świata, jest fakt, iż posiada potężną armię ponad 400 tysięcy pracowników, zatrudnionych w 9200 zakładach przemysłowych, które w ciągu każdych dziesięciu minut dnia roboczego produkują artykuły warte sto tysięcy dolarów. Ponadto, jak podają statystyki, nie ma w tym kraju miasta, które dorównywałoby Filadelfii pod względem produkcji wyrobów wełnianych, skórzanych, dziewiarskich, tekstyliów, filcowych kapeluszy, artykułów żelaznych, narzędzi, akumulatorów, statków i wielu innych rzeczy. Dzień i noc co dwie godziny z naszych linii montażowych zjeżdża nowa lokomotywa, a ponad połowa obywateli tego kraju jeździ samochodami wyprodukowanymi w Filadelfii. Co minutę produkujemy tysiąc cygar, a w zeszłym roku, w naszych 115 zakładach pończoszniczych powstało tyle par rajstop, że starczyłoby po dwie pary dla każdego mieszkańca (kobiety, mężczyzny i dziecka) tego kraju. Produkujemy więcej dywanów, niż cała Wielka Brytania i Irlandia razem wzięte, a faktycznie rzecz biorąc, nasz biznes komercyjny i przemysłowy radzi sobie tak świetnie, że nasze zeszłoroczne rozrachunki bankowe, sięgające 37 miliardów dolarów, wystarczyłyby na wykup wszystkich amerykańskich obligacji skarbowych.

Lecz, przyjaciele, podczas gdy jesteśmy tak ogromnie dumni z naszej wspaniałej działalności przemysłowej, a także z tego, że nasze miasto jest jednym z największych centrów medycyny, sztuki i edukacji w tym kraju, to jednak jeszcze większą dumą napawa nas fakt, że w Filadelfii znajduje się więcej domów jednorodzinnych, niż w jakimkolwiek innym mieście na świecie. Mamy tu 397 tysięcy jednorodzinnych domów; gdyby umieścić je wszystkie w jednym rzędzie, jeden obok drugiego, ów rząd sięgnąłby z Filadelfii aż tutaj, do tej sali konferencyjnej w Kansas City, i jeszcze dalej, aż do Denver, osiągając długość 1881 mil.

---

[5] 1776 r. – ogłoszenie Deklaracji Niepodległości.

Jednak tym, na co szczególnie chcę zwrócić waszą uwagę, jest fakt, iż dziesiątki tysięcy spośród tych domów jest w posiadaniu ludzi pracy z naszego miasta. A gdy człowiek posiada ziemię, na której stoi, oraz dach, pod którym mieszka, wtedy jest w pełni oddany amerykańskiemu stylowi życia.

Filadelfia nie jest żyzną glebą dla socjalizmu czy anarchii, ponieważ nasze domy, nasze instytucje edukacyjne i nasz potężny przemysł są dziełem prawdziwego, amerykańskiego ducha, jaki narodził się w tym mieście i jaki stanowi spuściznę po naszych praojcach. Filadelfia to miasto-matka tego wspaniałego kraju i źródło amerykańskiej wolności. To miasto, w którym uszyto pierwszą amerykańską flagę; miasto, w którym odbył się pierwszy Kongres Stanów Zjednoczonych; miasto, w którym podpisano Deklarację Niepodległości; miasto, w którym najbardziej kochana relikwia w Ameryce, Dzwon Niepodległości, stała się natchnieniem dla dziesiątek tysięcy mężczyzn, kobiet i dzieci, byśmy wierzyli, że posiadamy święte posłannictwo, misję, którą nie jest oddawanie czci złotemu cielcowi, lecz szerzenie amerykańskiego ducha oraz podtrzymywanie ognia wolności, by, jeśli Bóg pozwoli, rządy Waszyngtona, Lincolna i Theodore'a Roosevelta stały się inspiracją dla całej ludzkości.

Przeanalizujmy tę mowę. Spójrzmy, jak jest skonstruowana, jak osiąga swój efekt. Po pierwsze, posiada początek i zakończenie. To rzadka zaleta, drogi czytelniku, rzadsza, niż może ci się wydawać. Ta mowa od czegoś się zaczyna i dokądś zmierza, postępując w danym kierunku prosto i celnie, niczym dzikie gęsi w locie. Nie wlecze się. Nie traci czasu.

W tych słowach jest świeżość, oryginalność. Mówca rozpoczyna od powiedzenia o swoim mieście czegoś, czego inni prelegenci nie mogą powiedzieć o swoich. Podkreśla, że jego miasto jest kolebką narodu.

Stwierdza, że jest ono jednym z największych i najpiękniejszych miast na świecie. Jednak, ogólnie rzecz biorąc, takie twierdzenie to banał – niczym nie poparte, nie zrobiłoby na nikim większego wrażenia. Mówca zdaje sobie z tego sprawę, dlatego pomaga słuchaczom wyobrazić sobie ogrom Filadelfii, mówiąc, że „terytorium, jakie zajmuje, równa się łącznej powierzchni na przykład Milwaukee i Bostonu albo Paryża i Berlina". To słowa bardzo konkretne. Interesujące. Zaskakujące. Robiące wrażenie. Przekazują daną myśl lepiej, niż cała strona danych statystycznych.

Następnie mówca oświadcza, że Filadelfia to „miejsce powszechnie znane jako ogromny warsztat świata". Brzmi nieco przesadnie, prawda? Jak propaganda. Gdyby natychmiast przeszedł do kolejnego punktu, nikt nie byłby przekonany do takiego twierdzenia. Ale mówca tego nie robi. Zatrzymuje się, by wymienić produkty, w których wytwarzaniu Filadelfia jest światowym liderem: „wyroby wełniane, skórzane, dziewiarskie, tekstylia, filcowe kapelusze, artykuły żelazne, narzędzia, akumulatory, statki".

Teraz brzmi już nieco mniej jak propaganda, zgadza się?

Z filadelfijskich linii montażowych „dzień i noc co dwie godziny zjeżdża nowa lokomotywa, a ponad połowa obywateli tego kraju jeździ samochodami wyprodukowanymi w Filadelfii".

„Hmm, nie wiedziałem – ktoś przyzna. – Być może jechałem wczoraj do centrum jednym z takich samochodów. Jutro pójdę i dowiem się, skąd moje miasto sprowadza samochody".

„Co minutę tysiąc cygar... po dwie pary rajstop dla każdego mieszkańca tego kraju".

Jesteśmy pod coraz większym wrażeniem. „Może moje ulubione cygara powstają właśnie w Filadelfii... i te skarpetki, które mam na sobie...".

Co mówca robi dalej? Czy wraca do tematu rozmiaru Filadelfii, który poruszył na początku, i przytacza pewne fakty, o których zapomniał? Nie, w żadnym razie. Trzyma się danego wątku, aż go skończy, aż w pełni go wyczerpie, po czym już więcej do niego nie wraca. I za to jesteśmy panu ogromnie wdzięczni, Panie Mówco. Bo cóż może być bardziej dezorientującego i wprowadzającego zamęt w umyśle słuchaczy, niż przeskakiwanie od jednej rzeczy do drugiej i z powrotem, z konsekwencją i obliczalnością godną chaotycznych ruchów nietoperza, tłukącego się w ciasnej, zamkniętej przestrzeni? A jednak niejeden mówca właśnie tak robi. Zamiast omawiania poszczególnych zagadnień w ustalonym porządku – 1, 2, 3, 4, 5 – wypowiada się na ich temat w kolejności dość swobodnej: 27, 34, 19, 2. Albo jeszcze gorzej, podchodzi do nich na chybił trafił: 27, 34, 277, 19, 2, 34, 19.

Jednakże ten prelegent zmierza wprost do celu, gdzie dociera dokładnie na czas – nie próżnując, nie cofając się, nie zbaczając ani na prawo, ani na lewo – zupełnie jak jedna ze wspomnianych przez niego lokomotyw.

Lecz oto i najsłabszy punkt jego przemowy: Filadelfia, twierdzi, to „jedno z największych centrów medycyny, sztuki i edukacji w tym kraju". Mówca czyni tu jedynie krótką obserwację, po czym szybko przechodzi do czegoś innego – zaledwie jedenaście słów, by zwrócić uwagę na pewien fakt, by go ożywić i wyryć w pamięci słuchaczy. Tylko jedenaście słów – zanurzonych i jakby zagubionych w zdaniu, liczącym w sumie aż pięćdziesiąt pięć słów. Nie za dobrze. Autor przemówienia poświęca tej kwestii tak mało czasu, traktuje ją tak ogólnikowo i pobieżnie, sprawiając wrażenie, jakby na nim samym nie robiła ona żadnego wrażenia. Efekt, jaki owa wiadomość wywiera na słuchaczu, jest niemal żaden. Co zatem powinien był zrobić? Zdał sobie sprawę, że mógłby zaznaczyć ten fakt, posługując się tą samą techniką, którą wykorzystał do stwierdzenia, iż Filadelfia jest warsztatem świata. Wiedział o tym. Wiedział też, że podczas konkursu będzie mówić na czas, że będzie mieć jedynie pięć minut i ani sekundy więcej; dlatego też musiał prześliznąć się po tym zagadnieniu, albo zaniedbać inne.

„W Filadelfii znajduje się więcej domów jednorodzinnych, niż w jakimkolwiek innym mieście na świecie". W jaki sposób mówca czyni tę kwestię imponującą i przekonującą? Po pierwsze, podaje liczbę domów: 397 tysięcy. Po drugie, pomaga słuchaczom wyobrazić sobie tę liczbę: „gdyby umieścić je wszystkie w jednym rzędzie, jeden obok drugiego, ów rząd sięgnąłby z Filadelfii aż tutaj, do tej sali konferencyjnej w Kansas City, i jeszcze dalej, aż do Denver, osiągając długość 1881 mil".

Zanim dotarł do końca zdania, słuchacze pewnie zapomnieli już wspomnianą wcześniej liczbę. Ale zapomnieć taki obraz? Niemal niemożliwe.

Tyle, jeśli chodzi o zawarte w przemówieniu nagie fakty. Jednak to nie one są tym, z czego bierze się elokwencja. Nasz mówca dąży do pewnego punktu kulminacyjnego, chce dotknąć serc słuchaczy, poruszyć ich uczucia. Dlatego teraz, na ostatniej prostej, włącza do przemowy materiał, który odwołuje się do emocji. Mówi o tym, jakie znaczenie ma dla ducha miasta posiadanie tych tysięcy domów. Wychwala Filadelfię jako „źródło amerykańskiej wolności". Wolność! Słowo magiczne i przepełnione uczuciem; wizja, za którą miliony oddały swe życie. Sformułowanie całkiem niezłe, jednak brzmi tysiąc razy lepiej, gdy mówca wspiera je konkretnymi odniesieniami do wydarzeń i dokumentów historycznych, drogich, uświęconych i jakże bliskich sercom słuchaczy... „To miasto, w którym uszyto pierwszą amerykańską flagę; miasto, w którym odbył się pierwszy Kongres Stanów Zjednoczonych; miasto, w którym podpisano Deklarację Niepodległości... Dzwon Niepodległości... święte posłannictwo... szerzenie amerykańskiego ducha... podtrzymywanie ognia wolności, by, jeśli Bóg pozwoli, rządy Waszyngtona, Lincolna i Theodore'a Roosevelta stały się inspiracją dla całej ludzkości". Oto prawdziwy punkt kulminacyjny!

To wszystko, jeśli chodzi o kompozycję owej mowy. Lecz bez względu na to, jak bardzo godna jest ona podziwu z punktu widzenia swojej konstrukcji, to z łatwością mogłaby zakończyć się niepowodzeniem i spalić na panewce, gdyby została powiedziana tonem chłodnym i beznamiętnym, pozbawionym wszelkiego ducha i żywotności. Jednak mówca i tu stanął na wysokości zadania, wygłaszając ją odpowiednio do jej kompozycji – z uczuciem i entuzjazmem, zrodzonym z najgłębszej szczerości wypowiadanych słów. Nic dziwnego, że zdobył pierwsze miejsce.

JAK DOKTOR CONWELL PLANOWAŁ SWOJE PRZEMÓWIENIA

Jak już powiedziałem, nie istnieją żadne niezawodne zasady, które rozwiązałyby problem najlepszego zaplanowania mowy. Nie ma żadnych gotowych projektów, schematów czy diagramów, które pasowałyby do wszystkich, czy choćby do większości przemówień. Warto jednak przyjrzeć się kilku planom, które w pewnych sytuacjach mogą okazać się przydatne. Dr Russell H. Conwell, autor słynnego wykładu „Acres of Diamonds" [„Ziemia diamentów"], który możesz przeczytać w Aneksie, któregoś razu powiedział mi, że wiele ze swych licznych mów zbudował w oparciu o następujący plan:

1. Stwierdź fakty.
2. Uzasadnij je.
3. Zaapeluj o działanie.

Dla wielu uczestników mojego kursu bardzo pomocny i inspirujący okazał się następujący plan:

1. Zwróć uwagę na coś, co jest nie tak, jak powinno.
2. Wskaż, jak temu zaradzić.
3. Poproś o współpracę.

Albo, ujmując rzecz nieco inaczej:

1. Oto sytuacja, jaka wymaga naprawy.
2. Powinniśmy w tej sprawie zrobić to i to.
3. Powinniście pomóc z takich i takich powodów.

W Rozdziale 15., „Jak nakłonić do działania", znajdziesz jeszcze inny plan przemówienia. W skrócie wygląda on tak:

1. Zdobądź pełną zainteresowania uwagę słuchaczy.
2. Zdobądź ich zaufanie.
3. Stwierdź fakty; wyjaśnij słuchaczom korzyści i zalety swojej propozycji.
4. Odwołaj się do motywów, jakie skłaniają ludzi do działania.

Jeśli powyższy plan wzbudził twoje zainteresowanie, przejdź teraz do Rozdziału 15. i przyjrzyj mu się bliżej.

METODA BUDOWANIA MOWY, STOSOWANA PRZEZ SENATORA BEVERIDGE'A

Senator Albert J. Beveridge napisał bardzo krótką i bardzo praktyczną książkę, zatytułowaną *The Art of Public Speaking* (*Sztuka publicznego przemawiania*). „Mówca musi być mistrzem swojego tematu – mówi ten znakomity polityk. – To znaczy, że wszystkie fakty powinien zebrać, uporządkować, przestudiować i przetrawić – nie tylko dane dotyczące jednej strony zagadnienia, ale także materiał dotyczący strony przeciwnej i każdej innej – wszystko, co można na ten temat znaleźć. Trzeba jednak sprawdzić, czy rzeczywiście są to fakty, a nie czyste założenia czy niczym nie poparte twierdzenia. Niech nic będzie dla niego oczywiste.

Dlatego też sprawdzaj i weryfikuj każdą kwestię. Oznacza to konieczność prowadzenia skrupulatnych, drobiazgowych badań, by zyskać pewność; ale tak naprawdę po co? Czy nie po to, by informować, instruować i udzielać rad swoim współobywatelom? Czy nie po to, by stać się dla nich autorytetem w danej dziedzinie?

Gdy już zbierzesz i uporządkujesz fakty dotyczące danego problemu, sam zastanów się nad rozwiązaniem, jakie owe fakty wymuszają. Pozwoli to na osobiste zaangażowanie i uczyni przemówienie oryginalnym: będzie naładowane energią i frapujące. Będziesz w nim ty sam. Następnie zapisz swoje pomysły tak jasno i logicznie, jak tylko potrafisz".

Innymi słowy, zaprezentuj fakty dotyczące różnych stron zagadnienia, po czym przedstaw wniosek, jaki jasno i jednoznacznie z nich wynika.

WOODROW WILSON DOPASOWUJE ELEMENTY

Woodrow Wilson, poproszony o wyjaśnienie stosowanej przez siebie metody, powiedział: „Zaczynam od listy tematów, jakie chcę poruszyć, *porządkując je w głowie według ich naturalnych powiązań* – czyli dopasowuję poszczególne elementy całości; następnie zapisuję to wszystko stenograficznie. Zawsze to robię, gdyż stenografia fantastycznie oszczędza czas. Gdy skończę, przepisuję tekst na maszynie do pisania, zmieniając frazy, poprawiając zdania i dodając nowy materiał".

Theodore Roosevelt przygotowywał swoje przemowy w charakterystyczny, rooseveltowski sposób. Wydobywał wszystkie fakty, przeglądał je, oceniał, określał ich znaczenie, po czym wyciągał wnioski – co robił z niewzruszonym poczuciem pewności.

Następnie, mając przed sobą plik notatek, zaczynał dyktować – i robił to bardzo szybko, by przemowa miała rytm i spontaniczność: by miała własnego ducha, który ją ożywia. Potem czytał wystukany na maszynie tekst, poprawiał, coś dodawał, coś wykreślał, zapełniając go stawianymi ołówkiem znaczkami, po czym ponownie dyktował. „Nigdy niczego nie osiągnąłem – powiedział – bez ciężkiej pracy i ćwiczenia zdolności wyrokowania, bez dokładnego planowania i bez przygotowywania się ze znacznym wyprzedzeniem".

Gdy dyktował lub czytał przygotowywany tekst, często prosił różne osoby, by słuchały i zgłaszały uwagi. Nie chciał dyskutować z nimi na temat zawartych tam przemyśleń i wniosków. Pod tym względem był już zdecydowany i to nieodwracalnie. Chciał usłyszeć nie *co* powiedzieć, ale *jak* to powiedzieć. Wielokrotnie czytał kolejne wersje maszynopisu, tnąc, poprawiając, doskonaląc. Był to tekst przeznaczony do druku, mający ukazać się w prasie. Oczywiście nie uczył się go na pamięć. Gdy mówił, improwizował. Dlatego mowa, jaką wygłaszał, nieco różniła się od tej, nad którą z taką pieczołowitością pracował i którą publikowały gazety. Jednak już samo dyktowanie i poprawianie było doskonałym przygotowaniem. Dzięki temu Roosevelt dokładnie znał swój materiał i porządek poszczególnych zagadnień. Zyskiwał gładkość, pewność i dopracowanie wypowiedzi, jakich nie mógłby osiągnąć w żaden inny sposób.

Sir Oliver Lodge, żyjący na przełomie XIX i XX wieku fizyk i filozof, któregoś razu podzielił się ze mną pewnym odkryciem: powiedział, że dyktowanie przemówień – i robienie tego szybko i z namaszczeniem, zupełnie jakby mówił przed słuchaczami – jest świetnym sposobem przygotowania i ćwiczenia.

Wielu uczestników kursów wystąpień publicznych przekonało się, jak niezwykle pomocne i pouczające jest nagrywanie swoich mów na dyktafon czy magnetofon, po czym odsłuchiwanie ich. Pouczające? Owszem, a nieraz też, obawiam się, odkrywcze i otrzeźwiające, dające sporo do myślenia. To najbardziej solidne ćwiczenie. Gorąco je polecam.

Zapisanie tego, co zamierzasz powiedzieć, zmusi cię do głębszego zastanowienia. Rzuci więcej światła na twoje przemyślenia. Utrwali je w twojej pamięci. Zredukuje do minimum umysłowe błądzenie. Poprawi styl.

Ronald Reagan zyskał opinię człowieka niezwykle komunikatywnego dzięki umiejętności skutecznego i entuzjastycznego przedstawiania swoich przemyśleń. Nad mówcami z wcześniejszych pokoleń miał tę przewagę, że nie tylko mógł nagrywać swoje przemówienia na magnetofon i odsłuchiwać je, ale też mógł się filmować i obserwować swoje zachowanie i język ciała, zanim wygłosił daną mowę publicznie.

KLASYCZNA OPOWIEŚĆ BENJAMINA FRANKLINA

Benjamin Franklin opowiada w *Autobiografii*, jak udoskonalił swój styl, osiągnął biegłość posługiwania się słowami oraz jak nauczył się porządkować myśli. Historia jego życia to klasyka literatury, lecz w przeciwieństwie do większości klasycznych dzieł, czyta się ją łatwo i przyjemnie. To niemal modelowy przykład czystej, prostej angielszczyzny. *Autobiografia* Franklina z pewnością przypadnie do gustu i przyniesie korzyści każdemu, kto zainteresowany jest samodoskonaleniem. Sądzę, że czytelnikowi spodoba się wybrany fragment:

> Mniej więcej w tym czasie trafiłem na wydanie magazynu „Spectator". Było to wydanie trzecie. Jeszcze nigdy żadnego z nich nie widziałem. Kupiłem je, kilka razy przeczytałem i byłem zachwycony. Styl wprost doskonały; w miarę możliwości, chciałem nauczyć się go naśladować. Mając ów cel przed oczyma, wziąłem fragment tekstu, zrobiłem krótkie uwagi na temat każdego zdania, po czym odłożyłem go na kilka dni. Następnie, bez zaglądania do książki, spróbowałem go odtworzyć i na podstawie zapisanych uwag skonstruować pełne zdania, oddając zawarte w nich myśli w formie, w jakiej zostały wyrażone pierwotnie, przy użyciu wszelkich odpowiednich słów. Po skończeniu porównałem moją wersję

z wersją oryginalną, odkryłem kilka błędów i poprawiłem je. Zauważyłem jednak pewien zasób słów oraz gotowość do przywoływania ich na myśl i posługiwania się nimi, o czym sądziłem, że powinienem był nabyć to już wcześniej, gdybym oddał się tworzeniu poezji; gdyż ciągła sposobność do posługiwania się słowami o tym samym znaczeniu, lecz o różnej długości bądź brzmieniu, by pasowały do rytmu lub rymu, postawiłaby mnie przed nieustanną koniecznością poszukiwania różnorodności oraz utrwaliłaby tę różnorodność w moim umyśle i uczyniła mnie jej mistrzem. Dlatego wziąłem część tekstu i napisałem go od początku. Zdarzało się też, że mieszałem mój zbiór notatek, a po kilku tygodniach usiłowałem ułożyć je we właściwym porządku, zanim przystępowałem do formowania pełnych zdań i uzupełniania tekstu. *Miało mnie to nauczyć porządkowania myśli*. Porównując potem wynik mojej pracy z wersją oryginalną, odkrywałem wiele błędów i poprawiałem je. Z przyjemnością jednak zauważyłem, że tu i ówdzie udało mi się udoskonalić mój sposób posługiwania się językiem. Zachęciło mnie do myślenia, że z czasem mogę stać się przyzwoitym angielskim pisarzem, co było moją najwyższą ambicją.

USTAW PASJANSA ZE SWOICH NOTATEK

W poprzednim rozdziale przeczytałeś, że warto robić notatki. A zatem, gdy już zanotujesz rozmaite myśli i przykłady na skrawkach papieru, ustaw z nich pasjansa – przerzuć je niczym talię kart i porozkładaj na serię grup tematycznych. Główne grupy powinny w przybliżeniu reprezentować główne zagadnienia twojej przemowy. Następnie każdą z nich podziel na podgrupy. Odrzucaj plewy, aż nie zostanie nic poza czystą pszenicą – nawet część pszenicy prawdopodobnie będziesz musiał odłożyć i pozostawić niewykorzystaną. Kontynuuj ten przegląd aż do momentu wygłoszenia mowy; jednak bardzo możliwe, że nawet już po wszystkim przyjdą ci do głowy kolejne pomysły i udoskonalenia, jakie powinieneś był wprowadzić.

„Gdy jest już po wszystkim, dobry mówca z reguły stwierdza, że wygłoszona przez niego mowa zaistniała w czterech wersjach: w wersji przygotowanej, wersji wypowiedzianej, w tej, o której napisano w gazetach, że została wygłoszona, oraz w tej, której nie wygłosił – i żałował tego wracając do domu".

CZY PODCZAS MÓWIENIA MOGĘ KORZYSTAĆ Z NOTATEK?

Lincoln, choć tak świetnie potrafił improwizować przemówienia, po przeprowadzce do Białego Domu nigdy nie wygłosił żadnego przemówienia, nawet krótkiej, nieoficjalnej mowy do członków swojego gabinetu, bez wcześniejszego skrupulatnego przygotowania i zapisania wszystkiego na papierze. Oczywiście, jeśli chodzi o przemowy inauguracyjne, zobowiązany był do ich odczytania. Dokładna frazeologia historycznych dokumentów państwowych o tym charakterze jest zbyt ważna, by pozostawić ją zdolnościom improwizacyjnym. Jednak urzędując jeszcze w Illinois, Lincoln nie posługiwał się nawet notatkami, gdy przemawiał. „Notatki na ogół męczą i dezorientują słuchacza" – powiedział.

Kto z nas by temu zaprzeczył? Czyż notatki nie niszczą około 50 procent twojego zainteresowania przemówieniem? Czy nie czynią niemożliwym, a przynajmniej utrudniają jakże cenny kontakt i intymność, jaka powinna istnieć między mówcą a słuchaczami? Czy nie tworzą atmosfery sztuczności? Czy nie wywołują u słuchaczy wrażenia drętwej mowy i odczucia, że mówcy brakuje wiedzy i pewności siebie?

Rób notatki, powtarzam, podczas przygotowania – gromadź je i opracowuj. Być może będziesz chciał do nich zajrzeć podczas ćwiczenia swojego przemówienia. Możesz czuć się bardziej komfortowo, gdy, stojąc przed słuchaczami, będziesz mieć je w kieszeni, jednak, podobnie jak młotek, piła i topór w wagonie pociągu, powinny być one narzędziem awaryjnym, przeznaczonym do użytku jedynie w przypadku totalnej katastrofy.

Jeśli już musisz korzystać z notatek, przygotuj je w formie możliwie jak najkrótszej i zapisz dużymi literami na sporej kartce papieru. Z wyprzedzeniem przybądź na miejsce, gdzie będziesz przemawiać, i ukryj notatki na stole za jakimiś książkami. Zerkaj na nie, gdy musisz, starając się osłonić ową słabość przed słuchaczami. John Bright zwykł ukrywać notatki w swoim wielkim kapeluszu, leżącym przed nim na stole.

Jednak, pomimo wszystkiego, co zostało powiedziane, mogą zdarzyć się sytuacje, gdy lepiej jest korzystać z notatek. Na przykład, niektórzy ludzie, podczas kilku swoich pierwszych przemówień, są tak zdenerwowani i tak zawstydzeni, że nie są w stanie zapamiętać tego, co przygotowali. Skutek? Przeskakują na inny temat; zapominają materiał, który tak dokładnie przećwiczyli; zbaczają z głównej drogi i zaczynają błąkać się po bezdrożach i trzęsawiskach. Najlepiej będzie, jeśli podczas swoich pionierskich wystąpień takie osoby będą trzymać w ręku plik mocno skondensowanych notatek. Małe dziecko przytrzymuje się mebli, gdy dopiero uczy się chodzić, ale nie robi tego zbyt długo.

NIE ZAPAMIĘTUJ SŁOWO W SŁOWO

Nie czytaj i nie usiłuj zapamiętać swojej mowy słowo po słowie. Taka praktyka pochłania mnóstwo czasu i naraża cię na porażkę. A jednak, mimo ostrzeżenia, niektórzy spośród czytających te słowa, będą tego próbować; po czym, gdy już staną przed słuchaczami, to o czym będą myśleć? O swoim przesłaniu? Nie, będą raczej próbować przypomnieć sobie dokładną treść przemówienia, słowo po słowie i zdanie po zdaniu. Będą myśleć wstecz, nie naprzód, odwracając zwykłe procesy ludzkiego umysłu. Ich wystąpienie będzie sztywne, zimne, pozbawione koloru i ludzkiej twarzy. Błagam, nie trać czasu i energii na taki bezsens.

Gdy przygotowujesz się na jakieś ważne spotkanie, to czy siadasz i słowo w słowo zapamiętujesz wszystko, co zamierzasz powiedzieć? Oczywiście, że nie. Zastanawiasz się, aż osiągniesz pełną jasność umysłu co do głównych kwestii, jakie chcesz poruszyć. Możesz zrobić kilka notatek i sprawdzić pewne rzeczy. Myślisz: „Zwrócę uwagę na to i na tamto. Powiem, co i dlaczego powinno zostać w związku z tym zrobione”. Następnie wymieniasz powody, dla których dane rzeczy wymagają zrobienia, i popierasz je konkretnymi przykładami. Czyż nie tak przygotowujesz się na spotkanie? Dlaczego zatem miałbyś nie posłużyć się tą samą, rozsądną metodą podczas przygotowywania przemowy?

GENERAŁ GRANT POD APPOMATTOX

Gdy generał Robert E. Lee poprosił generała Ulyssesa S. Granta o spisanie warunków poddania się, przywódca wojsk Unii zwrócił się do generała Parkera z prośbą o pomoc. „Gdy przyłożyłem pióro do papieru – wspomina Grant w *Memoirs* – nie wiedziałem, od czego zacząć, jakich słów użyć. Wiedziałem tylko, co jest w mojej głowie i chciałem jasno to wyrazić, by wszystko zostało dokładnie zrozumiane”.

Generale Grant, nie musiał pan wiedzieć, od czego zacząć. Miał pan pomysły. Miał pan przekonania. Miał pan coś, co bardzo chciał pan powiedzieć, i to powiedzieć jasno i wyraźnie. Dlatego też pańska zwykła frazeologia, zwykle używane słowa wypłynęły z pana bez żadnego świadomego wysiłku. To samo dotyczy nas wszystkich. Dwa tysiące lat temu, Horacy napisał: „Nie szukaj słów, szukaj jedynie faktu i myśli, / a obfitość słów przyjdzie sama”.

Gdy już ugruntujesz w głowie swoje przemyślenia i dokładnie będziesz wiedział, co chcesz powiedzieć, przećwicz swoją przemowę od początku do końca. Rób to po cichu, gdy idziesz ulicą, czy czekasz na windę. Pójdź w jakieś ustronne miejsce i przećwicz ją na głos, gestykulując i mówiąc tonem pełnym życia i energii. Kanonik Knox Little z Canterbury zwykł mawiać, że kaznodzieja nie przekaże prawdziwego przesłania swojego kazania, dopóki nie wygłosi go pół tuzina razy. Jak zatem możesz oczekiwać, że przekażesz prawdziwe przesłanie, zawarte w twojej przemowie, jeśli nie przećwiczysz jej przynajmniej kilka razy? Gdy będziesz ćwiczyć, wyobraź sobie, że masz przed sobą grono słuchaczy. Wyobraź to sobie tak mocno, że gdy naprawdę staniesz przed słuchaczami, odniesiesz wrażenie, jakbyś już kiedyś to robił.

DLACZEGO FARMERZY UZNALI LINCOLNA ZA „OKROPNIE LENIWEGO?".

Ćwicząc w ten sposób swoje mowy, będziesz wiernie podążać za przykładem wielu słynnych mówców. Gdy Lloyd George był członkiem klubu dyskusyjnego w swoim rodzinnym mieście w Walii, często przechadzał się po okolicy, mówiąc i gestykulując do drzew i parkanów.

Lincoln, za swoich młodych lat, często pokonywał pieszo trzydzieści czy czterdzieści mil, by usłyszeć jakiegoś słynnego mówcę. Wracał z tych wypraw tak poruszony i tak zdeterminowany, by zostać mówcą, że wychodził na pole, zwoływał innych zatrudnionych tam robotników, po czym stawał na prowizorycznej mównicy i zaczynał opowiadać im różne historie. Jego pracodawcy złościli się na niego, twierdząc, że „ten wiejski mówca jest okropnie leniwy", że jego dowcipy i oratorstwo mają fatalny wpływ na pozostałych pracowników.

Herbert Asquith, który później został brytyjskim premierem, zdobywał swoje pierwsze doświadczenia oratorskie, będąc aktywnym członkiem Unijnego Klubu Dyskusyjnego w Oxfordzie. Jakiś czas potem założył swój własny klub. Woodrow Wilson również nauczył się przemawiać w klubie dyskusyjnym. Podobnie jak i większość odnoszących sukcesy prawników, polityków i mówców publicznych.

Przyjrzyj się karierom słynnych mówców, a zauważysz pewien fakt, który jest wspólny dla nich wszystkich: wszyscy ci ludzie ćwiczyli. ĆWICZYLI. A tymi, którzy osiągają najszybszy postęp są ci, którzy ćwiczą najwięcej.

Chauncey M. Depew wiódł dość aktywne życie, będąc szefem kolei i amerykańskim senatorem. Mimo to znajdował czas, by niemal co wieczór wygłaszać mowy. „Nie pozwalałem, by kolidowało to z moją działalnością zawodową – powiedział. – Za przygotowanie przemówienia brałem się dopiero późnym popołudniem po powrocie z biura".

Każdy z nas ma trzy godziny dziennie, z którymi może zrobić, co mu się podoba. Było to wszystko, czym dysponował Darwin. Trzy godziny z dwudziestu czterech, mądrze wykorzystane, uczyniły go sławnym.

Gdy Theodore Roosevelt został prezydentem, często całe przedpołudnia spędzał na udzielaniu serii krótkich, pięciominutowych wywiadów. Lecz mimo to, wciąż nosił przy sobie coś do czytania, by wykorzystać choćby kilka wolnych sekund, jakie miał między kolejnymi spotkaniami.

Jeśli jesteś bardzo zajęty i bez przerwy goni cię czas, przeczytaj książkę Arnolda Bennetta *How to Live on Twenty-four Hours a Day* (*Jak żyć dwadzieścia cztery godziny na dobę*[6]). Kup tani egzemplarz w miękkiej oprawie i miej go zawsze przy sobie, by zaglądać do niego podczas stania w kolejce, jazdy pociągiem lub taksów-

---

[6] Fragment książki A. Bennetta zamieszczony jest w publikacji Studia EMKA: *11 przykazanie: masz prawo być bogaty*, Warszawa, 2009 r., tłum. Agnieszka Rogalińska.

ką, czy siedzenia w poczekalni u lekarza. Bennett podpowie ci, jak zaoszczędzić czas i lepiej wykorzystać każdy dzień.

Musisz znaleźć czas na relaks i oderwanie się od codziennych zajęć. I właśnie tym powinno być dla ciebie ćwiczenie przemówień. Spróbuj dogadać się z innymi osobami, które również dążą do poprawy swoich umiejętności oratorskich, by spotykać się raz w tygodniu na wspólnych próbach. Jeśli nie jest to możliwe, ćwicz przemawianie przed domownikami.

Jednym ze sposobów zdobycia doświadczenia w wystąpieniach publicznych jest szukanie miejsc, w których ludzie zachęcani są do zabierania głosu. Pewien uczestnik mojego kursu obudził się któregoś niedzielnego ranka, zbudził żonę i zapytał: „Czy jest w Nowym Jorku jakieś miejsce, gdzie mógłbym dzisiaj stanąć na mównicy?". Na co żona, że owszem, na spotkaniu u Quarkera każdy może zabrać głos, jeśli tylko „duch go poruszy". Mężczyzna zlokalizował miejsce spotkań gdzieś na Brooklynie i był tak „poruszony przez ducha", że mówił przez całe dwadzieścia minut.

W większości miast w Stanach Zjednoczonych, a także w niektórych miastach na świecie, działają Kluby Mistrzów Ceremonii [Toastmasters' Clubs] – nieformalne grupy, których członkowie spotykają się regularnie, przeważnie na kolacji, i wygłaszają krótkie mowy na interesujące ich tematy. Mężczyźni i kobiety z różnych środowisk spędzają razem czas, by dzielić się pomysłami i zdobywać doświadczenie w publicznym zabieraniu głosu. Rozejrzyj się za takim Klubem w swojej okolicy, przyłącz się do niego i mów, mów, mów.

ROZRYWKA DOUGLASA FAIRBANKSA, CHARLIE'EGO CHAPLINA I MARY PICKFORD

W latach 20. i 30. ubiegłego wieku nie było większych gwiazd filmowych, niż Douglas Fairbanks, Charlie Chaplin i Mary Pickford. I właśnie oni, tak bogaci i sławni, nie znajdywali lepszej rozrywki, bardziej przyjemnego sposobu spędzania wieczorów, niż zabawa w improwizowanie przemówień.

Oto relacja Douglasa Fairbanksa, zamieszczona w „American Magazine":

> Któregoś wieczora wygłupialiśmy się i w pewnej chwili zacząłem udawać, że zapowiadam Charlie'ego Chaplina podczas kolacji. Charlie musiał wstać i wygłosić mowę, pasującą do mojej zapowiedzi. Z tego powstała gra, w którą gramy niemal co wieczór już od dwóch lat. Każdy z nas (Mary Pickford, Fairbanks i Chaplin) zapisuje na kawałku papieru jakieś słowo, po czym składamy nasze kartki, mieszamy i odbywa się losowanie. Bez względu na to, co wylosujesz, musisz wstać i przez sześćdziesiąt sekund mówić na dany temat. Każde słowo wykorzystujemy tylko raz. Dzięki temu nikt po nikim nie powtarza. Korzystamy

z wszelkiego rodzaju słów. Któregoś wieczora padły słowa „wiara" i „abażury". To drugie wyciągnąłem akurat ja i były to jedne z najtrudniejszych chwil, jakie w życiu przeżyłem, gdy stałem tam i przez sześćdziesiąt sekund mówiłem na temat abażurów. Niech ktoś sam spróbuje, jeśli sądzi, że to łatwe. Zaczynasz odważnie – „Abażury pełnią dwie funkcje. Modyfikują i łagodzą blask światła oraz służą do dekoracji". Po czym się zacinasz, chyba że na temat abażurów wiesz znacznie więcej niż ja. Jakoś sobie poradziłem. Chodzi jednak o to, że każde z naszej trójki wyrobiło się oratorsko i osiągnęło ogromne postępy od momentu, gdy zaczęliśmy się w to bawić. Znacznie więcej wiemy na temat wszelkiego rodzaju zagadnień. Lecz jeszcze lepsze jest to, że uczymy się błyskawicznie sięgać do zgromadzonej przez nas wiedzy, natychmiast formułować myśli na każdy temat, po czym krótko i zwięźle je przedstawiać. Uczymy się samodzielnego myślenia. Mówię „uczymy się", bo wciąż prowadzimy naszą grę. Przez niemal dwa lata jeszcze nam się nie znudziła, a to oznacza, że nadal dzięki niej się rozwijamy.

W SKRÓCIE

- „Sztuka wojenna – powiedział Napoleon – to dziedzina nauki, w której nic, co nie jest skalkulowane i przemyślane, nie ma szans na powodzenie". To prawda zarówno w przypadku strzelania, jak i przemawiania. Mowa jest jak podróż. Musi zostać zaplanowana. Mówca, który zaczyna znikąd, przeważnie tam też dociera.
- Nie istnieją żadne niezawodne, żelazne zasady porządkowania myśli i konstrukcji wszystkich mów. Z każdą mową wiążą się jej własne, konkretne problemy.
- Mówca powinien wyczerpać dane zagadnienie w momencie, gdy je porusza, i już do niego nie wracać. Dobrym przykładem jest zwycięska mowa o Filadelfii. Nie ma w niej przeskakiwania z tematu na temat i chaotycznego miotania się niczym nietoperz w zamknięciu.
- Russell H. Conwell wiele ze swoich mów budował w oparciu o następujący plan:

1. Stwierdź fakty.
2. Uzasadnij je.
3. Zaapeluj o działanie.

- Prawdopodobnie i ten plan okaże się bardzo pomocny:

1. Zwróć uwagę na coś, co jest nie tak, jak powinno.
2. Wskaż, jak temu zaradzić.
3. Zaapeluj o działanie.

- A oto doskonały plan przemówienia (szczegóły w Rozdziale 15.):

1. Zdobądź pełną zainteresowania uwagę słuchaczy.
2. Zdobądź ich zaufanie.
3. Stwierdź fakty.
4. Odwołaj się do motywów, jakie skłaniają ludzi do działania.

- „Wszystkie fakty dotyczące danego problemu – mówi senator Albert J. Beveridge – muszą zostać zebrane, uporządkowane, przestudiowane i przetrawione. Udowodnij je; bądź pewien, że rzeczywiście są to fakty; następnie sam zastanów się nad rozwiązaniem, jakie one wymuszają".
- Zanim Lincoln wszedł na mównicę, analizował swoje wnioski z matematyczną dokładnością. Gdy skończył czterdzieści lat i został członkiem Kongresu zaczął studiować Euklidesa, by udoskonalić umiejętność logicznego myślenia i prezentowania wniosków.
- Theodore Roosevelt przed przygotowaniem przemówienia gromadził wszystkie fakty, oceniał je, po czym bardzo szybko dyktował treść mowy; następnie poprawiał maszynopis i jeszcze raz dyktował.
- Jeśli to możliwe, nagraj swoją mowę na dyktafon, po czym odsłuchaj. Jeszcze lepiej, jeśli nagrasz się na video – przyjrzyj się nie tylko temu, jak mówisz, ale także jak wyglądasz, gdy przemawiasz.
- Nie czytaj przemówienia. Bardzo trudno słucha się odczytywanej mowy.
- Gdy już przemyślisz i uporządkujesz swoją przemowę, ćwicz ją po cichu, gdy idziesz ulicą. Udaj się też w jakieś ustronne miejsce i wygłoś ją od początku do końca, gestykulując i dając się ponieść emocjom. Wyobraź sobie, że zwracasz się do prawdziwych słuchaczy. Im lepiej sobie to wyobrazisz, tym lepiej będziesz się czuć, gdy rzeczywiście przed nimi staniesz.

PRAWIDŁOWE POSŁUGIWANIE SIĘ SŁOWAMI

Ludzie *mają szczęście*, gdy otrzymują coś szczęśliwym trafem. Jeśli zrealizują coś, o co się starali, można powiedzieć, że *osiągnęli sukces*. Jeśli zdobywają coś, czego pragnie większość, mówi się, że im *się wiedzie*. Lincoln *miał szczęście* posiadać silny, twardy charakter. Lecz gdy próbował prowadzić sklep spożywczy, ani nie *osiągnął sukcesu*, ani mu się nie *wiodło*. Określenie *prosperujący* (rozwijający się pomyślnie, działający z powodzeniem) pochodzi od łacińskiego słowa oznaczającego powodzenie.

Próbować to czasownik bardzo ogólny i o szerokim zastosowaniu. Można *próbować* niemal wszystkiego bez większej troski o powodzenie próby. Natomiast na ogół *usiłujemy* zrobić jedynie to, na czym bardzo nam zależy. *Starania* czy też *dą-*

żenia to nieustanne *usiłowania*. Należy *starać się* codziennie pogłębiać swoją wiedzę na temat słów. *Cel* jest słowem bardziej ogólnym i mniej konkretnym niż *usiłowania*. Niemal każdy stawia sobie za *cel* zrobienie wielu rzeczy, których tak naprawdę nigdy nie *usiłuje* zrobić, ani nie podejmuje w tym kierunku żadnych *starań*. *Zmagać się* sugeruje ciężki, rzetelny wysiłek lub walkę: „Musiał *zmagać się* z wszelkiego rodzaju trudnościami". *Walczyć* to podejmować najwyższe wysiłki.

ĆWICZENIE GŁOSU – RELAKSACJA

Słynna śpiewaczka operowa, Madame Schumann-Heink, powiedziała: „Prawdopodobnie stres niszczy więcej głosów, niż jakikolwiek inny czynnik. Śpiewak ciągle musi być odprężony. Nie oznacza to niemrawości czy kluchowatości. Nie znaczy to również, że przed wyjściem na scenę śpiewak powinien leżeć plackiem. W świecie opery relaks czy odprężenie to wyborny stan unoszenia się na falach, lekkości, wolności, swobody i zupełny brak ucisku w jakimkolwiek miejscu. Gdy się odprężam, czuję, jakby każdy atom mojego ciała unosił się w przestrzeni. Ani jeden nerw nie jest napięty".

Madame Schumann-Heink odnosi się do śpiewu, ale, oczywiście, to samo dotyczy mówienia. Stres niszczy głos, mówi Madame; a jednak, czy w tym pełnym pośpiechu świecie jest coś bardziej powszechnego, niż stres i nerwowe napięcie? Stres równie wyraziście odbija się na naszych twarzach, co i w głosie. Relaks! To słowo powinno być naszą dewizą. Relaks! Tak powinno brzmieć nasze hasło rozpoznawcze. Bo relaks to sekret doskonałego głosu.

Jak należy podejść do kwestii relaksu? Przede wszystkim, naucz się odprężać całe ciało. Cała twoja fizyczność działa jak płyta rezonansowa dla twojego głosu. Najmniejsza niedoskonałość w płycie rezonansowej fortepianu, choćby niedokręcona śruba w pudle, wpłynie na ton poszczególnych dźwięków. Podobnie i u człowieka, gdzie każda część ciała wpływa na głos – drobne napięcie tu czy tam zakłóci jego doskonałe funkcjonowanie.

Jak można się zrelaksować? Po prostu spróbować się rozluźnić, to wszystko. Nie chodzi tu o robienie czegoś, ale raczej o nie robienie. Relaks nie jest jakimś wysiłkiem, który należy podjąć; to raczej brak tego wysiłku. Wyciągnij ramię przed siebie. A teraz rozluźnij je... Czy zakołysało się w tył i przód niczym wahadło? Jeśli nie, to znaczy, że go nie rozluźniłeś, a raczej opuściłeś. Spróbuj jeszcze raz... I jak?

Co wieczór, gdy kładziesz się spać, połóż się płasko na plecach i ćwicz głębokie, przeponowe oddychanie, o którym była mowa w pierwszych dwóch rozdziałach. Ale zanim zaczniesz, odpręż się. Rozluźnij całe ciało. Rozluźnij się totalnie. Poczuj się bezwładny jak worek kartofli. Spróbuj sobie wyobrazić, że cała energia, jaka znajduje się w twoich ramionach, nogach i szyi, spływa ku centralnej części ciała. Powinieneś odprężyć się do tego stopnia, by opadła ci żuchwa. Niech twoje nogi, ręce i całe ciało staną się ciężkie, tak ciężkie i bezwładne, jakbyś już nigdy miał się nie poruszyć. Poczuj się rozleniwiony. A teraz zacznij głęboko oddychać, powoli, naturalnie, o niczym nie myśląc, koncentrując się jedynie na swobodzie i odprężeniu.

Zmartwienia, problemy i niepokoje dnia minionego i kolejnego mogą zaroić się w twojej głowie niczym chmara komarów, które dręczą cię i denerwują, sprawiając, że wciąż czujesz się napięty. Jeśli tak się stanie, odpędź je tak, jak odpędzasz naprzykrzające ci się owady. Zrób to przy pomocy kojących myśli typu: „Jestem spokojny. Jestem w pełni odprężony. Czuję jakbym nie miał siły unieść ręki. Jestem w pełni, głęboko odprężony".

Takie myśli plus rytm głębokiego oddechu powinny bardzo szybko sprowadzić na ciebie senność, sprawiając, że zapadniesz w głęboki sen. Jakże odświeżające i kojące będzie trwanie w takim śnie.

Gdy już nauczysz się doświadczania tego rodzaju relaksu, postaraj się wprowadzić go w swoją codzienność. A gdy mówisz, spróbuj poczuć się jak Madame Schumann-Heink, gdy śpiewa, „jakby każdy atom twojego ciała unosił się w przestrzeni". Jeśli ci się to uda, i jeśli będziesz oddychać prawidłowo i kontrolować swój oddech, znajdziesz się na najlepszej drodze do doskonałego operowania głosem.

Bez względu na to, na jakiej ścieżce życia się znajdujesz, dobrze rozwinięta pamięć z pewnością stanowi bezcenną wartość.

„SATURDAY EVENING POST"

Gdy zamierzam mówić o czymś, co uważam za ważne, zastanawiam się, co mogłoby zrobić wrażenie na moich słuchaczach. Nie zapisuję zebranych przeze mnie faktów czy argumentów, ale robię notatki na dwóch, trzech czy czterech skrawkach papieru, umieszczając na nich to, co akurat przyjdzie mi do głowy, po czym trzymam te słowa pod ręką, w razie, gdyby były mi potrzebne w trakcie wygłaszania mowy. Czasem są to krótkie fragmenty, które zapisuję dla ścisłości; a czasem – niemal niezmiennie – końcowe słowa czy zdania".

JOHN BRIGHT

Ten, kto najwięcej zastanawia się nad swoimi doświadczeniami i splata je w tkaninę wzajemnie powiązanych relacji, będzie tym, kto ma najlepszą pamięć.

WILLIAM JAMES

To, czego się nauczyłem, i co jest ważniejsze od wszystkiego innego, i co praktykuję każdego dnia bez względu na okoliczności, jest koncentracja na konkretnym zadaniu, jakim się akurat zajmuję.

EUGENE GRACE
były prezes Bethlehem Steel Company

Sekretem dobrej pamięci jest uwaga, a uwaga skierowana ku jakiemuś zagadnieniu zależy od naszego zainteresowania danym tematem. Rzadko zapominamy o czymś, co wywarło na nas głębokie wrażenie.

TYRON EDWARDS

Ten, kto ma słabą pamięć, powinien trzymać się z dala od kłamstw.

MICHEL DE MONTAIGUE

ROZDZIAŁ

4

POPRAWA PAMIĘCI

Według pewnych badań, przeciętny człowiek nie wykorzystuje ponad dziesięciu procent pojemności swojej pamięci. Czy jesteś jedną z takich osób? Jeśli tak, to bieżący rozdział z pewnością cię zainteresuje i przyniesie wiele korzyści. Przedstawia on i wyjaśnia „naturalne prawa zapamiętywania" oraz pokazuje, jak z nich korzystać nie tylko podczas publicznego przemawiania, ale także we wszystkich dziedzinach życia. Są to bardzo proste trzy prawa a na nich opiera się każdy tzw. system pamięciowy. W skrócie, te prawa to *obraz*, *powtórzenie* i *powiązanie*.

Pierwsze prawo zapamiętywania brzmi: stwórz głęboki, żywy i trwały *obraz* tego, co chcesz zatrzymać w pamięci. By to zrobić, musisz się skoncentrować. Pamięć Theodore'a Roosevelta imponowała każdemu, kto nawiązywał z nim kontakt. Ta jego niezwykła cecha w dużej mierze wynikała z umiejętności zatrzymywania wrażeń i obrazów, które były jakby wyryte w stali, a nie pisane na wodzie. Dzięki uporowi i ćwiczeniom, Roosevelt nauczył się koncentrować w nawet najmniej sprzyjających warunkach. W 1912 roku, podczas Bull Moose Convention w Chicago, sztab Roosevelta znajdował się w hotelu Congress. Poniżej ulicami szły tłumy, niosąc transparenty, krzycząc i skandując: „Chcemy Teddy'ego! Chcemy Teddy'ego!". Ryk tłumów, dźwięki ulicznych orkiestr, spotkania z politykami, pośpieszne konferencje, konsultacje – wszystko to zakłóciłoby spokój przeciętnego człowieka. Ale nie Roosevelta, który siedział w swoim pokoju w bujanym fotelu i, nie zważając na to, co działo się wokół, czytał greckiego historyka Herodota. Podczas podróży przez brazylijską dzicz, gdy tylko docierał do obozu, znajdował sobie suche miejsce pod jakimś ogromnym drzewem, wyjmował stołek kempingowy i egzemplarz *Zmierzch cesarstwa rzymskiego* Gibbona i natychmiast tak głęboko zanurzał się w lekturze, że nie zwracał uwagi ani na deszcz, ani na hałas obozowy i dźwięki tropikalnego lasu. Nic dziwnego, że pamiętał to, co przeczytał.

Pięć minut intensywnej, głębokiej koncentracji przyniesie lepszy efekt, niż całe dnie umysłowego otumanienia. Jak napisał Henry Ward Beecher, „jedna intensywna godzina sprawi więcej, niż lata spędzone na bujaniu w obłokach".

To jeden z sekretów mocy, szczególnie zaś mocy pamięci.

NIE WIDZIELI WIŚNI

Thomas Edison dowiedział się, że jego dwudziestu siedmiu asystentów codziennie przez sześć miesięcy korzystało z pewnej ścieżki, prowadzącej z jego fabryki do głównych zakładów w Menlo Park w New Jersey. Przy tej ścieżce rosła wiśnia, a jednak żadna z tych dwudziestu siedmiu osób, gdy je o to zapytano, nie była świadoma istnienia tego drzewa.

„Mózg przeciętnego człowieka – zauważył podekscytowany Edison – nie dostrzega tysięcznej części tego, co dostrzega oko. Niewiarygodne, jak uboga jest nasza moc obserwacji; autentycznej obserwacji".

Przedstaw przeciętnej osobie dwóch lub trzech swoich przyjaciół, a prawdopodobnie już dwie minuty później nie będzie mogła przypomnieć sobie ich imion. Dlaczego? Bo nie zwróciła na te imiona dostatecznej uwagi. Tak naprawdę nie dotarły one do jej świadomości, nie dostrzegła ich. Tacy ludzie przeważnie mówią, że mają słabą pamięć. Ale to nie ich pamięć, tylko brak należytej uwagi jest przyczyną takiego stanu rzeczy. Nie obwinialiby aparatu fotograficznego, gdyby nie wyszły im zdjęcia, robione we mgle; tymczasem spodziewają się, że ich umysł zachowa to, co jest niewyraźne i mgliste. Oczywiście spodziewają się na próżno.

Legendarny wydawca Joseph Pulitzer na biurku każdej, zatrudnionej u siebie osoby, umieścił trzy słowa:

Precyzja
PRECYZJA
PRECYZJA

I właśnie na tym nam zależy. Gdy ktoś cię komuś przedstawia, zwróć szczególną uwagę na nazwisko. Poproś o powtórzenie. Zapytaj, jak się je pisze. Twojemu nowemu znajomemu będzie miło, że wykazujesz zainteresowanie jego nazwiskiem, które z kolei bez problemu zapadnie ci w pamięć, gdyż skupisz na nim uwagę.

DLACZEGO LINCOLN CZYTAŁ NA GŁOS

W młodości Lincoln chodził do wiejskiej szkoły, gdzie podłoga zrobiona była z desek a w oknach, zamiast szyb widniały, powyrywane z zeszytów, zatłuszczone kartki papieru. Był tylko jeden podręcznik, z którego nauczyciel głośno czytał, a uczniowie powtarzali za nim, wszyscy jednocześnie. W klasie panowała nieustanna wrzawa, a sąsiedzi mówili, że to „szkoła gaduł".

W owej „szkole gaduł" Lincoln wyrobił w sobie nawyk, który przylgnął do niego na resztę życia: zawsze głośno czytał to, co chciał zapamiętać. Każdego ranka, gdy tylko dotarł do swojej kancelarii prawnej w Springfield, wyciągał się na kanapie, jedną długą, niezgrabną nogę opierał na stojącym obok krześle, po czym głośno czytał gazetę. „Denerwował mnie – powiedział jego wspólnik. – Był niemal nie do zniesienia. Któregoś razu zapytałem go, dlaczego w ten sposób czyta. Oto, co mi odpowiedział: «Kiedy czytam na głos, dwa zmysły chwytają daną myśl: po pierwsze, widzę, co czytam; a po drugie, słyszę ten tekst: dzięki temu łatwiej zapamiętuję»".

Jego pamięć była niezwykle chłonna. „Mój umysł – powiedział – jest jak kawałek stali – bardzo trudno coś na nim wyryć, ale gdy już to zrobię, niemal niemożliwe, by to stamtąd usunąć".

Metodą, która pozwalała mu tak głęboko zapamiętywać, było jednoczesne oddziaływanie na dwa zmysły. Spróbuj pójść za jego przykładem...

Najlepiej, gdybyś mógł nie tylko zobaczyć i usłyszeć to, co chcesz zapamiętać, ale też dotknąć tego, powąchać i posmakować.

Jednak najważniejsze to zobaczyć. Umysł ludzki posługuje się obrazami. Wrażenia, które docierają do nas za pośrednictwem oczu, pozostają w pamięci na dłużej. Często pamiętamy czyjąś twarz, nie mogąc przypomnieć sobie imienia tej osoby. Połączenia nerwowe, które prowadzą od oka do mózgu, są dwadzieścia razy większe od tych, które prowadzą do mózgu od ucha. Jest takie chińskie przysłowie: „Raz zobaczyć to jak tysiąc razy usłyszeć".

Zapisz nazwisko, numer telefonu, konspekt przemowy – wszystko to, co chcesz zapamiętać. Popatrz na te słowa. A teraz zamknij oczy i wyobraź sobie, że każda z liter płonie żywym ogniem.

JAK MARK TWAIN NAUCZYŁ SIĘ PRZEMAWIAĆ BEZ NOTATEK

Odkrycie dotyczące wykorzystywania pamięci wzrokowej umożliwiło Markowi Twainowi pożegnanie się z notatkami, które od lat przeszkadzały mu w wystąpieniach. Oto jego relacja, którą podaję za „Harper's Magazine":

> Daty są trudne do zapamiętania, gdyż składają się z liczb, liczby zaś posiadają jednostajny, niczym niewyróżniający się wygląd, nie zapadają w pamięć; nie tworzą obrazów, dlatego nie dają oku szansy na przeniesienie ich do umysłu. Obrazy mogą sprawić, że daty utrzymają się w pamięci. Mogą uczynić to niemal ze wszystkim – szczególnie, jeśli sam stworzysz dany obraz. To rzeczywiście doskonała metoda, pod warunkiem, że sam stworzysz dany obraz. Wiem o tym z doświadczenia. Trzydzieści lat temu co wieczór wygłaszałem wyuczony na pamięć wykład i za każdym razem musiałem pomagać sobie kartką z notatkami, by się nie pogubić. Notatki składały się z początków zdań; było ich jedenaście, a wyglądały mniej więcej tak:
>
> Na tym obszarze pogoda...
> W owym czasie było zwyczajem...
> Jednak w Kalifornii nikt nie słyszał...

Jedenaście notatek. Był to skrót mojego wykładu i ochrona przed tym, bym czegoś nie pominął. Ale każda z nich wyglądała na tej kartce podobnie; żadna nie tworzyła obrazu; znałem je wszystkie na pamięć, lecz nigdy nie byłem do końca pewien ich kolejności; dlatego ciągle musiałem mieć je przy sobie, i co chwila na nie zerkać. Któregoś razu gdzieś mi się zawieruszyły; trudno sobie wyobrazić horror, jaki przeżyłem tamtego wieczora. Zrozumiałem, że muszę wymyślić jakieś inne zabezpieczenie. Wpadłem na pomysł, by zapamiętać dziesięć pierwszych liter w ich właściwym porządku – N, W, J, itd. – i następnego wieczora wyszedłem na podium, mając je zanotowane po jednej na każdym z dziesięciu paznokci. Ale metoda się nie sprawdziła. Przez jakiś czas trzymałem się kolejności wskazywanej przez palce; potem się zgubiłem i już nie byłem pewien, który palec był ostatnio. Nie mogłem posunąć się do zlizywania danej litery po jej wykorzystaniu – dzięki temu wszystko z pewnością by się udało, jednak takie zachowanie wzbudziłoby zbyt dużą ciekawość. I bez tego było dość ciekawie. Słuchacze zdawali się być bardziej zainteresowani moimi paznokciami, niż tematem wykładu; potem ktoś mnie nawet zapytał, co mi się stało w ręce.

I właśnie wtedy przyszedł mi do głowy pomysł z obrazami! Moje kłopoty się skończyły. W ciągu dwóch minut narysowałem sześć obrazków, które wykonały pracę tamtych jedenaściorga zdań-podpowiedzi: i wykonały ją doskonale. Wyrzuciłem te rysunki jak tylko je zrobiłem, bo byłem pewien, że w każdej chwili mogę zamknąć oczy i je zobaczyć. Od tamtej chwili minęło już ćwierć wieku; tamten wykład zniknął z mojej pamięci już ponad dwadzieścia lat temu, ale bez problemu mógłbym odtworzyć go ze zrobionych wtedy rysunków – bo one pozostały.

Niedawno wygłaszałem wykład na temat pamięci. W większości chciałem wykorzystać materiał zawarty w tym rozdziale. Przy pomocy obrazów zapamiętałem poszczególne fragmenty. Wyobraziłem sobie Roosevelta, pogrążonego w lekturze, podczas gdy na zewnątrz gra muzyka i krzyczą tłumy. Zobaczyłem Thomasa Edisona, patrzącego na wiśnię. Zobaczyłem Lincolna, czytającego na głos gazetę. Wyobraziłem sobie Marka Twaina, stojącego przed słuchaczami i zlizującego z paznokci atrament.

Jak zapamiętałem kolejność tych wyobrażeń? Jako jeden, dwa, trzy, cztery? Nie, to by było zbyt trudne. Przekształciłem te cyfry w obrazy, po czym połączyłem je z wyobrażeniami poszczególnych fragmentów. I tak na przykład: numer *jeden* brzmi jak *biegiem*, dlatego jedynce przyporządkowałem konia wyścigowego. Wyobraziłem sobie Roosevelta, jak czyta w swoim pokoju, siedząc okrakiem na koniu wyścigowym. Dla numeru *dwa* wybrałem podobnie brzmiące słowo *drwa* – zobaczyłem, jak Thomas Edison rąbie drwa na opał, spoglądając na rosnącą nieopodal wiśnię. Numer *trzy* skojarzyłem z *psy* – oto Lincoln, siedzący w psim zaprzęgu i czytający głośno gazetę swojemu wspólnikowi. *Cztery* brzmi jak *sery*; zobaczyłem Marka Twaina, jak stoi przed słuchaczami na ogromnym kawałku sera i wykłada, zlizując z palców atrament.

W pełni zdaję sobie sprawę, że ktoś mógłby uznać tę metodę za graniczącą z absurdem. Bo rzeczywiście tak jest. I właśnie to jest jednym z powodów, dlaczego to działa. Bo stosunkowo łatwo jest zapamiętać rzeczy dziwne i absurdalne. Gdybym próbował zapamiętać kolejność fragmentów jedynie przy pomocy liczb, z łatwością mógłbym się pomylić. Tymczasem wykorzystanie przedstawionego tu systemu sprawia, że pomyłka jest niemal niemożliwa. Gdy chcę przywołać na pamięć obiekt numer trzy, wystarczy, że zadam sobie pytanie, kto lub co siedzi w psim zaprzęgu. Natychmiast widzę Lincolna i wszystko jasne.

Działając głównie dla własnej wygody, zamieniłem liczby od jednego do dziesięciu na obrazy, które w swym brzmieniu przypominają odpowiadające im liczby. Poniżej znajdziesz ich listę. Jeśli poświęcisz piętnaście minut na zapamiętanie kolejnych liczb i ich graficznych odpowiedników, wtedy, po jednokrotnym usłyszeniu listy dziesięciu obiektów, będziesz w stanie powtórzyć je w ich dokładnej kolejności, a także wskazać na wyrywki, jaki obiekt wystąpił na którym miejscu.

A oto liczby i odpowiadające im obrazy. Spróbuj i sam się przekonaj. To świetna zabawa.

1. Biegiem – obiekt numer jeden skojarz z koniem wyścigowym.
2. Drwa – obiekt numer dwa powiąż z drwami na opał.
3. Psy – zobacz trzeci obiekt, jak siedzi w psim zaprzęgu.
4. Sery – skojarz obiekt numer cztery z kawałkiem sera.
5. Pięść.
6. Pleść – zobacz zaplatany warkocz i skojarz go z obiektem numer sześć.
7. Eden – wyobraź sobie obiekt numer siedem w rajskim ogrodzie.
8. Prosię.
9. Wieniec.
10. W lesie.

Jeśli chcesz wypróbować moją metodę, poświęć kwadrans na zapamiętanie powyższego zestawienia, albo, jeśli wolisz, zrób własne. Numer cztery możesz skojarzyć z *rowery* lub *selery* – z czymkolwiek, co brzmi jak cztery. Przypuśćmy, że czwartym obiektem jest wiatrak. Zobacz rowery, poprzyczepiane do obracających się ramion wiatraka, albo wiatrak w polu selerów. Zapytany o obiekt numer cztery, nie myśl o czwórce; przypomnij sobie tylko, gdzie są rowery. Być może wątpisz w skuteczność tej metody, ale mimo wszystko spróbuj. Już wkrótce możesz zadziwić innych czymś, co zostanie uznane za ponadprzeciętną zdolność zapamiętywania. Dobra zabawa gwarantowana.

ZAPAMIĘTAJ KSIĄŻKĘ TAK DŁUGĄ JAK NOWY TESTAMENT

Jednym z największych uniwersytetów na świecie jest El Hazar w Kairze. To instytucja muzułmańska, w której uczy się dwadzieścia jeden tysięcy studentów. Częścią egzaminu wstępnego jest powtórzenie z pamięci całego Koranu, który jest mniej więcej tak długi, jak Nowy Testament, a jego wyrecytowanie zajmuje aż trzy dni!

W Chinach studenci muszą uczyć się na pamięć niektórych pozycji chińskiej literatury religijnej i klasycznej.

W jaki sposób ci arabscy i chińscy uczniowie, z których wielu to osoby o przeciętnych zdolnościach, są z stanie dokonać czegoś tak niezwykłego, wykazując się najwyraźniej zupełnie nieprzeciętnymi, kolosalnymi umiejętnościami zapamiętywania?

Dzięki *powtórzeniom*, drugiemu „naturalnemu prawu zapamiętywania".

Możesz zapamiętać niemal nieskończoną ilość materiału, jeśli tylko dość często będziesz go powtarzać. Wielokrotnie wracaj do wiedzy, jaką chcesz zapamiętać. Wykorzystuj ją. Stosuj. Jeśli chodzi o jakieś nowe słowo, włącz je do swoich rozmów. Do nowo poznanej osoby zwracaj się po imieniu, jeśli zależy ci na tym, by to imię zapamiętać. Rozmawiaj na tematy, jakie chcesz poruszyć podczas czekającej cię przemowy. Wiedza wykorzystywana zapada w pamięć.

WŁAŚCIWY SPOSÓB POWTARZANIA

Jednak ślepe, mechaniczne powtarzanie czegoś z pamięci to za mało. Powtarzanie inteligentne, wykonywane zgodnie z pewnymi utrwalonymi cechami umysłu – oto, na czym nam zależy. Na przykład, pewien profesor polecił swoim studentom, by zapamiętali długą listę pozbawionych sensu sylab, typu „deyux", „qoli", itp. Okazało się, że po trzydziestu ośmiu powtórkach, rozłożonych na trzy dni, studenci zapamiętali tyle samo sylab, co po sześćdziesięciu ośmiu powtórkach, wykonanych za jednym podejściem... Inne testy psychologiczne również pokazywały podobne rezultaty.

To bardzo ważne odkrycie, dotyczące funkcjonowania naszej pamięci. Dzięki niemu wiemy już, że ci, którzy siadają i powtarzają daną rzecz dotąd, aż utrwali im się w pamięci, zużywają dwa razy więcej czasu i energii, jakie potrzebne są do osiągnięcia tych samych rezultatów przy powtórkach wykonywanych w rozsądnych odstępach czasu.

Ową osobliwość umysłu, jeśli można tak to nazwać, tłumaczy się dwoma czynnikami:

Po pierwsze, podczas przerw między kolejnymi powtórkami nasza podświadomość pracuje nad utrwaleniem poszczególnych skojarzeń i powiązań. Jak mądrze zauważył William James: „Pływać uczymy się zimą, a jeździć na łyżwach latem".

Po drugie, umysł nie jest przeciążony nieprzerwaną pracą jeśli jest angażowany do danego zadania w pewnych odstępach czasu. Sir Richard Burton, tłumacz *Arabian Nights*, władał dwudziestoma siedmioma językami tak doskonale, jak swoim ojczystym. A jednak, jak przyznał, na naukę czy ćwiczenie któregokolwiek z nich nigdy nie poświęcił więcej niż piętnastu minut na raz, „bo po upływie tego czasu umysł traci świeżość".

A zatem teraz, w obliczu tych faktów, nikt, kto ma w sobie choć odrobinę zdrowego rozsądku, nie będzie odkładać przygotowania mowy do wieczora poprzedzającego dzień jej wygłoszenia. Takie posunięcie oznaczałoby pozbawienie swojej pamięci aż połowy jej możliwej wydajności.

A oto pewne bardzo pomocne odkrycie, dotyczące zapominania. Eksperymenty psychologiczne wielokrotnie dowiodły, że w ciągu pierwszych ośmiu godzin od przyswojenia danego materiału, zapominamy większą jego część, niż w ciągu kolejnych trzydziestu dni. Niewiarygodna proporcja! Dlatego, tuż przed wygłoszeniem mowy, przejrzyj notatki, jeszcze raz spójrz na zebrane fakty i dane, odśwież pamięć.

Lincoln znał wartość takiego postępowania i nigdy go nie zaniedbywał. W Gettysburgu jego przedmówcą był uczony i erudyta Edward Everett. Widząc, że Everett zbliża się do końca swojej długiej, oficjalnej mowy, Lincoln „stał się widocznie nerwowy, co działo się zawsze, gdy ktoś przemawiał, a on miał wejść zaraz po nim". Pośpiesznie poprawiając okulary, wyjął z kieszeni rękopis i przeczytał go po cichu, by odświeżyć pamięć.

WILLIAM JAMES WYJAŚNIA SEKRET DOBREJ PAMIĘCI

To tyle, jeśli chodzi o pierwsze dwa prawa zapamiętywania. Trzecie prawo, *powiązanie*, to niezbędny element przypominania. To wręcz wyjaśnienie samej istoty pamięci. „Nasz umysł to zasadniczo maszyna łącząca, tworząca powiązania – mądrze zauważył William James. –Przypuśćmy, że na chwilę zamilknę, po czym zdecydowanym tonem powiem: «Przypomnij sobie!». Czy twoja pamięć pójdzie na rozkazem i przywoła jakiś określony obraz z przeszłości? Oczywiście, że nie. Będzie trwać w zawieszeniu, pytając: «Co mam sobie przypomnieć?». Krótko mówiąc, pamięć potrzebuje wskazówki, sygnału. Kiedy powiem: przypomnij sobie datę swojego urodzenia, albo przypomnij sobie, co zjadłeś dziś na śniadanie, czy też przypomnij sobie kolejność nut w gamie, twoja pamięć natychmiast poda pożądany wynik – podana wskazówka naprowadzi ją na właściwe tory, zawężając szerokie pole jej potencjalnych możliwości. A jeśli spojrzysz, jak to się odbywa, natychmiast zauważysz, że owa wskazówka jest bezpośrednio związana z przywoływaną na pamięć rzeczą. Słowa «data mojego urodzenia» są nierozerwalnie związane z konkretną liczbą, miesiącem i rokiem; słowa «dzisiejsze śniadanie» odcinają wszelkie wspomnienia poza tymi, które dotyczą kawy, jajek i bekonu; słowo «gama» to odwieczny sąsiad *do, re, mi, fa, sol, la*, itd. Faktycznie rzecz biorąc, prawo powiązania rządzi wszystkimi łańcuchami naszych myśli, które nie są zakłócane przez wrażenia, docierające do nas z zewnątrz. Wszystko, co pojawia się w umyśle, musi zostać czymś poprzedzone, *wprowadzone*; a gdy już to nastąpi, owa informacja łączona jest z czymś, co już tam jest. Dotyczy to zarówno tego, co sobie przypominasz, jak i wszystkiego innego, o czym myślisz. ... Wyszkolona pamięć opiera się na zorganizowanym systemie powiązań, a jej sprawność zależy od dwóch cech tych powiązań: po pierwsze, od ich trwałości; i po drugie, od ich liczby. ... Dlatego «sekretem dobrej pamięci» jest umiejętność tworzenia różnorodnych i wielokrotnych powiązań z każdym faktem, jaki chcemy zachować. A to tworzenie powiązań z danym faktem – czymże ono jest, jak nie intensywnym myśleniem o tym fakcie? Zatem, krótko rzecz ujmując, z dwóch osób o takich samych doświadczeniach zewnętrznych, *ten, kto najwięcej myśli o tych doświadczeniach*, rozpamiętując je i splatając w najbardziej usystematyzowane relacje i powiązania, będzie tym, kto ma najlepszą pamięć".

JAK ŁĄCZYĆ FAKTY

Świetnie, tylko jak to robić? Jak splatać fakty, tworząc z nich usystematyzowane powiązania? Odpowiedź brzmi: przez odnajdywanie ich znaczenia, przez rozpamiętywanie każdego z nich. Na przykład, jeśli odpowiesz na poniższe pytania dotyczące jakiegokolwiek nowego faktu, pomoże ci to spleść ten fakt z innymi, tworząc między nimi systematyczny związek.

1. Dlaczego tak jest?
2. Jak to się dzieje?
3. Kiedy tak jest?
4. Gdzie tak jest?
5. Kto powiedział, że tak jest?

Jeśli, dajmy na to, chodzi o nazwisko kogoś nowo poznanego, i jeśli jest ono dość powszechne, możemy skojarzyć je z jakimś przyjacielem, który nosi to samo nazwisko. Z drugiej strony, jeśli jest ono niespotykane, możemy o tym wspomnieć naszemu nowemu znajomemu. Taki zabieg często skłania daną osobę do powiedzenia czegoś więcej na ten temat. Na przykład: gdy pisałem ten rozdział, zostałem przedstawiony pani Soter. Poprosiłem o przeliterowanie i zwróciłem uwagę na niezwykłość tego nazwiska. „Tak – odpowiedziała – to rzeczywiście dość rzadkie nazwisko. To greckie słowo, oznaczające «zbawiciel»". Po czym pani Soter opowiedziała mi o rodzinie swojego męża, która pochodzi z Aten, i o wysokiej pozycji jaką Soterowie zajmowali w greckim rządzie. Przekonałem się, że ludzie dość chętnie mówią o swoich nazwiskach, a mnie to pomaga w zapamiętywaniu.

Uważnie przyjrzyj się wyglądowi nowego znajomego. Dostrzeż kolor jego oczu i włosów, przyjrzyj się cechom twarzy. Zwróć uwagę na styl ubioru. Posłuchaj sposobu mówienia. Stwórz w umyśle jasny, wyraźny, żywy obraz tej osoby, jej wyglądu i osobowości, po czym powiąż ten obraz z jej nazwiskiem. Gdy za jakiś czas te żywe wrażenia staną ci przed oczami, pomogą ci przypomnieć sobie nazwisko tej osoby.

Czy nie zdarzyło ci się, że spotykając kogoś po raz drugi czy trzeci, stwierdzałeś, że choć pamiętasz zawód tej osoby, to nie możesz przypomnieć sobie jej nazwiska? A oto i powód: czyjeś zajęcie czy zawód to jest informacja konkretna i wyrazista. Utrzymuje się w naszej pamięci jak plaster opatrunkowy na skórze, podczas gdy nieposiadające znaczenia nazwisko ulatuje niczym bociany u schyłku lata. Dlatego, by mieć pewność, że dane nazwisko zapadnie ci w pamięć, stwórz na jego temat jakieś wyrażenie, które połączy je z działalnością zawodową danej osoby lub z jakąś inną czynnością, która się z tą osobą kojarzy. Nie ma wątpliwości co do skuteczności tej metody. Na przykład, na mój kurs przyszło dwadzieścia obcych sobie osób. Każda z nich została poproszona o powstanie i powiedzenie, jak się nazywa i czym zajmuje. Następnie tworzone było wyrażenie, łączące te dwie informacje i już po kilku minutach każdy z obecnych potrafił powtórzyć imię i nazwisko wszystkich pozostałych. Nawet jeszcze pod koniec spotkania żadne z nazwisk ani rodzajów działalności nie zostało zapomniane, gdyż informacje te były ze sobą połączone. Przywarły do siebie.

Oto kilka przykładów, jak można połączyć nazwisko z rodzajem działalności:

Jan Górecki, nieruchomości – „Nieruchomy jak góra”
Antoni Domorosły, podłogi dębowe – „Przed jego domem rosły dęby”
Elżbieta Kozyra, restauratorka – „Kozy, raki to jej kuchni przysmaki”
Zofia Kopeć, pisarka – „Stuka w klawiaturę, kopcąc papierosy”
Józef Złotnicki, piekarz – „Piekarnia to złoty interes”
Danuta Dobrowolska, nauczycielka – „Trochę dobrej woli i wszystkiego można się nauczyć”

JAK ZAPAMIĘTYWAĆ DATY

Najlepsza metoda zapamiętywania dat to łączenie ich z jakimiś innymi, ważnymi datami, które już mocno tkwią w naszej pamięci. Bo czy np. przeciętnemu Amerykanowi nie będzie znacznie trudniej zapamiętać, że Kanał Sueski został otwarty w 1869 roku, niż, że pierwszy okręt przepłynął nim cztery lata po zakończeniu wojny secesyjnej? Jeśli jakiś Amerykanin będzie próbował zapamiętać, że pierwsza osada w Australii została założona w 1788 roku, to owa data prawdopodobnie wypadnie z jego pamięci tak szybko, jak nie dokręcona śruba z podwozia samochodu. Istnieją znacznie większe szanse, że się tak nie stanie, jeśli połączy tę datę z rokiem 1776 i zapamięta, iż owo wydarzenie miało miejsce dwanaście lat po Deklaracji Niepodległości. Będzie to jak dokręcanie nakrętki na poluzowanej śrubie, jaką ta przytrzymuje.

Czytelnicy spoza Stanów Zjednoczonych odniosą się, oczywiście, do ważnych dat z historii własnego kraju.

Próba zapamiętania nazw pierwotnych amerykańskich stanów w kolejności, w jakiej weszły do Unii, podejmowana w formie zwykłego, mechanicznego powtarzania, bez wątpienia byłaby zajęciem męczącym. Zamiast tego, połącz te nazwy w opowieść, a zapadną ci w pamięć znacznie szybciej i przy znacznie mniejszym wysiłku. Przeczytaj tylko raz poniższy tekst. Skoncentruj się. Gdy skończysz, sprawdź, czy potrafisz wymienić nazwy wszystkich stanów w ich prawidłowej kolejności:

> Któregoś sobotniego popołudnia, pewna młoda dama z Delaware kupiła bilet na kolej pensylwańską, z zamiarem udania się na wycieczkę. Spakowała do walizki bluzkę z nowego dżerseju i pojechała odwiedzić przyjaciółkę Georgię, mieszkającą w Connecticut. Następnego dnia, obie panie wybrały się do Muzeum Mass-mediów, znajdującego się w sąsiedniej miejscowości Mary. Wracając, skręciły w ulicę South i pojechały na obiad do zaprzyjaźnionej restauratorki Virginii, pochodzącej z Nowego Jorku. Po obiedzie skierowały się ku drodze North i wróciły do domu.

JAK ZAPAMIĘTAĆ POSZCZEGÓLNE KWESTIE, PORUSZANE W PRZEMOWIE

Są tylko dwa możliwe sposoby myślenia o jakiejś rzeczy: pierwszy – za pośrednictwem *bodźca z zewnątrz*; i drugi – przez *związek* z czymś, co już znajduje się w naszym umyśle. W odniesieniu do przemówień, oznacza to co następuje: po pierwsze, możesz przypomnieć sobie poszczególne kwestie przy pomocy bodźca z zewnątrz, którym mogą być np. notatki – tylko kto lubi mówców z notatkami? I po drugie, możesz zapamiętać kolejne zagadnienia dzięki powiązaniu ich z czymś, co zajmuje trwałe miejsce w twojej pamięci. Owe zagadnienia powinny być ułożone w logicznym porządku, tak, by pierwsze nieuchronnie prowadziło do drugiego, drugie do trzeciego, itd. – tak naturalnie, jak drzwi jednego pomieszczenia łączą je z następnym.

Brzmi jak nic trudnego, jednak wcale nie musi takim być dla mówcy początkującego, którego moce myślowe są mocno ograniczone lękiem przed publicznością. Mimo wszystko, łączenie poszczególnych kwestii w naturalny ciąg jest metodą łatwą, szybką i niezawodną. Jako przykładu użyję zdania pozbawionego sensu. Powiedzmy, że chcesz poruszyć istną mieszaninę tematów, niemających ze sobą nic wspólnego i dlatego też trudnych do zapamiętania, np. *krowa*, *cygaro*, *Napoleon*, *dom*, *religia*. Spójrzmy, czy nie dałoby się zespolić ich niczym ogniwa łańcucha przy pomocy takiego oto absurdalnego zdania: „Krowa paliła cygaro marki Napoleon, spoglądając na dom, w którym mieszkali wyznawcy religii".

A teraz zakryj je ręką i odpowiedz na pytanie: jaki jest trzeci temat mowy? Piąty; czwarty; drugi; pierwszy?

Czy metoda działa? Działa! Gorąco zachęcam, byś z niej korzystał.

W podobny sposób można połączyć dowolną grupę zagadnień i myśli, a im bardziej niedorzeczne zdanie, służące do tego celu, tym łatwiej ci będzie je sobie przypomnieć.

CO ROBIĆ W PRZYPADKU KOMPLETNEGO ZAŁAMANIA?

Przypuśćmy, że mówca, pomimo wszelkich przygotowań i zabezpieczeń, w samym środku wystąpienia nagle doznaje totalnego zaćmienia umysłu – zastyga ze wzrokiem utkwionym w słuchaczy, nie mogąc wydobyć z siebie słowa – czysty horror. Jego duma stanowczo protestuje przeciwko poddaniu się, i zrezygnowaniu z dalszej wypowiedzi w atmosferze całkowitej porażki. Może za dziesięć czy piętnaście sekund jego umysł się odblokuje i znów będzie w stanie mówić, jak nie na ten, to na inny temat? Jednak nawet te piętnaście sekund rozpaczliwej ciszy i widok wpatrujących się w niego słuchaczy to już niemal katastrofa. Co należy wtedy zrobić? Gdy pewien amerykański senator któregoś razu znalazł się w takiej sytuacji, zapytał słuchaczy, czy mówi dość głośno i czy dobrze go słychać na końcu sali. Wiedział, że go słychać. Nie potrzebował informacji. Potrzebował czasu. Podczas tej krótkiej pauzy ponownie uchwycił zgubioną myśl i już po chwili kontynuował.

Lecz być może najlepszy ratunek podczas takiego umysłowego zaćmienia jest następujący: by zacząć nowe zdanie, użyj ostatniego słowa, frazy bądź myśli z ostatniego, wypowiedzianego zdania. Spójrzmy, jak to działa w praktyce. Wyobraźmy sobie, że mówca, omawiający zagadnienie sukcesu w biznesie, nagle trafia na ślepą uliczkę umysłową, co przytrafia mu się tuż po wypowiedzeniu zdania: „Przeciętny pracownik nie idzie naprzód, gdyż przejawia zbyt niskie zainteresowanie swoją pracą, wykazuje zbyt małą inicjatywę".

Inicjatywa. Kolejne zdanie zacznij od *inicjatywy*. Pewnie nie będziesz mieć pojęcia, co chcesz powiedzieć, ani jak zakończysz to zdanie, ale mimo to zacznij. Nawet kiepskie wystąpienie jest bardziej pożądane od kompletnej porażki.

„Inicjatywa oznacza oryginalność, robienie czegoś samodzielnie, bez ciągłego czekania na polecenie".

Nie jest to jakaś szczególnie błyskotliwa obserwacja. Twoja mowa nie przejdzie dzięki niej do historii. Ale czy to nie lepsze od przejmującej, dręczącej ciszy? Nasza ostatnia fraza brzmiała jak? – „czekania na polecenie". W porządku, zacznijmy zatem kolejne zdanie od tej myśli.

„Nieustanne mówienie i prowadzenie oraz wskazywanie kierunku pracownikowi, który odmawia podjęcia samodzielnego myślenia, to jedna z najbardziej męczących i irytujących rzeczy, jakie można sobie wyobrazić".

A więc mamy następne zdanie. Pójdźmy dalej. Tym razem musimy powiedzieć coś na temat wyobraźni:

„Wyobraźnia – oto, czego potrzeba. Wizja. Jak powiedział Salomon: „Gdzie nie ma wizji, tam ludzie giną".

Na razie idzie gładko. Zachęceni, kontynuujemy:

„Liczba pracowników, którzy co roku «giną» na biznesowym polu walki, jest doprawdy nieodżałowana. Mówię nieodżałowana, bo przy zaledwie odrobinie większej lojalności i z odrobinę większą ambicją i entuzjazmem, ci sami ludzie mogliby wznieść się ponad linię demarkacyjną między sukcesem a porażką. A jednak ten, kto poniósł w biznesie porażkę, nigdy nie przyzna, że właśnie o to tu chodziło".

I tak dalej... W trakcie wygłaszania tego rodzaju komunałów, mówca powinien usilnie pracować nad przypomnieniem sobie następnej kwestii, jaką zaplanował w swojej mowie, nad odnalezieniem w pamięci tego, co pierwotnie zamierzał powiedzieć.

Jeśli mówca zbyt długo będzie tworzył łańcuch kolejnych zdań, nagle może się okazać, że kompletnie zboczył z tematu. Mimo wszystko, ta metoda to doskonała pierwsza pomoc dla umysłu, który doznał tymczasowego paraliżu wywołanego luką w pamięci, i jako taka, reanimowała już niejedną, walczącą o życie mowę.

NIE DA SIĘ POPRAWIĆ PAMIĘCI DO WSZYSTKICH RODZAJÓW RZECZY

Wskazałem w tym rozdziale, jak możemy udoskonalić technikę zyskiwania żywych obrazów i wrażeń, technikę powtarzania i łączenia faktów. Jednak pamięć to zasadniczo kwestia powiązań, dlatego, jak zauważył William James: „nie można poprawić ogólnej czy podstawowej mocy pamięci; można jedynie poprawić pamięć do specjalnych systemów powiązanych rzeczy".

Na przykład, zapamiętując dziennie jeden cytat z Szekspira, można znakomicie poprawić swoją pamięć dotyczącą dosłownych cytatów. Każdy kolejny cytat znajdzie w umyśle wielu przyjaciół, do których może się przyłączyć. Lecz zapamiętanie wszystkiego od *Hamleta*, aż po *Romeo i Julię*, niekoniecznie pomoże komuś w zatrzymywaniu w głowie informacji giełdowych czy przepisów kulinarnych.

Powtórzę: jeśli zastosujesz zasady omówione w tym rozdziale, poprawisz swoją *metodę* i *skuteczność* zapamiętywania dowolnych rzeczy, lecz jeśli nie zastosujesz tych zasad, wtedy zapamiętywanie miliona informacji na temat bejsbola w najmniejszym stopniu nie pomoże ci w zapamiętywaniu informacji dotyczących giełdy. Takie niezwiązane ze sobą dane nie mogą zostać połączone. „Nasz umysł to zasadniczo maszyna łącząca, tworząca powiązania".

W SKRÓCIE

- Przeciętna osoba nie wykorzystuje ponad dziesięciu procent faktycznej pojemności swojej pamięci. Pozostałe dziewięćdziesiąt procent jest marnowane z powodu nie przestrzegania naturalnych praw zapamiętywania.
- Te naturalne prawa zapamiętywania to: *obraz*, *powtórzenie*, *powiązanie*.
- Wykreuj sobie głęboki, żywy obraz tego, co chcesz zapamiętać. By to zrobić:
  1. Skoncentruj się. Koncentracja była sekretem pamięci Roosevelta.
  2. Dokładnie przyjrzyj się danemu zagadnieniu. Zobacz je jasno i wyraźnie. Nie sfotografujesz czegoś, co zanurzone jest we mgle; podobnie i umysł nie zatrzyma w pamięci mglistego obrazu.
  3. Niech dany obraz czy informacja dotrze do ciebie możliwie jak największą liczbą zmysłów. Lincoln czytał na głos to, co chciał zapamiętać, by aktywować jednocześnie zmysł wzroku i słuchu.
  4. Ponad wszystko zaś, uruchom zmysł wzroku, zobacz zapamiętywaną rzecz. Wrażenia wzrokowe łatwiej zapadają w pamięć. Nerwy łączące oko z mózgiem są dwadzieścia razy skuteczniejsze od tych, które wiodą z ucha do mózgu. Mark Twain nie mógł zapamiętać szkicu swojej mowy, gdy korzystał z notatek, lecz gdy wyrzucił notatki i zaczął posługiwać się obrazami, przypominającymi mu o kolejnych podpunktach, jego problemy znikły.
- Drugim prawem zapamiętywania jest prawo *powtórzeń*. Tysiące muzułmańskich studentów z powodzeniem uczy się na pamięć Koranu – księgi mniej więcej tak długiej, jak Nowy Testament – co, w przeważającej mierze, osiągane jest dzięki powtórzeniom. Możemy zapamiętać wszystko, co mieści się w granicach rozsądku, jeśli dość często będziemy to powtarzać. Stosując prawo powtórzeń, miej na uwadze poniższe wskazówki:
  1. Nie siadaj i nie powtarzaj czegoś dotąd, aż wryje ci się w pamięć. Powtórz to raz czy dwa razy, po czym odłóż; wróć do tego za jakiś czas i znów powtórz. Takie powtarzanie z przerwami pozwoli ci zapamiętać daną rzecz około dwa razy szybciej, niż gdybyś próbował to zrobić za jednym podejściem.
  2. W ciągu pierwszych ośmiu godzin od zapamiętania danej rzeczy, z naszej pamięci ulatuje tyle informacji na temat tej rzeczy, ile w ciągu kolejnych trzydziestu dni. Dlatego na chwilę przed wstaniem i wygłoszeniem przemówienia przejrzyj notatki i odśwież pamięć.
- Trzecim prawem zapamiętywania jest prawo *powiązań*. Jedynym sposobem, w jaki cokolwiek może w ogóle zostać zapamiętane, jest powiązanie tego zagadnienia z jakimiś innymi informacjami. „Wszystko, co pojawia się w umyśle – mówi William James – musi zostać czymś poprzedzone, wprowadzone; a gdy już to nastąpi, owa informacja łączona jest z czymś, co już tam jest. ... Ten, kto najwięcej myśli o swoich doświadczeniach, rozpamiętując je i splatając w najbardziej usystematyzowane relacje i powiązania, będzie tym, kto ma najlepszą pamięć”.

- Gdy chcesz połączyć jakąś informację z innymi, już zapisanymi w twojej pamięci, przyjrzyj się jej z różnych punków widzenia. Pytaj: „Dlaczego tak jest? Jak to możliwe, że tak jest? Kiedy tak jest? Gdzie tak jest? Kto powiedział, że tak jest?".
- By zapamiętać nazwisko nowo poznanej osoby, zadawaj pytania na ten temat – jak się je pisze, itp. Dokładnie przyjrzyj się tej osobie, próbując połączyć jej nazwisko z twarzą. Dowiedz się, czym się zajmuje, jaki ma zawód, po czym spróbuj wymyślić jakieś absurdalne zdanie, które połączy jej nazwisko z owym zawodem bądź rodzajem działalności.
- By zapamiętać daty, łącz je z jakimiś innymi, ważnymi datami, które są już zakorzenione w twojej pamięci. Na przykład, Amerykanin może skojarzyć, że trzechsetna rocznica urodzin Szekspira miała miejsce podczas wojny secesyjnej.
- By zapamiętać poszczególne punkty swojej przemowy, uporządkuj je w tak logicznej kolejności, by jeden naturalnie prowadził do drugiego. Możesz też ułożyć z nich jakieś absurdalne zdanie, np.: „Krowa paliła cygaro marki Napoleon, spoglądając na dom, w którym mieszkali wyznawcy religii".
- Jeśli, pomimo wszelkich przygotowań i zabezpieczeń, nagle zapomnisz, co miałeś powiedzieć, możesz uratować się przed totalną porażką, wykorzystując ostatnie słowa swojego ostatniego zdania jako początek kolejnego. Możesz robić tak dotąd, aż przypomnisz sobie swój kolejny, pierwotnie zaplanowany punkt.

PRAWIDŁOWE POSŁUGIWANIE SIĘ SŁOWAMI

Studiowanie synonimów zawsze było uważane za jedną z najcenniejszych dyscyplin intelektualnych, niezależnie od ogromnego znaczenia tej czynności dla właściwego, praktycznego posługiwania się słowami.

G. P. MARSH
Lectures on the English Language (Wykłady na temat języka angielskiego)

LECZ/I. „Biedny, *lecz* uczciwy" sugeruje, że zwykły człowiek jest nieuczciwy. Na co wskazywałyby słowa „stary, *lecz* szanowany"?

OPANOWANY/SPOKOJNY. Jeśli potrafisz trzymać nerwy na wodzy podczas wypadku na drodze, jesteś osobą *opanowaną*; jeśli nie musisz starać się nad sobą panować, jesteś osobą *spokojną*. Jeśli zawsze zachowujesz spokój i nie tracisz nad sobą kontroli, twój umysł jest *wyciszony*, a usposobienie *łagodne*.

MOŻLIWOŚĆ/UMIEJĘTNOŚĆ. Źle: „On ma niezwykłą *możliwość* ciężkiej pracy". *Możliwość* dotyczy czegoś, co pochodzi z zewnątrz i co się przyjmuje; *umiejętność* dotyczy czegoś, co pochodzi z wewnątrz i co się robi. Aktor może mieć wyjątkową *umiejętność* zapamiętywania tekstu, ale może nie mieć *możliwości* grania.

(CAN/MAY – po polsku znaczy to samo: móc/móc)

ĆWICZENIE GŁOSU – ROZLUŹNIANIE GARDŁA

Napięcie i stres, jak już wiemy z poprzedniego rozdziału, ma niekorzystny wpływ na głos i nadaje mu nieprzyjemny ton. Gdzie owo napięcie z reguły się uwidacznia? W jakiej części ciała?

Nie ma co do tego żadnych wątpliwości. Unosi swą głowę jak żmija i wysuwa swój jadowity język niemal zawsze w tym samym miejscu: w gardle. Nerwowe zaciśnięcie umiejscowionych tam mięśni sprawia, że głos staje się szorstki, znużony i zachrypnięty; czasem może nawet powodować ból gardła. Istnieje tzw. nauczycielski ból gardła, dobrze znany „kaznodziejski ból gardła" oraz „ból gardła mówcy". Ktoś może rozmawiać w pracy całymi dniami, miesiąc po miesiącu, i nie mieć z gardłem żadnych problemów. Dlaczego zatem nagle zaczyna doświadczać owych dolegliwości, gdy zabiera głos na forum publicznym? Odpowiedź można ująć jednym słowem: napięcie. Organy mowy nie są prawidłowo używane. Nerwowość powoduje nieświadomy skurcz gardła. Gdy mówca głęboko nabiera powietrza, jego klatka piersiowa unosi się, a napięte mięśnie górnej części tułowia nie pozwalają jej opaść, zaciskając gardło. Mając na uwadze komfort słuchaczy i chcąc być dobrze słyszanym, mówca próbuje wypychać z siebie słowa. Skutek? Tony chropawe, ostre, nieprzyjemne, tony, które się nie niosą.

Właściwym sposobem poradzenia sobie z tym problemem jest całkowite rozluźnienie gardła. Gardło powinno być jedynie kominem, przez który wydostaje się z płuc kolumna powietrza. Dawni, włoscy mistrzowie śpiewu zwykli się chwalić: „l'Italiano non ha gola" – „Włoski śpiewak nie ma gardła". Każdy z wielkich śpiewaków i śpiewaczek – Caruso, Melba, Patti, Mary Garden –śpiewał tak, jakby nie miał gardła. I tak to powinno wyglądać u każdego mówcy. Wszystkie mięśnie powyżej obojczyka powinny być rozluźnione. Prawdę mówiąc, wszystkie mięśnie od pasa w górę powinny być rozluźnione.

Jak sprawić, by nasze gardło było tak rozluźnione i otwarte? Oto pewien bardzo prosty sposób, który jest dość łatwy do zapamiętania. Załóżmy, że ktoś cię pyta: „Czy włoscy śpiewacy mają gardło?". Odpowiesz, że nie. Zamknij oczy i pomyśl o ziewaniu. Poczuj, jakbyś miał ochotę ziewnąć. Jak wiesz, najpierw jest głęboki wdech – prawdę mówiąc, to właśnie ta potrzeba głębszego wdechu powoduje ziewanie. Gdy nabierasz powietrza, na chwilę przed samym ziewnięciem, twoje gardło jest otwarte i rozluźnione. Teraz, zamiast ziewnąć, odezwij się. Odpowiedz na tamto pytanie, mówiąc „nie". Czyż ten dźwięk nie zabrzmiał dobrze? Dlaczego? Bo zaistniały ku temu odpowiednie warunki.

Poznaliśmy właśnie kilka podstawowych lekcji z zakresu wydobywania dźwięku: głębokie, przeponowe oddychanie, rozluźnione ciało, otwarte gardło.

Wykonuj to ćwiczenie dwadzieścia razy dziennie. Zacznij ziewać. Poczuj, jak dolne partie twoich płuc napełniają się powietrzem, napierając na dolne żebra, na plecy, naciskając i spłaszczając łukowaty mięsień przepony. A teraz, zamiast ziewnąć, powiedz coś. Wypowiedz jakieś melodyjne zdanie, np.: „Litwo! Ojczyzno moja! ty jesteś jak zdrowie; Ile cię trzeba cenić, ten tylko się dowie, Kto cię stracił".

Gdy mówisz, poczuj, jakbyś chłonął wydobywające się z ciebie dźwięki, jakby te słowa w ciebie wnikały – ale nie z powrotem do gardła ale wprost w otwarte komory twojej głowy. Poczuj w tych komorach tę samą otwartość, jaką czujesz, gdy chłoniesz powietrze podczas głębokiego wdechu przez nos.

W końcu, po nabraniu solidnej porcji powietrza, zupełnie rozluźnij klatkę piersiową. Poczuj, jak przylega ona do znajdującej się w niej poduszki powietrza i jak współgra z jej ruchami. Twoja rozluźniona klatka piersiowa powinna z łatwością poddawać się wypełniającemu ją powietrzu, reagując na jego przypływ i odpływ, tak jak opony reagują na zmiany zawartości powietrza w znajdujących się w nich dętkach. Bo jeśli nie będziesz rozluźniony, napięcie mięśni, towarzyszące utrzymywaniu klatki piersiowej w pozycji uniesionej, spowoduje ucisk na gardło. Z drugiej strony, nie chodzi też o to, by podczas oddychania twoja klatka piersiowa była zapadnięta. Nie. Unoś ją, gdy bierzesz wdech (pamiętając o tym, by nie unosić ramion), po czym pozwól, by wraz z wypuszczanym powietrzem swobodnie powracała do poprzedniej pozycji.

Mężczyzna lub kobieta o usposobieniu entuzjastycznym zawsze wywiera magnetyczny wpływ na tych, z którymi się kontaktuje.

H. ADDINGTON BRUCE

Bądź głęboko żarliwy. Entuzjazm wywołuje entuzjazm.

RUSSELL G. CONWELL

Lubię tych, którzy kipią entuzjazmem. Lepiej być gejzerem, niż kałużą błota.

JOHN G. SHEDD
prezes Marshall Field i Spółka

Włożył w to całe swoje serce i powiodło mu się.

KSIĘGA KRONIK

Wartość rodzi zaufanie, zaufanie rodzi entuzjazm, entuzjazm podbija świat.

WALTER H. CATTINGHAM
prezes Sherwin Williams Company

Entuzjazm jest matką wysiłku, a bez tego nigdy nie osiągnięto niczego wielkiego.

RALPH WALDO EMERSON

Być zbyt wielkim, by się martwić, zbyt szlachetnym, by się złościć, zbyt silnym, by się lękać i zbyt szczęśliwym, by pozwolić na obecność kłopotów w swoim życiu.

CHRISTIAN LARSON
„Credo optymisty"[7]

Dokonania to wiedza, którą zgłębiałeś, ciężka praca i dawanie z siebie tego, co najlepsze. Sukces spotyka się z cudzymi pochwałami, i to też jest miłe, ale nie tak ważne czy satysfakcjonujące. Zawsze dąż ku dokonaniom i zapomnij o sukcesie.

HELEN HAYES

---

[7] Fragment z książki Ch. Larsona *Twoja moc i jak ją wykorzystać*. Znajduje się on w publikacji *11 przykazanie: masz prawo być bogaty*, Studio EMKA, Warszawa 2009 r., tłum. Agnieszka Rogalińska.

ROZDZIAŁ

5

NIE POZWÓL SŁUCHACZOM ZASNĄĆ

Któregoś razu przemawiałem podczas spotkania członków Izby Handlowej z St. Louis, na które, jako mówca, został zaproszony również Sherman Rogers. Ja byłem pierwszy, i gdybym miał jakąś dobrą wymówkę, natychmiast po skończeniu opuściłbym zgromadzenie, gdyż szanowny kolega Rogers został zapowiedziany jako „orator drwal". Szczerze mówiąc, spodziewałem się nudnego wykładu – tzw. oratorstwo kojarzy mi się z czymś drętwym i martwym. Jednak tego dnia zostałem bardzo mile zaskoczony. Pan Rogers wygłosił jedną z najlepszych mów, jakie w życiu słyszałem.

Kim jest Sherman Rogers? Sherman Rogers to autentyczny drwal, który większość życia spędził w głębokich lasach zachodu. To również kompletny ignorant, jeśli chodzi o zasady publicznego przemawiania, tak szczegółowo omówione w mądrych książkach na temat elokwencji. Nie mówił błyskotliwie, ale za to z nerwem. Brakowało mu finezji, lecz z pewnością nie ognia. Popełniał błędy gramatyczne i wiele rzeczy zrobił nie tak, jednak to nie błędy zabijają przemówienie; to brak wartości.

Jego mowa była powalającym, żywiołowym doświadczeniem, wyrwanym wprost z jego własnego życia jako robotnika i szefa robotników. Nie trąciła książkami. Była czymś żywym, z krwi i kości. Dosłownie uderzała do głowy. Wszystko, co mówił, wypływało z jego gorącego serca niczym rozpalona lawa. Słuchacze siedzieli zelektryzowani.

Sekret sukcesu Rogersa? Sekret każdego zjawiskowego sukcesu? „Każdy wielki, historyczny wyczyn – powiedział Emerson – jest triumfem entuzjazmu".

To magiczne słowo wywodzi się z dwóch greckich słów: *en*, czyli *w* oraz *theos*, czyli *Bóg*. Entuzjazm to dosłownie *Bóg w* nas. Osoba pełna entuzjazmu to taka, która mówi, jakby była natchniona przez samego Boga.

Był taki czas, gdy w dużej mierze polegałem na *zasadach* publicznego przemawiania, jednak z biegiem lat coraz więcej zaufania pokładałem w *duchu* przemawiania.

„Elokwencja – powiedział William Jennings Bryan – może być zdefiniowana jako mowa tego, kto wie, o czym mówi i kto robi to z głębi serca – to myśl, która płonie. ... Wiedza nie ma większego zastosowania dla mówcy pozbawionego żaru. Mowa przekonująca płynie z serca do serca, nie z umysłu do umysłu. Mówcy trudno jest oszukać uczucia słuchaczy. ... Ponad dwa tysiące lat temu, jeden z rzymskich poetów wyraził tę myśl następującymi słowami: «By wydobyć łzę z czyichś oczu, sam musisz zdradzać oznaki smutku i żalu»".

Martin Luter powiedział: „Gdy chcę coś skomponować, napisać, pomodlić się bądź wygłosić kazanie, i jeśli chcę zrobić to naprawdę dobrze, muszę być zły, zagniewany. Bo wtedy krew gotuje mi się w żyłach i lepiej rozumiem wiele rzeczy".

Być może niekoniecznie musimy być zagniewani, ty i ja, ale z pewnością musimy być podekscytowani, szczerzy i głęboko żarliwi.

Płomienne słowa mogą poruszyć nawet konia. Pewien słynny trener zwierząt powiedział, że przy pomocy jednego, gniewnego słowa potrafi podnieść puls konia o dziesięć uderzeń na minutę. Bez wątpienia słuchacze są bardziej wrażliwi niż koń.

To bardzo ważny fakt, o jakim zawsze należy pamiętać: za każdym razem, gdy mówimy, kształtujemy nastawienie tych, którzy nas słuchają. Mamy ich w garści. Jeśli bujamy w obłokach, i oni będą bujać w obłokach. Jeśli mówimy z rezerwą, i oni będą odbierać nas z rezerwą. Jeśli jesteśmy jedynie umiarkowanie zainteresowani, i nasi słuchacze będą umiarkowanie zainteresowani. Lecz jeśli podchodzimy śmiertelnie poważnie do tego, co chcemy powiedzieć, i jeśli mówimy to z uczuciem, spontanicznie, z siłą i zaraźliwym przekonaniem, to nasi słuchacze nie zdołają oprzeć się temu duchowi i, w jakimś stopniu, przejmą naszą postawę.

Sądzimy, że kierujemy się przede wszystkim rozumem, jednak prawda jest taka, że cały świat kieruje się emocjami. Mówca, który próbuje być bardzo poważny lub wyjątkowo dowcipny, łatwo może ponieść porażkę; z drugiej strony zaś ten, który wywiera na słuchaczach wrażenie swoim prawdziwym przekonaniem, zawsze odnosi sukces. Bez względu na to, czy tematem przemowy są kwestie natury osobistej, czy też wagi państwowej, mówca musi być naprawdę głęboko przekonany, że to, co chce powiedzieć, jest dla słuchaczy w jakiś sposób ważne – bo tylko wtedy jego mowa będzie ekscytująca. Nieważne, w co ubierze swoje przekonania i jak je przekaże; bez szczerości i pewnego ładunku emocjonalnego efekt jego starań zawsze będzie mizerny.

Gdy mówca przemawia żarliwie, z zapałem i entuzjazmem, jego wpływ rozprzestrzenia się niczym para. Może popełnić nawet i pięćset błędów, a i tak nie poniesie porażki. Podobno wielki pianista, Artur Rubinstein, grał mnóstwo fałszywych nut. Jednak nikogo to nie obchodziło, bo jego interpretacje Chopina były tak porywające, że poruszały słuchaczy do głębi.

W zapisach historycznych czytamy, że Perykles, potężny ateński przywódca, zanim przemówił, modlił się do bogów, by ani jedno bezwartościowe słowo nie wydostało się z jego ust. W jego przesłaniach było jego serce, dlatego to, co mówił, trafiało wprost do serc Ateńczyków.

Willa Cather, jedna z najwybitniejszych amerykańskich powieściopisarek, powiedziała: „Sekretem każdego artysty – a każdy mówca powinien być artystą – jest pasja. To sekret jawny i całkowicie godny zaufania. I podobnie jak bohaterstwo, nie do podrobienia przy pomocy tanich materiałów".

Pasja... Uczucie... Duch... Emocjonalna szczerość. Niech twoja mowa będzie naznaczona tymi cechami, a twoi słuchacze wybaczą ci – a nawet ledwie zauważą – niewielkie niedociągnięcia. Historia to potwierdza: Lincoln przemawiał nieprzyjemnie wysokim tonem. Demostenes się jąkał. Niektórzy ważni i doskonali mówcy mieli słaby głos, zacinali się, jąkali, połykali słowa, lecz mówili z takim żarem i zapałem, że wszystkie te wady nie miały znaczenia – zawarty w ich słowach ładunek emocjonalny unieważniał wady wymowy.

MIEJ COŚ, CO NAPRAWDĘ BARDZO CHCESZ POWIEDZIEĆ

Istotą dobrej przemowy jest to, by mówca naprawdę miał coś istotnego do powiedzenia.

Ta kwestia została zilustrowana kilka lat temu podczas konkursu przemówień, odbywającego się na Uniwersytecie Kolumbijskim. Brało w nim udział pół tuzina studentów; każdy z nich dokładnie przeszkolony, każdy zatroskany, by spisać się jak najlepiej. Jednak, z zaledwie jednym wyjątkiem, tym, do czego w tamtej chwili dążyli i czego najbardziej pragnęli, była wygrana; zdobycie pierwszego miejsca. Nie zależało im, by słuchaczy do czegoś przekonać. Wybrali takie a nie inne tematy, bo pozwalały one na wykazanie się zdolnościami oratorskimi. Nie byli głęboko, osobiście zainteresowani przedstawianą przez siebie argumentacją. A ich kolejne mowy były zaledwie ćwiczeniami w sztuce przemawiania. Wyjątkiem był zuluski książę. Wybrany przez niego temat brzmiał: „Wkład Afryki w nowoczesną cywilizację". Każde wypowiadane przez niego słowo zawierało potężny ładunek emocjonalny. Jego mowa nie była tylko ćwiczeniem; była czymś żywym, zrodzonym z przekonania i entuzjazmu. Przemawiał jako reprezentant swojego ludu, swojego kontynentu; miał do powiedzenia coś, co naprawdę chciał powiedzieć; i zrobił to z pełną szczerością. Choć w sztuce przemawiania nie był bardziej uzdolniony, niż dwóch czy trzech konkurujących z nim studentów, jego wysiłek nie poszedł na marne – wygrał. Sędziowie zauważyli, że w jego mowie jest prawdziwy ogień jej twórcy. W porównaniu z tak żarliwym przekazem, pozostałe przemówienia były jedynie ćwiczeniem dykcji.

I właśnie tutaj wielu mówców zawodzi. Ich ekspresja nie jest motywowana przekonaniem; w tym, co mówią, nie ma pragnienia, nie ma impetu.

Ktoś może powiedzieć: „Bardzo dobrze, tylko skąd mam wziąć takiego ducha, taki żar i entuzjazm, który tak wielce wychwalasz?". Jedno jest pewne: nie będziesz go mieć mówiąc o rzeczach, które cię niewiele obchodzą. Każdy uważny słuchacz wyczuje, czy mówisz na temat, który nie budzi twojego głębszego zainteresowania, czy też twoje słowa wypływają z głębi ciebie. Dlatego otrząśnij się z bezwładu. Włóż serce w swoją pracę. Drąż. Poszukaj ukrytych zasobów, które leżą zakopane gdzieś w twojej duszy. Zbierz fakty i dotrzyj do leżących u ich podłoża przyczyn. Skoncentruj się. Rozmyślaj nad nimi i dumaj, aż staną się dla ciebie ważne. Jak już wiesz, najważniejsze jest właściwe przygotowanie. A przygotowanie serca ma równie duże znaczenie, co przygotowanie umysłu. Oto przykład:

Któregoś razu szkoliłem grupę pracowników New York City chapter of the American Institute of Banking [Nowojorska Filia Amerykańskiego Instytutu Bankowości] ucząc ich przemawiania podczas kampanii na rzecz oszczędzania. Jedna z uczestniczek szkolenia miała szczególny problem z brakiem ekspresji. Brała udział w kampanii tylko dlatego, że chciała przemawiać, nie zaś z powodu jakiegoś wyjątkowego entuzjazmu dla oszczędzania. Pierwszym krokiem w pracy nad tą kobietą było rozgrzanie jej umysłu i serca. Poleciłem jej, by udała się w jakieś odosobnione miejsce i dokładnie przemyślała temat kampanii, analizując go dotąd, aż zacznie on budzić jej entuzjazm. Poprosiłem, by pamiętała, że zgodnie z danymi Probate Court Records [Sądowego Rejestru Spadkowego] w Nowym Jorku, ponad osiemdziesiąt pięć procent zmarłych nie zostawia po sobie żadnego majątku. A bardzo niewielki procent zostawia aktywa, które mają jakąś wartość. Moja kursantka miała nieustannie pamiętać, że, mówiąc o oszczędzaniu, nie prosi ludzi o wyświadczenie jej przysługi, ani o zrobienie czegoś, na co nie mogą sobie pozwolić. Miała myśleć: „Pokażę tym ludziom, że mogą zadbać o to, by mieć mięso, chleb, ubrania i komfort życia, gdy się zestarzeją: by, opuszczając swoich najbliższych, nie pozostawiali ich bez zabezpieczenia". Miała pamiętać, że bierze udział w ważnej służbie społecznej.

Kobieta przemyślała wszystkie te fakty i utrwaliła je w pamięci, nabierając świadomości ich znaczenia. Wzbudziła w sobie osobiste zainteresowanie tematem i entuzjazm, a nawet poczuła, że jej misja jest niemal święta. Gdy w końcu stanęła przed słuchaczami, w jej słowach czuć było prawdziwe przekonanie.

SEKRET TRIUMFU

„Muszę żyć" – zawołał młody człowiek do Woltera, na co filozof odparł: „Nie dostrzegam takiej konieczności".

I taki też będzie, w wielu przypadkach, stosunek otoczenia do tego, co masz do powiedzenia: ludzie nie będą widzieć konieczności, by twoje słowa zostały wypowiedziane. Jednak ty, jeśli chcesz odnieść sukces, musisz *czuć* tę konieczność – jeśli taka w ogóle istnieje. Chęć wypowiedzenia się na dany temat powinna nie dawać ci spokoju. Na chwilę obecną powinna ci się ona wydawać najważniejszą rzeczą pod słońcem.

Gdy słynny ewangelista Dwight L. Moody pracował nad kazaniem na temat łaski, tak głęboko zaangażował się w jego przygotowanie, tak bardzo rozemocjonował się poszukiwaniem prawdy, że w pewnej chwili chwycił kapelusz, opuścił swój gabinet, po czym zamaszystym krokiem wyszedł na ulicę i zaczepił pierwszą napotkaną osobę, pytając: „Czy wie pan, czym jest łaska?". Nic dziwnego, że człowiek rozpalony tak intensywnym, emocjonalnym żarem, miał nad słuchaczami magiczną moc.

Pewien uczestnik kursu, jaki prowadziłem niedawno w Paryżu, co wieczór przemawiał w beznamiętny sposób. Był całkiem niezłym uczniem, a jego mowy były uporządkowane i logiczne. Jednak fakty, jakie w nich przedstawiał, nie były przepojone żarem jego własnego zainteresowania. Brakowało w nich ducha. Ów człowiek mówił tak, jakby głoszone przez niego treści nie były szczególnie ważne i godne przekazania. Dlatego też i słuchacze nie zwracali na nie większej uwagi. Traktowali je tak, jak ich twórca. Z czasem, po wielokrotnym przerywaniu mu i poprawianiu, zdołałem nieco go obudzić i wzmocnić ton jego wypowiedzi, ale często miałem wrażenie, jakbym próbował wydobyć ciepło z zimnego kaloryfera. W końcu udało mi się go przekonać, że jego metoda przygotowania jest błędna. Nakłoniłem go, by ustanowił swego rodzaju telegraficzny kontakt między umysłem a sercem. Powiedziałem, że jako mówca, musi nie tylko podawać suche fakty, ale też informować słuchaczy o swoim stosunku do tego, o czym mówi.

Na kolejne spotkanie przygotował pomysły, które wzbudzały w nim dość żywe emocje, by podzielenie się nimi z resztą grupy warte było zachodu. W końcu mówił o czymś, co go głęboko poruszało. Miał do powiedzenia coś, co naprawdę chciał przekazać. W jego słowach była prawdziwa pasja, co słuchacze nagrodzili długimi, gorącymi brawami. Był to nieoczekiwany triumf. Tamtego dnia ów człowiek przemawiał z płynącym prosto z serca żarem, a odszukanie w sobie takiego żaru i zapału to podstawowa część przygotowania. Jak już wiemy z Rozdziału 2., przygotowanie przemowy, prawdziwej przemowy, nie polega na zanotowaniu pewnej ilości mechanicznych słów, ani na zapamiętaniu gotowych fraz. Nie polega ono też na zaczerpnięciu kilku myśli z jakiejś książki czy artykułu prasowego. Nic z tych rzeczy. Przygotowanie przemowy to sięgnięcie w głąb swojego umysłu, serca i życia i wydobycie stamtąd przekonań i gorących przemyśleń, które są tylko i wyłącznie twoje. Twoje! TWOJE! Kop, kop, kop. To wszystko tam jest. Możesz być tego pewien. Całe pokłady żaru, o którego istnieniu nawet nie śniłeś. Czy zdajesz sobie sprawę z siły własnego potencjału? Chyba nie. William James powiedział, że większość ludzi wykorzystuje zaledwie dziesięć procent swoich możliwych mocy umysłowych. To gorzej, niż ośmiocylindrowy silnik, w którym pracuje tylko jeden cylinder! Tym, co w mowie najlepsze, nie jest zimna frazeologia, ale duch: przekonania, jakie za tą frazeologią stoją. Zawsze pamiętaj, że najważniejszym czynnikiem twojej przemowy jesteś *ty sam*. Wsłuchaj się w złote słowa Emersona, gdyż zawierają wielką mądrość: „Posługuj się takim językiem, jakim chcesz, lecz mów tylko to, co wyraża ciebie samego". To jedno z najważniejszych zdań, jakie słyszałem na temat sztuki wyrażania własnego „ja", dlatego, by podkreślić, powtórzę: „Posługuj się takim językiem, jakim chcesz, lecz mów tylko to, co wyraża ciebie samego".

PRZEMOWA LINCOLNA, KTÓRA ZAPEWNIŁA MU ZWYCIĘSTWO W ROZPRAWIE SĄDOWEJ

Lincoln mógł nigdy nie słyszeć o zaleceniu Emersona, jednak znał zawartą w nim prawdę. Któregoś dnia, pewna wdowa po żołnierzu rewolucjoniście, starsza kobieta przygarbiona wiekiem, weszła kuśtykając do jego gabinetu i opowiedziała o pośredniku emerytalnym, który wziął od niej niebotyczną opłatę dwustu dolarów za ściągnięcie sumy, która była zaledwie dwukrotnie wyższa od opłaty pośrednika. Lincoln był oburzony i natychmiast wszczął postępowanie sądowe.

Jak się do tego przygotował? Przeczytał biografię Jerzego Waszyngtona i zapoznał się z historią wojny rewolucyjnej, wzmagając swój entuzjazm i rozpalając emocje. Gdy przemawiał, wspomniał o opresjach, jakie skłoniły patriotów do buntu i walki o wolność. Opowiedział o ciężkich próbach, przez jakie przechodzili, i o cierpieniach, jakie znosili w Valley Forge, gdy głodni i bosi z mozołem szli po lodzie i śniegu, znacząc drogę śladami krwawiących stóp. Następnie, z gniewem wskazał na podłego drania, który oskubał wdowę jednego z tych bohaterów, pozbawiając ją połowy emerytury. Jego oczy płonęły, gdy ogłaszał tę gorzką, godną potępienia niesprawiedliwość, zgodnie z planem „obdzierając ze skóry" oskarżonego.

„Czas płynie dalej – powiedział, kończąc. – Bohaterowie roku '76 odeszli, rozbijając obóz na drugim brzegu. Tamten żołnierz spoczywa dziś w pokoju, a ta oto wdowa, przygarbiona, niedowidząca i zdruzgotana, przychodzi teraz do mnie i do was, panowie przysięgli, by domagać się sprawiedliwości. Nie zawsze była taka. Kiedyś była piękną, młodą dziewczyną. Jej krok był prężny, jej twarz jasna, a głos słodki, gdy dorastała w górach starej Virginii. Lecz teraz ta kobieta jest biedna i bezbronna. Tu, na preriach Illinois, setki mil od swojej rodzinnej ziemi, zwraca się dziś do nas, którzy cieszymy się przywilejami wywalczonymi dla nas przez patriotów Rewolucji, i prosi o pełną współczucia pomoc i męską ochronę. Czy podamy jej pomocną dłoń?".

Gdy skończył, niektórzy z przysięgłych płakali. Wydany przez nich werdykt nakazywał, by starsza kobieta otrzymała pełną sumę, jakiej się domagała. Lincoln wziął na siebie jej koszty, zapłacił za jej pobyt w hotelu i bilet powrotny do domu; nie wziął też honorarium za swoje usługi prawne. Kilka dni później jego współpracownik znalazł w biurze skrawek papieru, przeczytał i wybuchnął śmiechem. Był to szkic tamtej mowy Lincolna:

> Żadnej umowy. Nieprofesjonalne usługi. Niedorzeczna opłata. Pieniądze zatrzymane przez Osk., nie dane Pow. Wojna rewolucyjna. Opisać cierpienia pod Valley Forge. Mąż Pow. Żołnierz odchodzący do armii. Obedrzeć ze skóry Osk. Zamknąć.

Mam nadzieję, że to jasne: pierwszym krokiem ku wzbudzeniu w sobie entuzjazmu dla danego tematu jest przygotowywać się dotąd, aż będziesz mieć coś naprawdę ważnego do powiedzenia. Kolejny krok to działać żarliwie.

DZIAŁAJ ŻARLIWIE

Jak zauważyliśmy w Rozdziale 1., William James powiedział, że „Działanie i uczucie idą ramię w ramię; a przez regulowanie działania, które podlega najbardziej bezpośredniej kontroli naszej woli, możemy w sposób pośredni wpływać na uczucie, które tej kontroli nie podlega".

Dlatego, by wzbudzić w sobie żarliwość i entuzjazm, by je poczuć, wstań i *działaj* żarliwie, i *bądź* entuzjastyczny. Przestań opierać się o stół. Stań prosto. Stój nieruchomo. Nie kołysz się w tył i w przód. Nie podskakuj w górę i w dół. Nie przenoś ciężaru ciała z nogi na nogę jak zmęczony koń. Krótko mówiąc, nie wykonuj mnóstwa nerwowych ruchów, które ogłaszają wszem i wobec twój brak swobody i opanowania. Panuj nad swoim ciałem. W ten sposób przekażesz zebranym poczucie spokoju i mocy. Stój prosto i pewnie niczym silny konkurent w wyścigu. Napełnij płuca tlenem. Napełnij je do końca. Patrz wprost na słuchaczy. Patrz na nich tak, jakbyś miał im coś pilnego do powiedzenia i jakbyś wiedział, że jest to sprawa nie cierpiąca zwłoki. Patrz na nich z pewnością siebie i odwagą nauczyciela, spoglądającego na swoich uczniów, bo rzeczywiście *jesteś* nauczycielem, a oni są tu po to, by cię wysłuchać i by się czegoś dowiedzieć, czegoś nauczyć. Dlatego mów tonem pewnym i pełnym energii. „Podnieś głos – powiedział prorok Izajasz – podnieś go. Nie bój się".

I wykonuj wymowne gesty. W tej chwili nie jest ważne, czy są one piękne lub wdzięczne. Najważniejsze, by były wyraziste i spontaniczne. Wykonuj je nie dla efektu, jaki wywrą na słuchaczach, ale dla wpływu, jaki będą miały na ciebie. A będzie to wpływ niezwykły. Nawet, jeśli przemawiasz do mikrofonu w radiowym studiu – gestykuluj. Słuchacze oczywiście nie będą widzieć wykonywanych przez ciebie gestów, ale za to usłyszą ich efekt. Gestykulacja zwiększy żywotność i energię twojego głosu i całej prezentacji.

Podczas kursu często zdarza się, że przerywam niemrawemu mówcy i nakłaniam go do wykonywania wymownych gestów, które w danej chwili mogą zdawać się nie na miejscu. Jednak samo ich wykonywanie ostatecznie budzi i stymuluje takiego mówcę, a jego gestykulacja staje się bardziej spontaniczna. Nawet jego twarz się rozjaśnia i nabiera bardziej żarliwego, bardziej wymownego wyrazu. Działając żarliwie, zaczniesz czuć w sobie żarliwość. Jak powiedział Szekspir: „Przypisz sobie jakąś zaletę, jeśli jej nie masz".

Lecz, co najważniejsze, otwieraj usta i mów głośno. Przeciętnego mówcę, który próbuje przemawiać publicznie, słychać zaledwie na odległość kilku metrów.

Zwracając się do niewielkiego grona słuchaczy, np. do członków komitetu kościelnego, do jakiejś grupy w społeczności lokalnej, czy do zespołu współpracowników, prawdopodobnie nie będziesz korzystać z systemu nagłaśniającego. Tym bardziej ważne jest, byś mówił głośno i wyraźnie. Osoby z końca pomieszczenia mogą nie słyszeć cię dość dobrze. Posługuj się tonem swobodnej rozmowy, ale w sposób bardziej intensywny. Zwykły druk można bez problemu przeczytać z odległości trzydziestu centymetrów, ale by zrobić to z drugiego końca sali, potrzeba już znacznie większych liter.

Gdy będziesz przemawiać do większej grupy, skorzystasz pewnie z mikrofonu. Niestety, wiele osób nie wie, jak zrobić najlepszy użytek z tego narzędzia. Stoją zbyt daleko lub zbyt blisko niego (najlepsza odległość to od 15 do 30 cm). Dopasuj wysokość mikrofonu tak, by znajdował się on na poziomie twoich ust. To szczególnie ważne, jeśli twój przedmówca jest od ciebie wyższy lub niższy. Zanim zaczniesz mówić, wyłącz i ponownie włącz mikrofon. Mów swoim naturalnym głosem. Nie musisz krzyczeć.

Czasem trzeba odwrócić się od mikrofonu, np. podczas pokazywania czegoś, czy wskazywania na tablicę. Staraj się w tym czasie nie mówić – najpierw wypowiedz daną myśl, a dopiero potem odwróć się, by na coś wskazać. Pamiętaj, że mimo iż sam siebie słyszysz, twój głos może nie dochodzić do końca, a nawet i środka sali, gdy znajdujesz się choćby o krok od mikrofonu.

Jeśli z góry wiesz, że podczas prezentacji będziesz się przemieszczać, skorzystaj z mikrofonu przenośnego. Na pewno widziałeś piosenkarzy, biegających po scenie z mikrofonem przy ustach. Niektórzy mówcy postępują podobnie. W ten sposób ich głos jest dobrze słyszany, ale za to nie widać części twarzy, co może słuchaczy rozpraszać. Dlatego w takiej sytuacji najlepiej jest zaopatrzyć się w urządzenie bezprzewodowe, które można przypiąć do ubrania lub powiesić na szyi. Dzięki temu będziesz mógł się przemieszczać wciąż utrzymując łączność z systemem nagłaśniającym.

PIERWSZE, CO NALEŻY ZROBIĆ, GDY SŁUCHACZE ZASYPIAJĄ

Pewien wiejski kaznodzieja zapytał kiedyś Henry'ego Warda Beechera, jak sprawić, by w gorące, niedzielne popołudnie słuchacze nie zasypiali. Beecher na to, by kaznodzieja zatrudnił pomocnika, który siedziałby w pobliżu z ostrym kijem i od czasu do czasu go tym kijem szturchał.

Niezła rada. Zwykły, zdrowy rozsądek. Ta metoda uczyniłaby więcej dla przeciętnego mówcy, niż niemal wszystkie mądre tomy, jakie dotąd napisano na temat sztuki wypowiadania się.

Jedną z najpewniejszych metod rozgrzania mówcy przed wystąpieniem i sprawienia, by naprawdę dał się ponieść i pokazał, na co go stać, byłoby danie mu kopa na rozpęd. Dzięki temu w jego przemowie byłoby więcej ognia, ducha i żywotności. Aktorzy znają wartość tej metody tuż przed wyjściem na scenę. Houdini „nakręcał się" przez podskakiwanie i energiczne uderzanie pięściami w powietrze, boksując się z niewidzialnym przeciwnikiem. Znam aktora, który czasem celowo wprowadzał się w stan furii, wybierając sobie jakiś dowolny powód – bo np. ktoś z obsługi sceny zbyt głośno oddychał – wszystko jedno co, byle tylko osiągnąć pożądany efekt i naładować się energią. Widziałem aktorów, którzy, stojąc za kulisami i czekając na swoje wejście, brutalnie uderzali się w piersi. Ja zwykle – podczas moich kursów – posyłałem kursantów do sąsiedniego pomieszczenia, tuż przed wygłoszeniem przemówienia, by okładali się pięściami, aż ich twarze i oczy zaczynały emanować życiem i energią. Nieraz każę kursantom, by poprzedzali swoje wystąpienia prostą wyliczanką, recytowaną przy jednoczesnym wykonywaniu gwałtownych gestów, z całą energią i całym gniewem, na jaki ich stać. Czyż nie jest wielce pożądane, by stanąć przed słuchaczami jak koń czystej krwi, prężący się w wędzidle?

Jeśli to możliwe, na chwilę przed przemówieniem zadbaj o porządny wypoczynek. Idealnie byłoby rozebrać się i na kilka godzin położyć do łóżka, po czym wziąć chłodny prysznic i energicznie się wytrzeć. Jeszcze lepiej, znacznie lepiej, byłoby wskoczyć do basenu i przepłynąć kilka długości.

Geri Pell, która podróżuje po kraju z wykładami na temat zarządzania finansami, często przylatuje do jakiegoś miasta na mniej niż godzinę przed spotkaniem ze słuchaczami. Dlatego w swojej torbie podróżnej zawsze ma opaskę na oczy i zatyczki do uszu, by w spokoju móc zdrzemnąć się podczas lotu.

Mówcami o największych sukcesach są osoby o ogromnej żywotności i doskonałej zdolności regeneracji; ludzie, którzy nade wszystko naładowani są energią, pozwalającą im dosłownie wypchnąć z siebie przygotowany materiał. Są jak katapulty, przed którymi nic się nie ostoi.

„ŁASICZE SŁOWA" I CEBULA

Włóż energię w to, co mówisz, i wypowiadaj się w sposób zdecydowany i pewny. Tylko nie przesadzaj. Jedynie ignorant jest pewny co do wszystkiego, ale tylko słabeusz i mięczak poprzedza każdą uwagę słowami: *wydaje mi się*, *być może*, czy *moim zdaniem*.

Niemal powszechnym problemem u początkujących mówców nie jest to, że wypowiadają się zbyt zdecydowanie, ale że osłabiają swoje przemówienie właśnie takimi nieśmiałymi sformułowaniami. Pamiętam, jak pewien turysta opisywał wycieczkę motocyklową przez Connecticut. „Po lewej stronie drogi – powiedział – na sporym kawałku pola rosła cebula, tak mi się zdaje". Nie, co do pola cebuli nie ma żadnego *zdawało się*. Ono albo tam jest, albo go nie ma. I nie potrzeba jakichś nadzwyczajnych zdolności, by to pole rozpoznać. Taki sposób mówienia pokazuje, do jakiego absurdu mówca czasem się posuwa.

Teddy Roosevelt nazywał takie sformułowania „łasiczymi słowami", gdyż łasica wysysa środek jajka i zostawia pustą skorupę. Te wyrażenia robią to samo z twoją przemową.

Uchylanie się, przepraszający ton i „łasicze słowa" nie zrodzą zaufania i przekonania. Wyobraź sobie handlowców, posługujących się takimi oto sloganami: „Wydaje nam się, że Dell to komputer, jaki ostatecznie kupisz"; „Naszym zdaniem, Prudential posiada moc Gibraltaru"; „Sądzimy, że w końcu sięgniecie po naszą mąkę – dlaczego nie od razu?".

Propagandyści udowodnili, że jeśli ktoś wielokrotnie i z wigorem powtarza tę samą rzecz – prawdziwą czy nie – ludzie zaczynają mu wierzyć. W latach poprzedzających drugą wojnę światową, przywódcy nazistowscy stale powtarzali, że Niemcy to naród ponad narodami. Aż w końcu nawet inne nacje zaczęły w to wierzyć.

Tylko nie bądź, jak już powiedziałem, bez przerwy zbyt zdecydowany i przeświadczony o swojej racji. Są chwile, miejsca, tematy i słuchacze, gdy zbyt duże zdecydowanie zaszkodzi, zamiast pomóc. Ogólnie rzecz biorąc, im wyższy poziom inteligencji słuchaczy, tym gorszy skutek odniosą same kategoryczne twierdzenia. Ludzie myślący chcą być ukierunkowywani, ale nie ślepo kierowani. Chcą zapoznawać się z faktami, po czym wyciągać własne wnioski. Lubią, jak zadaje się im pytania, a nie zalewa nieprzerwanym strumieniem jednoznacznych twierdzeń.

KOCHAJ SWOICH SŁUCHACZY

Kilka lat temu pojechałem do Anglii, by zatrudnić i przeszkolić grupę mówców publicznych. Po bolesnych i kosztownych próbach, z trzech z nich musiałem zrezygnować, a jednego wysłać trzy tysiące mil z powrotem do Ameryki. Głównym problemem było to, że ci ludzie nie byli autentycznie zainteresowani służeniem swoim słuchaczom. Nadrzędnym przedmiotem ich troski byli oni sami; i ich koperty z zapłatą. Każdy to czuł. Ci mówcy byli zimni wobec swoich słuchaczy, a ci z kolei byli zimni wobec nich. Przeprowadziłem specjalne studium przypadku, przyglądając się osobie Lincolna jako mówcy. Lincoln to bez wątpienia najbardziej kochany człowiek, jakiego Ameryka zrodziła, i który bezsprzecznie wygłosił jedno z najlepszych przemówień, jakie kiedykolwiek słyszano w tym kraju. Choć pod pewnymi względami był geniuszem, skłonny jestem sądzić, iż jego panowanie nad słuchaczami w pewnym stopniu wynikało z jego współczucia, szczerości i dobroci. Lincoln kochał ludzi. „Jego serce – powiedziała jego żona – jest tak duże, jak długie są jego ramiona". „Sekretem mojego sukcesu – przyznała słynna primadonna, Madam Schumann-Heink – jest zupełne oddanie mojej publiczności. Kocham moją publiczność. To moi przyjaciele. Odczuwam więź z tymi ludźmi już od pierwszej chwili, gdy przed nimi staję". A więc taka jest tajemnica jej światowego sukcesu. Spróbujmy postępować w tym samym duchu.

POZNAJ SWOICH SŁUCHACZY

Nawet najbardziej utalentowany mówca może mieć problemy ze skuteczną komunikacją, jeśli słuchacze nie rozumieją jego przekazu. Bez względu na to, czy zwracasz się do niewielkiej grupy kilku znanych ci osób, czy do dużej, zróżnicowanej publiczności, wybieraj słowa, które są dla tych ludzi zrozumiałe. Jeśli twoi słuchacze pochodzą ze środowiska technicznego, możesz posługiwać się terminologią techniczną. Bez problemu zrozumieją specjalistyczne terminy i sformułowania. Lecz jeśli przedstawiasz specjalistyczny materiał słuchaczom, którzy nie są obeznani z danego rodzaju zagadnieniami, zrezygnuj z języka technicznego i „przetłumacz" przygotowane treści na słowa, które zrozumieją, a także posługuj się przykładami, do których będą mogli się odnieść.

W SKRÓCIE

- Za każdym razem, gdy przemawiasz, wpływasz na stosunek swoich słuchaczy do tego, o czym mówisz. Jeśli bujasz w obłokach, oni również bujają w obłokach. Jeśli jesteś jedynie umiarkowanie zainteresowany danym tematem, i oni będą nim umiarkowanie zainteresowani. Jeśli przemawiasz z entuzjazmem, słuchaczom z pewnością udzieli się twoje nastawienie. Entuzjazm to jeden z najważniejszych czynników w sztuce przemawiania – jeśli nie najważniejszy.
- Mówca, który stara się być wyjątkowo poważny lub wyjątkowo dowcipny, łatwo poniesie porażkę, lecz ten, który przemawia z prawdziwym przekonaniem, zawsze odniesie sukces. Jeśli mówca jest głęboko przekonany o wartości swojego przekazu, jego mowa popłynie niczym rwąca rzeka.
- Pomimo ogromnej wagi takiego zaraźliwego przekonania i entuzjazmu, większości mówców go brakuje.
- Istotą dobrego przemówienia jest to, że mówca naprawdę ma coś, czym koniecznie chce się ze słuchaczami podzielić.
- Przemyśl zebrane fakty i utrwal w swoim umyśle ich prawdziwe znaczenie. Wzbudź w sobie entuzjazm dla danego tematu, zanim przystąpisz do przekonywania innych.
- Ustanów telegraficzny kontakt między swoim umysłem a sercem. Jako mówca, masz nie tylko przedstawić zestaw faktów i informacji, ale także ujawnić swój stosunek do nich.
- „Posługuj się takim językiem, jakim chcesz, lecz mów tylko to, co wyraża ciebie samego". Najważniejsze w mowie nie są same słowa, ale duch mówcy, jaki się za nimi kryje.
- By wzbudzić w sobie żarliwość i entuzjazm, zachowuj się entuzjastycznie. Stój prosto, patrz wprost na słuchaczy. Wykonuj wymowne gesty.

- Ponad wszystko zaś, otwieraj usta i mów tak, by być słyszanym. Wielu mówców słychać na odległość zaledwie kilku metrów. Naucz się posługiwać mikrofonem; to twoje główne narzędzie w docieraniu do większej grupy słuchaczy.
- Gdy pewien wiejski kaznodzieja zapytał Henry'ego Warda Beechera, co zrobić, gdy słuchacze zasypiają w gorące, niedzielne popołudnie, ten odparł: „Poproś pomocnika, by co jakiś czas dźgał cię ostrym kijem". To jedna z najlepszych rad, jakie dano na temat sztuki publicznego przemawiania.
- Nie osłabiaj swojego przemówienia „łasiczymi słowami", takimi jak *wydaje mi się*, czy *moim skromnym zdaniem*.
- Kochaj swoich słuchaczy.
- Przystosuj słowa, jakimi się posługujesz, do poziomu rozumienia twoich słuchaczy.

PRAWIDŁOWE POSŁUGIWANIE SIĘ SŁOWAMI

UWAGA/OSTROŻNOŚĆ. *Uwaga* sugeruje baczenie; *ostrożność* to słowo mocniejsze, wskazujące na konieczność wzięcia czegoś pod ścisłą obserwację celem uniknięcia szkody. Producent umieszcza na sprayu napis: „*Uwaga*, towar łatwopalny". Zachowujemy *ostrożność* podczas przekraczania mostu, przeznaczonego do rozbiórki, albo też *ostrożność* powstrzymuje nas przed podjęciem takiej próby. *Czujność* wskazuje na możliwe zagrożenie, *wystrzeganie się* na zagrożenie prawdopodobne. Zachowujesz *czujność*, prowadząc samochód w godzinach szczytu; *wystrzegasz się* wchodzenia na teren, którego pilnuje groźny pies. *Zainteresowanie* sugeruje pewne zaangażowanie, dość poważne, lecz nie tak intensywne emocjonalnie, jak przy *zaniepokojeniu*. Ktoś może być *zainteresowany* wynikiem wyborów, ale *zaniepokojony* stanem matki, rannej w wypadku. *Zatroskanie* to słowo mocniejsze od *zaniepokojenia*, często odnoszące się do czułej troski, np. mówimy, że rodzic jest pełen *troski* (czy też *zatroskany* lub *troszczy się*) o dziecko.

ZDOBYĆ/ZAPEWNIĆ/OTRZYMAĆ. Właściwym znaczeniem słowa *zdobyć* jest *zapewnić* sobie dzięki własnemu pragnieniu i wysiłkowi. Np. „*zdobyłem* posadę, o którą się ubiegałem" jest zdaniem prawidłowym, gdyż wskazuje na pewne działanie z mojej strony. Natomiast pogwałceniem zasad byłoby powiedzenie: „*Zdobyłem* dziś rano twój list", chyba że podjąłem jakiś specjalny wysiłek, żeby ten list trafił w moje ręce. Jeśli przyniósł mi go listonosz, powiem: „*Otrzymałem* dziś rano twój list".

ĆWICZENIE GŁOSU – KONTROLA ODDECHU

„Gdybym w tej chwili miała uczyć jakąś młodą dziewczynę – stwierdziła podczas wywiadu sławna śpiewaczka, Madame Julia Claussen – po prostu poleciłabym jej, by wzięła głęboki oddech i zwróciła uwagę na rozszerzenie tułowia tuż powyżej przepony. Następnie poprosiłabym, by wypowiedziała na tym oddechu tyle słów, ile tylko zdoła, przy jednoczesnym napięciu przepony, by utrzymać to rozszerzenie. Chodzi o to, by wydobyć z siebie jak najwięcej głosu, ale nie przy największym oddechu, lecz przy najmniejszym oddechu, a szczególnie przy możliwie jak najmniejszym napięciu w gardle, które przez cały czas musi być swobodne i podatne na najlżejszy podmuch niczym babie lato... Dla mnie najtrudniejszą samogłoską jest 'a'. Gardło jest wtedy najbardziej otwarte, a strumień oddechu najtrudniejszy do właściwego kontrolowania. Dlatego zwykle zaczynam mój trening od serii: *u*, *o*, *a*, *aj*, *i*".

Bardzo dobrze, Madame Julia. Nie jesteśmy młodymi dziewczynami, ani też nie interesuje nas śpiewanie, lecz mimo to przyjmiemy pani sugestie i będziemy się do nich stosować, by poprawić naszą umiejętność mówienia.

Po pierwsze, jak radzi śpiewaczka, weź głęboki oddech. Napełnij się nim, jakbyś zamierzał ziewać, głęboko, do dna; poczuj, jak twoje porowate płuca rozszerzają się niczym balon; poczuj, jak wypychają dolne żebra, po bokach i z tyłu. Poczuj, jak naciskają i spłaszczają łukowato sklepiony mięsień przepony. Zwróć uwagę przede wszystkim właśnie na przeponę. To słaby mięsień. Trzeba go wzmocnić.

Teraz, na głębokim oddechu, z otwartym gardłem, zaśpiewaj „a". Utrzymuj je tak długo, dopóki starczy ci powietrza. Ile to będzie? To zależy od tego, jak dobrze potrafisz panować nad oddechem. Naturalną tendencją jest szybka ucieczka powietrza, które uchodzi jak z przekutego balonu. Dlaczego? Bo płuca są narządem elastycznym – rozprężone, chcą powrócić do stanu poprzedniego. Do tego żebra, wypchnięte przez rozszerzające się płuca, również dążą do powrotu na swoje miejsce, przy okazji wyciskając powietrze z płuc. Również i przepona, jeśli nad nią nie zapanujesz, szybko odzyska swój łukowaty kształt, pomagając opróżnić płuca.

Jeśli pozwolisz na szybkie wydostanie się powietrza, twój głos będzie zgrzytliwy, nieczysty, nieprzyjemny dla ucha. Nie będzie się niósł. Jak w takim razie kontrolować tę ucieczkę mocy niosącej? „Śpiew artystyczny – powiedział Caruso – nie jest możliwy bez pełnego mistrzostwa w panowaniu nad głosem". I nie tylko śpiew artystyczny, ale także doskonały głos mówiony.

Jak zatem podejść do tej kontroli? Od czego zacząć? Jeśli nie będziemy ostrożni, naszym pierwszym odruchem może być próba kontroli przez zaciśnięcie gardła. Nic bardziej błędnego. Mówiąc słowami Madame Julii Claussen, gardło „cały czas musi być swobodne i podatne na najlżejszy podmuch niczym babie lato".

Gardło nie powinno mieć nic wspólnego z ucieczką powietrza. Ono nie naciska na twoje rozszerzone płuca. Dlatego cały wysiłek skieruj ku temu, co ten nacisk wywiera, czyli na przeponę i żebra. Niech ich ucisk będzie łagodny i lekki, gdy śpiewasz „a". Sprawdź, jak długo potrafisz utrzymać ten ton bez załamania.

A teraz wypróbuj pozostałe dźwięki, sugerowane przez Madame Julię: *u*, *o*, *a*, *aj*, *i*.

Nigdy nie pozwalam sobie na zniechęcanie się w jakichkolwiek okolicznościach. ... Trzy podstawowe czynniki, bez których nie osiągniesz niczego wartościowego, to: po pierwsze, ciężka praca; po drugie, intuicja; i po trzecie, zdrowy rozsądek.

THOMAS A. EDISON

Wiele dobrej roboty przepada z powodu braku jeszcze odrobiny wysiłku.

E. M. HARRIMAN

Nigdy nie popadaj w rozpacz, lecz jeśli byś to zrobił, rozpaczaj i pracuj dalej.

EDMUND BURKE

Cierpliwość to najlepsze remedium na każdy problem.

PLAUT
225 r. p.n.e.

Pozwól, by cierpliwość wykonała swą doskonałą pracę.

ULUBIONE MOTTO DR RUSSELLA H. CONWELLA

Zwyciężą ci, którzy wierzą, że mogą to zrobić. ... Nie pojął pierwszej lekcji życia ten, kto każdego dnia nie przezwycięża strachu.

RALPH WALDO EMERSON

Zwycięstwo to wola.

NAPOLEON

Gdy decyzja zostanie raz podjęta, a wykonanie stanie się nakazem dnia, odsuń od siebie wszelki obowiązek i dbaj tylko o wynik.

WILLIAM JAMES

Do każdego nowego problemu pochodź nie z perspektywą znalezienia tego, co masz nadzieję, że tam będzie, ale z zamiarem dotarcia do prawdy, do realiów, z którymi trzeba się zmierzyć. Może nie spodobać ci się to, co znajdziesz. W takim przypadku masz wszelkie prawo, by próbować to zmienić. Ale nie oszukuj samego siebie w kwestii tego, co jest faktem w danej sytuacji.

BERNARD M. BARUCH

ROZDZIAŁ

6

ZASADNICZE ELEMENTY UDANEGO PRZEMAWIANIA

„Jeśli potrafisz marzyć, ale niezbyt wiele;
Jeśli umiesz myśleć, lecz myśl nie jest celem;
Jeśli umiesz znieść triumf i klęskę wszelaką;
I traktować tych dwoje oszustów jednako,

Jeśli potrafisz zmusić serce, mięśnie, nerwy,
By ci służyły, chociaż już bez dawnej werwy;
I wytrwały, gdy tobie nic już nie zostanie,
Z wyjątkiem woli, która zleca im wytrwanie.

Jeśli z każdej minuty zrobisz cny użytek,
Sześćdziesiąt sekund drogi owocnie przebytej;
Twoją jest ziemia oraz wszystko, co na niej,
A co więcej, mój synu, mężczyzną się staniesz”[8].

Ten słynny wiersz Rudyarda Kiplinga już od ponad wieku jest inspiracją dla jego czytelników. Wynalazcy wieszali go na ścianach swoich pracowni, badacze czytali go przed wyruszeniem na wyprawę. Gdyby każdy z nas podążał za nakazami Kiplinga i nie ustawał w wysiłkach, znacznie więcej byśmy w życiu osiągnęli. A jednak, począwszy od chwili, gdy po raz pierwszy zaangażowałem się w edukację, ze zdumieniem obserwuję, jak ogromny odsetek studentów, którzy zapisują się na wszelkiego rodzaju wieczorne kursy, zniechęca się i rezygnuje, zanim osiągnie zamierzony cel. To liczba prawdziwie godna pożałowania, lecz przy tym niezwykła i zadziwiająca. Stanowi smutny komentarz do natury człowieka.

To już szósty rozdział tej książki i wiem z doświadczenia, że niektórzy z czytelników są już zniechęceni, gdyż jak dotąd, po lekturze poprzednich pięciu rozdziałów, nie przezwyciężyli jeszcze lęku przed publicznością i nie zyskali pewności siebie. Jaka szkoda, bo „jakże biedni są ci, którzy nie mają cierpliwości. Czyż rany nie goją się stopniowo?”.

---

[8] Tłumaczenie wiersza (brak nazwiska tłumacza) zamieszczono w Internecie: www.hakitvah.pl

KONIECZNOŚĆ WYTRWAŁOŚCI

Gdy zaczynamy uczyć się czegoś nowego, np. obcego języka, gry w golfa, czy publicznego przemawiania, nie osiągamy miarowych postępów. Nie rozwijamy się stopniowo. Ten wzrost odbywa się nagłymi szarpnięciami, gwałtownymi skokami. Potem przez jakiś czas pozostajemy na pewnym poziomie, a nawet możemy się cofnąć i stracić część tego, co osiągnęliśmy. Te okresy stagnacji lub cofania się są dobrze znane wszystkim psychologom i noszą nazwę „płaskowyżu na krzywej uczenia się". Adepci sztuki przemawiania mogą niekiedy całymi tygodniami tkwić na jednym z takich płaskowyżów. Bez względu na to, jak ciężko pracują, nie są w stanie zostawić go za sobą. Ci słabsi poddają się rozpaczy i rezygnują. Zaś ci z charakterem uporczywie trwają dalej i w końcu stwierdzają, że nagle, z dnia na dzień, nie wiedząc jak i dlaczego, poczynili ogromne postępy. Opuścili swój płaskowyż niczym samolot wznoszący się w powietrze. Raptownie nabrali wprawy. Raptownie osiągnęli naturalność, siłę i pewność w tym, jak przemawiają.

Jak już w którymś momencie zauważyliśmy, zawsze możesz przeżyć pewien wstrząs i doświadczyć pewnego przelotnego lęku, pewnego nerwowego niepokoju podczas pierwszych kilku chwil na mównicy. Wybitni mówcy, sławni aktorzy i nawet najwięksi muzycy odczuwali taki lęk, mimo iż mieli za sobą niezliczoną liczbę występów. To doświadczenie stanie się i twoim. Lecz jeśli wytrwasz, poradzisz sobie ze wszystkim. Ten początkowy lęk pozostanie, lecz będzie tylko tym, czym jest, czyli początkowym lękiem, niczym więcej. Po pierwszych kilku zdaniach odzyskasz nad sobą kontrolę i kontynuowanie przemówienia będzie już tylko czystą przyjemnością.

NIEUSTANNIE NIE SZCZĘDŹ WYSIŁKÓW

Pewien młody człowiek, chcący studiować prawo, napisał do Lincolna z prośbą o radę, na co ten odpowiedział: „Jeśli jesteś stanowczo zdecydowany, by zostać prawnikiem, ponad połowa sukcesu za tobą. Pamiętaj, że twoja determinacja, by osiągnąć sukces, jest ważniejsza niż cokolwiek innego".

Lincoln wiedział. Sam przez to przeszedł. Całe jego formalne wykształcenie nie przekraczało jednego roku nauki. A książki? Kiedyś powiedział, że przeczytał wszystko, co zdołał pożyczyć w promieniu 50 mil od domu. Nocami w jego chacie żarzyły się polana i Lincoln niekiedy czytał przy ich nikłym świetle. Przeważnie jednak przerywał lekturę, odkładając książkę na leżącą obok stertę przygotowanych do podpałki polan. Następnego dnia, gdy tylko wzeszło słońce i zrobiło się dość jasno, by czytać, przekręcał się na łóżku, przecierał oczy, sięgał po książkę i zaczynał pochłaniać kolejne strony.

Przemierzał na piechotę dwadzieścia czy trzydzieści mil, by usłyszeć jakiegoś mówcę, a wracając do domu ćwiczył własne przemówienia wszędzie tam, gdzie się akurat znajdował – na polach, w lasach, przed tłumem zgromadzonym przy sklepie spożywczym Jones'a w Gentryville. W New Salem i Springfield przyłączył się do klubów literackich i dyskusyjnych, gdzie ćwiczył przemawianie, wypowiadając się na tematy dnia.

Zawsze męczyło go poczucie niższości. W obecności kobiet był nieśmiały i małomówny. Gdy spotykał się z Mary Todd, zwykł siedzieć w salonie onieśmielony i milczący, nie mogąc znaleźć słów i tylko słuchając, podczas gdy ona mówiła za nich oboje. A jednak to on, dzięki ćwiczeniom i samodzielnej nauce, stał się mówcą, który zmierzył się w dyskusji z samym mistrzem sztuki przemawiania, Stephenem Douglasem. To on był tym, kto w Gettysburgu i ponownie podczas swojej przemowy inauguracyjnej, wzniósł się na wyżyny elokwencji, które niewielu dotąd osiągnęło.

Nic dziwnego, że patrząc z perspektywy swoich własnych, poważnych utrudnień i żałosnych zmagań, napisał: „Jeśli jesteś stanowczo zdecydowany, by zostać prawnikiem, ponad połowa sukcesu za tobą".

W gabinecie Theodore'a Roosevelta w Białym Domu wisi wspaniały portret Lincolna. „Często, gdy musiałem podjąć decyzję w jakiejś sprawie – powiedział Roosevelt – rozstrzygnąć problem wyjątkowo trudny, gdzie zachodziła sprzeczność praw i interesów, patrzyłem na Lincolna, próbując wyobrazić go sobie na moim miejscu i odgadnąć, co by zrobił w takich okolicznościach. Może to zabrzmi dziwnie, ale dzięki temu łatwiej mi było rozwiązać dany problem".

Dlaczego nie wypróbować metody Roosevelta? Dlaczego, gdy dopada cię zniechęcenie i masz ochotę się poddać, rezygnując z dalszej walki o zostanie mówcą, nie pomyśleć o Lincolnie i nie zadać sobie pytania, co on zrobiłby na moim miejscu? Dobrze wiesz, co by zrobił. Bo wiesz, co faktycznie zrobił. Gdy Stephen Douglas pokonał go w wyścigu do Senatu Stanów Zjednoczonych, Lincoln napomniał swoich zwolenników, by „nie poddawali się ani po jednej, ani po stu porażkach".

PEWNOŚĆ NAGRODY

Dobrze by było, gdybyś codziennie rano otwierał tę książkę i czytał poniższe słowa Williama Jamesa, słynnego harvardzkiego psychologa, aż zapadną ci one głęboko w pamięć:

> Niech żaden młodzieniec nie niepokoi się ostatecznym wynikiem swojej edukacji, bez względu na to, w czym się kształci. Jeśli każdego dnia będzie sumiennie pracować, rezultat końcowy może spokojnie pozostawić samemu sobie. Z całkowitą pewnością może bowiem liczyć na to, że któregoś pięknego poranka zbu-

dzi się jako jeden ze specjalistów swego pokolenia, jakąkolwiek wybrałby sobie dziedzinę.

Opierając się na słowach słynnego profesora Jamesa, ośmielę się zapewnić, że jeśli sumiennie i z entuzjazmem będziesz wypełniać zawarte w tej książce zalecenia, i jeśli nie ustaniesz w ćwiczeniu tego, czego się nauczyłeś, możesz z ufnością oczekiwać, iż pewnego dnia obudzisz się jako jeden z doskonałych mówców swojego miasta lub społeczności.

Bez względu na to, jak nierealne może ci się to teraz wydawać, to prawda, która stanowi generalną zasadę. Są, oczywiście, pewne wyjątki. Człowiek o pośledniej mentalności i osobowości, niemający nic do powiedzenia, nie stanie się lokalnym Danielem Websterem, jednak, w granicach rozsądku, powyższe twierdzenie jest jak najbardziej prawidłowe.

Zilustruję to na konkretnym przykładzie:

Gubernator stanu New Jersey, Edward C. Stokes, uczestniczył w przyjęciu, zorganizowanym w Trenton z okazji zakończenia kursu przemówień publicznych. Zauważył, że przemowy, jakich wysłuchał tamtego wieczora, były równie dobre, jak te, które słyszał w Waszyngtonie w Izbie Reprezentantów i w Senacie. Owe przemowy zostały wygłoszone przez kobiety i mężczyzn, którzy zaledwie kilka miesięcy wcześniej byli tak sparaliżowani lękiem przed publicznością, że nie mogli wykrztusić z siebie słowa. Nie byli to jacyś następcy Cycerona, lecz zwykli ludzie, jakich można spotkać wszędzie. A jednak któregoś dnia stwierdzili, że oto znajdują się w gronie najlepszych mówców swoich miast.

Cała kwestia twojego sukcesu jako mówcy zależy jedynie od dwóch rzeczy: twoich wrodzonych zdolności oraz głębokości i siły twoich pragnień.

„W niemal każdym temacie – powiedział William James – twoja pasja dla tego tematu uratuje cię. Jeśli tylko zależy ci na rezultacie, i jeśli zależy ci dość mocno, najprawdopodobniej ten rezultat osiągniesz. Jeśli chcesz być bogaty, będziesz bogaty; jeśli chcesz być uczony, będziesz uczony; jeśli chcesz być dobry, będziesz dobry. Musisz tylko naprawdę chcieć danej rzeczy i musisz chcieć wyłącznie jej, nie pragnąc w tym samym czasie setki innych, niemożliwych do pogodzenia rzeczy, i nie pragnąc ich równie mocno, co tamtej jednej".

William James mógłby jeszcze dodać coś, co jest równie prawdziwe: „Jeśli chcesz być pewnym siebie mówcą publicznym, będziesz pewnym siebie mówcą publicznym. Ale musisz *naprawdę* tego pragnąć".

Znałem i uważnie obserwowałem dosłownie tysiące ludzi, usiłujących zyskać pewność siebie i rozwinąć zdolność przemawiania. Spośród tych, którym się to udało, jedynie bardzo niewielka liczba stanowiła przykład prawdziwego talentu i błyskotliwości. Cała reszta to były zupełnie przeciętne osoby, jakie można spotkać w każdym środowisku i każdym mieście. Ale ci ludzie wytrwali. Zdarzało się, że niektórzy kursanci zniechęcali się lub byli zbyt głęboko zaangażowani w jakieś inne sprawy, dlatego nie zaszli daleko. Tymi, którym się to udało, i którzy pod koniec kursu wspięli się na sam szczyt, były zwykłe osoby, lecz obdarzone charakterem i wytrwale dążące do celu.

To bardzo ludzkie i naturalne. Czy nie widzisz, że to samo nieustannie dzieje się w handlu i w wolnych zawodach? John D. Rockefeller kiedyś powiedział, że pierwszym podstawowym czynnikiem sukcesu w biznesie jest cierpliwość. I jest to również jeden z podstawowych czynników sukcesu w wygłaszaniu przemówień.

Marszałek Ferdinand Foch, naczelny wódz sił Sprzymierzonych w czasie pierwszej wojny światowej, oświadczył, że posiada tylko jedną zaletę: nigdy nie traci nadziei i nie popada w rozpacz.

Gdy w 1914 roku Francuzi wycofali się nad Marnę, generał Joseph Joffre wydał rozkaz generałom podkomendnym, mającym pod sobą dwa miliony żołnierzy, by przerwali odwrót i przystąpili do ataku. Ta nowa bitwa, jedna z najbardziej decydujących w historii świata, gorzała przez dwa dni, gdy Foch, dowodzący siłami centralnymi Joffre'a, posłał mu jedną z najbardziej niezwykłych, imponujących wiadomości, jakie kiedykolwiek odnotowano w wojskowych zapisach: „Moje oddziały centralne ustępują. Moje oddziały prawoskrzydłowe wycofują się. Sytuacja jest doskonała. Przystępuję do ataku".

Tamten atak uratował Paryż.

Dlatego, mój drogi mówco, gdy walka zdaje się najcięższa i najtrudniejsza, gdy twoje siły centralne ustępują, a prawoskrzydłowe wycofują się, „sytuacja jest doskonała". Atakuj! Atakuj, a ocalisz najlepszą część swojej osobowości – swoją odwagę i wiarę.

WSPINACZKA NA WILDER KAISER

Lubię chodzić po górach. Podczas jednej z górskich wypraw, ja i mój przyjaciel wzięliśmy sobie za cel pasmo w Alpach Austriackich, zwane Wilder Kaiser. Wspinaczka miała być trudna i mówiono, że alpiniści amatorzy muszą iść z przewodnikiem. My takiego nie mieliśmy, a z pewnością byliśmy amatorami. Ktoś nas zapytał, czy sądzimy, że nam się uda. „Oczywiście" – odparliśmy.

„Dlaczego tak uważacie?".

„Bo byli już tacy, którzy zrobili to bez przewodnika; – powiedziałem – dlatego wiem, że przedsięwzięcie mieści się w granicach rozsądku, a *nigdy nie zabieram się za coś z myślą o porażce*".

Jako alpinista, jestem najzwyklejszym, nieudolnym nowicjuszem, jednak z psychologicznego punktu widzenia jest właściwe podejście do wszystkiego: od wygłaszania przemówień począwszy, aż po wyprawę na Mount Everest.

Myśl o sukcesie, gdy stosujesz to, o czym czytasz w tej książce. Zobacz siebie oczyma wyobraźni, jak stoisz przed gronem słuchaczy i przemawiasz z doskonałym opanowaniem.

Zrobienie tego jest jak najbardziej w zasięgu twoich możliwości. Wierz, że sobie poradzisz, że ci się uda. Wierz w to niezachwianie, a zrobisz wszystko, co konieczne, by odnieść sukces.

Admirał Samuel Du Pont, dowódca floty podczas wojny secesyjnej, podał pół tuzina doskonałych powodów, dlaczego nie wprowadził swoich okrętów wojennych do portu w Charleston. Admirał David Farragut uważnie słuchał jego wywodów. „Jest jeszcze jeden powód, o którym pan nie wspomniał" – powiedział.

„Jaki?" – zapytał Du Pont.

„Nie wierzył pan, że może to zrobić" – odrzekł Farragut.

Najcenniejszą rzeczą, jaką nabywa większość kursantów czy czytelników, zgłębiających sztukę publicznego przemawiania, jest wzrost zaufania we własne siły; i wiary w zdolność osiągnięcia sukcesu. Czy może być coś ważniejszego dla czyjegoś powodzenia w niemal każdym przedsięwzięciu?

WOLA ZWYCIĘSTWA

Oto fragment mądrej rady Elberta Hubbarda, którego zacytowania nie mogę sobie odmówić. Gdyby każdy z nas żył według zawartej tu mądrości, bylibyśmy szczęśliwsi i lepiej by nam się wiodło:

> Za każdym razem, gdy wychodzisz z domu, wciągnij podbródek, podnieś wysoko koronę głowy i napełnij płuca do samego dna; chłoń słońce; z uśmiechem witaj przyjaciół i wkładaj duszę w każdy uścisk dłoni. Nie obawiaj się bycia niezrozumianym i nie trać ani minuty na myślenie o swoich wrogach. Postaraj się skupić na tym, co chciałbyś zrobić, po czym, nie zbaczając z obranego kursu, idź prosto do celu. Nie przestawaj myśleć o wielkich i wspaniałych rzeczach, jakie chciałbyś zrobić, a wraz z upływem kolejnych dni będziesz nieświadomie wychwytywać okazje i wykorzystywać możliwości, które pozwolą spełnić twoje pragnienie, tak jak koralowiec wychwytuje z wodnego nurtu potrzebne mu elementy. Wyobraź sobie zdolną, żarliwą, użyteczną osobę, jaką pragniesz być, a ów obraz uruchomi nieprzerwany proces twojego przekształcania się w taką osobę... Myśl jest ponad wszystkim. Utrzymuj właściwą postawę mentalną – postawę odwagi, szczerości i bycia dobrej myśli. Myśleć właściwie – to tworzyć. Wszystko dzieje się na drodze pragnienia, a każda szczera modlitwa zostaje wysłuchana. Stajemy się tym, na czym skupia się nasze serce. Noś wciągnięty podbródek i wysoko uniesioną koronę głowy. Jesteśmy bogami w stadium poczwarki.

Napoleon, Wellington, Lee, Grant, Foch, MacArthur, Eisenhower – wszyscy wielcy przywódcy wojskowi wiedzieli, że wola zwycięstwa i wiara żołnierzy w to, że mogą to zwycięstwo osiągnąć, znaczą dla sukcesu więcej, niż cokolwiek innego.

„Dziewięćdziesiąt tysięcy zwyciężonych – powiedział Foch – cofa się przed dziewięćdziesięcioma tysiącami zwyciężających tylko dlatego, bo mają już dość, bo nie wierzą już w zwycięstwo, bo stracili ducha – dobrnęli do końca swej psychicznej wytrzymałości".

Innymi słowy, owe dziewięćdziesiąt tysięcy wycofujących się nie składa broni dlatego, że fizycznie nie ma już siły walczyć, ale z powodu osiągnięcia kresu swych sił psychicznych, z powodu utraty odwagi i wiary we własne możliwości. Dla takiej armii nie ma już żadnej nadziei. Ani dla takiego człowieka.

Kiedy zapytano kapelana marynarki wojennej Stanów Zjednoczonych, pnącego się po kolejnych szczeblach służby wojskowej, jakie cechy są potrzebne do tego, by odnieść sukces jako kapelan, ten odparł: „Urok osobisty, nieustępliwość, charakter i odwaga".

To także wymogi sukcesu w przemawianiu. Niech staną się one twoim mottem. A ten oto wiersz Roberta Serviece'a niech będzie twoją pieśnią bitewną:

„Gdy zbłądziłeś w dziczy i boisz się jak małe dziecko,
A śmierć zagląda ci prosto w oczy;
Gdy ból odbiera ci rozum, to, jak powiedział Hoyle,
Czas odbezpieczyć broń i... umrzeć.
Lecz zasada mówi: „Walcz do końca",
Choćbyś rozpadał się na milion kawałków. W głodzie i niedoli, o jakże łatwo jest nacisnąć spust...
Trudno jest znieść to piekło, jakie życie serwuje ci na śniadanie.

Masz już dość! „Jaka szkoda".
Jesteś młody, odważny i bystry.
„Zostałeś pokrzywdzony!" wiem – ale nie jęcz.
Weź się w garść, zrób co w twojej mocy i walcz.
Oddaj cios, a wygrasz,
Dlatego idź śmiało naprzód, chłopie!
Okaż charakter; tak łatwo jest zrezygnować:
Trudno jest trzymać głowę wysoko.

Łatwo jest narzekać, że cierpisz – i umrzeć.
Łatwo jest wycofywać się rakiem i czołgać;
Ale walczyć, i to walczyć, gdy nie ma nadziei,
Oto gra najlepsza ze wszystkich!
I choć z każdej wyczerpującej walki
Wychodzisz złamany, pobity i przerażony,
Spróbuj jeszcze tylko raz – cholernie łatwo jest umrzeć,
Trudno jest żyć dalej"[9].

[9] Wszystkie cytaty z literatury, nie objęte odrębnymi przypisami, w tłumaczeniu Doroty Piotrowskiej.

W skrócie

- Opanowanie nowej umiejętności – czy będzie to gra w golfa, władanie obcym językiem, czy przemawianie – nie dzieje się na zasadzie stopniowej poprawy. Postęp następuje skokowo, na drodze gwałtownych szarpnięć. Po skoku może dojść do kilkutygodniowego zastoju, a nawet utraty części tego, co zostało dotąd przyswojone. Taki okres stagnacji psychologowie nazywają „płaskowyżem na krzywej uczenia się". Ktoś przez długi czas może ciężko pracować i dokładać wszelkich starań, a mimo to nie być w stanie opuścić jednego z takich „płaskowyżów" i ponownie znaleźć się na odcinku wznoszącym. Niektórzy, nie zdając sobie sprawy z tego osobliwego faktu dotyczącego sposobu, w jaki osiągamy postęp, podczas fazy stagnacji poddają się zniechęceniu i rezygnują z wszelkiego wysiłku. Wielka szkoda, bo gdyby wytrwali, gdyby nie ustawali w ćwiczeniach, to któregoś dnia nagle stwierdziliby, że oto wznieśli się niczym samolot i ponownie uczynili ogromny postęp, dosłownie z dnia na dzień.
- Możliwe, że nigdy nie pozbędziesz się pewnej dozy nerwowego niepokoju, opanowującego cię tuż przed zabraniem głosu. Większość wielkich mówców doświadcza takiej początkowej nerwowości. Lecz jeśli wytrwasz, to już wkrótce zwalczysz wszelkie przeszkody, stojące ci na drodze do oratorskiego sukcesu; zostanie tylko ten lęk, który jednak będzie trwać tylko przez chwilę i zniknie po kilku sekundach mówienia.
- William James zauważył, że nie należy martwić się końcowym rezultatem swojej nauki, bo jeśli ktoś sumiennie pracuje i nie ustaje w wysiłkach, „z całkowitą pewnością może liczyć na to, że któregoś pięknego poranka zbudzi się jako jeden ze specjalistów swego pokolenia, jakąkolwiek wybrałby sobie dziedzinę". Ta psychologiczna prawda, sformułowana przez słynnego naukowca z Harvardu, dotyczy także ciebie i twoich starań w nauce przemawiania. Nie ma co do tego żadnych wątpliwości. Ci, którzy opanowali sztukę wygłaszania przemówień i odnieśli sukces jako mówcy, generalnie nie byli jakoś wybitnie utalentowani. Byli za to obdarzeni uporem i determinacją. Nie ustawali w wysiłkach. Brnęli aż do końca.
- Gdy pracujesz nad doskonaleniem swoich umiejętności oratorskich, rób to z myślą o sukcesie. Dzięki temu będziesz robić to, co konieczne, by ten sukces stał się rzeczywistością.
- Jeśli dopadnie cię zniechęcenie, wypróbuj metodę Theodore'a Roosevelta: pomyśl o Lincolnie i zastanów się, co on zrobiłby w podobnych okolicznościach.
- Pewien kapelan marynarki wojennej Stanów Zjednoczonych wymienił cztery cechy, niezbędne do osiągnięcia sukcesu na jego stanowisku. Pamiętasz jakie?

PRAWIDŁOWE POSŁUGIWANIE SIĘ SŁOWAMI

PRZEJRZYSTY/PRZEŚWITUJĄCY. Woda może być *przejrzysta*, lecz matowe szkło, które przepuszcza światło, zatrzymując dokładną formę i kolor, jest *prześwitujące*.

PRZYMUS/OBOWIĄZEK. *Przymus* to narzucenie na kogoś pewnego działania, którego niewykonanie może wiązać się z jakąś formą kary; *obowiązek* odnosi się do konieczności, jaka wynika z moralności lub sumienia. Ktoś *musi* płacić podatki, ale *zobowiązany* jest do wspierania kościoła.

ZWIĘZŁY/KRÓTKI. Przemowa *zwięzła* jest skondensowana; przemowa *krótka* to po prostu kilka zdań, nieszczególnie nasyconych treścią.

Oto kilka słów, jakich możesz często używać, a których pochodzenie może cię zaskoczyć.

Zwroty lub terminy wyświechtane to wyrażenia powszechnie używane, zwane też sztampowymi. Sztampa, rzecz oklepana i schematyczna, zwłaszcza w dziedzinie teatru, pochodzi od włoskiego *stampa*, czyli „druk, prasa", wywodzącego się od germańskiego *stampare* – „tłoczyć". Banalny, czyli szablonowy, pozbawiony oryginalności, wywodzi się z francuskiego *banal* – „pospolity", którego korzenie sięgają średniowiecza. W średniowiecznej Francji słowo *ban* oznaczało „obwieszczenie władcy feudalnego o pospolitym ruszeniu rycerstwa". Inne słowa o podobnym znaczeniu to: *zwietrzały* – sugeruje związaną z upływem czasu utratę smaku; *mdły* – bez smaku lub aromatu; *pozbawiony wyrazu* – bez życia i aromatu.

ĆWICZENIE GŁOSU – UŻYWANIE CZUBKA JĘZYKA

Słynny tenor Enrico Caruso sporą część swego sukcesu scenicznego przypisywał niezwykłej kontroli nad językiem. Podobnie zresztą jak wielu innych śpiewaków. Caruso ćwiczył dotąd, aż czubek jego języka stał się wyjątkowo silny i zwinny. Owa drobna część wykonywała całą pracę, podczas gdy tył języka spoczywał nieruchomy i rozluźniony. To bardzo ważne, gdyż mięśnie tworzące tył języka połączone są z krtanią. Dlatego ich używanie powoduje niepotrzebne napięcie i ucisk w gardle.

Jednym z bardzo dobrych sposobów rozwinięcia siły i zwinności czubka języka jest ćwiczenie głoski *r*. Wypowiadaj ją tak, by uzyskać przeciągłą wibrację. Naśladuj szczęk karabinu maszynowego. Nie chodzi tu o serię pojedynczych głosek, ale o dźwięk ciągły, tzw. drżące *r*. Widziałeś kiedyś grzechotkę rozwścieczonego grzechotnika, gwałtownie wibrującą tuż przed atakiem węża? Jeśli tak, to masz już pewne pojęcie, w jaki sposób czubek języka powinien uderzać o podniebienie, tuż za przednimi zębami. A słyszałeś kiedyś dzięcioła, pracującego wczesną wiosną na spróchniałym konarze? Wibracje twojego języka powinny być równie szybkie, jak to staccato. Coś jak dźwięk, wydawany podczas gry na kotłach.

Powiedz *mur*; gdy dojdziesz do *r*, przeciągnij ten dźwięk w wibrację. Murrrrrrrrrrrr. To samo zrób z *wir* i *tor*.

A teraz wróćmy do ziewania – weź głęboki oddech, poczuj aktywność w środkowej części ciała... Tuż przed ziewnięciem wydaj dźwięk wibrującego r. Utrzymuj ten dźwięk dotąd, aż skończy ci się powietrze. Wykorzystaj metody kontroli oddechu, przedstawione w Rozdziale 5.

Wibrujące *r* to ważne ćwiczenie, ale nie wyobrażaj sobie, że to i inne ćwiczenia głosu, wykonywane raz w tygodniu przez sześćdziesiąt sekund podczas zajęć na kursie przemawiania, a ignorowane przez resztę czasu, zaowocują osiągnięciem pożądanych rezultatów. Kluczem do poprawy głosu jest praktyka, praktyka i jeszcze raz praktyka. Te ćwiczenia nie powinny jednak pochłaniać czasu, jaki z reguły poświęcasz na inne rzeczy; możesz je wykonywać np. co dzień rano pod prysznicem.

Przeczytaj na głos poniższy wiersz lorda Alfreda Tennysona; wracaj do niego często. Poczuj, jak czubek języka szybko i zdecydowanie dotyka podniebienia tuż za przednimi zębami. Poczuj, jak starannymi i elastycznymi ruchami prześlizguje się po kolejnych słowach i myślach.

Tam, dokąd płynę

„Zachodu łuna; i wieczorna wschodzi
Gwiazda; i jeden jasny głos mnie woła.
O, niechże fala – gdy wyruszę w łodzi
Tam, gdzie bezmiar dokoła –

Jakoby we śnie i z tak pełną,
Że już nie burzy się ni pieni, siłą:
Gdy wraca w bezmiar to, co w tej głębinie
Bezmiernej się zrodziło.

Zmierzch będzie; dzwonu wieczorne konanie;
A potem wszystko mrok okryje nagle!
Niech to nie będzie smutne pożegnanie,
Kiedy rozwinę żagle.

Choć się rozwieje Czas, choć Przestrzeń znika
Daleko za mną, ufam: w tę godzinę
Twarzą w twarz ujrzę mojego Sternika
Tam, dokąd płynę”[10].

---

[10] *Twarde dno snu, Tradycja romantyczna w poezji języka angielskiego*, wybór, opracowanie i przekład Zygmunt Kubiak, wyd. Noir sur Blanc, Warszawa 2002 r.

Przeczytawszy ten wiersz we wskazany powyżej sposób, zrób to jeszcze raz, stosując ćwiczenia głosu, przedstawione w Rozdziale 5. Weź głęboki oddech; niech powietrze dotrze aż do przepony. Przygotuj się na ziewnięcie... A teraz mów. Wyobraź sobie, że chłoniesz wydobywający się z ciebie dźwięk, który podąża ku górze, wypełniając komory twojej głowy, a nie wnikając przez gardło. Kontroluj przeponę. Powstrzymuj ucieczkę powietrza. Spróbuj przeczytać cały wiersz na czterech oddechach.

Poznaj fakt – obejmij fakt. Bo najważniejszy jest żar, a żar pochodzi ze szczerości.

RALPH WALDO EMERSON

Trzeba coś mieć, coś więcej niż samą wiedzę na dany temat. W prezentacji tego tematu musi być żarliwość. Musisz czuć, że masz do powiedzenia coś, co ludzie powinni usłyszeć.

WILLIAM JENNINGS BRYAN

Rób jedną rzecz na raz i rób to tak, jakby zależało od tego twoje życie.

MOTTO EUGENE'A GRACE'A
prezes Bethlehem Steel Company

Dobroczyńcą ludzkości jest ten, kto wielkie zasady życia przekłada na krótkie zdania, które z łatwością zapadają w pamięć, dzięki czemu wciąż przychodzą nam na myśl.

SAMUEL JOHNSON

Umiejętność wyrażenia jakiejś myśli jest równie ważna, jak owa myśl.

BERNARD BARUCH

ROZDZIAŁ

7

SEKRET DOBREGO PRZEKAZU

Jakiś czas temu, gdy dopiero zaczynałem swoją działalność edukacyjną, dwóch podróżników-badaczy zwróciło się do mnie z prośbą o pomoc w przygotowaniu ilustrowanej mowy na temat odbytej przez nich podróży lotniczej oraz o przeszkolenie ich w jej wygłaszaniu. Mieli występować w Philharmonic Hall w Londynie, dwa razy dziennie przez cztery miesiące, raz po południu, a raz wieczorem.

Obaj mieli te same przygody i obaj wygłaszali tę samą mowę, niemal słowo w słowo. A jednak z jakiegoś powodu ich mowy wcale nie brzmiały tak samo.

Bo w przemowie liczy się coś więcej niż jedynie same słowa. Liczy się aromat tych słów i wydźwięk z jakim są wypowiadane. „Nie chodzi aż tak bardzo o to, co mówisz, ale jak to mówisz".

Kiedyś zdarzyło się, że siedziałem na koncercie obok pewnej młodej kobiety, która czytała nuty mazurka Chopina, granego właśnie przez Ignacego Paderewskiego, prawdopodobnie największego pianisty swoich czasów. Kobieta była zadziwiona. Nie mogła zrozumieć. Palce Paderewskiego dotykały dokładnie tych samych nut, jakich dotykały jej palce, gdy grała tę samą kompozycję, a jednak jej interpretacja była pospolita, jego zaś natchniona, pełna niezrównanego piękna i fascynująca każdego, kto jej słuchał. Nie chodziło o samo dotykanie poszczególnych nut, ale o sposób, w jaki to robił, o uczucie, artyzm, osobowość, jaką w to wkładał – właśnie to stanowiło o różnicy między pośledniością a geniuszem.

Któregoś razu Karl Brullof, wielki rosyjski malarz, poprawił pracę jednego ze swoich uczniów. Ten spojrzał ze zdumieniem na poprawiony rysunek i wykrzyknął: „Nie do wiary! Dotknął go pan zaledwie, zmienił odrobinę, a zmiana jest kolosalna, to już zupełnie inny obraz!". Na co Brullof: „Sztuka zaczyna się tam, gdzie zaczyna się właśnie ta odrobina". I dotyczy to zarówno gry na pianinie, malarstwa, jak i przemawiania.

To prawda również i wtedy, gdy narzędziem czyjejś pracy są słowa. W angielskim parlamencie jest takie stare powiedzenie, że wszystko zależy od sposobu, w jaki ktoś mówi, a nie od treści; Quintilian powiedział to już dawno temu, gdy Anglia była jedną z dalekich kolonii Rzymu.

Zauważyłem, że podczas konkursów studenckich często jest tak, że mówca mający najciekawszy materiał nie jest tym, który zwycięża. Zwycięzcą jest raczej ten, kto mówi tak dobrze, że jego materiał brzmi najlepiej.

„Trzy rzeczy mają znaczenie w przemówieniu. – zauważył pewien ekspert. – A mianowicie: kto mówi, jak mówi i co mówi – z których najmniejsze znaczenie ma ta ostatnia". Przesada? Być może, ale zajrzyj pod powierzchnię tych słów, a ujrzysz bijącą w oczy prawdę.

Edmund Burke pisał przemowy tak doskonałe pod względem logiki, rozumowania i kompozycji, że dziś, ponad dwa wieki później, jego teksty są studiowane jako klasyczne wzorce sztuki oratorskiej. Mimo to, jako mówca Burke ponosił porażkę za porażką. Nie umiał przekazać tego, co stworzył; nie umiał sprawić, by jego słowa brzmiały interesująco i przekonująco; dlatego zwano go „dzwonkiem na kolację" Izby Gmin. Gdy wstawał, by zabrać głos, pozostali członkowie Izby zaczynali kasłać, wiercić się i masowo wychodzić.

CZYM JEST PRZEKAZ?

Co robi sprzedawca samochodów, gdy „przekazuje" ci auto, które kupiłeś? Czy po prostu rzuca ci kluczyki i dokumenty własności, po czym odwraca się na pięcie? Czy samo pozbycie się czegoś jest jednoznaczne z przekazaniem danej rzeczy? Posłaniec, niosący ważny dokument, przekazuje go do rąk własnych tego, dla kogo jest on przeznaczony. Mówca przekazuje pewne treści, jednak zbyt często owe treści nie trafiają do osoby bądź osób, z myślą o których powstały.

Podam przykład, przedstawiający typowy sposób przemawiania, praktykowany przez tysiące mówców. Któregoś razu spędzałem kilka dni w Murren, letnim kurorcie w Alpach Szwajcarskich. Mieszkałem w hotelu zarządzanym przez londyńską firmę, która co tydzień przysyłała z Anglii dwóch mówców, by zabawiali gości przemówieniami. Podczas mojego pobytu, jednym z mówców była znana, angielska powieściopisarka. Jej temat brzmiał: „Przyszłość powieści". Kobieta przyznała, że nie był to jej wybór; krótko mówiąc, dla niej samej był to temat tak mało zajmujący, że nie miała w tej kwestii do powiedzenia nic, co warto było powiedzieć. Pośpiesznie wykonała kilka rozwlekłych notatek, po czym stanęła przed słuchaczami i kompletnie ich ignorowała, czasem patrząc gdzieś nad ich głowami, czasem w notatki, a czasem w podłogę. Posyłała swoje słowa w pierwotną próżnię, mówiąc z nieobecnym spojrzeniem i odległym brzmieniem w głosie.

Czegoś takiego w ogóle nie można nazwać przemawianiem. To zwykły monolog, zupełnie pozbawiony świadomości komunikacji. A właśnie to jest najważniejszym elementem dobrego przemawiania: poczucie komunikacji. Słuchacze muszą czuć, że do ich umysłów i serc trafia pewien przekaz, pochodzący wprost z umysłu i serca mówcy. Natomiast tamta mowa równie dobrze mogła rozbrzmiewać na piaszczystych, wyschniętych pustkowiach pustyni Gobi. Prawdę mówiąc, brzmiała, jakby rzeczywiście była wygłaszana w tego rodzaju miejscu, nie zaś w pomieszczeniu pełnym żywych istot ludzkich.

Kwestia wygłaszania mowy to proces zarazem bardzo prosty i bardzo złożony. A także bardzo często źle rozumiany i niewłaściwie realizowany.

SEKRET DOBREGO PRZEKAZU

Na temat sposobu wygłaszania napisano ogromną ilość głupot i bzdur. Opakowano go w zasady i rytuały i uczyniono sprawą niezwykle tajemniczą. Idź do biblioteki czy księgarni i poszukaj działu pod nazwą „oratorstwo". Większość ze znajdujących się tam pozycji to kompletna strata czasu.

Staromodne oratorstwo, gdzie mówca odpala werbalne fajerwerki, niczym aktor w sztuce Szekspira, nie będzie dobrze przyjęte przez dzisiejszą, wyrafinowaną publiczność. Współcześni słuchacze – czy to piętnaście osób na zebraniu biznesowym, tysiąc na sali konferencyjnej, czy też miliony widzów przed telewizorami – chcą, by mówca mówił do nich tak bezpośrednio, jak podczas zwykłej pogawędki, i by robił to tak naturalnie, jakby z nimi rozmawiał, tu i teraz.

By robił to w ten sam *sposób*, lecz ze stanowczo większą siłą. Aby wypaść naturalnie, mówca musi zużyć znacznie więcej energii, zwracając się do czterdziestu osób, niż gdyby mówił do jednej – tak jak posąg na szczycie budynku, który musi mieć ogromne rozmiary, by obserwator z dołu postrzegał go w naturalnych proporcjach.

Gdy zabierasz głos podczas zebrania społeczności lokalnej, mów tak, jakbyś zwracał się do Jana czy Janiny Kowalskiej. Bo w końcu, czymże jest takie zebranie, jeśli nie zwykłym spotkaniem grupy takich Janów i Janin? Czyż te same metody, tak dobrze sprawdzające się podczas rozmowy twarzą w twarz, nie sprawdzą się i podczas przemawiania do grupy osób?

Właśnie opisałem sposób przemawiania pewnej powieściopisarki. W tym samym pomieszczeniu, w którym przemawiała, kilka dni później miałem przyjemność wysłuchać Sir Olivera Lodge'a. Mówił na temat „Atomy i słowa", któremu poświęcił ponad pół wieku przemyśleń, studiów, eksperymentów i badań. Sir Lodge miał do przekazania coś, co zasadniczo zajmowało jego serce i umysł; stanowilo sens życia; coś, czym bardzo chciał się podzielić ze słuchaczami. Zapomniał – i całe szczęście – że wszedł na mównicę, by wygłosić przemówienie. W ogóle się tym faktem nie przejmował. Skupił się jedynie na tym, by opowiedzieć nam o atomach, i by zrobić to jasno, zrozumiale i z uczuciem. Bardzo chciał, byśmy zobaczyli to, co on widzi, i poczuli to, co on czuje.

Jaki był skutek tych wysiłków? Sir Lodge wygłosił naprawdę niezwykłe przemówienie. Jego słowa miały zarówno urok jak i moc. Wywarły na słuchaczach duże wrażenie. Był to mówca o nieprzeciętnych zdolnościach, jednak jestem pewien, że nie postrzegał siebie w ten sposób. I z pewnością bardzo niewielu spośród tych, którzy go słyszeli, myślało o nim jako o mówcy publicznym.

Jeśli przemawiasz tak, że twoi słuchacze przypuszczają, iż przeszedłeś jakieś szkolenie w tym zakresie, to nie jesteś chlubą dla swojego nauczyciela. By odnieść prawdziwy sukces, musisz mówić z tak dużą naturalnością, by odbiorcy nie odnieśli najmniejszego wrażenia, że byłeś szkolony. Dobre okno nie przyciąga uwagi, a jedynie wpuszcza do środka światło. Z dobrym mówcą jest podobnie: przemawia tak naturalnie, że słuchacze nie zauważają sposobu, w jaki mówi; jedyne, co dociera do ich świadomości, to sam przekaz.

RADA HENRY'EGO FORDA

„Wszystkie samochody Forda są dokładnie takie same – powiedział ich twórca – ale żaden człowiek nie jest taki sam jak inny człowiek. Każde nowe życie jest na świecie czymś nowym; jeszcze nigdy nie było czegoś takiego i nigdy nie będzie. Każdy z nas powinien tak o sobie myśleć; powinniśmy szukać w sobie tej iskry indywidualności, która czyni nas różnymi od innych, po czym pielęgnować ją i rozwijać. Społeczeństwo i szkoły mogą próbować ją w nas zabić; ich tendencją jest formowanie nas według jednego wzoru, ale mówię: nie pozwól, by ta iskra w tobie zginęła, gdyż tylko dzięki niej możesz coś znaczyć".

Wszystko to jest podwójnie prawdziwe, jeśli chodzi o publiczne przemawianie. Nie ma na świecie drugiego człowieka takiego jak ty. Setki milionów ludzi ma parę oczu, nos i usta, ale nikt nie wygląda dokładnie tak, jak ty, i nikt nie ma dokładnie takich samych cech, identycznego usposobienia i nie posługuje się takimi samymi metodami, jakimi ty się posługujesz. Niewielu będzie mówić i wyrażać siebie dokładnie tak, jak ty, gdy mówisz w swój naturalny sposób. Innymi słowy, jesteś obdarzony indywidualnością. I jest to twoja najcenniejsza cecha jako mówcy. Uchwyć się jej. Pielęgnuj ją. Rozwijaj. Gdyż to właśnie ta iskra indywidualności sprawi, że w twoich słowach będzie siła i szczerość. „Tylko dzięki niej możesz coś znaczyć".

Najsłynniejsze amerykańskie debaty miały miejsce w 1858 roku w miasteczkach prerii Illinois, a toczyły się między senatorem Stephenem A. Douglasem i Abrahamem Lincolnem. Lincoln był wysoki i nieporadny. Douglas niski i pełen wdzięku. Ci dwaj mężczyźni tak bardzo różnili się charakterem, mentalnością, osobowością i sposobem bycia, jak różna była ich powierzchowność.

Douglas był obyty w świecie i wyrobiony towarzysko. Lincoln był prostym człowiekiem, który gości przyjmował bez butów. Gesty Douglasa były pełne wdzięku. Gesty Lincolna niezgrabne. Douglas był kompletnie pozbawiony poczucia humoru. Lincoln był doskonałym gawędziarzem. Douglas rzadko się uśmiechał. Lincoln nieustannie posługiwał się analogiami i przykładami. Douglas był wyniosły i apodyktyczny. Lincoln był pokorny i wybaczający. Douglas rozumował błyskawicznie. Procesy myślowe Lincolna były znacznie wolniejsze. Douglas przemawiał z gwałtownym pośpiechem trąby powietrznej. Lincoln mówił ciszej, głębiej i w sposób bardziej przemyślany i nieśpieszny.

Obaj jednak, choć tak od siebie różni, byli zdolnymi mówcami, gdyż posiadali odwagę i wyczucie własnej indywidualności. Gdyby jeden próbował naśladować drugiego, poniósłby sromotną klęskę. Lecz każdy z nich, w pełni wykorzystując własne, specyficzne cechy i zdolności, uczynił swoją mowę na wskroś indywidualną i pełną mocy. *Bądź sobą i tak też postępuj.*

Łatwo powiedzieć. Ale czy równie łatwo wykonać? Z całą stanowczością nie. Jak powiedział marszałek Foch, wypowiadając się na temat sztuki wojennej: „Sprawa jest dość prosta, jeśli chodzi o samą koncepcję, ale niestety skomplikowana, jeśli chodzi o wykonanie".

Naturalność przed publicznością wymaga praktyki. Aktorzy dobrze o tym wiedzą. Gdy byłeś małym dzieckiem, może czteroletnim, prawdopodobnie zdarzało ci się stawać przed publicznością i recytować wierszyk, co wychodziło ci całkiem naturalnie. Ale czy teraz, mając dwadzieścia czy czterdzieści lat więcej, umiesz zrobić to samo? Czy nadal masz w sobie tę samą, nieświadomą naturalność, jaką posiadałeś w dzieciństwie? Być może, jednak założę się, że stając przed słuchaczami, jesteś sztywny, mechaniczny i wycofany niczym przestraszony żółw.

Nauka czy szkolenie kogoś w sztuce przemawiania nie polega na rozwijaniu w nim jakichś dodatkowych cech, ale w przeważającej mierze na usuwaniu przeszkód, na uwalnianiu z więzów i skłanianiu do mówienia z taką samą naturalnością, z jaką reaguje, gdy ktoś nagle da mu w szczękę.

Setki razy przerywałem moim kursantom w trakcie wygłaszania mowy i błagałem, by „mówili jak ludzie". Setki razy wracałem do domu psychicznie zmęczony i nerwowo wyczerpany po usilnych staraniach, by zmusić kursantów do mówienia w sposób naturalny. Z całą pewnością sprawa nie jest tak prosta, jaką może się wydawać.

A jedyną na świecie metodą, jaka może zapewnić nabycie takiej pogłębionej naturalności, jest praktyka. Gdy będziesz przemawiać i w którymś momencie zdasz sobie sprawę, że mówisz sztywno i mechanicznie, przerwij i ostro się napomnij, myśląc: „Nie tak! Obudź się! Mów jak człowiek!". Następnie wybierz kogoś ze słuchaczy, kogoś z samego końca sali, najzwyklejszą osobę, jaką znajdziesz, i mów tak, jakbyś zwracał się tylko do niej. Zapomnij, że w pomieszczeniu są jeszcze inni. Rozmawiaj! Wyobraź sobie, że odpowiadasz na pytanie, zadane ci przez tę osobę. Gdyby ten ktoś wstał i coś do ciebie powiedział, a ty byś mu odpowiedział, twoja wypowiedź natychmiast i nieuchronnie nabrałaby cech rozmowy, stając się bardziej naturalna, bardziej bezpośrednia. A zatem, wyobraź sobie, że właśnie to ma miejsce.

Możesz nawet posunąć się do tego, by rzeczywiście stawiać pytania i udzielać na nie odpowiedzi. Na przykład, w trakcie przemowy możesz powiedzieć: „Ktoś zapyta, czym poprę takie twierdzenie? Mam kilka argumentów; a oto i one...". Po czym kontynuujesz, odpowiadając na takie posiłkowe pytanie. Tego rodzaju zabieg można wykonać bardzo naturalnie. Dzięki niemu przerwana zostanie monotonia wypowiedzi; przemówienie stanie się bardziej bezpośrednie i przyjemne w odbiorze, bardziej przypominając rozmowę niż wykład.

Pomocna będzie też szczerość, entuzjazm i głęboka żarliwość. Gdy człowiek znajduje się pod wpływem przeżywanych przez siebie uczuć, do głosu dochodzi jego prawdziwe ja. Opadają kraty. Żar emocji spopiela wszelkie bariery. Dana osoba zaczyna zachowywać się spontanicznie i mówić spontanicznie – po prostu jest naturalna.

I znów powraca kwestia, która została już podkreślona na tych stronach: a mianowicie, wkładaj serce w to, co mówisz.

Gdy Christopher Reeve, odtwórca roli Supermana, doznał paraliżu z powodu upadku z konia, zaczął wypowiadać się w imieniu tych, którzy doświadczali podobnych cierpień. Gdy Kongres rozważał możliwość dofinansowania badań nad leczeniem tego rodzaju dolegliwości, Reeve osobiście zjawił się przed Senacką Komisją d/s Finansów. Przemawiając z wózka inwalidzkiego, głosem, który niegdyś tak silny i dźwięczny, teraz brzmiał słabo i nieraz mało zrozumiale, aktor przekazał swoje postulaty z wielką mocą i siłą, gdyż wszystko, co mówił, pochodziło z głębi jego jestestwa. W jego słowach było jego serce.

„W jego słowach było jego serce". Oto i cały sekret. Wiem jednak, że taka rada nie każdemu może się spodobać. Brzmi raczej niejasno. Mało konkretnie. Przeciętny adept sztuki przemawiania chce sprawdzonych zasad. Chce czegoś określonego, na czym mógłby położyć ręce; reguł, które są równie precyzyjne, jak instrukcja obsługi komputera. Ja również chciałbym móc dawać moim kursantom takie wskazówki. Oni mieliby łatwiej i ja miałbym łatwiej. Niektórzy mówcy i nauczyciele opracowali takie zasady, jednak jest z nimi pewien problem: *nie działają*. Pozbawiają wypowiadanych słów całej ich naturalności i spontaniczności, wysysają z nich soki i całą żywotność. Wiem. Sam kiedyś traciłem mnóstwo czasu i energii na ich sprawdzanie. Nie znajdziesz ich na stronach tej książki. One po prostu nie działają.

CZY ROBISZ TE RZECZY, GDY ZABIERASZ PUBLICZNIE GŁOS?

Omówimy teraz niektóre cechy naturalnego przemawiania, by zyskać nieco wyraźniejszy i żywszy obraz tych cech. Wahałem się, czy to zrobić, bo ktoś na pewno zaraz powie: „A, rozumiem, więc teraz muszę tylko zrobić to i to i sprawa załatwiona". Nie, nie załatwiona. Wymuś coś na sobie, a efekt będzie drewniany i mechaniczny.

Większość z tych zasad stosujesz w swoich zwykłych, codziennych rozmowach, robiąc to równie nieświadomie, jak nieświadomie trawisz codzienny posiłek. I tak też powinieneś je stosować. To jedyny sposób. A jeśli chodzi o przemawianie, osiągniesz ten efekt – jak już wiesz – dzięki praktyce.

1. Podkreślaj ważne słowa, podporządkowuj mniej ważne

Gdy rozmawiamy, akcentujemy jedną sylabę w słowie, zaznaczając ją mocniej, a inne słabiej – na przykład: MassaCHUsetts, dolegLIwość, atrakCYJność, środoWISko. Niemal to samo robimy z całym zdaniem. Podkreślamy jedno czy dwa ważne słowa, a resztę praktycznie połykamy. Nie jest to jakieś dziwne czy niezwykłe zjawisko. Słychać to w każdej rozmowie. Ty sam zrobiłeś to setki, może tysiące razy zaledwie wczoraj. I bez wątpienia zrobisz to setki razy jutro.

Oto przykład. Przeczytaj poniższy fragment wypowiedzi Napoleona, akcentując słowa wyróżnione dużymi literami, pozostałe wypowiadając pośpiesznie. Efekt?

> Odniosłem SUKCES we wszystkim, za co się wziąłem, bo tego PRAGNĄŁEM. NIGDY SIĘ NIE WAHAŁEM, co dało mi PRZEWAGĘ nad resztą ludzkości.

Nie jest to jedyny sposób, w jaki można ten tekst przeczytać. Ktoś inny mógłby zrobić to inaczej. Nie istnieją żadne sztywne reguły akcentowania wyrazów.

Przeczytaj na głos poniższy tekst, robiąc to żarliwie i z zapałem, próbując uczynić zawarte w nim myśli jasnymi i przekonującymi. Sam sprawdź, czy nie masz naturalniej tendencji do podkreślania ważnych słów, a prześlizgiwania się po pozostałych.

> „Jeśli myślisz, że jesteś pokonany, to jesteś.
> Jeśli myślisz, że się nie ośmielisz, to się nie ośmielisz.
> Jeśli chciałbyś zwyciężyć, ale myślisz, że nie dasz rady,
> To możesz być niemal pewien, że przegrasz.
> W życiowych bitwach nie zawsze wygrywa
> Silniejszy czy szybszy;
> Ale prędzej czy później, zwycięzcą jest ten,
> Kto myśli, że może zwyciężyć, że da radę".

A teraz przeczytaj takie oto słowa Theodore'a Roosevelta:

> Być może nie ma ważniejszego składnika charakteru, niż niezachwiane zdecydowanie. Chłopiec, który chce stać się kiedyś wspaniałym mężczyzną, lub który chce pełnić w przyszłości jakąś znaczącą rolę, musi skupić się nie tylko na samym pokonaniu tysięcy przeszkód, ale na zwyciężeniu; pomimo tysięcy nieudanych prób i poniesionych porażek.

I jeszcze ten wiersz Williama Henleya: *Invictus*:

> „Z piekielnej czerni, która trwa wkoło mnie,
> Dziękuję bogom, obcym mi z imienia,

Za duszę moją hardą,
Wyciosaną z niepodatnego toporom kamienia.

Że w zdarzeń złych potrzasku
Ni razu nie zapłakałem,
Że głowa moja, choć obficie krwawi,
Przed niczym się nigdy kornie nie pochyli.

Stając nad tymi pagórami złości,
I padołem, jak mówią, łez,
Nie lękam się zmór nieodgadnionych dni
Ani sądnych, mrocznych lat.

Nieważne, jak wąską furtką przeciskać się mam,
Co spotyka mnie z litanii kar,
Sternikiem swoich losów jestem sam
Własnej duszy kapitanem"[11].

2. Zmień ton

Ton głosu podczas rozmowy wędruje w górę i w dół skali, staje się wysoki, to znów niski i z powrotem, nigdy nie odpoczywa, ale wciąż się zmienia i faluje niczym powierzchnia morza. Dlaczego? Nie wiadomo; i nikt się nad tym nie zastanawia. Efekt jest korzystny i naturalny. Nikt się tego nie uczy; ta cecha pojawia się w naszej mowie już w dzieciństwie, bez udziału naszej woli ani świadomości. Jednak spróbuj wstać i stanąć przed publicznością, a twój głos stanie się beznamiętny, płaski i monotonny, jak pustynie Nevady.

Gdy zdasz sobie sprawę, że mówisz właśnie takim tonem – a z reguły jest to ton wysoki – zatrzymaj się na chwilę i pomyśl: „Mówię jak posąg. *Mów* do tych ludzi. Bądź ludzki. Bądź naturalny".

Czy taka uwaga coś da? Może trochę. Już sama pauza może okazać się nieco pomocna. Ćwicząc przemawianie, sam wypracuj swoje własne koło ratunkowe.

Dzięki nagłemu obniżeniu lub podniesieniu tonu głosu możesz wyraźnie podkreślić dowolną frazę bądź słowo. To sekretny składnik, używany przez wszystkich wielkich mówców w celu poruszenia słuchaczy.

Przeczytaj poniższe cytaty, wypowiadając wyróżnione słowa tonem znacznie niższym, niż wypowiadasz pozostałe. Jaki osiągasz efekt?

Mam tylko jedną zaletę, a mianowicie, nigdy nie rozpaczam.

MARSZAŁEK FOCH

[11] Tłumaczenie: Czesław Sowa Pawłowski. Źródło: http://sunny344.blox.pl

Nadrzędnym celem edukacji nie jest wiedza, ***lecz działanie.***

HERBERT SPENCER

Jedyną rzeczą, jakiej powinniśmy się bać, jest ***sam strach.***

FRANKLIN D. ROOSEVELT

Nie pytaj, co twój kraj może zrobić dla ciebie, zapytaj, ***co ty możesz zrobić*** *dla swojego kraju.*

JOHN F. KENNEDY

3. Różnicuj tempo mówienia

Gdy małe dziecko mówi, albo gdy my mówimy podczas zwykłej rozmowy, *nieustannie zmieniamy tempo mówienia.* Jest to miłe dla ucha, naturalne i wymowne, a dzieje się to poza naszą świadomością. To także jeden z najlepszych sposobów wyróżnienia jakiejś myśli.

Walter B. Stevens w biografii Abrahama Lincolna pisze, że różnicowanie tempa mówienia było jedną z ulubionych metod, jaką Lincoln posługiwał się w celu przeprowadzenia jakiegoś toku rozumowania: „Bardzo szybko mówił kilka słów, dochodził do słowa bądź frazy, którą chciał podkreślić, zawieszał na chwilę głos... po czym błyskawicznie kończył zdanie. Słowu, które chciał podkreślić, poświęcał tyle samo czasu, ile połowie tuzina innych, mniej ważnych, jakie po nim następowały".

Taka metoda zawsze przykuwa uwagę słuchaczy. Drobny przykład: przemawiając we wczesnych latach XX w., często cytowałem poniższą wypowiedź kardynała Jamesa Gibbonsa, arcybiskupa Baltimore w stanie Maryland. Chciałem podkreślić kwestię odwagi; dlatego zawieszałem głos na wyróżnionych słowach i wypowiadałem je nieco wolniej, mówiąc, jakbym sam był pod ich wrażeniem – i rzeczywiście byłem. Przeczytaj na głos ten fragment, próbując zrobić to samo i zwróć uwagę na efekt.

> Na krótko przed śmiercią, kardynał Gibbons powiedział: „Przeżyłem *osiemdziesiąt sześć* lat. Widziałem, jak ludzie *wspinają się* po *sukces, setki* ludzi. I ze wszystkich elementów, jakie są *ważne* dla sukcesu, *najważniejszym* jest *wiara. Żadna wielka rzecz nie staje się udziałem człowieka, dopóki nie ma on odwagi*".

Spróbuj tego: powiedz „trzydzieści milionów dolarów", ale zrób to szybko i z nutą lekceważenia, by zabrzmiało to jak bardzo niewielka suma. A teraz powiedz „trzydzieści tysięcy dolarów", ale powoli, z namaszczeniem, jakbyś był pod ogromnym wrażeniem gigantycznych rozmiarów tej sumy. Właśnie sprawiłeś, że trzydzieści tysięcy wydaje się być większe od trzydziestu milionów.

4. Zatrzymuj się przed i po ważnych myślach

Lincoln często pauzował podczas mówienia. Gdy dochodził do jakiejś ważnej kwestii, którą chciał bardzo wyraźnie uświadomić słuchaczom, nachylał się po przodu, patrzył im przez chwilę prosto w oczy i milczał. Taka nagła cisza miała ten sam skutek, co nagły hałas: przyciągała uwagę. Sprawiała, że każdy stawał się uważny i czujny, czekając na to, co będzie dalej. Na przykład, gdy zbliżał się koniec jego słynnych debat z Douglasem, a wszystko wskazywało na to, że przegrał, Lincoln stał się przygnębiony i zaczął doświadczać przypływów swojej zwykłej melancholii, która nadawała jego słowom odcień poruszającego smutku i tragizmu. Podczas jednej ze swych mów końcowych, nagle „*przerwał i przez chwilę trwał w milczeniu*, spoglądając na zgromadzony przed nim tłum twarzy, po części obojętnych, po części przyjaznych, tymi zamyślonymi, znużonymi oczami, które zawsze zdawały się być pełne nieprzelanych łez. Składając dłonie, jakby i one miały już dosyć tej beznadziejnej walki, powiedział swym osobliwie jednostajnym głosem: «Przyjaciele, nie ma większej różnicy, prawie żadnej różnicy, który z nas, sędzia Douglas czy ja, zostanie wybrany do senatu Stanów Zjednoczonych; jednak pewna ogromnie ważna kwestia, na jaką zwróciliśmy dziś waszą uwagę, znacznie wykracza poza wszelkie osobiste interesy czy przebieg czyjejś kariery politycznej. I, moi przyjaciele – tu ponownie zawiesił głos, wyczulając uwagę zgromadzonych na każde słowo – ta kwestia będzie żyć, oddychać i płonąć, gdy nasze, tj. sędziego Douglasa i mój, biedne, mizerne, jąkające się języki umilkną na zawsze w grobie»".

„Te proste słowa – relacjonuje jeden z jego biografów – oraz sposób, w jaki zostały wypowiedziane, trafiły wprost do serca każdego ze zgromadzonych".

Lincoln pauzował także po zdaniu, które chciał podkreślić. Milcząc, wzmacniał siłę wyrazu wypowiedzianych słów, podczas gdy ich znaczenie zapadało w umysły i serca słuchaczy, spełniając swoją misję. Jak powiedział Rudyard Kipling: „I przemówisz ciszą". Nigdzie milczenie nie jest bardziej złotem, niż w wypowiedzi, w której pojawia się w sposób celowy i zasadny. To potężne narzędzie, zbyt ważne, by je ignorować, a jednak początkujący mówcy przeważnie z niego nie korzystają.

Przeczytaj na głos poniższe cytaty, robiąc to z siłą i uczuciem. Zwróć uwagę, w których momentach naturalnie zawieszasz głos.

Największa amerykańska pustynia nie znajduje się w Idaho, Nowym Meksyku czy w Arizonie. Ona leży pod kapeluszem przeciętnej osoby. Największa amerykańska pustynia to raczej pustynia mentalna, nie fizyczna.

J. S. KNOX

Nie ma panaceum na ludzką głupotę; najlepsze, co można zrobić, to nadać jej rozgłos.

PROFESOR FOXWELL

Są dwie osoby, które muszę zadowalać – Bóg i Garfield. Z Garfieldem muszę żyć tu i teraz, z Bogiem będę musiał żyć po tamtej stronie.

JAMES A. GARFIELD

W byciu szczęśliwym nie chodzi o to, by robić to, co się lubi, ale by lubić to, co trzeba robić.

JOHANN WOLFGANG VON GOETHE

Nigdy nie odwracaj się plecami do grożącego ci niebezpieczeństwa i nie próbuj od niego uciekać. Jeśli to zrobisz, podwoisz to zagrożenie. Lecz jeśli natychmiast i bez wahania stawisz mu czoło, zmniejszysz je o połowę. Nigdy od niczego nie uciekaj. Nigdy!.

WINSTON CHURCHILL

Mówcy mogą przestrzegać zaleceń, jakie przedstawiłem w tym rozdziale, i mimo to wciąż popełniać setki błędów. Mogą przemawiać tak, jakby prowadzili zwykłą rozmowę, przez co mogą też mówić nieprzyjemnym głosem, robić błędy gramatyczne, zachowywać się niezgrabnie, obraźliwie i robić wiele innych, niepożądanych rzeczy. Twój naturalny sposób codziennego mówienia może wymagać wielu poprawek. Pracuj nad nim, po czym przenieś go do swoich przemówień publicznych.

W SKRÓCIE

- W mowie liczy się coś więcej niż tylko słowa. Liczy się aromat tych słów, wydźwięk, z jakim są wypowiadane. „Nie chodzi aż tak bardzo o to, co mówisz, ale jak to mówisz".
- Wielu mówców ignoruje swoich słuchaczy, patrząc ponad ich głowami lub w podłogę. Tacy mówcy zdają się wygłaszać monolog. Nie ma poczucia komunikacji, nie ma wymiany między nimi a słuchaczami. Taka postawa zabiłaby każdą rozmowę i to samo robi z przemową.
- Dobry przekaz wymaga tonu konwersacyjnego i dużej dozy bezpośredniości. Gdy zwracasz się do członków swojej lokalnej społeczności, rób to tak, jakbyś mówił do Jana czy Janiny Kowalskiej. Bo czymże jest taka społeczność, jeśli nie grupą takich Janów i Janin?
- Każdy potrafi wygłosić przemówienie. Gdy stoisz przed grupą słuchaczy, zachowuj się z tą samą naturalnością, z jaką zachowujesz się podczas zwykłej rozmowy. By osiągnąć ten cel, potrzebna jest praktyka. Nie naśladuj innych mówców. Mówiąc spontanicznie, będziesz przemawiać tak, jak nikt inny na świecie. Włóż

w ten przekaz swój własny, charakterystyczny sposób bycia, swoją indywidualność.

- Mów do zgromadzonych tak, jakbyś w każdej chwili spodziewał się, że któryś z nich wstanie i zacznie z tobą rozmawiać. Gdyby słuchacze rzeczywiście zadawali ci pytania, niemal z pewnością twój przekaz natychmiast wyraźnie by zyskał. Dlatego *wyobraź* sobie, że ktoś zadaje ci pytanie, a ty je powtarzasz. Powiedz: „Pytacie, skąd o tym wiem? Powiem wam, skąd". Taki chwyt będzie brzmieć całkiem naturalnie, pomoże przełamać oficjalny ton twojej frazeologii, a także ogrzewając i nadając ludzką twarz twojemu sposobowi mówienia.
- Włóż serce w to, co mówisz. Autentyczna emocjonalna szczerość będzie znacznie pomocniejsza, niż wszelkie formalne zasady i protokoły.
- Poniżej wymieniam cztery rzeczy, które każdy z nas nieświadomie robi podczas spontanicznej rozmowy. Większość ludzi – niestety – tego nie robi. Ale czy robisz je także wtedy, gdy przemawiasz publicznie?:

1. Czy akcentujesz w zdaniu wyrazy ważne, a podporządkowujesz mniej ważne? Czy niemal każdemu wyrazowi poświęcasz tyle samo uwagi, czy raczej wypowiadasz zdania z wyraźnym akcentem, tak jak akcentuje się sylabę w słowie?
2. Czy ton twojego głosu wędruje w dół i w górę skali, to obniżając się, to podnosząc i z powrotem?
3. Czy różnicujesz tempo mówienia, pośpiesznie prześlizgując się po mniej ważnych słowach, a zwalniając na tych, które chcesz podkreślić?
4. Czy pauzujesz przed ważnymi kwestiami i po nich?

PRAWIDŁOWE POSŁUGIWANIE SIĘ SŁOWAMI

Egoizm to przesadna miłość samego siebie, samolubstwo; przeciwieństwo altruizmu. *Zarozumialstwo* to pochlebna opinia o swoich możliwościach i zdolnościach. *Egotyzm* to zarozumialstwo w słowach i czynach; ujawnia czyjś *egoizm*. Ktoś może być *zarozumiały*, lecz mieć na tyle dobrego smaku, by tego nie okazywać; zaś osoba *egotyczna* demonstruje swoją ważność. *Duma* to wysoki – a czasem przesadny – szacunek do samego siebie. Może być uzasadniona lub bezzasadna, podyktowana próżnością. Osoba *dumna* może ujawniać lub skrywać swą dumę. *Próżność* to przejaw dumy. Człowiek *próżny* pragnie być zauważany, podziwiany i chwalony. *Próżność* dosłownie oznacza pustkę. Często dotyczy dumy z tak płytkich rzeczy, jak ubiór i wygląd.

Nierozważny jest ten, kto nie bierze pod uwagę zaistniałych okoliczności i osiągniętych wyników. *Lekkomyślny* znaczy pochopny, pośpieszny. Osoba *lekkomyślna* działa pod wpływem chwilowego impulsu, bez zastanowienia. *Ryzykancki* oznacza podejmujący ryzyko, brawurowy. Osoba *zuchwała* czerpie przyjemność z ponoszenia ryzyka – wolałaby raczej zaangażować się w rozruch nowego interesu, niż podjąć pracę w stabilnej firmie o ugruntowanej pozycji. Inne słowa o podobnym znaczeniu to: *nagły*, *głupi*, *nierozsądny*, *niemądry*, *nieostrożny*, *niezważający*, *nieprzemyślany*, *nieroztropny*, *impulsywny*, *ryzykowny* i *śmiały*.

ĆWICZENIE GŁOSU – JASNE I ATRAKCYJNE TONY

Oto trzy ćwiczenia, które, sumiennie wykonywane, pomogą rozjaśnić twój głos, uczynić go bardziej atrakcyjnym.

ĆWICZENIE 1

Popracuj nad rezonansem nosowym. Weź głęboki oddech; zwróć uwagę na wrażenie swobody, otwartości i przestrzeni w kanałach nosowych, gdy przepływa przez nie powietrze. Wypowiedz poniższe słowa, czując, jak poszczególne sylaby znajdują ujście przez nos. Zanurz się w dźwięk *zm* na końcu każdego ze słów; przeciągnij go do dwóch, trzech sekund. Niech wybrzmi w otworach nosowych niczym dźwięk dzwonu.

Kubizm	Animizm
Komizm	Somnambulizm
Kanibalizm	Symbolizm
Symbiotyzm	Minimalizm
Impresjonizm	Mormonizm

ĆWICZENIE 2

Z jakiegoś niewyjaśnionego powodu, ćwiczenie falsetu pozwala rozwinąć jasne tony w naszym zwykłym głosie mówionym. Wiesz, czym jest falset? Wydobędziesz go z siebie w następujący sposób: bez względu na to, czy jesteś mężczyzną, czy kobietą, wydaj z siebie najwyższy ton, jaki jesteś w stanie osiągnąć – niemal pisk. To dość dziwny ton. Szybko cię zmęczy. Przerwij, jeśli zaczynasz czuć napięcie. A teraz spróbuj wypowiedzieć na nim poniższe wersety:

„Pieśń radosna, pieśń majowa!
Bryka jagnię, ryczy krowa,
Śpiewem ptaków tętni las,
Świat zakwita wokół nas".

Poeta Longfellow poradził słynnej aktorce szekspirowskiej, Mary Anderson, by codziennie głośno czytała jakiś radosny wiersz, a wtedy jej głos nabierze uroku. Ton szczęścia, radości i słońca zawsze jest mile widziany, zawsze brzmi atrakcyjnie. Gdy czytasz na głos pełne nadziei, optymistyczne wiersze, i gdy robisz to z uczuciem, już wkrótce w twoim głosie i w tobie samym zaczną pojawiać się naśladowane przez ciebie emocje. Nie ma cienia wątpliwości co do psychologicznej słuszności tego twierdzenia.

ĆWICZENIE 3

Jedną z zasad przewodnich, stosowanych przez wiodących śpiewaków operowych, zawsze było to, by każdy występ wypełniała „radość śpiewania". To samo dotyczy wygłaszania przemówień: twoi słuchacze powinni czuć, że doświadczasz radości mówienia.

Kilka razy przeczytaj na głos poniższy fragment wiersza Thomasa Traherne'a. Spróbuj poczuć to, co czuł autor, gdy go pisał. Niech jego duch stanie się twoim. Niech dźwięczy i wybrzmiewa w tonach twojego głosu. Często wracaj do tych strof. Albo jeszcze lepiej, naucz się ich na pamięć, by nie musieć za każdym razem zaglądać do książki.

Cud

„Jakże anielskim spłynąłem tu lotem!
Jaką światłością ziemia tchnęła!
Gdym po raz pierwszy zstąpił między Boże dzieła,
Jakimż królewskim okryły mnie złotem!
Świat na myśl mi przywodził Jego wieczną chwałę,
Znaną mi dobrze, choć tajemną,
A każda wokół rzecz, którą widziałem,
Wiodła rozmowy ze mną.

Niebiosa, które przepychem rozbłysły,
Powietrze wokół rzeźwe, żywe –
Jakże boskie, łagodne, miłe, urodziwe!
Gwiazdy bawiły mój rozum i zmysły,
I wszystkie dzieła Boże takie się zdawały
Jasne, bogate, nieobjęte,
Jak gdyby przetrwać już na zawsze miały,
W podziwie mym zaklęte"[12].

[12] Thomas Traherne, w: *Antologia angielskiej poezji metafizycznej XVII stulecia*, PIW, Warszawa, 1982 r., wybór i tłum. Stanisław Barańczak.

Działanie to elokwencja, a oczy ignorantów są mądrzejsze od ich uszu.

WILLIAM SZEKSPIR

Zbyt skąpa gestykulacja jest równie nienaturalna, co zbyt obfita. Dziwne, że tak rzadko obserwuje się w tej kwestii złoty środek, biorąc pod uwagę fakt, iż każde dziecko jest ilustracją jego właściwego zastosowania, a także to, że jego przykłady można dostrzec niemal w każdym człowieku, rozmawiającym na ulicy ze swym sąsiadem.

BRANDEN MATTHEWS
Oratory and Orators

W tonie głosu mówcy, w jego oczach i sposobie bycia często jest równie dużo elokwencji, co w doborze słów.

FRANCOIS LA ROCHEFOUCAULD

Gdy mówisz, kompletnie zapomnij o działaniu. Skoncentruj się na tym, co masz do powiedzenia i dlaczego chcesz to powiedzieć. Włóż cały ogień i całego ducha swojego jestestwa w wyrażenie tego, co myślisz. Bądź entuzjastyczny, szczery, głęboko żarliwy. Postawa nieuchronnie wiąże się z danym skutkiem. Twoja powściągliwość zostanie przełamana, jeśli wewnętrzne pragnienie wyrażenia swoich przemyśleń uczynisz dość silnym. Twoje ciało samo zareaguje jakimś rodzajem ekspresji. Podczas mówienia myśl tylko o tym, co chcesz powiedzieć. Nie planuj z góry swojej gestykulacji. Pozwól, by naturalne pragnienie decydowało o tym, jak się zachowujesz.

GEORGE ROWLAND COLLINS
Platform Speaking

Jakkolwiek język musi być uznany za przeszkodę dla myśli, choć tak niezbędny instrument ich wyrażania, należy mieć na uwadze stosunkowo wyższą moc, z jaką proste myśli można przekazać przy pomocy gestów. Polecenie „wyjdź z pokoju" jest mniej ekspresyjne, niż wskazanie na drzwi. Dotknięcie palcem ust ma większą siłę wyrazu, niż wyszeptanie „nic nie mów". Skinienie ręką jest lepsze od „podejdź tu". Żadne słowa nie wyrażą zdziwienia żywiej, niż szerokie otwarcie oczu i uniesienie brwi. Wzruszenie ramion wiele straci na próbie wytłumaczenia go słowami.

HERBERT SPENCER

Wiedziałeś, że słuchacze odbierają przynajmniej 65 procent przekazu poprzez język ciała mówcy? Eksperci twierdzą, że język ciała może wzmocnić bądź zniwelować to, co mówią twoje słowa. Wielcy mówcy, jak Ronald Reagan, zwracali szczególną uwagę na swoje gesty, mimikę twarzy i ruchy ciała, jakie wykonywali podczas mówienia.

ARTHUR R. PELL

ROZDZIAŁ

8

PREZENCJA I OSOBOWOŚĆ SCENICZNA

Poza przygotowaniem, osobowość to prawdopodobnie najważniejszy czynnik w wygłaszaniu mów i publicznym zabieraniu głosu. Jak stwierdził Elbert Hubbard: „O sukcesie w elokwentnym przemawianiu decyduje sposób bycia, nie słowa". A raczej sposób bycia plus przemyślenia. Jednak osobowość to rzecz mało precyzyjna i trudna do zdefiniowania, opierająca się analizie jak woń fiołków. To pełny obraz danej osoby: jej fizyczność, duchowość i mentalność. W osobowości mieszczą się czyjeś cechy charakteru, upodobania, skłonności, temperament, usposobienie, werwa, doświadczenie, nabyte umiejętności, a także, w rzeczy samej, każdy aspekt życia tej osoby. Owo pojęcie jest tak złożone, jak teoria względności Einsteina, i niemal równie mało zrozumiałe.

Osobowość to w dużej mierze kwestia genów. Jej główny zarys powstaje jeszcze przed narodzeniem. To prawda, środowisko, w którym ktoś się wychował, również ma w tej sprawie znaczenie. Jednak, ogólnie rzecz biorąc, osobowość to materia wyjątkowo trudna do zmiany czy doskonalenia. Mimo to, podejmując celowe działanie, można ją do pewnego stopnia umocnić i uczynić silniejszą, bardziej atrakcyjną. Szybciej czy wolniej, można usiłować wydobyć maksimum możliwości z tej dziwnej rzeczy, jaką obdarzyła nas natura. Osobowość to dla każdego z nas zagadnienie o ogromnym znaczeniu. Możliwości jej doskonalenia, choć tak ograniczone, wciąż jednak są dość duże, by dać podstawy do dyskusji i badań.

Jeśli chcesz uczynić maksymalny użytek ze swej indywidualności, stań przed słuchaczami wypoczęty. Mówca zmęczony nie jest ani magnetyczny, ani atrakcyjny. Nie popełniaj tego jakże powszechnego błędu i nie odkładaj przygotowania i planowania mowy na ostatnią chwilę, by potem pracować w szaleńczym tempie, próbując nadgonić stracony czas. Bo jeśli to zrobisz, w twoim ciele nieuchronnie dojdzie do skumulowania organicznych toksyn i umysłowego zmęczenia, które zadziałają niczym narkotyk, spowolnią twoje procesy myślowe, odbiorą ci żywotność i osłabią twój mózg i nerwy.

W miarę możliwości, gdy czeka cię wygłoszenie przemówienia, kilka ostatnich godzin przed wyjściem na mównicę postaraj się poświęcić na wypoczynek i relaks. Odpoczynek – oto, czego potrzebuje twoje ciało, umysł i nerwy.

Gdy masz wygłosić ważną mowę, zwróć uwagę na swój żołądek. Jedz niewiele. Wielu mówców, mających zabrać głos po uroczystej kolacji, rezygnuje z posiłku, jedząc zaledwie lekką przekąskę lub w ogóle nic, i dopiero po przemówieniu zasiada za stołem.

Nie zdawałem sobie sprawy z wagi tego problemu, aż sam stałem się zawodowym mówcą i próbowałem co wieczór wygłaszać dwugodzinną mowę po spożyciu solidnego posiłku. Doświadczenie nauczyło mnie, że nie mogę delektować się stekiem, frytkami, sałatką i deserem, po czym zaledwie godzinę później stanąć przed słuchaczami i korzystnie zaprezentować zarówno przygotowany temat, jak i samego siebie. Krew, która powinna zasilać moje szare komórki, koncentrowała się w okolicy żołądka, zmagając się ze stekiem i ziemniakami. Paderewski miał rację; powiedział, że gdy przed koncertem je wszystko, na co ma ochotę, procesy trawienne przejmują kontrolę nad jego ciałem i wpływają nawet na czubki palców, odbierając im zwinność i werwę.

DLACZEGO JEDEN MÓWCA PRZYCIĄGA BARDZIEJ NIŻ INNY

Nie rób nic, co mogłoby przygasić twoją energię. Energia działa magnetycznie. Witalność, żywotność, entuzjazm – to jedne z najważniejszych cech, jakich zawsze szukałem u angażowanych przeze mnie mówców i instruktorów przemawiania. Ludzie skupiają się wokół mówcy pełnego energii, wokół tego, który jest jak ludzkie dynamo – skupiają się niczym dzikie gęsi wokół pola jesiennej pszenicy.

Nieraz widziałem to na przykładzie mówców, przemawiających w Hyde Parku w Londynie. Niedaleko wejścia od Marble Arch jest miejsce, gdzie może wypowiedzieć się absolutnie każdy i gdzie zabierają głos osoby o dowolnych poglądach i opiniach. W niedzielne popołudnie można pójść i posłuchać, jak wegetarianin wyjaśnia zagrożenia płynące z jedzenia mięsa, jak socjalista głosi gospodarczą ewangelię Karola Marxa, jak jakiś fanatyk ostrzega, że świat zbliża się ku końcowi, itd. Setki osób tłoczą się wokół jednego mówcy, podczas gdy inny ma zaledwie garstkę słuchaczy. Dlaczego? Czy dany temat zawsze tłumaczy rozdźwięk między mocą przyciągania różnych mówców? Nie zawsze. Znacznie częściej przyczyna tego zjawiska tkwi w samym mówcy: gdy jest on bardziej zainteresowany swoim tematem i, co za tym idzie, bardziej interesujący, w jego słowach jest więcej życia i ducha, a on sam emanuje witalnością i energią. Tacy mówcy zawsze przyciągają uwagę.

JAKI WPŁYW MA NA NAS UBIÓR?

Pewien psycholog i rektor uniwersytetu wysłał do dużej grupy osób ankietę, pytając ich o wrażenie, jakie robi na nich ubiór. Zapytani niemal jednogłośnie przyznali, że gdy są zadbani i doskonale ubrani, wtedy świadomość tego faktu, jego odczuwanie, ma na nich bardzo realny wpływ. Są bardziej pewni siebie, mają więcej wiary we własne możliwości i większy szacunek do siebie samych. Oznajmili, że gdy wyglądają jak ludzie sukcesu, łatwiej jest im myśleć o sukcesie i łatwiej realizować zamierzone cele. Taki właśnie jest wpływ ubioru na jego posiadacza.

Ale jak wpływa ubiór danej osoby na jej słuchaczy? Zauważyłem, że gdy mówca jest niechlujnie ubrany, gdy nie włożył zbyt wiele wysiłku w swój wygląd, słuchacze raczej nie darzą go szacunkiem. Bo czyż nie jesteśmy skłonni zakładać, że umysł takiej osoby jest równie niechlujny, co jego rozczochrane włosy i niedbały strój?

CZEGO ŻAŁOWAŁ GENERAŁ GRANT

Gdy generał Lee przybył do Sądu Appomattox, by złożyć broń, wyglądał nieskazitelnie: miał na sobie nowy mundur, a u boku szablę o wielkiej wartości. Grant zaś był bez płaszcza, bez szabli i miał na sobie zwykłe spodnie i codzienną koszulę. „Musiałem dość mocno kontrastować z człowiekiem tak elegancko ubranym, sześć stóp wysokim i o nienagannym wyglądzie" – napisał w *Memoirs*. Fakt, iż nie był odpowiednio ubrany na tę historyczną okazję, stał się jedną z rzeczy, jakich Grant głęboko żałował w swoim życiu.

Instytut Rolnictwa w Waszyngtonie prowadzi eksperymentalną hodowlę pszczół, liczącą kilkaset uli. Każdy ul wyposażony jest w ogromne szkło powiększające i system oświetleniowy, dzięki czemu, w każdej chwili dnia i nocy, zamieszkujące go pszczoły mogą zostać poddane skrupulatnej obserwacji. Z mówcą jest podobnie: gdy stoi przed słuchaczami, to jakby znajdował się za takim szkłem powiększającym. Jest w centrum uwagi, wszystkie oczy są na niego zwrócone. Najmniejsza dysharmonia w jego wyglądzie jest widoczna jak górski szczyt na równinie.

JESZCZE ZANIM PRZEMÓWIMY, JESTEŚMY POTĘPIENI BĄDŹ PRZYJĘCI

Jakiś czas temu pisałem dla „American Magazine" historię życia pewnego nowojorskiego bankiera. Zwróciłem się do jednego z przyjaciół tego człowieka, by wyjaśnił przyczyny jego sukcesu. W odpowiedzi usłyszałem, że sporą cześć tego sukcesu zawdzięcza swemu zwycięskiemu uśmiechowi. W pierwszej chwili może wydać się to przesadą, jednak wierzę, że tak jest. Inni ludzie, całe setki innych ludzi, być może mieli większe doświadczenie i równie dobre obeznanie w świecie finansów, lecz tamten bankier miał pewne dodatkowe zalety, jakich tamci nie posiadali: niezwykle miłą osobowość i ciepły, zachęcający uśmiech. Dzięki temu natychmiast zdobywał czyjeś zaufanie i błyskawicznie zjednywał sobie ludzką życzliwość. Świat kibicuje takim osobom i z przyjemnością pomaga im w sukcesie.

Jest takie chińskie powiedzenie: „Ten, kto nie umie się uśmiechać, nie powinien prowadzić sklepu". A czy przed słuchaczami uśmiech nie jest równie mile widziany, co za sklepową ladą? Przypomina mi się pewna kobieta, która uczestniczyła w kursie przemawiania w Nowym Jorku, w Brooklynie. Zawsze, gdy stawała przed słuchaczami, sprawiała wrażenie, że lubi tam być, że uwielbia robić to, po co się tam znalazła. Zawsze uśmiechała się i zachowywała tak, jakby cieszyła się, że nas widzi. A my, czyli jej słuchacze, natychmiast i nieuchronnie odwzajemnialiśmy tę postawę autentyczną życzliwością i pozytywnym nastawieniem wobec niej.

Jednak widziałem też mówców, którzy zimnym wyrazem twarzy i powściągliwym zachowaniem sprawiali wrażenie, jakby mieli przed sobą jakieś nieprzyjemne zadanie do wykonania i jakby wszystko, czego w tamtej chwili pragnęli, to móc wreszcie stamtąd pójść. My, słuchacze, już wkrótce zaczynaliśmy czuć to samo. Nastawienie mówcy jest zaraźliwe.

„Podobne rodzi podobne – zauważa Harry Overstreet w *Influencing Human Behaviour*. – Jeśli jesteśmy zainteresowani naszą publicznością, istnieje prawdopodobieństwo, że nasza publiczność będzie zainteresowana nami. Jeśli patrzymy gniewnie na słuchaczy, istnieje wszelkie prawdopodobieństwo, że, świadomie czy nie, i słuchacze będą patrzeć gniewnie na nas. Jeśli jesteśmy nieśmiali i raczej podenerwowani, podobnie i oni nie będą wierzyć w nasze siły i umiejętności oratorskie. Jeśli jesteśmy chełpliwi i pozbawieni jakiegokolwiek wstydu, publiczność odpowie postawą obronną, reagując swoim własnym egotyzmem. Bardzo często jeszcze zanim przemówimy, jesteśmy potępieni bądź przyjęci. Dlatego też istnieją wszelkie powody, by zadbać o postawę, która wywołuje ciepłe reakcje".

ZBIERZ W JEDNO MIEJSCE SWOICH SŁUCHACZY

Jako mówca publiczny często wygłaszałem kilka przemówień dziennie: popołudniem przemawiałem do niewielkiej grupy słuchaczy, rozproszonej w dużej sali, a już wieczorem do całego tłumu, który z ledwością mieścił się w tym samym pomieszczeniu. Publiczność wieczorna śmiała się serdecznie z tych samych rzeczy, które zaledwie wywoływały uśmiech na twarzach grupy popołudniowej, a także nagradzała obfitymi oklaskami słowa, które słuchaczy sprzed paru godzin nie skłaniały do żadnej reakcji. Dlaczego?

Prawda jest taka, że żadna publiczność nie będzie żywo reagować, gdy jest rozproszona. Nic tak nie studzi entuzjazmu, jak otwarte przestrzenie i puste krzesła między słuchaczami.

Oto, co powiedział Henry Ward Beecher w swoich Yale'owskich Wykładach o Nauczaniu:

Ludzie często mówią: „Nie sądzisz, że znacznie bardziej inspirujące jest mówienie do dużej grupy niż do małej?”. Nie, odpowiadam; mogę przemawiać równie dobrze do dwunastu osób, co i do tysiąca, pod warunkiem, że owa dwunastka skupiona jest wokół mnie i blisko siebie, tak, by poszczególne osoby się dotykały. Lecz nawet i tysiąc osób, stojących w takim rozproszeniu, że między każdymi dwiema są cztery stopy wolnego miejsca, niczym nie różni się od pustego pomieszczenia. Zbierz swoich słuchaczy blisko siebie, a rozruszasz ich przy dwa razy mniejszym wysiłku.

Ludzie w dużej grupie z reguły tracą swą indywidualność. Stają się częścią tłumu, przez co znacznie łatwiej poddają się kontroli, niż pojedyncze jednostki. Śmieją się i klaszczą w momentach, w których pozostawaliby niewzruszeni, gdyby poza nimi słuchało cię zaledwie kilka innych osób.

Tłumy! Ciekawe zjawisko. Żadne popularne ruchy czy reformy nie miałyby szans powodzenia, gdyby nie mentalność tłumu. Jeśli masz przemawiać do małej grupy, wybierz niewielkie pomieszczenie. Lepiej gnieść się na skąpej przestrzeni, niż mówić do wiejącej pustką przestronnej sali.

Jeśli twoi słuchacze są rozproszeni, poproś, by się przesiedli i zajęli miejsca blisko ciebie. Nalegaj do skutku i dopiero wtedy zacznij.

Nie korzystaj z podium – chyba że przemawiasz do dość sporej grupy i naprawdę zachodzi taka konieczność. W przeciwnym razie zajmij ten sam poziom, co publiczność. Stań blisko niej. Przełam wszelką formalność. Nawiąż intymny kontakt. Spraw, by twoja mowa nabrała charakteru konwersacji. Niektórzy mówcy chodzą po pomieszczeniu w trakcie przemawiania, zatrzymując się w różnych miejscach i angażując w prezentację znajdujące się tam osoby.

MAJOR POND ROZBIJAŁ OKNA

Zadbaj o świeże powietrze. W trakcie przemawiania tlen odgrywa równie ważną rolę, co krtań, gardło i nagłośnienie. Cała elokwencja Cycerona i temperament najlepszego chóru nie pomógłby ożywić słuchaczy, zamkniętych w dusznym pomieszczeniu. Dlatego, gdy poza mną przemawiają jeszcze inni mówcy, zanim zacznę, niemal zawsze proszę zgromadzonych, by zrobili sobie dwuminutową przerwę, podczas której szeroko otwieram wszystkie okna.

Przez czternaście lat major James B. Pond podróżował po całych Stanach Zjednoczonych i Kanadzie jako menadżer Henry’ego Warda Beechera, gdy ten słynny kaznodzieja z Brooklynu był u szczytu popularności. Zanim zebrała się publiczność, Pond zjawiał się w auli, kościele bądź teatrze, gdzie Beecher miał przemawiać, i robił skrupulatny przegląd: sprawdzał oświetlenie, siedzenia, temperaturę i wentylację. W swoim czasie Pond służył w armii, gdzie jako groźny, gniewny oficer uwielbiał być zwierzchnikiem i wydawać polecenia; dlatego, jeśli w danym pomieszczeniu było zbyt ciepło, lub gdy powietrze było zatęchłe, a okna nie dały się otworzyć, ciskał w te okna książkami, rozbijając szyby w drobny mak. Wierzył, że „rzeczą najlepszą dla kaznodziei, zaraz po Bożej łasce, jest tlen".

NIECH STANIE SIĘ ŚWIATŁO – NA TWOJEJ TWARZY

Z wyjątkiem sytuacji, gdy mówisz np. na temat spirytyzmu, w miarę możliwości rzęsiście oświetl pomieszczenie. Równie łatwo jest udomowić dziką świnię, co wzbudzić entuzjazm na sali mrocznej niczym wnętrze termosu.

Przeciętny mówca nawet nie zdaje sobie sprawy z tego, jak ważne jest właściwe oświetlenie. Niech światło pada na twoją twarz. Ludzie chcą cię widzieć. Subtelne zmiany, jakie powinny zachodzić w twojej mimice, stanowią część – bardzo namacalną część – procesu wyrażania samego siebie. Niekiedy znaczą one więcej niż słowa. Jeśli staniesz bezpośrednio pod źródłem światła, twoją twarz może skrywać cień; jeśli staniesz bezpośrednio przed źródłem światła (które będzie padać na ciebie od tyłu), to z pewnością tak się stanie. Dlatego znacznie lepiej jest zawczasu wybrać sobie miejsce, które zapewni ci najbardziej korzystne oświetlenie.

ŻADNYCH PRZEDMIOTÓW NA PODIUM

I nie chowaj się za stołem czy mównicą. Ludzie chcą patrzeć na całą postać mówcy. Będą się nawet wychylać z rzędów, by zobaczyć cię całego.

Jakaś życzliwa dusza pewnie poda ci dzbanek z wodą i szklankę. Lecz jeśli zaschnie ci w gardle, odrobina soli czy cytryny wzmoże produkcję śliny bardziej, niż cokolwiek innego.

Odradzam wszelkie dzbanki i szklanki, jak i inne bezużyteczne, nieładne przedmioty, które z reguły zagracają otoczenie mówcy.

Znajdujące się przy Park Avenue salony wystawowe producentów luksusowych samochodów są piękne, uporządkowane i przyjemne dla oka. Paryskie biura dużych producentów perfum i biżuterii są artystycznie i z przepychem zaaranżowane. Dlaczego? Bo to sprzyja interesom. Klienci mają więcej szacunku, więcej zaufania i podziwu dla firmy, której siedziba tak wygląda.

Z tego samego powodu, również i mówca powinien przemawiać w przyjemnie skomponowanym otoczeniu. Według mnie, najlepszym wyjściem jest kompletny brak mebli. Ani za mówcą, ani po jego bokach nie powinno być nic, co przyciągałoby uwagę słuchaczy – nic, poza kotarą z granatowego aksamitu.

A co z reguły mówca ma za plecami? Mapy, rekwizyty, tablice, być może jakieś zakurzone krzesła, niektóre złożone jedne na drugie. Skutek? Kiepska, niechlujna, pozbawiona skupienia atmosfera. Dlatego uprzątnij miejsce pracy i pozbądź się ze swojego otoczenia wszelkich przedmiotów.

Bo, jak powiedział Henry Ward Beecher: „To, co najważniejsze w publicznym przemawianiu – to jest sam mówca".

Niech zatem ów mówca będzie tak doskonale widoczny, jak ośnieżone szczyty Alp, wznoszące się ku błękitnemu niebu Szwajcarii.

ŻADNYCH GOŚCI NA PODIUM

Pewnego razu gościłem w Ontario, słuchając przemówienia premiera Kanady. W którymś momencie wszedł woźny, uzbrojony w długi wysięgnik i zaczął wentylować pomieszczenie, otwierając po kolei wszystkie okna. Co się stało? Publiczność, niemal co do osoby, przestała słuchać mówcy i zaczęła gapić się na woźnego tak intensywnie, jakby odprawiał tam jakieś cuda.

Słuchacze nie mogą się oprzeć – albo, co na jedno wychodzi, nie chcą się oprzeć – pokusie spojrzenia na poruszające się obiekty. Jeśli zapamiętasz tę prawdę, unikniesz kłopotów i niepotrzebnego zamieszania.

Po pierwsze, powstrzymaj się od kręcenia kciukami, manewrowania przy ubraniu czy biżuterii oraz wykonywania drobnych, nerwowych ruchów, które odwracają uwagę od tego, co mówisz. Pamiętam pewne przemówienie w Nowym Jorku – siedząc na widowni widziałem, jak przez pół godziny publiczność przygląda się rękom prelegenta, który w trakcie mówienia bez przerwy bawi się nakryciem pulpitu.

Po drugie, w miarę możliwości zachęć słuchaczy do takiego zajmowania miejsc, by nie rozpraszali się widokiem dochodzących spóźnialskich.

Po trzecie, na podium nie powinno być żadnych gości. Gość będzie się wiercić, zakładać nogę na nogę, potem na odwrót, itp. To wszystko rozprasza słuchaczy, którzy zaczynają koncentrować się na tej osobie, zamiast na mówcy.

SZTUKA SIADANIA

Czyż nie jest lepiej dla mówcy, jeśli nie siedzi twarzą do zgromadzonych, zanim zostanie przedstawiony? Czyż nie jest lepiej, jeśli staje na podium jako zupełnie nowa twarz, nie zaś obejrzana już ze wszystkich stron? Niestety, mówcy nie zawsze mają ten luksus. Siedzą przed słuchaczami, podczas gdy przemawiają inni prelegenci, lub po prostu w oczekiwaniu na oficjalną zapowiedź.

Dlatego zwróć uwagę na to, jak siadasz. Nie bądź jednym z tych, którzy nerwowo rozglądają się za swoim krzesłem. Odwracają się, a gdy już je dojrzą, zginają się wpół i zwalają się na nie jak worek kartofli.

Właściwym sposobem siadania jest zbliżyć się do krzesła tak, by tyłem nóg poczuć jego krawędź, po czym, utrzymując ciało sztywno wyprostowane od głowy do bioder, ugiąć kolana i spokojnie usiąść.

OPANOWANIE

Jak już wiemy, mówca nie powinien bawić się fragmentami garderoby, gdyż rozprasza to uwagę słuchaczy. Ale jest jeszcze inny powód. Takie zachowanie wskazuje na pewną słabość, na brak samokontroli. Każdy ruch, który nie wzbogaca twojego wizerunku, szkodzi mu. Nie ma czegoś takiego, jak ruchy neutralne. Nie ma. Dlatego stój spokojnie i panuj nad swoim ciałem, a będziesz sprawiać wrażenie osoby spokojnej, panującej również nad swoim umysłem.

Gdy wstaniesz, by zwrócić się do zgromadzonych, nie śpiesz się z rozpoczęciem. To znak rozpoznawczy amatora. Weź głęboki oddech. Popatrz przez chwilę na słuchaczy, a jeśli na sali jest głośno, poczekaj, aż wszyscy się uciszą.

Unieś i wypnij pierś. Ale nie czekaj z tym do momentu, aż staniesz przed publicznością. Ćwicz taką postawę na co dzień, a stanie się ona twoim odruchowym nawykiem, również w sytuacjach oficjalnych.

Luther H. Gulick, w swojej książce *The Efficient Life* radzi, by codziennie wykonywać następujące ćwiczenie: „Nabierz powietrza powoli i tak głęboko, jak tylko możesz. W tym samym czasie odegnij szyję, dociskając ją mocno do kołnierzyka. Zostań tak przez chwilę. Nie zaszkodzi zrobić to w przesadzony sposób. Chodzi o to, by wyprostować odcinek pleców, znajdujący się dokładnie pomiędzy ramionami. Dzięki temu pogłębi się klatka piersiowa".

A co powinieneś zrobić z rękami? Zapomnij o nich. Najlepiej, jeśli spoczywają naturalnie wzdłuż tułowia. Jeśli czujesz, jakbyś zamiast rąk miał kiść bananów, nie daj się zwieść wyobrażeniom, że ktokolwiek zwraca na nie najmniejszą uwagę lub w ogóle się nimi interesuje.

Twoje ręce wyglądają najlepiej, gdy po prostu zwisają swobodnie po bokach. W ten sposób przyciągają do siebie minimum uwagi. Nawet najostrzejszy krytyk nie przyczepi się do takiego ich ułożenia. Poza tym, w tej pozycji są niczym nieskrępowane; w każdym momencie możesz wykonać nimi dowolny gest, gdy odczujesz taką potrzebę.

Załóżmy jednak, że jesteś bardzo zdenerwowany i trzymanie ich za plecami lub wpychanie do kieszeni pomaga ci poradzić sobie z nieśmiałością i uczuciem skrępowania. Co wtedy? Niech podpowie zdrowy rozsądek. Wielu, jeśli nie większość, popularnych mówców w trakcie przemawiania od czasu do czasu wkłada ręce do kieszeni. Jeśli masz do powiedzenia coś naprawdę wartościowego, i jeśli będziesz mówić z przekonaniem, to z pewnością nie będzie miało większego znaczenia, co robisz z rękami i stopami. Jeśli masz pełen umysł i gorące serce, nie będziesz musiał zajmować się tymi drugorzędnymi detalami. Bo w końcu tym, co najważniejsze w przemawianiu, jest psychologiczny aspekt tej czynności, nie zaś ułożenie rąk i pozycja stóp.

ABSURDY, JAKICH UCZY SIĘ NA TEMAT GESTYKULACJI

Powyższa myśl bardzo naturalnie prowadzi nas do jakże często nadużywanej kwestii gestykulacji. Pierwszej lekcji z zakresu publicznego przemawiania wysłuchałem z ust dziekana pewnego college'u z Midwest. Tematem przewodnim nauczania, jak pamiętam, była gestykulacja; owa lekcja była nie tylko bezużyteczna, ale też wprowadzająca w błąd i stanowczo szkodliwa. A oto, czego mnie uczono: stanąć z rękoma zwisającymi swobodnie po bokach, wnętrza dłoni zwrócone ku tyłowi, palce do połowy zgięte, kciuki dotykające ud. Następnie unieść ramię eleganckim gestem, wykonać klasyczny ruch nadgarstkiem, po czym wyprostować kolejno wszystkie palce, począwszy od wskazującego, skończywszy na małym. Gdy ten jakże wdzięczny i ozdobny gest zostanie wykonany, ramię ma powrócić na pierwotne miejsce w ten sam elegancki i nienaturalny sposób, w jaki zostało uniesione, i ponownie spocząć wzdłuż tułowia. Cały ten ruch był sztywny i pretensjonalny. Nie było w nim krzty wrażliwości czy szczerości. Uczono mnie, bym zachowywał się tak, jak żaden człowiek przy zdrowych zmysłach nigdzie i nigdy się nie zachowuje.

Żadnej próby nauczenia studentów, by wkładali w gestykulację swoją indywidualność; żadnej próby popchnięcia ich w kierunku gestykulacji naturalnej, związanej z wypowiadanymi słowami; żadnych wysiłków w celu tchnięcia życia w cały ten proces i uczynienia go czymś naturalnym, odruchowym i nieuchronnym; żadnego zachęcania studentów, by dali się ponieść, by byli spontaniczni, przełamali własne bariery i wydostali się ze skorupy rezerwy, by mówili i zachowywali się jak żywe istoty ludzkie. Nie, cała ta żałosna lekcja była mechaniczna niczym maszyna do pisania, równie pozbawiona życia, co zeszłoroczne, ptasie gniazdo i tak śmieszna, jak przedstawienie kukiełkowe.

Dziewięćdziesiąt procent tego, co napisano na temat gestykulacji, to kompletne marnotrawstwo dobrego, białego papieru i dobrego, czarnego atramentu. Każdy gest, wyjęty z jakiejś książki, jest sztywny i pozbawiony życia. Właściwym miejscem, z jakiego powinien pochodzić, jest osobowość samego mówcy: jego serce, umysł, zainteresowanie danym tematem. Są to jego własne impulsy i pragnienie, by słuchacze zobaczyli dane zagadnienie tak, jak on je widzi. Jedyne gesty, jakie mają jakąś wartość, to te, które rodzą się pod wpływem chwili, impulsu. Jedna uncja spontaniczności warta jest tyle, co cała tona zasad.

Gesty nie są czymś, co można w dowolnym momencie sobie wybrać i zrobić z tego użytek, tak jak zakłada się marynarkę do kolacji. Gesty to zewnętrzny wyraz wewnętrznego stanu, podobnie jak pocałunki, kolka, śmiech, czy mdłości.

Twoje gesty, tak jak szczoteczka do zębów, powinny być czymś bardzo osobistym. Ludzie różnią się między sobą, dlatego i ich gestykulacja będzie bardzo różna i indywidualna, jeśli tylko będą zachowywać się naturalnie.

Nikogo nie powinno się uczyć, by gestykulował dokładnie tak samo, jak ktoś inny. W poprzednim rozdziale przedstawiłem różnice między Lincolnem a Douglasem jako mówcami. Wyobraź sobie, że powolny, nieporadny, wolno myślący Lincoln próbuje naśladować szybko mówiącego, porywczego i eleganckiego Douglasa. Absurd.

Według jego biografa i partnera w kancelarii adwokackiej, Williama H. Herndona, „Lincoln nie gestykulował tak bardzo rękami, co głową. Często posługiwał się nią jako narzędziem gestykulacji, odrzucając ją i potrząsając z zapałem to w tę, to w tamtą stronę. Szczególnie zaś, gdy chciał podkreślić i wzmocnić jakąś myśl. Niekiedy towarzyszyło temu gwałtowne drgnięcie, jakby wyładowanie elektryczne. Nigdy nie wymachiwał rękami ani nie ciął powietrza, jak robią to niektórzy mówcy. Nigdy nie zachowywał się efekciarsko, scenicznie. Gdy przemawiał, w miarę upływu czasu jego ruchy stawały się coraz bardziej swobodne i mniej nieporadne, aż zaczynały być pełne wdzięku. Lincoln miał w sobie tak doskonałą naturalność i był tak silną indywidualnością, że jego osoba była pełna godności. Gardził blichtrem, przedstawieniem, ustalonymi formami i wszystkim, co lipne i pozorowane. Ileż wyrazu i znaczenia było w jego jednym geście, gdy długim, kościstym palcem prawej dłoni wskazywał przed siebie, kierując swoje przemyślenia do umysłów słuchaczy. Czasem, by wyrazić radość lub przyjemność, unosił obie ręce pod kątem około pięćdziesięciu stopni, wnętrzem dłoni ku górze, jakby pragnąc ogarnąć ducha tego, co wzbudzało w nim tak silne, pozytywne emocje. Jeśli zaś odczuwał głęboką niechęć – mówiąc np. o problemie niewolnictwa – potrząsał wysoko uniesionymi, zaciśniętymi pięściami, wyrażając prawdziwie najwyższy wstręt i odrazę. Był to jeden z jego najbardziej skutecznych gestów, który najdobitniej wskazywał na pełną determinację, by powalić ów obiekt nienawiści i wdeptać go w ziemię. Lincoln zawsze stał mocno na obu nogach, stopy równo, nigdy nie stawiał jednej przed drugą. O nic się nie wspierał ani niczego nie dotykał dla lepszego podparcia. Bardzo rzadko zmieniał pozycję. Nie perorował, nie chodził w tę i z powrotem po podium. Często wkładał lewą rękę za klapę płaszcza, z kciukiem ku górze, prawą trzymając luźno, by móc swobodnie gestykulować". Właśnie w takiej pozie można go zobaczyć na pomniku w Parku Lincolna w Chicago.

Taki był Lincoln. Teddy Roosevelt był bardziej energiczny, płomienny, bardziej ruchliwy; jego twarz ożywiona uczuciem, pięści zaciśnięte – całe jego ciało służyło za narzędzie ekspresji. Częstym gestem Williama Jenningsa Bryana była wyciągnięta ręka z otwartą dłonią. Premier William Gladstone często uderzał pięścią w stół lub w dłoń drugiej ręki, bądź głośno tupał nogą. Gdy lord Rosebery przemawiał przed Izbą Lordów zwykł unosić prawe ramię, po czym gwałtownie je opuszczać, co miało ogromną siłę wyrazu. Trzeba jednak zaznaczyć, że owa siła przede wszystkim tkwiła w myślach i przekonaniach lorda, i właśnie to czyniło jego gest tak mocnym i spontanicznym.

Wielcy mówcy mogą wykonywać różne gesty – nawet mnóstwo gestów – ale nie są ich bardziej świadomi, niż powietrza, którym oddychają. I tak powinno być. I tak też będziesz zachowywać się i ty, jeśli oddasz się sumiennym ćwiczeniom i zastosujesz zasady przedstawione w tej książce. Nie mogę podać ci żadnych reguł dotyczących gestykulacji, bo to zależy od twojego temperamentu, przygotowania, entuzjazmu, osobowości, tematu mowy, od słuchaczy oraz od okoliczności, w jakich przemawiasz.

SUGESTIE, KTÓRE MOGĄ OKAZAĆ SIĘ POMOCNE

Jest jednak kilka ograniczonych sugestii, które mogą okazać się użyteczne. Nie powtarzaj jakiegoś gestu aż do znudzenia. Nie wykonuj krótkich, gwałtownych ruchów, wyprowadzanych z łokcia – ruchy z barku wyglądają lepiej. Nie kończ gestu zbyt szybko. Jeśli posługujesz się palcem wskazującym, by doprowadzić do konkluzji pewną myśl, nie bój się podtrzymywać tego gestu przez całe zdanie. Urwanie gestu jest bardzo częstym i poważnym błędem. Zniekształca efekt podkreślenia, uwydatnia to, co mniej ważne, a rzeczy prawdziwie istotne czyni trywialnymi.

Gdy przemawiasz przed prawdziwą publicznością, wykonuj tylko te gesty, które przychodzą ci naturalnie. Ale gdy tylko ćwiczysz przemawianie przed słuchaczami z kursu, czy przed rodziną lub przyjaciółmi, albo podczas spotkania klubu dyskusyjnego, *zmuszaj się*, jeśli to konieczne, do gestykulowania. Zmuszaj się do wykonywania gestów, a jak już zauważyłem w Rozdziale 5., ta czynność tak bardzo cię pobudzi, że już wkrótce zaczniesz się nimi posługiwać odruchowo.

A teraz zamknij książkę. Nie nauczysz się gestykulacji przez samo czytanie o niej. Gdy mówisz, kieruj się swoimi własnymi impulsami, gdyż są one bardziej godne zaufania i cenniejsze, niż cała wiedza i wszelkie wskazówki, jakie ktokolwiek może ci przekazać.

Jeśli nagrasz na video swoje próby, po czym wielokrotnie je obejrzysz, będziesz mógł sam przyjrzeć się swojej gestykulacji i zdecydować, jakie zmiany chciałbyś wprowadzić. Zrób to i wprowadź je w swoim kolejnym przemówieniu. Poproś przyjaciela bądź bardziej doświadczonego mówcę, by razem z tobą obejrzał nagranie, po czym wyciągnij wnioski z jego obserwacji i uwag.

Gdybyś miał zapamiętać tylko jedną rzecz na temat gestykulacji i przekazu, zapamiętaj to: jeśli będziesz tak pochłonięty tym, co chcesz powiedzieć, i jeśli tak bardzo nie będziesz mógł się doczekać, by przekazać swoje przemyślenia słuchaczom, że zapomnisz o samym sobie i zaczniesz mówić i zachowywać się w pełni spontanicznie, wtedy twoje gesty i sposób mówienia, choćby nawet nie szkolone, mają spore szanse okazać się tak świetne, że zamkną usta każdemu krytykowi.

W SKRÓCIE

- Osobowość ma więcej do powiedzenia w życiowym sukcesie, niż ponadprzeciętna wiedza. Jednak jest to rzecz tak nieuchwytna, nienamacalna i tajemnicza, że niemal niemożliwe jest udzielenie jakichkolwiek wskazówek dla jej rozwoju. Sugestie, przedstawione w tym rozdziale, mogą jedynie pomóc ci wypaść jak najlepiej.
- Nie przemawiaj, gdy jesteś zmęczony. Odpocznij, odnów siły, odzyskaj energię.
- Przed wyjściem na mównicę nie przeciążaj żołądka.
- Nie rób nic, co mogłoby przytępić twoją energię. Energia jest jak magnes. Ludzie skupiają się wokół energetycznego mówcy niczym dzikie gęsi, gromadzące się na polu jesiennej pszenicy.
- Zadbaj o schludny, atrakcyjny ubiór. Świadomość bycia dobrze ubranym podniesie twój szacunek do samego siebie i zwiększy twoją pewność siebie.
- Uśmiechaj się. Gdy stoisz przed słuchaczami, niech całe twoje ciało wyraża zadowolenie z faktu, że tam jesteś. Jeśli jesteś zainteresowany swoją publicznością, istnieje wszelkie prawdopodobieństwo, że i publiczność będzie zainteresowana tobą. Jeszcze zanim zaczniesz mówić, możesz zostać potępiony bądź przyjęty. Dlatego jest tak ważne, by twoja postawa wzbudzała ciepłe reakcje.
- Zbierz swoich słuchaczy blisko siebie. Trudno jest wywrzeć wpływ na jakąkolwiek grupę, która pozostaje w rozproszeniu. Jednostka, jako członek zwartej publiczności, będzie śmiać się, klaskać i pozytywnie reagować na te same słowa, które może kwestionować i odrzucać, jeśli będzie słuchać ich w samotności lub w grupie rozsianej po sporych rozmiarów sali.
- Jeśli przemawiasz do małej grupy, rób to w małym pomieszczeniu. Nie stój na podwyższeniu. Zejdź na poziom słuchaczy. Postaraj się, by twoja mowa miała ton intymny, nieformalny, konwersacyjny.
- Zatroszcz się o świeże powietrze w miejscu, w którym przemawiasz.
- Postaraj się, by było rzęsiście oświetlone. Niech światło pada wprost na twoją twarz, by słuchacze dobrze cię widzieli.
- Niech przed tobą nie będzie żadnych mebli. Odsuń na bok stół i krzesła. Pozbądź się ze swojego najbliższego otoczenia wszelkich szpecących rekwizytów i przedmiotów, które często zaśmiecają podium.
- Jeśli obok ciebie są na podium jacyś goście, z pewnością będą od czasu do czasu zmieniać pozycję, a przy każdym, najlżejszym poruszeniu, będą przyciągać uwagę słuchaczy. Publiczność nie może oprzeć się pokusie spojrzenia na jakikolwiek poruszający się obiekt, osobę bądź zwierzę, dlaczego zatem piętrzyć problemy i tworzyć dla siebie konkurencję?
- Gdy siadasz, nie zwalaj się na krzesło jak worek kartofli. Poczuj jego krawędź z tyłu nóg, po czym, z wyprostowanym ciałem, łagodnie ugnij kolana i elegancko usiądź.

- Gdy przemawiasz, stój spokojnie. Nie wykonuj mnóstwa nerwowych ruchów – sprawiasz w ten sposób wrażenie człowieka słabego. Każdy ruch, który nie poprawia twojego wizerunku, szkodzi mu.
- Niech twoje ręce swobodnie spoczywają wzdłuż tułowia. To pozycja najlepsza z możliwych. Jednakże, jeśli czujesz się bardziej komfortowo, trzymając je splecione z tyłu, czy nawet schowane w kieszeniach, nie będzie to miało większego znaczenia. Bo jeśli twoja głowa i serce pełne są tego, co mówisz, to raczej nie musisz martwić się o takie drugorzędne szczegóły.
- Nie próbuj naśladować gestykulacji, opisanej w jakiejś książce. Niech gesty, jakie wykonujesz, rodzą się pod wpływem twoich własnych impulsów. Daj się ponieść. Spontaniczność, życie i pasja – oto właściwe źródło gestykulacji, nie zaś wystudiowany wdzięk i posłuszeństwo zasadom.
- Gdy gestykulujesz, nie powtarzaj jednego ruchu aż do znudzenia; nie wykonuj też krótkich, gwałtownych ruchów z łokcia. Przede wszystkim zaś, przeciągnij dany gest i utrzymaj go dotąd, aż jego punkt kulminacyjny zbiegnie się z punktem kulminacyjnym danej myśli.

PRAWIDŁOWE POSŁUGIWANIE SIĘ SŁOWAMI

Nawyk dogłębnego badania znaczenia słów oraz dokładnego rozróżniania ich zastosowań jest niezbędny dla precyzji i ścisłości myśli, przy czym zaskakujące jest, jak szybko ów proces staje się czynnością spontaniczną i niemal mechaniczną i nieświadomą, tak, iż człowiek zaczyna dokonywać przyzwoitych i solidnych rozróżnień między poszczególnymi słowami, o których nawet nie jest świadom, że w ogóle poddał je krytycznej analizie.

G. P. MARCH
Lectures on the English Language

OSZUKIWAĆ. „Oszukujesz mnie" to zwrot niewłaściwy. Ktoś może próbować cię *oszukać*, ale twoja świadomość tego faktu znaczy, że mu się to nie udało.

DECYDUJĄCY/ZDECYDOWANY. *Zdecydowany* znaczy nie pozostawiający wątpliwości, pewny. *Decydujący* to kładący kres dyskusji, końcowy, rozstrzygający. *Zdecydowane* zwycięstwo nie zawsze jest zwycięstwem *decydującym*.

LEKCEWAŻYĆ/NIE DOCENIAĆ/ZBYT NISKO SZACOWAĆ. *Lekceważyć* to traktować lekko, pomniejszać znaczenie. *Nie doceniać* można czyichś osiągnięć, a *zbyt nisko szacować* wartość jakiejś rzeczy.

ZACHWYCAJĄCY/WYBORNY. Kompozycja kwiatowa może być *zachwycająca*; o tym, że jest *wyborna*, poinformują nas pozytywne bodźce zapachowe. Określenie *zachwycający* wskazuje na wrażenia wykraczające poza zmysły i sięgające do czyjejś duszy, tak jak *zachwycający* film. *Wyborne* jest to, co satysfakcjonuje zmysł smaku i zapachu, jak *wyborny* pudding, czy *wyborne* perfumy.

RÓŻNIĆ SIĘ OD/RÓŻNIĆ SIĘ W. *Różnimy się od* innych ludzi, jeśli nie jesteśmy tacy, jak oni; zaś *różnimy się w* czymś, jeśli się z nimi nie zgadzamy.

TRUDNY/CIĘŻKI/MOZOLNY. Coś jest *trudne*, jeśli wymaga umiejętności i sprawności – pilotowanie samolotu jest *trudne*. Coś, co wymaga sporo wysiłku fizycznego, jest czynnością *ciężką* – noszenie cegieł to *ciężka* praca. Coś, co wymaga wysiłku zarówno fizycznego jak i umysłowego możemy określić jako ciężkie, np. studia medyczne to ciężki trud, dźwiganie cegieł na budowie to ciężka praca. Coś jest *mozolne*, jeśli wiąże się z ciągłym trudem; to określenie z reguły odnosi się do poważniejszych starań. Zdobywanie nowych umiejętności, np. w pisaniu, jest zadaniem *mozolnym*. Sianokosy to *harówka*, praca *znojna*.

ĆWICZENIE GŁOSU – POWTÓRKA

ĆWICZENIE 1

Oto ćwiczenie, jakie pewien słynny, włoski śpiewak zalecał swoim uczniom do codziennego wykonywania. To podstawa, jeśli chodzi o doskonalenie techniki oddychania. Rozluźnij szczękę, pozwól, by swobodnie opadła. Poczuj w gardle rodzące się ziewnięcie. A teraz zacznij nabierać ustami i wypuszczać bardzo krótkie hausty powietrza. Przyspiesz, aż wydawany przez ciebie dźwięk zacznie przypominać dyszenie psa. Ów dźwięk powinien być rezultatem wydychanego powietrza, uderzającego o podniebienie. Nie powinien on pochodzić z wąskiego, zaciśniętego gardła. Skąd ma pochodzić siła, wywołująca te uderzenia? Z przepony, która pracuje jak miechy, wypychające powietrze krótkimi, szybkimi strumieniami. Przepona dosłownie wypompowuje je na zewnątrz. Poczuj jej pracę w środkowej części ciała. Połóż rękę tuż poniżej mostka i poczuj, jak się porusza.

ĆWICZENIE 2

Rozluźnij się; poczuj w gardle chłodne, wspaniałe uczucie zbliżającego się ziewnięcia; zanurz się w głębokim oddechu; poczuj, jak płuca wypychają na boki dolne żebra, jak naciskają i spłaszczają łukowato sklepioną przeponę. A teraz, przy pomocy przepony, spróbuj przejąć kontrolę nad ucieczką powietrza. Zbliż do ust zapaloną świecę i bardzo powoli opróżnij płuca. Spróbuj zrobić to tak wolno, by płomień świecy nawet nie drgnął, choć trzymasz go tuż przy ustach. Ćwicz dotąd, aż uda ci się łagodny, stabilny wydech, trwający około trzydziestu, czterdziestu sekund, bez zakłócania płomienia świecy. Nic z tego nie wyjdzie, jeśli zaciśniesz gardło. Kontrola ucieczki powietrza ma odbywać się w środkowej części ciała. Nigdy o tym nie zapominaj. Centrum kontroli ma być tam, gdzie odczuwasz ruch pompujący podczas ćwiczenia „psiej zadyszki”. Powtórz to trzy czy cztery razy, po czym zgaś świecę jednym, gwałtownym wyrzutem powietrza, wywołanym przez nagły skurcz przepony.

ĆWICZENIE 3

Na koniec nieśmiertelna rada, jaką Hamlet udzielił aktorom. To również doskonała rada dla wszystkich, którzy uczą się sztuki publicznego przemawiania. Przeczytaj ją na głos, stosując wszystko, czego do tej pory dowiedziałeś się na temat oddychania przeponowego i kontroli oddechu. Niech twój głos wypełni cię niczym fala powietrza, gdy ziewasz. Miej otwarte gardło. Niech w twoich płucach zawsze będzie solidny zapas powietrza. Uaktywnij czubek języka. Poczuj, jak zwinnie i szybko uderza w podniebienie i tylną ścianę przednich zębów. Rób to wszystko, a z pewnością będziesz zadowolony z wydawanych przez siebie tonów. Jakże będą jasne i przyjemne. Jak będą się niosły.

Proszę cię, deklamuj ustęp, jak ci go powtórzyłem, głosem naturalnym, bo jeśli masz go wrzeszczeć na sposób wielu waszych aktorów, wolałbym słyszeć moje wiersze recytowane przez miejskiego woźnego. Nie siecz zbyt gwałtownie powietrza rękami, lecz używaj gestów wstrzemięźliwie, w samym bowiem potoku burzy, i, że tak powiem, zawierusze namiętności, musisz posiadać tyle umiarkowania, ile potrzeba, aby nad wszystkim panować. Duszę moją do głębi rani, kiedy słyszę barczystego pachołka w peruce, jak drze namiętność w kawałki, na łachmany, żeby przerazić słuchaczy na galerii, którzy, po większej części, cenią tylko niezrozumiałe pantomimy i krzyki. Rad bym takiego ichmościa wychłostać za przesadzanie samego Termaganta, za przeherodowanie Heroda: proszę cię, unikaj tego.

Ale znowu nie bądź zbyt miękkim. Niech twoje własne uczucie będzie twoim kierownikiem. Stosuj akcję do wyrazu, a wyraz do akcji, na to głównie baczny, abyś nie przekroczył granic natury, bo wszelka przesada chybia celów teatru, które, jak dawniej były, tak są i teraz: służyć, że tak powiem, za zwierciadło naturze, pokazywać cnocie jej własne rysy, nikczemności własny jej obraz, a kolejno po sobie następującym wiekom ich kształt i wierny obraz. Otóż czy to przesada, czy niedostatek w tym względzie, choć śmiech obudzi w nieświadomych, nie może, jak tylko zasmucać rozsądnych, a jednego z nich krytyka powinna w twoim zdaniu przeważać cały teatr nieuków. O, widziałem ja aktorów, nawet rzęsistymi przyjmowanych oklaskami, którzy, a nie chcę być zbyt surowym, ni z ruchu, ni z akcentu niepodobni ani do chrześcijanina, ani do poganina, ani nawet do człowieka, tak się indyczyli, tak ryczeli, iż myślałem, że jaki najmita natury robił ludzi, tylko nie zrobił ich dobrze, tak haniebnie ludzkość naśladowali[13].

[13] *Hamlet*, William Szekspir, wyd. Club Internacional del Libro S.A., Madryt, 1999 r.; tłum. Leon Ulrich.

Jeśli zdarzy ci się znaleźć w gronie mówców publicznych, wymieniających się doświadczeniami, możesz usłyszeć taką oto uwagę na temat właściwej konstrukcji przemowy: „Miej dobry początek i dobre zakończenie; w środku zaś umieść cokolwiek tylko chcesz".

VICTOR MURDOCK

Podczas wygłaszania mowy, rzecz najważniejsza to dobry początek. W całym tym jakże wymagającym zadaniu, jakim jest publiczne przemawianie, nic nie jest aż tak trudne, jak swobodne i umiejętne nawiązanie kontaktu ze słuchaczami. Wiele zależy od pierwszego wrażenia i od słów na otwarcie. Często już kilka pierwszych zdań decyduje o przychylności bądź niechęci publiczności wobec mówcy.

LOCKWOOD-THORPE
Public Speaking Today

Złota zasada brzmi: przejdź do sedna tematu tak szybko, jak tylko jest to możliwe. Surowo przestrzegaj tej reguły. Oprzyj się pokusie wypowiadania zdań ozdobnych i miłych dla ucha. Nigdy, nigdy, nigdy za nic nie przepraszaj. Zmierzaj do sedna prostymi, jasno i wyraźnie wypowiadanymi słowami. Pisząc mowę, tak jak pisząc referat czy artykuł, z reguły można cofnąć się i wymazać pierwszy paragraf. Zacznij tam, gdzie sądziłeś, że skończy się twój wstęp.

SIDNEY F. WICKS
Public Speaking for Business Men

Powiedz, o czym zamierzasz mówić; przekaż właściwą treść; na końcu zaś powiedz, o czym mówiłeś – oto cała sztuka dobrego przemawiania.

ANONIM

ROZDZIAŁ

9

JAK ZACZĄĆ MOWĘ

Zapytaj któregokolwiek zawodowego mówcę, czego nauczyło go jego własne doświadczenie, a prawdopodobnie odpowie: „Najważniejsze, to mieć frapujący początek i powiedzieć coś, co natychmiast przykuje uwagę zgromadzonych". By to osiągnąć, praktycznie każdy świetny mówca z góry planuje niemal słowo w słowo, co powie zarówno we wstępie, jak i na zakończenie.

Ale czy robią tak również mówcy początkujący? Rzadko. Planowanie wymaga czasu, zastanowienia, siły woli. Wysiłek intelektualny to bolesny proces. Thomas Edison kazał poprzybijać do ścian swoich zakładów tablice ze słowami, których autorem jest sir Joshua Reynolds: „Nie istnieje żaden środek doraźny, po jaki człowiek by nie sięgnął, który pozwoli uniknąć prawdziwego wysiłku myślenia".

Lord Northcliffe, który z mozołem przebył drogę od przeciętnego pracownika, zarabiającego mizerną tygodniówkę, do najbogatszego i najbardziej wpływowego wydawcy prasowego w imperium brytyjskim swoich czasów, powiedział, że trzy słowa Blasé Pascala – „Przewidywać to rządzić" – uczyniły więcej dla jego sukcesu, niż cokolwiek innego, co w życiu przeczytał.

To również doskonałe motto, jakie powinno ci przyświecać, gdy planujesz swoje przemówienie. Zaplanuj, co powiesz na początku, gdy świeże umysły słuchaczy zwracają uwagę na każde słowo, jakie wychodzi z twoich ust. Przewidź, jakie wrażenie po sobie zostawisz, gdy twój występ dobiegnie końca i nie będzie już nic, żadnych słów, które mogłyby to wrażenie zatrzeć.

Począwszy od czasów Arystotelesa, autorzy książek na temat przemawiania dzielili mowę na trzy części: wstęp, rozwinięcie i zakończenie. Aż do niedawna, wstęp często był (i nie było w tym nic niestosownego) tak niepozorny i niefrasobliwy, jak niedzielna przejażdżka za miasto. Niegdysiejszy mówca jednocześnie przynosił wiadomości i dostarczał rozrywki. Przez wieki mówcy wypełniali w społeczeństwie niszę, którą dziś zajmują gazety, radio, telewizja i internet.

Jednak warunki niesamowicie się zmieniły. Świat zyskał zupełnie nowe oblicze. Wynalazki ostatnich stu lat przyspieszyły życie bardziej, niż wszystko, co wynaleziono począwszy od zarania dziejów. A mówca musi dotrzymać kroku temu niecierpliwemu tempu zmian. Jeśli zamierzasz posłużyć się wstępem, powinien on być krótki niczym uliczna reklama. Chodzi tu bowiem o usposobienie dzisiejszej, przeciętnej publiczności. Najpierw musisz błyskawicznie przykuć jej uwagę, dopiero potem możesz przejść do właściwej przemowy.

Jednym z wielkich mówców dwudziestego wieku był dr Martin Luther King. Potrafił natychmiast dotrzeć do swoich słuchaczy. Spójrzmy, jak zaczął swą słynną przemowę „Miałem marzenie":

> Sto lat temu, wielki Amerykanin, w którego symbolicznym cieniu dziś stoimy, podpisał Emancipation Proclamation[14]. Ten doniosły dokument stał się potężnym światłem przewodnim nadziei dla milionów czarnych niewolników, trawionych płomieniami miażdżącej niesprawiedliwości. Stał się radosnym świtem, kończącym długą noc ich niewoli.
>
> Jednak sto lat później czarni nadal nie są wolni. Sto lat później życie czarnych nadal zakute jest w kajdany segregacji i spętane łańcuchami dyskryminacji. Sto lat później czarni wciąż żyją na samotnej wyspie ubóstwa, leżącej pośrodku bezkresnego oceanu materialnego dobrobytu. Sto lat później czarni nadal marnieją na marginesie amerykańskiego społeczeństwa, będąc wygnańcami na własnej ziemi.

Mary Fisher nie była doświadczoną mówczynią, ale gdy w 1992 roku za pośrednictwem telewizji zwróciła się do uczestników Krajowego Kongresu Republikanów, jej mowa poruszyła serca wszystkich, którzy jej słuchali, zarówno obecnych na Kongresie, jak i na całym świecie. Jej wstęp natychmiast porwał słuchaczy:

> Niecałe trzy miesiące temu, podczas posiedzenia w Salt Lake City, poprosiłam Partię Republikanów o podniesienie zasłony milczenia, którą spuszczono na kwestię HIV/AIDS. Przyszłam tu dziś, by położyć kres tej ciszy.
>
> Nie jestem tu po to, by pławić się w samozadowoleniu, ale by rzucić wam wyzwanie. Chcę waszej uwagi, nie oklasków. Nigdy nie zostałabym seropozytywna na własne życzenie. Ale wierzę, że wszystko ma jakiś dobry cel, dlatego z chęcią stoję tu przed wami i przed całym narodem.

Większość niedoświadczonych mówców nie osiąga we wstępie tak godnej uznania prędkości i zwięzłości. Mówcy, którym brakuje umiejętności i treningu, najczęściej rozpoczynają na jeden z dwóch sposobów, z których oba są niewłaściwe.

---

[14] Proklamacja Wyzwolenia – akt prawny znoszący niewolnictwo na obszarach Skonfederowanych Stanów Ameryki. Pomimo że wyzwolenie niewolników nie stanowiło głównego celu wojny secesyjnej, naciski w armii i Kongresie zmusiły prezydenta A. Lincolna do wydania 22 IX 1862 roku tzw. „wstępnej proklamacji o wyzwoleniu niewolników".

UWAGA NA TZW. ŚMIESZNE HISTORYJKI

Z jakiegoś nieszczęsnego powodu początkujący mówcy często sądzą, że powinni być zabawni. Na co dzień mogą być śmiertelnie poważni, kompletnie pozbawieni poczucia humoru; lecz gdy tylko wstają, by zabrać głos, wyobrażają sobie, że zstępuje na nich duch Marka Twaina czy Boba Hope'a. Dlatego przeważnie zaczynają od jakiejś zabawnej historii, szczególnie, jeśli okazja nie jest zbyt zobowiązująca. Co się dzieje? Szanse są jak dwadzieścia do jednego, że wygłaszany przez nich tekst będzie ciężki jak encyklopedia. Żadna z ich historii prawdopodobnie nie „zaskoczy". Mówiąc nieśmiertelnym językiem nieśmiertelnego Hamleta, okażą się one „nużące, oklepane, płaskie i bezproduktywne".

Gdyby jakiś showman kilka razy uraczył takimi chybionymi tekstami publiczność, która zapłaciła za swoje miejsca, zostałby wygwizdany. Jednak przeciętni słuchacze są raczej dość życzliwi dla swojego mówcy. Kierowani zwykłą dobrocią serca, zrobią co w ich mocy, by wydać z siebie coś na kształt stłumionego chichotu, jednocześnie w głębi duszy odczuwając litość wobec „produkującego się" nieszczęśnika. Oni sami będą czuć się niezbyt komfortowo, słuchając jego popisów. Czyż każdy z nas nie był kiedyś świadkiem takiej porażki? Czy jest coś trudniejszego – i bardzo rzadkiego – niż zdolność skłonienia słuchaczy do śmiechu w tym jakże wymagającym zadaniu, jakim jest wygłoszenie mowy? Poczucie humoru to cecha bardzo szczególna, kwestia indywidualności, osobowości. Albo się z tym rodzisz, albo nie – tak jak rodzisz się z oczami jasnymi bądź ciemnymi.

Pamiętaj, humor rzadko tkwi w samej historii czy anegdocie. O jej sukcesie decyduje raczej sposób jej opowiedzenia. Dziewięćdziesiąt dziewięć procent mówców poniosłoby sromotną porażkę, opowiadając te same anegdoty, które wsławiły Marka Twaina. Przeczytaj historie, jakie Lincoln opowiadał w karczmach Ósmego Okręgu Sądowego Illinois, historie tak doskonałe, że ludzie jechali nieraz całe mile, by je usłyszeć, po czym siedzieli zasłuchani do późnych godzin nocnych; historie, które, jak twierdzi pewien naoczny świadek, czasem sprawiały, że słuchacze „krzyczeli i spadali z krzeseł". Przeczytaj je swoim najbliższym i sprawdź, czy uda ci się wywołać uśmiech na ich twarzach. Oto jedna z nich – historia, którą Lincoln zwykł opowiadać z ogromnym sukcesem. Spróbuj. Tylko proszę, zrób to prywatnie – nie w trakcie oficjalnego przemówienia.

> Pewien spóźniony wędrowiec, zmierzający do domu po błotnistych równinach Illinois, został zaskoczony przez burzę. Noc była czarna niczym atrament; deszcz lał się strumieniami, jakby w niebie pękła jakaś tama; pioruny rozdzierały gniewne chmury jak eksplozje dynamitu. Ciąg błyskawic ukazał padające wokół drzewa. Ryk był niemal ogłuszający. W pewnej chwili, dźwięk potężniejszy i bardziej przerażający, niż cokolwiek, co nieszczęsny wędrowiec w życiu słyszał, powalił go na kolana. Raczej nie należał do tych, którzy poświęcają czas na modli-

twę, jednak teraz z trudem wysapał: „Panie, jeśli nie robi ci to większej różnicy, proszę o nieco więcej światła i trochę mniej hałasu".

Możesz być jednym z tych szczęśliwców, którzy posiadają rzadki dar poczucia humoru. Jeśli tak jest, rób wszystko, by dbać o ten dar i go rozwijać. Będziesz po trzykroć mile widziany wszędzie, gdzie zabierzesz głos. Lecz jeśli jesteś uzdolniony w nieco innym kierunku, byłoby głupotą – i powinno to być uznawane za zdradę stanu – gdybyś próbował zostać komediantem.

Dobrzy mówcy nigdy nie opowiadają śmiesznych historyjek dla samego rozbawienia publiczności. Takie historie muszą być uzasadnione, muszą ilustrować jakąś myśl. Humor powinien być zaledwie lukrem na torcie, nadzieniem czekoladowym między poszczególnymi warstwami, nie zaś samym tortem. Czy zatem wstęp ma być ciężki, słoniowaty i przesadnie poważny? Ani trochę. Jeśli potrafisz, połaskocz słuchaczy jakimś odnośnikiem do bieżącej sytuacji, czymś odpowiednim do okazji, czy też uwagami na temat innego mówcy. Zwróć uwagę na jakąś niedorzeczność, na jakiś absurd. Ukaż to w sposób przerysowany. Tego rodzaju humor ma znacznie większe szanse na powodzenie, niż oklepane dowcipy, jakie większość ludzi już pewnie słyszało.

Być może najprostszym sposobem wprowadzenia wesołej atmosfery jest powiedzieć dowcip na swój temat. Przedstaw siebie w jakiejś absurdalnej i żenującej sytuacji. Taki zabieg to kwintesencja poczucia humoru. Niemal każdy może rozśmieszyć słuchaczy, wymieniając osobliwe pomysły bądź cechy – jak pewien publicysta prasowy, który oznajmił, że nie cierpi „dzieci, psów i demokratów".

NIE ZACZYNAJ OD PRZEPROSIN

Drugim poważnym błędem, jaki początkujący mówca ma w zwyczaju popełniać, jest zaczynanie od przeprosin. „Żaden ze mnie mówca... Nie jestem przygotowany... Nie mam nic do powiedzenia... Nie przywykłem do publicznego przemawiania...".

Nie rób tego! Pierwsze słowa pewnego wiersza Kiplinga to: „Nie ma sensu iść dalej". I właśnie tak czuje się publiczność, gdy mówca rozpoczyna w ten sposób.

Jeśli rzeczywiście nie jesteś przygotowany, niektórzy słuchacze odkryją to bez twojej pomocy. Inni nie. Po co zwracać na ten fakt uwagę tych drugich? Po co obrażać zgromadzonych, sugerując, iż nie warto trudzić się dla nich jakimiś tam przygotowaniami, i że można uraczyć ich czymkolwiek, co akurat przyjdzie ci do głowy? Nie, nie, nie. Nie chcemy słyszeć twoich przeprosin. Jesteśmy tam po to, by się czegoś dowiedzieć, byś nas czymś zainteresował, pamiętaj, *zainteresował*.

W chwili, gdy stajesz przed słuchaczami, naturalnie i nieuchronnie zwracasz na siebie ich uwagę. Łatwo jest zdobyć tę uwagę na pierwsze pięć sekund, ale już znacznie trudniej utrzymać ją przez kolejne pięć minut. A gdy raz tę uwagę stracisz, będzie ci podwójnie trudno ją odzyskać. Dlatego już w pierwszym zdaniu powiedz coś interesującego. Nie w drugim. Nie w trzecim. W pierwszym! P-I-E-R-W-S-Z-Y-M. Pierwszym!

„Jak?" – zapytasz. Przyznaję, zadanie nie należy do najłatwiejszych. A zbierając do niego materiał, musimy przemierzać zwodnicze i niepewne ścieżki, gdyż efekt końcowy zależy od wielu czynników: od ciebie samego, od publiczności, tematu przemówienia, od materiału, okazji, itd. Mam jednak nadzieję, że nieśmiałe sugestie, omówione i zilustrowane w pozostałej części tego rozdziału, okażą się w jakimś stopniu użyteczne i wartościowe.

WZBUDŹ CIEKAWOŚĆ

Oto początek przemowy, przygotowany przez jednego z moich kursantów. Czy te słowa natychmiast przykuwają twoją uwagę?

> Osiemdziesiąt dwa lata temu, mniej więcej o tej porze roku, została wydana w Londynie pewna niewielka książka, opowieść, która miała stać się nieśmiertelna. Wielu nazwało ją „najwspanialszą książką na świecie". Gdy ukazała się na rynku, ludzie pytali jedni drugich: „Czytałeś to?". Odpowiedź była niezmiennie taka sama: „Tak, czytałem, niech Bóg błogosławi autora".
>
> W dniu wydania rozeszło się tysiąc egzemplarzy. W ciągu dwóch tygodni popyt sięgnął piętnaście tysięcy. Od tamtej chwili książka doczekała się niezliczonej liczby wydań i została przetłumaczona na wszystkie możliwe języki świata. Kilka lat temu J. P. Morgan kupił oryginalny manuskrypt za iście bajońską sumę; książka spoczywa teraz wśród innych jego bezcennych skarbów, zasilając zbiory wspaniałej, nowojorskiej galerii sztuki, którą Morgan nazywa swoją biblioteką.
>
> O jaką słynną książkę chodzi? O *Opowieść Wigilijną* Dickensa.

Uważasz, że to udany początek? Czy przykuł on twoją uwagę, czy wzmógł zainteresowanie wraz z kolejnymi zdaniami? Dlaczego? Czy nie dlatego, że wzbudził w tobie ciekawość, trzymał w napięciu?

Ciekawość! Któż zdoła się jej oprzeć? Widziałem ptaki w lesie obserwujące mnie z czystej ciekawości. Znam pewnego myśliwego z wysokich Alp, który wabi kozice, narzucając na siebie prześcieradło, podkradając się i wzbudzając ich ciekawość. Psy okazują ciekawość, tak samo koty oraz wszelkie inne zwierzęta, łącznie z dobrze nam znanym gatunkiem, zwanym homo sapiens.

Dlatego już pierwszym zdaniem wzbudź ciekawość swoich słuchaczy, a zdobędziesz ich niepodzielną uwagę. Dziś cały świat zna Lawrence'a z Arabii. Napisano o nim wiele książek i nakręcono film, opowiadający jego historię, ale nie zawsze tak było. Jego sława narodziła się w czasach, gdy ludzie nie znali jeszcze radia, telewizji ani kina, a stało się to za sprawą serii wykładów, jakie mój kolega, Lowell Thomas, i ja prowadziliśmy początkowo w Londynie, a później w całej Anglii i Stanach Zjednoczonych. Zaczynałem w ten oto sposób:

> Lloyd George mówi, że pułkownik Lawrence to według niego jedna z najbardziej romantycznych i malowniczych postaci dzisiejszych czasów.

Takie rozpoczęcie ma dwie zalety. Po pierwsze, zacytowanie jakiejś znamienitej osobistości doskonale przyciąga uwagę. Po drugie, sformułowanie tego typu wzbudza ciekawość. W umysłach słuchaczy od razu rodzą się pytania: „Dlaczego postać romantyczna?", „Dlaczego malownicza?", „Nigdy o nim nie słyszałem... Co takiego zrobił?".

Mój kolega Lowell Thomas zaczynał swój wykład tak:

> Pewnego razu szedłem w Jerozolimie ulicą Christian, gdy spotkałem człowieka odzianego w przepiękne szaty orientalnego magnata; u jego boku wisiał zakrzywiony, złoty miecz, jaki nosili jedynie potomkowie proroka Mahometa. Jednak ów człowiek nie miał w sobie nic z wyglądu Araba. Miał niebieskie oczy; a oczy Arabów zawsze są czarne lub brązowe.

Wzbudza to twoją ciekawość, prawda? Chcesz usłyszeć więcej. Kim był ów człowiek? Dlaczego udawał Araba? Co zrobił? Kim się stał?

Jeden z moich kursantów, który rozpoczął swoją mowę pytaniem: „Czy wiecie, że niewolnictwo istnieje dziś na świecie w siedemnastu krajach?", nie tylko wzbudził ciekawość słuchaczy, ale też nimi wstrząsnął. „Niewolnictwo? Dziś? W siedemnastu krajach? Niewiarygodne. W jakich krajach?".

Często można wzbudzić ciekawość, informując słuchaczy o efekcie czegoś i sprawiając, że nie mogą się doczekać poznania przyczyny. Na przykład, pewien kursant zaczął od takiego oto frapującego zdania: „Całkiem niedawno, członek jednej z naszych legislatur zabrał głos podczas zgromadzenia ustawodawczego i zaproponował wprowadzenie prawa, które zakazywałoby kijankom stawanie się żabami w odległości dwóch mil od dowolnego budynku szkolnego".

Uśmiechasz się. Czy mówca żartuje? Co za absurd. Naprawdę tak było? Owszem, a mówca następnie wytłumaczył, co się stało.

Anne Fisher, która prowadzi w magazynie „Fortune" kolumnę „praca i kariera", wzbudziła ciekawość czytelników pytaniem: „Czy ludzie w twoim biurze zdają się być mniej entuzjastyczni niż kiedyś?". Tymi kilkoma słowami zapowiedziała temat swojego artykułu i zaciekawiła czytelników, dlaczego pracownicy tracą entuzjazm.

Każdy, kto chce przemawiać publicznie, powinien przyjrzeć się metodzie stosowanej przez dziennikarzy prasowych dla błyskawicznego wzbudzenia zainteresowania czytelników. Dzięki temu można nauczyć się znacznie więcej o rozpoczynaniu mowy, niż przez studiowanie tekstów przemówień.

MOŻE ZACZĄĆ OD JAKIEJŚ HISTORII?

Ludzie lubią słuchać historii. Już od czasów starożytnych gawędziarze zabawiali, edukowali i oświecali swoich słuchaczy – począwszy od ludzi prostych, siedzących wokół ogniska, przez mieszkańców miast, gromadzących się na rynkach, aż po publiczność sal konferencyjnych i teatrów. Trubadurzy śpiewali ballady lub recytowali poematy i sagi, opowiadające dzieje bohaterów, mówiące o historii i zwyczajach plemiennych, o wojnach i przygodach. Nadal chcemy słuchać opowieści. Kupujemy książki i magazyny, chodzimy do kina i teatru, słuchamy radia i oglądamy telewizję.

Szczególnie lubimy czyjeś relacje z własnych przeżyć. Russell E. Conwell wygłosił swój wykład pt. „Ziemia diamentów" ponad sześć tysięcy razy, zawsze przed ogromną grupą słuchaczy. Wielu z nich wielokrotnie wracało, by po raz kolejny wysłuchać jego inspirujących słów.

Jak zaczyna się ów niesamowicie popularny wykład? Sam przeczytaj. Pełny tekst znajdziesz na końcu książki w Aneksie. A oto jego początek:

> „W 1870 roku odbyliśmy podróż w dół rzeki Tygrys. Wynajęliśmy w Bagdadzie przewodnika, by pokazał nam Persepolis, Niniwę i Babilon...".

Cóż zatem mamy? *Opowieść.* Coś, co natychmiast przyciąga uwagę. Tego rodzaju początek to niemal pewny strzał w dziesiątkę. Mało prawdopodobne, by zawiódł. Jest żywy i frapujący. Sprawia, że chcemy za nim podążyć. Chcemy wiedzieć, co będzie dalej.

A oto początkowe zdania dwóch opowieści:

1. „Ostry szczęk rewolweru przerwał ciszę".
2. „Gdy mężczyźni i kobiety pracują razem, prawdopodobnie dojdzie do flirtów, romansów, a nawet małżeństw. Jakie szczególne problemy wynikają z tego dla firmy?".

Zauważ, że w tych zdaniach jest akcja. Coś się zaczyna. Pobudza ciekawość. Chcesz czytać dalej. Chcesz wiedzieć więcej. Chcesz się dowiedzieć, o co chodzi.

Nawet niedoświadczony mówca przeważnie jest w stanie przygotować udany początek, posługując się techniką opowieści, by wzbudzić ciekawość słuchaczy.

ZACZNIJ OD KONKRETNEGO PRZYKŁADU

Przeciętnej publiczności trudno jest, a nawet bardzo trudno, przez dłuższy czas śledzić czysto abstrakcyjny tok rozumowania. Przykładów słucha się łatwiej, znacznie łatwiej. Dlaczego zatem nie zacząć od przykładu? Ciężko jest nakłonić mówców do takiego posunięcia. Wiem, nieraz próbowałem. Z jakiegoś powodu mówca uważa, że na początku musi wygłosić kilka zdań o charakterze ogólnym. Nieprawda. Zacznij od jakiegoś przykładu, wzbudź zainteresowanie, a dopiero potem wypowiedz kilka ogólnych uwag. Przykład tej techniki rozpoczynania znajdziesz w Rozdziale 5. i 7.

Jaką metodą rozpoczęto rozdział, który teraz czytasz?

POSŁUŻ SIĘ REKWIZYTEM

Być może najprostszym sposobem zdobycia uwagi słuchaczy jest wzięcie do ręki czegoś, na czym mogliby skupić wzrok. Można zastosować ten zabieg nawet przed najbardziej poważną publicznością. Na przykład, jedna z moich kursantek rozpoczęła przemowę, biorąc do ręki kupon i machając nim nad głową. Oczywiście każdy spojrzał. Wtedy zapytała: „Czy ktoś z obecnych otrzymał kiedyś pocztą taki kupon? Czytamy na nim, że jego posiadacz otrzyma darmowy rejs, kolację i wycieczkę po nowych, pięknych zabudowaniach wzdłuż rzeki Hudson. Wszystko, co musi zrobić, to zadzwonić i zgłosić posiadanie kuponu". To zwróciło uwagę zebranych. Następnie kursantka opowiedziała, w jaki sposób firmy budowlane stosują ten trik, by zwabić ludzi do swoich nowych projektów i wystawić ich pod „ostrzał" handlowców.

ZADAJ PYTANIE

Powyższy wstęp ma jeszcze inną, godną pochwały cechę. Mówczyni zaczyna od pytania, od naprowadzenia słuchaczy na swój tok myślenia, od skłonienia ich do współpracy. Zwróć uwagę, że również przemówienie na temat romansów pracowniczych zaczyna się od zadania pytania: „Jakie szczególne problemy wynikają z tego dla firmy?". Posłużenie się pytaniem to naprawdę jeden z najprostszych, najpewniejszych sposobów otwarcia umysłów słuchaczy i „wpuszczenia do środka" przygotowanych treści. Gdy inne metody zawodzą, zawsze możesz skorzystać z tej.

A MOŻE ZACZĄĆ PYTANIEM, SFORMUŁOWANYM PRZEZ KOGOŚ SŁAWNEGO?

Słowa osób wybitnych zawsze mają moc przyciągania uwagi; dlatego odpowiedni cytat to doskonały sposób rozpoczęcia przemowy. Co sądzisz o poniższym wstępie do dyskusji na temat wiary w człowieczeństwo?

> Nie wolno tracić wiary w człowieczeństwo. Człowieczeństwo to ocean; a ocean nie staje się brudny z powodu kilku brudnych kropel.

Jako początek, ma on kilka cech godnych uznania. Już pierwsze zdanie wzbudza naszą ciekawość: dlaczego powinniśmy mieć wiarę w człowieczeństwo? To słowa Mahatmy Gandhiego; przykuwają uwagę, sprawiają, że chcemy usłyszeć więcej. Jeśli mówca umiejętnie zatrzyma się po nazwisku „Mahatma Gandhi", wytworzy pewne napięcie, wprowadzi atmosferę oczekiwania. „Z całym zamętem, biedą i cierpieniem, jakiego doświadczył w Indiach jego lud, jak ten człowiek może mieć taką wiarę?" – pytamy. Szybko. Powiedz nam. Możemy się z tobą nie zgadzać, ale tak czy owak podziel się z nami swoją opinią... Kolejne zdanie prowadzi nas wprost do sedna tematu. Mówca rozgrzewa słuchaczy – owszem, zdarzają się koszmarne rzeczy na tym świecie, ale są one niczym krople brudu w przepastnym oceanie dobra.

POWIĄŻ TEMAT PRZEMÓWIENIA Z CZYMŚ, CO STANOWI PRZEDMIOT ŻYWEGO ZAINTERESOWANIA SŁUCHACZY

Zacznij czymś, co trafi w samo sedno osobistego zainteresowania publiczności. To jeden z najlepszych sposobów rozpoczęcia. Z pewnością zdobędziesz uwagę zgromadzonych, gdyż ludzie głęboko interesują się tym, co bezpośrednio i znacząco dotyka ich samych.

Taką metodę podpowiada zdrowy rozsądek, prawda? A jednak jest ona niezwykle rzadko stosowana. Któregoś razu słuchałem wykładu na temat konieczności okresowych badań zdrowotnych. Jak mówca zaczął? Zaczął od historii pewnej organizacji medycznej, z którą jest związany, jak owa organizacja funkcjonuje i jakie świadczy usługi. Niedorzeczność! Słuchacze w najmniejszym stopniu nie są zainteresowani strukturą i działaniem jakiejś organizacji; tym, co interesuje ich najbardziej, i odwiecznie, to oni sami.

Dlaczego zatem nie uznać tego podstawowego faktu? Dlaczego nie pokazać, z jakiego powodu ta organizacja jest dla nich ważna? Można zacząć tak: „Czy wiecie, ile według aktualnych danych Zakładu Ubezpieczeń Społecznych wynosi oczekiwana długość waszego życia? Wszystko to zostało dokładnie obliczone. Na przykład, trzydziestoletni mężczyzna prawdopodobnie ma jeszcze przed sobą czterdzieści cztery lata życia, zaś trzydziestoletnia kobieta pięćdziesiąt. Jeśli ów mężczyzna dożyje sześćdziesiątki, prawdopodobnie będzie żyć jeszcze osiemnaście lat, kobieta zaś dwadzieścia trzy. Czy to dość? Nie, każdy z nas ma ogromną chęć na więcej. Jednak owe obliczenia oparte są na milionach danych. Czy zatem ty i ja możemy mieć nadzieję, że okażemy się lepsi? Owszem, stosując właściwe środki zapobiegawcze, jednak pierwszym krokiem jest dokładne sprawdzenie stanu zdrowia".

Potem, gdy szczegółowo wyjaśnimy, dlaczego okresowe badania są konieczne, słuchacze mogą być zainteresowani organizacją, która świadczy takie usługi. Ale zaczynanie od tematu samej organizacji nie jest najlepszym wyjściem. To wstęp całkowicie pozbawiony osobistego charakteru. Skazany na porażkę. Sromotną porażkę.

Inny przykład: jeden z moich kursantów wygłaszał mowę na temat pilnej potrzeby ochrony amerykańskich lasów. Zaczął w taki oto sposób: „My, Amerykanie, powinniśmy być dumni z naszych narodowych zasobów naturalnych". Następnie pokazał, że marnujemy nasze drewno w tempie bezwstydnym i nieuzasadnionym. Jednak początek był nie najlepszy, zbyt ogólny, zbyt mętny. Mój kursant nie postarał się, by jego temat osobiście nas zainteresował. Wśród słuchaczy był pewien drukarz; niszczenie lasów miało więc istotne znaczenie dla jego biznesu. Była też i matka; temat był ważny i dla niej, gdyż dotyczył jakości życia jej dzieci... itd. Można by zatem zacząć tak: „Temat, jaki zamierzam poruszyć, ma wpływ na pański biznes, panie Nowak. W pewnym stopniu wpłynie też na ceny jedzenia, jakie kupujemy, oraz wysokość czynszu, jaki płacimy. Dotyka kwestii dobrobytu i powodzenia nas wszystkich, i to nie tylko teraz, w obecnym pokoleniu, ale również w dalekiej przyszłości".

Czy takie słowa to wyolbrzymianie znaczenia ochrony naszych lasów? Nie. Nie sądzę. To jedynie słuchanie nakazu Elberta Hubbarda: „Odmaluj pełen obraz sytuacji i przedstaw zagadnienie tak, by przykuło uwagę".

MOC PRZYCIĄGANIA UWAGI A WSTRZĄSAJĄCE FAKTY

Wstrząśnij słuchaczami. Spraw, by usiedli i zaczęli uważać. Powiedz coś, co wytrąci ich z zamyślenia. By przemawiać skutecznie, musisz zażądać uwagi. Pewien mówca, którego temat brzmiał: „Cud radia", rozpoczął od zdania: „Czy wiecie, że dźwięk muchy, idącej po szybie w Nowym Jorku, może zostać nadany przez radio i odebrany w Afryce Środkowej jako ryk tak głośny, jak wodospad Niagara?".

Pewien student zaczął mowę na temat „sytuacji przestępczej" od słów: „William Howard Taft, przewodniczący kompletu sędziowskiego Sądu Najwyższego Stanów Zjednoczonych, stwierdził, że «administrowanie naszym prawem karnym to hańba dla cywilizacji»".

Taki wstęp ma podwójną zaletę: jest szokujący oraz zawiera cytat osoby, będącej autorytetem w zakresie znajomości prawa.

Inny początkujący mówca, wypowiadając się na temat przestępczości, rozpoczął w ten oto, przykuwający uwagę sposób:

> Amerykanie przodują w statystykach przestępczości. Twierdzenie zdumiewające, lecz prawdziwe. W Cleveland w Ohio dochodzi do sześciokrotnie większej liczby morderstw, niż w całym Londynie. Według rocznych statystyk, popełnia się tam sto siedemdziesiąt razy więcej kradzieży, niż w Londynie. Co roku w samym Cleveland notuje się więcej kradzieży bądź napadów z usiłowaniem kradzieży, niż w Anglii, Szkocji i Walii razem wziętych. Każdego roku w St. Louis mordowanych jest więcej ludzi, niż w całej Anglii i Walii. W Nowym Jorku dochodzi do większej liczby morderstw, niż w całej Francji lub w Niemczech, lub we Włoszech, lub na Wyspach Brytyjskich. Smutnym faktem jest to, że przestępca nie zostaje ukarany. Jeśli dopuścisz się morderstwa, istnieje mniej niż jedna szansa na sto, że zostaniesz za ten czyn skazany. Jako spokojny obywatel, masz dziesięć razy większe szanse na śmierć z powodu raka, niż jako przestępca miałbyś przez powieszenie za zabicie człowieka.

Wstęp jak najbardziej udany, gdyż mówca włożył w te słowa wymaganą moc i żarliwość. One żyły. Oddychały. Słyszałem jednak innych kursantów, rozpoczynających swoje przemówienia na temat przestępczości w nieco podobny sposób, a nieosiągających już tak dobrego efektu. Dlaczego? Konstrukcja myśli była bez zarzutu, lecz ich słowom brakowało ducha. Sposób, w jaki przemawiali, osłabiał i niszczył przekazywaną treść.

WARTOŚĆ POZORNIE ZWYKŁEGO ROZPOCZĘCIA

Co sądzisz o poniższym rozpoczęciu i dlaczego? Mary E. Richmond, pionierka działalności społecznej, zabiera głos podczas dorocznego spotkania New York League of Women Voters [Nowojorskiej Ligi Elektoratu Żeńskiego], odbywającego się na kilka dni przed wprowadzeniem prawa zakazującego zawierania małżeństw przez nieletnich:

> Wczoraj, gdy przejeżdżałam pociągiem przez miasto położone niedaleko stąd, przypomniało mi się pewne małżeństwo, które zostało tam zawarte kilka lat temu. Ponieważ wiele innych małżeństw w tym stanie wygląda równie katastrofalnie, zacznę od pewnych szczegółów dotyczących tego konkretnego przypadku.
>
> Był 12 grudnia, gdy pewna piętnastolatka z tamtejszej szkoły średniej poznała pierwszorocznego studenta pobliskiego college'u, który właśnie osiągnął pełnoletniość. 15 grudnia, zaledwie trzy dni później, młodzi wystarali się o zezwolenie na zawarcie małżeństwa, przysięgając, że dziewczyna ma osiemnaście lat,

co zwalnia ją z konieczności posiadania zgody rodziców. Po opuszczeniu urzędu miasta natychmiast udali się do miejscowego pastora, lecz ten bardzo słusznie odmówił im udzielenia ślubu. W jakiś sposób, być może od owego pastora, matka dziewczyny dowiedziała się o całym zajściu. Jednak zanim zdołała odnaleźć córkę, parę połączył sędzia pokoju. Następnie pan młody zabrał swą świeżo poślubioną małżonkę do hotelu, gdzie spędził z nią dwa dni i dwie noce, po upływie których porzucił, by już nigdy więcej z nią nie zamieszkać.

Moim zdaniem wstęp jest bez zarzutu. Świetne pierwsze zdanie. Zapowiada interesujące wspomnienia. Słuchacz chce poznać szczegóły. Czeka na opowieść z życia wziętą. Poza tym, wypowiedź brzmi bardzo naturalnie. Nie ma posmaku studium naukowego, pozbawiona jest tonu formalnego. „Wczoraj, gdy przejeżdżałam pociągiem przez miasto położone niedaleko stąd, przypomniało mi się pewne małżeństwo, które zostało tam zawarte kilka lat temu". Brzmi naturalnie, spontanicznie, ludzko. Jakby ktoś opowiadał drugiej osobie coś interesującego. Publiczność to lubi. Ale za to bardzo łatwo płoszy się, słysząc wypowiedź zbyt złożoną, wymyślną i zbyt oficjalną, słowa, które zdają się być sztucznym narzędziem zdobycia uwagi. Słuchacze chcą sztuki, która skrywa sztukę.

W SKRÓCIE

- Rozpoczęcie przemowy jest rzeczą trudną. To rzecz bardzo ważna, gdyż umysły słuchaczy są jeszcze świeże i stosunkowo podatne. Początek odgrywa ogromną rolę w powodzeniu całości przemówienia, dlatego nie należy pozostawiać go przypadkowi, lecz z góry dokładnie przygotować.
- Wstęp powinien być krótki, zaledwie jedno czy dwa zdania. Często w ogóle możesz go pominąć i przejść do sedna przy użyciu możliwie najmniejszej liczby słów. Nikt nie będzie mieć zastrzeżeń.
- Początkujący mówcy skłonni są zaczynać albo od próby opowiedzenia czegoś zabawnego, albo od przeprosin. Oba sposoby z reguły się nie nadają. Bardzo niewiele osób – bardzo, bardzo niewiele – potrafi z powodzeniem opowiedzieć jakąś zabawną anegdotę. Reszta najczęściej wprawia słuchaczy w zakłopotanie, zamiast ich rozbawić. Anegdoty powinny być istotne dla przemówienia, nie zaś wyciągnięte z kapelusza jako sztuka dla sztuki. Humor powinien być zaledwie polewą na torcie, nie samym tortem. Nigdy nie przepraszaj. Przeprosiny i tłumaczenia to przeważnie obraza dla publiczności; nikt nie chce tego słuchać. Od razu przejdź do tematu, zwięźle przekaż to, co masz do powiedzenia, po czym wróć na miejsce.
- By natychmiast zdobyć uwagę słuchaczy, mówca może:
  1. Wzbudzić ciekawość (przykład: historia *Opowieści Wigilijnej* Dickensa);

2. Opowiedzieć jakąś historię z życia wziętą (przykład: wykład „Ziemia diamentów");
3. Zacząć od konkretnego przykładu (zob. początek Rozdziału 5. i 7. tej książki);
4. Posłużyć się rekwizytem (przykład: kupon, który upoważniał posiadacza do darmowego rejsu i posiłku);
5. Zadać pytanie (przykład: „Czy ktoś z obecnych otrzymał kiedyś pocztą taki kupon?");
6. Zacząć frapującym cytatem (przykład: wypowiedź Mahatmy Gandhiego na temat człowieczeństwa);
7. Ukazać związek przemówienia z osobistymi sprawami słuchaczy (przykład: „Oto długość życia każdego z nas według obliczeń statystyków. Możemy ją zwiększyć, poddając się regularnym badaniom stanu zdrowia...".);
8. Zacząć od jakichś wstrząsających faktów (przykład: „Statystyka wykazuje, że w Ameryce jest więcej przestępców niż w innych w cywilizowanych krajach".).

- Nie rozpoczynaj zbyt formalnie. Nie bądź zbyt sztywny. Niech ton twojej wypowiedzi będzie swobodny, normalny, naturalny. Możesz to osiągnąć przez odniesienie się do czegoś, co właśnie się wydarzyło, lub co niedawno zostało powiedziane (przykład: „Wczoraj, gdy przejeżdżałam pociągiem przez miasto położone niedaleko stąd, przypomniało mi się...").

POPRAWNE POSŁUGIWANIE SIĘ SŁOWAMI

Osoba *sprawiedliwa* stara się być uczciwa, porządna i bezstronna. Osoba *otwarta* niczego nie ukrywa i mówi dokładnie to, co myśli; *bezpośrednia* wyraża swe naturalne odruchy, chęci bądź niechęci; *prostoduszna* posiada w sobie naturalną prostotę i umiłowanie prawdy, co skłania ją do przyznawania się do błędów i mówienia o wszystkim wprost. Osoba *szczera* nigdy nie udaje kogoś innego; jest autentyczna, prawdomówna. Ten, kto czasami mówi otwarcie, może nie być z natury *bezpośredni* i *sprawiedliwy*. Osoba *bezpośrednia* może nie być tak otwarta, jak osoba *prostoduszna*. Człowiek *szczery* może nie mówić swobodnie, ale nigdy nie będzie wprowadzać innych w błąd, udając kogoś, kim nie jest.

Ang. *candid*, *candle* i *chandelier* (szczery, świeca i żyrandol) pochodzą od łacińskiego *candere*, co znaczy „być z jaśniejącej, świetlistej bieli". Szczera opinia to świetliście białe, jaśniejące światło, padające na dany obiekt, bez najmniejszej próby ukrycia czegokolwiek. Człowiek *nieskomplikowany* to ktoś prostoduszny, niewyrafinowany, „naiwny". Ma prosty sposób bycia i rozumowania. *Brak skrytości* sugeruje swobodę i bezpośredniość w słowach i czynach. Człowiek *prostolinijny* niczego nie knuje, nie intryguje, nikim nie manipuluje dla osiągnięcia własnych korzyści. Słowa *surowe, nieupiększone* pozbawione są połysku; ich autor nie próbuje niczego wygładzić przy pomocy eleganckiego, przyjemnie brzmiącego języka.

ĆWICZENIE GŁOSU – ROZLUŹNIANIE SZCZĘKI

W ćwiczeniu głosu z Rozdziału 3. i 4. wskazałem na konieczność rozluźnienia, szczególnie jeśli chodzi o gardło. Ale to samo dotyczy i szczęki. Większość z nas z reguły trzyma ją sztywno. Skutek? Utrudnione wydobycie dźwięku, tony cienkie i twarde. Dźwięki wydobywane w takich warunkach źle się niosą. Oddech formowany jest w ustach w słowa – w dużej mierze za pomocą warg i języka, przy czym język odgrywa tu główną rolę. Usztywniona szczęka utrudnia ten proces formowania oraz zakłóca piękno i precyzję dźwięków, jakie powinny być jego efektem.

Ponadto, sztywna szczęka często prowadzi do rozleniwienia języka, a przecież zależy nam na tym, by był on szybki i zwinny.

Poniższe ćwiczenia pomogą ci rozruszać szczękę:

1. Opuść głowę tak, by broda dotykała ciała. A teraz unieś głowę, nie zmieniając położenia brody. Jeśli w pełni rozluźnisz szczękę, grawitacja będzie ściągać ją do dołu, tak jak ściąga do dołu twoje ręce, gdy je rozluźniasz.
2. Rozluźnij mięśnie twarzy tak, by przybrać gapowaty wyraz, aż twoja szczęka opadnie swobodnie niczym balast, zwisający z reszty głowy.
3. Umieść palce tuż poniżej uszu, na zawiasach szczęki. Otwórz usta. Poruszaj szczęką, jakbyś przeżuwał jedzenie. Zwróć uwagę na ruch pod palcami. A teraz zamknij usta i rozluźnij szczękę, pozwalając, by opadła pod własnym ciężarem. Jeśli zrobisz to poprawnie, nie używając siły, nie poczujesz pod palcami takiego ruchu, jaki czułeś przed chwilą.
4. Gdy próbujesz usłyszeć z daleka rozmowę i ledwo rozróżniasz słowa, co robisz? Odruchowo wstrzymujesz oddech, rozchylasz usta i uważnie słuchasz, zgadza się? Wyobraź sobie, że właśnie teraz w ten sposób nasłuchujesz. I załóżmy, że nagle usłyszałeś coś, co ogromnie cię zaskoczyło. Co robisz? Prostujesz się i wyciągasz całe ciało, nabierasz głębiej powietrza i nieświadomie rozluźniasz gardło. A teraz powiedz: „Wiesz, co właśnie usłyszałem?". Czy dźwięk nie wydobywa się z ciebie z łatwością i swobodą?

Pamiętaj, jedynym sposobem, w jaki możesz osiągnąć panowanie nad szczęką, to rozluźnianie jej. Dlatego wykonuj te ćwiczenia, aż twoja szczęka stanie się twoim uległym sługą; i nie będzie już niepokornym, zaczepnym, nieugiętym buntownikiem.

ĆWICZENIE 1

Przeczytaj zamieszczone poniżej Powitanie Świtu, piękny fragment pochodzący z Sanskrytu. Przeczytaj go na głos falsetem, by rozwinąć jasność dźwięku (zobacz Ćwiczenie głosu, Rozdział 7.).

> Zwróć się ku temu dniu, gdyż jest on życiem – samym życiem życia. W jego krótkiej chwili leżą wszelkie prawdy i realia twojego istnienia: rozkosz wzrastania, chwała działania, splendor piękna. Wczoraj to już sen, a jutro to zaledwie wizja; lecz dzień dzisiejszy, dobrze przeżyty, czyni każde wczoraj snem o szczęściu, a każde jutro wizją nadziei. Dlatego zwróć się ku temu dniu. Takie jest powitanie świtu.

ĆWICZENIE 2

A teraz przeczytaj ten fragment swoim naturalnym głosem, zwracając uwagę na lekkie, elastyczne ruchy czubka języka (zobacz Ćwiczenie głosu, Rozdział 6.).

ĆWICZENIE 3

Weź głęboki, przeponowy oddech, po czym z otwartym i rozluźnionym gardłem powiedz „a". Zrób to bez żadnego wysiłku. Zrób to z pełną swobodą.

ĆWICZENIE 4

Wróć do Ćwiczenia głosu z Rozdziału 7. i przeczytaj na głos jasnym i wesołym tonem cztery pierwsze wersy wiersza *Cud*: „Jakże anielskim spłynąłem tu lotem! / Jaką światłością ziemia tchnęła! / Gdym po raz pierwszy zstąpił między Boże dzieła, / Jakimż królewskim okryły mnie złotem!".

Z mówieniem jest jak z grą na harfie. Kładziesz dłonie na strunach, by zatrzymać ich drganie, i szarpiesz nimi, by wydobyć z nich muzykę.

OLIVER WENDELL HOLMES

Bądź szczery. Postaw na prostotę w słowach, gestach i sposobie bycia. Równie dobrze rozbawiaj, co pouczaj. Jeśli umiesz ludzi rozśmieszyć, możesz też skłonić ich do myślenia i sprawić, by cię polubili i wierzyli ci.

ALFRED E. SMITH

Sposobem, w jaki z reguły walczymy o prawa, jest przelewanie krwi; ośmielę się jednak stwierdzić, że nie jest to najlepszy sposób. Bo jeśli podejdziesz do mnie z zaciśniętymi pięściami, możesz być pewien, że moje zacisną się równie szybko; lecz jeśli podejdziesz do mnie i powiesz: „Usiądźmy i wspólnie naradźmy się, a jeśli nasze zdania będą odmienne, spróbujmy zrozumieć, dlaczego tak jest, o co tak naprawdę chodzi" – wtedy przekonamy się, że wcale tak wiele nas nie różni, że bardzo mało jest kwestii, w których się nie zgadzamy, zaś całkiem sporo tych, w których mówimy jednym głosem; i że jeśli tylko będziemy cierpliwi, szczerzy i gotowi osiągnąć porozumienie, jeśli będziemy tego naprawdę pragnąć, to się dogadamy.

WOODROW WILSON

ROZDZIAŁ

10

JAK NATYCHMIAST ZAWŁADNĄĆ SŁUCHACZAMI

Kilka lat temu, Colorado Fuel and Iron Company, firma należąca do organizacji Rockefellera, miała poważne problemy z siłą roboczą. Doszło do rozlewu krwi. Atmosfera naładowana była gorzką nienawiścią, a nazwisko Rockefellera zostało przeklęte. Jednak John D. Rockefeller Junior gotów był przemówić do pracowników. Chciał im wszystko wyjaśnić, przekonać ich do swojego toku myślenia, skłonić ich do zaakceptowania swoich przekonań. Wiedział, że już w pierwszych słowach musi wyplenić wszelkie złe uczucia, zniwelować wszelkie antagonizmy. Zrobił to doskonale już na samym początku swej przemowy. Większość mówców może wiele się od niego nauczyć:

> To pamiętny dzień w moim życiu. Dziś po raz pierwszy mam szczęście spotkać się z przedstawicielami pracowników tej wspaniałej firmy, z jej wyższymi urzędnikami i dyrektorami, i mogę was zapewnić, iż jestem dumny z tego, że tu jestem, i będę pamiętać to spotkanie do końca moich dni. Gdyby odbyło się ono dwa tygodnie temu, stałbym tu teraz jako obcy dla większości z was, rozpoznając zaledwie kilka twarzy. Jednak w zeszłym tygodniu miałem okazję odwiedzić wszystkie placówki południowego zagłębia węglowego i osobiście porozmawiać praktycznie ze wszystkimi przedstawicielami, z wyjątkiem tych, którzy akurat wyjechali. Odwiedziłem wasze domy, poznałem wasze żony i dzieci, dlatego nie spotykamy się tu jako obcy, ale jako przyjaciele, i właśnie w tym duchu wzajemnej przyjaźni z ogromną przyjemnością przystępuję dziś do rozmowy z wami na temat naszych wspólnych interesów.
>
> Z uwagi na fakt, iż jest to spotkanie wyższych urzędników firmy z przedstawicielami pracowników, jestem tu jedynie dzięki waszej uprzejmości, gdyż nie mam szczęścia należeć do żadnej z tych grup. Czuję jednak, że jestem z wami wszystkimi głęboko związany, bo, w pewnym sensie, reprezentuję zarówno akcjonariuszy, jak i dyrektorów.

Oto takt – najwyższy takt. A sama mowa, choć wygłoszona w niesprzyjających okolicznościach, okazała się sukcesem. Ludzie, którzy tak zaciekle walczyli o wyższe płace, nie powiedzieli już ani słowa po tym, gdy Rockefeller wyjaśnił im, jak wygląda sytuacja.

KROPLA MIODU I UZBROJENI DESPERACI

Stare, lecz jakże prawdziwe powiedzenie mówi, że na kroplę miodu złapiesz więcej much, niż na galon żółci. Tak samo jest i z ludźmi. Gdy chcesz zdobyć czyjeś poparcie dla swojej sprawy, najpierw przekonaj tę osobę, że jesteś jej prawdziwym przyjacielem. To jest ta kropla miodu, która „łapie" ludzkie serca. A serce to doskonała autostrada do umysłu; zdobądź je, a bez większych problemów przekonasz człowieka do słuszności swojej sprawy, jeśli tylko rzeczywiście jest ona słuszna.

Taki był plan Lincolna. W 1858 roku, podczas swej kampanii do senatu, miał przemawiać w miejscu, które w owym czasie było półbarbarzyńską częścią południowego Illinois, zwaną „Egiptem". Tamtejsi mężczyźni nie należeli do przyjaźnie usposobionych, co manifestowali przypiętymi do pasków nożami i pistoletami, z którymi nie rozstawali się nawet w miejscach publicznych. Nienawiść, jaką żywili do przeciwników niewolnictwa, równała się jedynie ich zamiłowaniu do bójek i bourbona. Ci krewcy południowcy, niektórzy z nich będący właścicielami niewolników z Kentucky i Missouri, przeprawili się przez wody Mississippi i Ohio, by wziąć udział w „zadymie". Wielu z nich zagroziło, że jeśli Lincoln spróbuje się odezwać, „wykopią przeklętego abolicjonistę z miasta", a „jego ścierwo rzucą sępom".

Lincoln słyszał te groźby i świadom był napiętej atmosfery i wiszącego w powietrzu niebezpieczeństwa. Mimo to zapowiedział: „Jeśli tylko dadzą mi uczciwą szansę powiedzenia choćby kilku słów, ostudzę ich zapędy". Dlatego, zanim rozpoczął przemowę, przedstawił się prowodyrom i serdecznie uścisnął im rękę. Po czym wygłosił jedną z najbardziej taktownych mów, jakie w życiu przeczytałem:

> Współobywatele południowego Illinois, współobywatele stanu Kentucky, współobywatele Missouri – powiedziano mi, że niektórzy z was zjawili się tu po to, by mi zaszkodzić. Nie rozumiem, dlaczego. Jestem zwykłym, prostym człowiekiem, takim jak wy; dlaczego nie miałbym mieć takiego samego prawa wypowiedzenia się, jakie przysługuje każdemu z was? Drodzy przyjaciele, jestem jednym z was. Nie jestem tu intruzem. Urodziłem się w Kentucky, wychowałem w Illinois, jak większość z was, i przez wiele lat ciężko pracowałem. Znam mieszkańców Kentucky, znam mieszkańców południowego Illinois i wydaje mi się, że znam też i mieszkańców Missouri. Jestem jednym z nich i dlatego też powinienem ich znać, a oni powinni znać mnie; a gdyby rzeczywiście mnie znali, wiedzieliby, że nie chcę im zaszkodzić. Dlaczego zatem oni, lub ktokolwiek z nich, miałby chcieć mi zaszkodzić? Współobywatele, nie róbcie żadnej z tych głupich rzeczy. Bądźmy przyjaciółmi i traktujmy się nawzajem jak przyjaciele. Jestem

jednym z najpokorniejszych i najbardziej pokojowo nastawionych ludzi na świecie – nie chcę nikogo skrzywdzić, ani zakłócić niczyjego porządku prawnego. Proszę tylko o to, byście mnie uważnie wysłuchali, bo mam wam coś ważnego do powiedzenia. A jako mieszkańcy Illinois, Kentucky i Missouri – ludzie odważni i waleczni – jestem pewien, że to zrobicie. A teraz wspólnie się zastanówmy, jak prawdziwi współbracia, którymi w rzeczy samej jesteśmy.

Gdy Lincoln mówił te słowa, jego twarz była doskonałym odzwierciedleniem jego naturalnej dobroci, a głos wibrował pełną zrozumienia żarliwością. Tym taktownym wstępem uspokoił nadciągający sztorm i uciszył nastających na niego wrogów. Co więcej, wielu z nich rzeczywiście zdołał do siebie przekonać i uczynić swoimi przyjaciółmi. Tamtego dnia, ci nieokrzesani i twardzi „Egipcjanie" oklaskiwali jego przemowę, by później znaleźć się w gronie najzagorzalszych zwolenników Lincolna, popierających jego kandydaturę na urząd prezydenta.

„Interesujące – zauważysz – ale co to wszystko ma wspólnego ze mną? Nie jestem żadnym Rockefellerem; nie zamierzam przemawiać do wygłodniałych strajkujących, pragnących rzucić się na mnie i zadusić. Nie jestem też Lincolnem; nie będę mówić do uzbrojonych po zęby desperatów, pełnych nienawiści i bourbona".

To prawda, ale czy nie jest tak, że niemal każdego dnia rozmawiasz z ludźmi, którzy nie zgadzają się z tobą w pewnych kwestiach, na temat których zawzięcie dyskutujecie? Czy nie jest tak, że nieustannie starasz się przekonać różne osoby do swojego sposobu myślenia – w domu, w pracy, w sklepie? Czy nie sądzisz, że mógłbyś udoskonalić swoje metody wypowiadania się i perswazji? Jak zaczynasz? Okazując takt godny Lincolna? Godny Rockefellera? Jeśli tak, jesteś osobą o rzadkiej finezji i subtelności oraz nieprzeciętnej dyskrecji. Większość ludzi nie zaczyna od myślenia o poglądach i pragnieniach drugiej strony, od próby znalezienia wspólnego gruntu, ale od wyrażenia swojej własnej opinii.

Słyszałem setki mów na temat gorąco dyskutowany, kontroli posiadania broni. Niemal w każdym przypadku mówca, wykazujący się taktem i gracją słonia w składzie porcelany, rozpoczynał od jakiegoś stanowczego i wojowniczego twierdzenia. Raz a dobrze dawał do zrozumienia, jak jest ukierunkowany i pod jakim sztandarem walczy. Pokazywał, że ma tak mocno ugruntowane w tej sprawie zdanie, że nie może być mowy o choćby najmniejszej szansie na jego zmianę; mimo to oczekiwał, że inni dyskutanci porzucą swoje głęboko żywione przekonania i przyjmą cudze, czyli jego. Skutek? Mniej więcej taki, jak każdej kłótni: nikt nie dawał się przekonać. Swoim kategorycznym, agresywnym rozpoczęciem, każdy z dyskutantów natychmiast tracił pełną zrozumienia uwagę wszystkich, którzy byli innego zdania; w jednej chwili słuchacze tracili zainteresowanie i szacunek dla słów mówcy; w jednej chwili przyjmowali postawę nieufną: kwestionowali wszystko, co mówił, i zaczynali lekceważyć jego poglądy. Cała dyskusja spowodowała jedynie okopanie się uczestników we własnych przekonaniach.

Problem w tym, że już na samym początku dyskutanci popełnili poważny błąd, próbując siłą wcisnąć słuchaczom swoje poglądy, na co tamci zareagowali postawą obronną i stanowczym: „Nie! Nie! Nie!”.

W takiej sytuacji trudno jest przekonać słuchaczy do swojego punktu widzenia i wygrać spór. Najdobitniej wypowiedział się na ten temat Harry Overstreet w wykładzie, jaki wygłosił w New School for Social Research [Nowa Szkoła Badań Społecznych] w Nowym Jorku:

> Reakcja na „nie” jest najtrudniejszą przeszkodą do pokonania. Gdy ktoś raz powie „nie”, cała jego duma wymaga, by pozostał przy swoim zdaniu. Może później uznać, że owe „nie” było reakcją niewłaściwą; jednakże, nadal pozostaje kwestia jego cennej dumy! Bo gdy już coś powiedział, musi przy tym trwać. Dlatego jest tak niezmiernie ważne, by od razu ukierunkować kogoś pozytywnie...

Umiejętni mówcy „już na początku zdobywają pewną liczbę reakcji na «tak»”. Potrafią tak wpłynąć na psychikę słuchaczy, by ci podążali ścieżką reakcji pozytywnych. To jak z kulą bilardową. Popchnij ją w danym kierunku, a potrzebna będzie jakaś dodatkowa siła, by ten kierunek zmienić; a już znacznie większa siła, by posłać ją w kierunku przeciwnym.

Overstreet dodał:

> Działające tu mechanizmy psychologiczne są dość jasne. Gdy ktoś mówi „nie” i naprawdę tak myśli, robi znacznie więcej, niż tylko wypowiada to jedno krótkie słowo. Cały jego organizm – układ wydzielania wewnętrznego, układ nerwowy, mięśniowy – zwiera szyki, by wyrazić postawę negatywną. Dochodzi do znikomej, lecz niekiedy zauważalnej, fizycznej reakcji odrzucenia, lub też gotowości odrzucenia. Mówiąc w skrócie, cały system nerwowo-mięśniowy słuchacza przyjmuje postawę czujnej obrony przeciw ewentualnej akceptacji. Z drugiej strony, gdy ktoś mówi „tak”, nie ma mowy o żadnych tego typu reakcjach obronnych. Organizm tej osoby reaguje pozytywnie, przyjmując postawę otwartości i akceptacji. Dlatego, im więcej reakcji na „tak” mówca wywoła już na samym początku, tym większe ma szanse na zdobycie uwagi słuchaczy dla swej najważniejszej tezy.
>
> To bardzo prosta metoda – owa metoda Reakcji na Tak. A jednak jakże zaniedbywana! Często wydaje się, jakby ludzie nabierali poczucia własnej ważności przez antagonizowanie już na samym początku. Radykał spotyka się na naradzie ze swymi konserwatywnymi braćmi i natychmiast musi doprowadzić ich do furii! Cóż dobrego z tego wynika? Jeśli robi to tylko po to, by mieć z tego jakąś osobistą przyjemność, można mu to jeszcze wybaczyć. Lecz jeśli spodziewa się, że w ten sposób coś osiągnie, to jest psychologicznym głupcem.

Spraw, że już na początku ktoś powie „nie" – student, klient, dziecko, mąż, czy żona – a będziesz musiał wykazać się ogromną mądrością i anielską cierpliwością, by reakcję tak najeżoną przekształcić w postawę pozytywną.

Jak zatem już na samym początku uzyskać te jakże pożądane reakcje na „tak"? Całkiem prosto. „Sposobem, w jaki zaczynam i zwyciężam w dyskusji – przyznał Lincoln – jest przede wszystkim znalezienie wspólnej płaszczyzny porozumienia". Lincoln znalazł ją nawet wtedy, gdy dyskutował na wysoce zapalny temat niewolnictwa. W pewnej neutralnej gazecie tak oto skomentowano jedno z jego przemówień: „Przez pierwsze pół godziny jego przeciwnicy zgadzali się z każdym słowem, jakie padało z jego ust. Wtedy, krok po kroku, zaczął ich «urabiać», aż zdawało się, że wszystkich przeciągnął na swoją stronę".

METODA SENATORA LODGE'A

Krótko po zakończeniu pierwszej wojny światowej, Kongres stanął przed problemem ratyfikacji traktatu Ligi Narodów. Jednym z głównych przeciwników ratyfikacji był senator Henry Cabot Lodge z Massachussetts. Między nim a rektorem Harvardu, Abbottem Lawrencem Lowellem, odbyła się na ten temat w Bostonie publiczna debata. Senator Lodge czuł, że większość słuchaczy jest przeciwna jego poglądom, a jednak wiedział, że musi ich przekonać do swojego sposobu myślenia. Jak? Na drodze bezpośredniego, frontalnego, agresywnego ataku na ich przekonania? O nie. Senator był zbyt dobrym psychologiem, by spartaczyć swój apel tak prymitywną taktyką. Zaczął z ogromnym taktem, z godną podziwu finezją. Sposób, w jaki rozpoczął, przytoczony jest poniżej. Zauważ, że nawet jego najzagorzalsi przeciwnicy nie mogli mieć innych odczuć od tych, jakie wyraził w pierwszych kilku zdaniach. Zwróć uwagę, jak senator odwołuje się do ich uczuć patriotycznych, posługując się zwrotem: „Współbracia Amerykanie". Spójrz, jak minimalizuje różnice w ich wzajemnych poglądach i jak zręcznie podkreśla to, co wspólnie tak bardzo hołubią.

Zobacz, jak chwali swoich przeciwników, jak przekonuje, że on i oni różnią się jedynie w opiniach na temat drugorzędnych szczegółów związanych z metodami, nie zaś w najważniejszych kwestiach dotyczących dobrobytu Ameryki i światowego pokoju. Senator idzie nawet dalej i przyznaje, że w pewnym stopniu jest przychylny Lidze Narodów. Zatem, w ostatecznej analizie, różni się od swoich przeciwników jedynie tym: uważa, że Amerykanie powinni mieć Ligę doskonalszą i bardziej efektywną.

Ekscelencjo, Panie i Panowie, współbracia Amerykanie!

Jestem wielce zobowiązany rektorowi Lowellowi, iż umożliwił mi zwrócenie się do tak szacownej publiczności. Od lat się przyjaźnimy, obaj jesteśmy republikanami. Jest on rektorem naszego wspaniałego uniwersytetu, jednego z najbardziej wpływowych placówek w Stanach Zjednoczonych. Jest także wybitnym znawcą historii polityki i rządu. On i ja możemy różnić się co do metod, dotyczących tej wielkiej kwestii, jaka stoi teraz przed narodem, lecz jestem pewien, że jeśli chodzi o ochronę pokoju na świecie i dobrobytu Stanów Zjednoczonych, nasze cele wcale od siebie nie odbiegają.

Jeśli pozwolicie, bardzo krótko przedstawię moje stanowisko. Wielokrotnie próbowałem je wyrazić. Sądziłem, że zrobiłem to dość jasno i wyraźnie. Są jednak tacy, którzy w przeinaczaniu faktów znajdują wygodną broń dla kontrowersji, i są też inni, wielcy ludzie, którzy mogli nie słyszeć, co powiedziałem, i którzy być może niewłaściwie mnie zrozumieli. Mówi się, że jestem przeciwko Lidze Narodów. Nie jestem; nic bardziej mylnego. Jestem jak najbardziej za tym, by narody, wolne narody świata, zjednoczyły się w lidze, jak my to nazywamy, czy też w społeczeństwie, jak mówią Francuzi; by się zjednoczyły i zrobiły wszystko, co tylko można, by zabezpieczyć przyszły pokój na świecie oraz doprowadzić do powszechnego rozbrojenia.

Bez względu na to, jak bardzo opozycyjnie jesteś nastawiony do mówcy, takie słowa z pewnością nieco cię zmiękczają, prawda? Czy nie sprawiają, że chcesz usłyszeć więcej? Czy nie przekonują cię o bezstronności ich autora?

Jaki byłby efekt, gdyby senator Lodge z miejsca przystąpił do udowadniania, że zwolennicy Ligi Narodów są w poważnym błędzie i jedynie pielęgnują złudzenie? Niczego by nie osiągnął. Poniższy cytat z popularnej i wielce pouczającej książki Jamesa Harveya Robinsona *The Mind in the Making* wyjaśnia psychologiczną przyczynę daremności takiego ataku:

Czasem zdarza się, że zmieniamy zdanie bez żadnego oporu, czy bez udziału jakiejś silnej emocji, lecz jeśli ktoś nam powie, że jesteśmy w błędzie, reagujemy niechęcią na taki zarzut i utwierdzamy się we własnej opinii. Ogromnie nierozważnie i bez głębszego zastanowienia kształtujemy swoje przekonania, ale gdy tylko ktoś próbuje nas ich pozbawić, budzi się w nas potajemna pasja dla tego, w co wierzymy i o czym jesteśmy przeświadczeni. Oczywiście, nie walczymy tak zawzięcie dla samych idei, lecz w obronie własnej samooceny, która jest w tym momencie zagrożona. Niepozorne słowo „mój" to słowo kluczowe w relacjach międzyludzkich, a właściwe jego traktowanie i honorowanie jego znaczenia to początek mądrości. Ma ono taką samą siłę, gdy chodzi o moją kolację, mojego psa i mój dom, jak i w przypadku mojej wiary, mojego kraju i mojego Boga. Reagujemy odruchem obronnym nie tylko na zarzut, że nasz zegarek źle chodzi, a nasz samochód nadaje się na złom, ale także na sugestię, iż powinniśmy zrewidować naszą wiedzę na temat kanałów marsjańskich, na temat prawidłowej pisowni słowa „Epiktet", czy na temat leczniczych właściwości kwasu salicylowego. Lubimy podtrzymywać w sobie wiarę w to, co przywykliśmy uznawać za prawdę, a niechęć, jaka rodzi się w nas, gdy ktoś próbuje podważać którekolwiek z naszych założeń czy przekonań, skłania nas do poszukiwania wszelkich rodzajów wymówek dla naszego trwania przy tych przekonaniach. Skutek tego taki, że większa część naszego tzw. rozumowania polega na znajdowaniu argumentów, które podtrzymają w nas wiarę w to, w co dotychczas wierzyliśmy i nadal wierzyć chcemy.

NAJLEPSZYM ARGUMENTEM JEST WYJAŚNIENIE

Czyż nie jest dość oczywiste, że mówca, który kłóci się ze słuchaczami, jedynie wzmaga ich upór, umacnia w postawie obronnej i grzebie wszelkie szanse na nakłonienie ich do zmiany zdania? Czy mądrze jest zaczynać od słów: „Zamierzam udowodnić to i to"? To chyba jasne, że słuchacze potraktują to jak wyzwanie i po cichu odpowiedzą: „Proszę bardzo, zobaczymy, czy ci się uda".

Znacznie lepiej jest zacząć od podkreślenia czegoś, w co wierzysz zarówno ty, jak i wszyscy twoi słuchacze, po czym zadać jakieś trafne pytanie, na które chcieliby poznać odpowiedź. Następnie zaś zabrać ich we wspólną podróż, której celem jest odkrycie tej odpowiedzi. W trakcie tej podróży przedstaw fakty tak, jak je widzisz, robiąc to jasno i wyraźnie, by słuchacze podświadomie skłaniali się ku przyjęciu twoich wniosków jako swoich własnych. Znacznie łatwiej dadzą się przekonać i uwierzą w coś, o czym będą sądzić, że sami do tego doszli. „Najlepszym argumentem jest ten, który zdaje się być jedynie wyjaśnieniem".

W każdym sporze, bez względu na to, jak głębokie i poważne zachodzą różnice zdań, zawsze da się znaleźć jakąś wspólną płaszczyznę porozumienia. I właśnie na tę płaszczyznę mówca powinien zaprosić wszystkich zaangażowanych, by wspólnie przyjrzeć się faktom, jakie mają zostać przedstawione. Oto przykład: gdy prezes AFL-CIO zwrócił się do uczestników kongresu American Bankers' Association [Zrzeszenia Amerykańskich Bankierów], nawet wtedy potrafił znaleźć pewne wspólne przekonania i podobne pragnienia, które dzielił ze słuchaczami. Oto przykład:

> Ubóstwo zawsze było jednym z poważnych problemów ludzkości. Jako Amerykanie, zawsze uznawaliśmy za nasz obowiązek, by łagodzić cierpienia biednych wszędzie tam, gdzie to możliwe. Jesteśmy hojnym narodem. Żadna inna społeczność w całej historii nie dzieliła się swoim majątkiem tak szczodrze i tak bezinteresownie, by pomóc skąpiej obdarowanym. Teraz, w duchu tej samej hojności i bezinteresowności, jaka cechowała nasze dary w przeszłości, przyjrzyjmy się wspólnie faktom dotyczącym naszej sytuacji przemysłowej i sprawdźmy, czy jesteśmy w stanie znaleźć jakieś środki, godziwe, sprawiedliwe i możliwe

do przyjęcia dla nas wszystkich, które zdołają zarówno zapobiec, jak i zmniejszyć tragiczne skutki ubóstwa.

Któż mógłby się nie zgodzić się z takimi słowami?

Czyżbyśmy przeczyli tu ewangelii siły, energii i entuzjazmu, tak żarliwie głoszonej w Rozdziale 5.? Nie sądzę. Na wszystko jest miejsce i czas. Jednak początek mowy to nie jest miejsce na demonstrowanie siły. Bardziej potrzebny jest tu takt.

JAK PATRICK HENRY ROZPOCZĄŁ SWĄ BURZLIWĄ ODEZWĘ

Jednym z klasycznych popisów oratorskich wszechczasów, o którym uczy się większość dzieci podczas pierwszych lekcji amerykańskiej historii, jest płomienne zakończenie słynnej mowy, jaką Patrick Henry wygłosił w 1775 roku przed uczestnikami konwencji w Virginii – „Dajcie mi wolność, albo dajcie mi śmierć". Lecz niewielu spośród tych, którzy się o niej dowiadują, zdaje sobie sprawę z dużego spokoju i taktu, z jakim Henry rozpoczął tę burzliwą, pełną emocji i historyczną mowę. Czy amerykańskie kolonie powinny odłączyć się od Anglii i wytoczyć jej wojnę? Ów temat stał się przedmiotem intensywnej dyskusji. Emocje rozgrzane były do białości; mimo to, Patrick Henry rozpoczął od wyrażenia podziwu dla zdolności swoich przeciwników i od pochwalenia ich patriotyzmu. Zauważ, jak w drugim ustępie skłania słuchaczy do pójścia jego tokiem myślenia, zadając pytania i pozwalając, by wyciągali własne wnioski:

> Panie Prezydencie: Nikt nie ma wyższego mniemania niż ja o patriotyzmie, a także o umiejętnościach wielce szacownych dżentelmenów, którzy przed chwilą zwrócili się do naszego zgromadzenia. Ale różni ludzie często widzą ten sam temat w różnym świetle; i dlatego mam nadzieję, iż nie będzie uznane za przejaw braku szacunku dla owych dżentelmenów, jeśli, przedstawiając poglądy o charakterze jakże sprzecznym z ich poglądami, otwarcie wyrażę moje odczucia i przemyślenia. Nie czas na ceremonie. Mamy przed sobą poważny problem o ogromnym znaczeniu dla całego kraju. Dla mnie jest to nic innego, jak kwestia wolności bądź niewolnictwa. A skoro mówimy tu o wolności, również i debata powinna być toczona w tym duchu. Jedynie w ten sposób możemy mieć nadzieję na dotarcie do prawdy oraz wypełnić ten poważny obowiązek, jaki mamy wobec Boga i wobec naszego kraju. Gdybym w takiej chwili zatrzymał moją opinię dla siebie, powodowany lękiem przed obrażeniem kogoś z obecnych, musiałbym uznać samego siebie za winnego zdrady mojego kraju oraz nielojalności wobec Majestatu Niebieskiego, który czczę ponad wszystko, co ziemskie.
>
> Panie Prezydencie, rzeczą naturalną dla człowieka jest uleganie iluzji nadziei. Mamy tendencję do zamykania oczu na bolesną prawdę i słuchania pieśni tej nie-

bezpiecznej kusicielki, aż przemieni nas ona w bestie. Czy tak postępują mądrzy ludzie, zaangażowani w potężne i żmudne zmagania o wolność? Czy mamy znaleźć się wśród tych, którzy zamykają oczy i zakrywają uszy na to, co tak bezpośrednio dotyczy ich doczesnego zbawienia? Jeśli o mnie chodzi, to, bez względu na katusze duchowe, jakie może mnie to kosztować, gotów jestem poznać całą prawdę; poznać najgorsze i stawić temu czoła.

NAJLEPSZA MOWA, JAKĄ NAPISAŁ SZEKSPIR

Najsłynniejsza mowa, jaką Szekspir włożył w usta którejkolwiek ze swych postaci – oracja pogrzebowa Marka Antoniusza, wygłoszona nad ciałem Juliusza Cezara – to klasyczny przykład najwyższego taktu.

A oto, jak wyglądała sytuacja. Cezar został dyktatorem. Naturalnie i nieuchronnie jego polityczni wrogowie zapłonęli zazdrością i wprost nie mogli się doczekać, by go obalić, zniszczyć; odebrać mu władzę. Dwudziestu trzech z nich zjednoczyło się pod przewodnictwem Brutusa i Kasjusza i zatopiło sztylety w jego ciele... Marek Antoniusz był stronnikiem Cezara. Przystojny był z niego facet, sprawny pisarz i utalentowany mówca. Podczas wydarzeń publicznych świetnie reprezentował rząd. Nic dziwnego, że Cezar uczynił go swoją prawą ręką. Teraz zaś, gdy Cezar wypadł z gry, co konspiratorzy powinni zrobić z Antoniuszem? Odsunąć go? Zabić? Dość już było przelewu krwi; dość dowodów zbrodni. Dlaczego nie przeciągnąć Antoniusza na ich stronę, dlaczego nie wykorzystać jego niezaprzeczalnego wpływu, jego poruszającej elokwencji, by siebie osłonić i zadbać o swoje interesy? Pomysł zdawał się bezpieczny i rozsądny, dlatego spróbowali. Dostrzegli go i posunęli się nawet do tego, by pozwolić mu „powiedzieć kilka słów" nad ciałem tego, który władał światem...

Antoniusz wchodzi na mównicę Forum Rzymskiego. Przed nim leży zamordowany Cezar. Zwolennicy Brutusa, Kasjusza i innych zabójców wznoszą groźne okrzyki. Celem Antoniusza jest przemienić to powszechne wzburzenie w intensywną nienawiść do spiskowców, nakłonić lud do buntu przeciwko tym, którzy powalili Cezara. Podnosi ręce, uciszając wrzawę. Zaczyna mówić. Zwróć uwagę, jak inteligentnie i pomysłowo rozpoczyna, oddając cześć Brutusowi i pozostałym spiskowcom:

> Przychodzę tutaj za zgodą Brutusa
> i całej reszty tych...
> szlachetnych ludzi, albowiem wszyscy,
> wszyscy są szlachetni...

Zauważ, że nie próbuje z nimi dyskutować. Stopniowo i w sposób nienarzucający się, przedstawia pewne fakty dotyczące Cezara; mówi, jak zapełniał państwowe skarbce okupem od swoich jeńców, jak współczuł biednym i wraz z nimi płakał, jak odmówił przyjęcia korony, jak oddał swoje posiadłości na użytek publiczny. Podaje fakty, zadaje zgromadzonym pytania, pozwala, by sami wyciągnęli wnioski. Przedstawia dowody nie jako rzecz zupełnie nową, ale jako coś, o czym lud na chwilę zapomniał: „Mówię od serca. To, co wiecie sami".

I jakby za sprawą magicznych słów, rozpalił ich uczucia, poruszył serca, wzbudził litość, podsycił gniew. Arcydzieło taktu i elokwencji Antoniusza przytoczone jest tu w całości. Szukaj gdzie chcesz, przekopuj przepastne pola literatury i oratorstwa; wątpię jednak, byś znalazł choćby kilka mów, które równałyby się tej. Każdy, kto pragnie wspiąć się na wyżyny doskonałości w sztuce wywierania wpływu na ludzką naturę, powinien dokładnie przyjrzeć się tej mowie i dogłębnie ją przestudiować. Ale jest też inny powód, zupełnie niezwiązany z tym, o którym tu mówimy, dlaczego każdy piśmienny, wykształcony człowiek powinien po wielokroć powracać do dzieł Szekspira: ten słynny poeta posiadał znacznie większy zasób słów, niż którykolwiek z pisarzy w dziejach literatury; nikt, tak jak on, nie potrafił wydobyć ze słów całej ich magii i piękna. Nie da się studiować *Makbeta*, *Hamleta* czy *Juliusza Cezara* bez podświadomego doskonalenia stylu.

To długi fragment wspaniałej sztuki. Poświęć czas na przeczytanie go w całości, gdyż stanowi on przykład retoryki, jakiej nikt nigdy nie prześcignął. Zauważ, jak Antoniusz zdobywa i utrzymuje uwagę słuchaczy; jak wpływa na ich postawę, która przechodzi od wrogości, przez przychylność wobec jego poglądów, aż po gotowość działania dla pomszczenia Cezara.

Antoniusz:
Rzymianie! Rodacy i przyjaciele!
Słuchajcie: przychodzę grzebać Cezara, nie zaś chwalić!
Zło, które ludzie czynią, żyje po ich śmierci;
Dobro schodzi najczęściej wraz z nimi do grobu.
Niech będzie tak i z Cezarem.
Szlachetny Brutus mówił wam, że Cezar żądny był władzy.
Jeśli tak było, to ciężko zawinił.
I ciężko Cezar za ów grzech zapłacił!
Przychodzę tutaj – za zgodą Brutusa i całej reszty tych...
Szlachetnych ludzi, albowiem wszyscy, wszyscy są szlachetni –
Przychodzę mówić na jego pogrzebie.
Był moim przyjacielem. Wierny, sprawiedliwy.
Lecz Brutus mówi, że żądny był władzy.
A przecież Brutus jest człowiekiem... prawym!
Cezar przywiódł do Rzymu wielu jeńców.
Ich okup wypełnił skarb Rzeczypospolitej.
Czy była to żądza władzy?

Kiedy biedak rozpaczał, płakał i Cezar.
Żądza władzy z twardszego winna być metalu.
Lecz Brutus mówi, że żądny był władzy.
A przecież Brutus jest człowiekiem prawym.
Widzieliście zapewne wszyscy, jak w dzień Lupercalii
Trzykrotnie podałem mu koronę.
Cezar trzykrotnie odmówił.
Czy to była żądza władzy?
Lecz Brutus mówi, że był żądny władzy.
A przecież wiemy, że Brutus jest prawy!
Jestem tu, nie aby mu przeczyć; jestem tu po to, by mówić wam o Cezarze.
Kiedyś wszyscyście go kochali; i nie bez powodu.
Jakiż więc powód wstrzymuje was od płaczu?!
Cóż, zdrowy rozsądek wstąpił widać w zwierzęta; ludzie go bowiem nie mają.
Wybaczcie mi. Serce moje pobiegło do trumny Cezara.
Muszę poczekać, aż wróci.

Pierwszy Obywatel:
Sporo jest racji w tym, co tu powiedział...

Drugi Obywatel:
Jak się tak zastanowić, wychodzi na to, że świństwo zrobili Cezarowi...

Trzeci Obywatel:
To prawda. Bóg wie, kto po nim nastanie. Pewnie ktoś jeszcze gorszy!

Czwarty Obywatel:
Czyście słyszeli? Nie przyjął korony! To ma być żądza władzy?!

Pierwszy Obywatel:
W takim razie ktoś za to drogo zapłaci!

Drugi Obywatel:
Biedak. Popatrzcie! Oczy ma zapuchnięte od płaczu!

Trzeci Obywatel:
Antoniusz jest najszlachetniejszym z ludzi!

Czwarty Obywatel:
Cicho! Zaczyna znów mówić!

Antoniusz:
Jeszcze wczoraj – słowo Cezara mogło się mierzyć ze światem.
Dziś leży tu zaszczuty i nie ma takiego nędzarza, który zechciałby się schylić nad nim.
Panowie! Jeśli chciałbym poruszyć wasze umysły i serca,
zapalić je gniewem przeciw Brutusowi, skrzywdziłbym go;
skrzywdziłbym i Kasjusza, i wszystkich, wszystkich tych szlachetnych ludzi!
Nie chcę ich krzywdzić.
Raczej skrzywdzę siebie, skrzywdzę zmarłego i was wszystkich skrzywdzę,
Zanim ich skrzywdzę, tych... szlachetnych ludzi!
Oto pergamin z pieczęcią Cezara!
Testament jego. Znalazłem... w papierach.
Jeśliby ludzie mogli go przeczytać...
Wybaczcie! Czytać go wam nie zamierzam – szliby całować te otwarte rany
I maczać chusty w świętej krwi Cezara!
Każdy z was chciałby wziąć włos jak relikwię,
Aby go potem w swoim testamencie jak cenny spadek przekazać potomstwu!

Czwarty Obywatel:
Chcemy usłyszeć, Marku Antoniuszu!
Czytaj testament!

Obywatele:
Czytaj nam testament! Chcemy usłyszeć testament Cezara!

Antoniusz:
Bądźcie cierpliwi, przyjaciele!
Nie mogę go wam przeczytać; nie powinniście wiedzieć,
Jak bardzo kochał was Cezar.
Nie jesteście z kamienia ani z drewna.
Jesteście ludźmi! Kiedy usłyszycie testament Cezara, ogarnie was szaleństwo,
Zapłoniecie gniewem!
Nie powinniście wiedzieć, że Cezar uczynił was spadkobiercami swoich majątków.
Cóż by się bowiem stało, gdybym wam to powiedział?

Czwarty Obywatel:
Czytaj testament! Chcemy znać testament!
Musisz przeczytać testament Cezara!

Antoniusz:
Mam więc przeczytać? Będziecie cierpliwi?
Chcecie go poznać?!
Źle uczyniłem wspominając o nim! Boję się skrzywdzić tych... szlachetnych panów,
Których sztylety zabiły Cezara!
Boję się bardzo!

Czwarty Obywatel:
To podli zdrajcy! Szlachetni – o, bogowie!

Obywatele:
Czytaj testament! Chcemy znać testament!

Drugi Obywatel:
To zwykłe zbiry! Mordercy!
Testament! Czytaj testament!

Antoniusz:
A więc zmuszacie mnie, bym go przeczytał?!
Stańcie wokół zwłok Cezara; pokażę wam tego, który testament ów spisał.
Czy mam zejść na dół? Czy mi pozwolicie?!

Obywatele:
Zejdź, Antoniuszu!

Drugi Obywatel:
Zejdź do nas!

Trzeci Obywatel:
Pozwalamy! (Antoniusz zstępuje z mównicy.)

Czwarty Obywatel:
Kołem! Otoczcie go kołem!

Pierwszy Obywatel:
Dalej od ciała! Stańcie nieco dalej!

Drugi Obywatel:
Miejsce dla Antoniusza, najszlachetniejszego wśród ludzi!

Antoniusz:
Proszę was, odsuńcie się nieco! Nie tłoczcie się, przyjaciele!

Obywatele:
Cofnąć się! Jeszcze! Zróbcie trochę miejsca!

Antoniusz:
Jeśli łzy macie, wylejcie je teraz. Widzieliście Cezara w tym płaszczu?!
Pamiętam, kiedy włożył go po raz pierwszy.
Było to w jego namiocie, w letni wieczór, w dzień, kiedy pokonał Nerwiów.
Popatrzcie! Tutaj wbił swój sztylet Kasjusz!
Widzicie, jak rozdarł go złośliwy Kaska?
Tutaj uderzył ukochany Brutus; kiedy wyciągał swój nóż z owej rany,
Patrzcie, jak biegła za nim krew Cezara!
Jakby do drzwi się rzuciła, chcąc spojrzeć, czy to naprawdę Brutus zapukał tak ostro.
Cezar, jak pewnie wiecie, kochał Brutusa.
Osądźcie, bogowie, jak gorąco go kochał!
Ten cios był najokrutniejszy. Kiedy Cezar zobaczył, że to Brutus bije,
Niewdzięczność, silniejsza niż ramiona zdrajców, złamała go całkiem.
Wtedy właśnie pękło jego wielkie serce.
Zakrył twarz płaszczem i upadł; u stóp posągu Pompejusza, który krwią wówczas ociekał.
O, cóż to był za upadek, rodacy!
Wówczas upadłem i ja, i wy wszyscy, zdrada, krwią zbryzgana zdrada,
Odniosła nad nami zwycięstwo.
Więc jednak płaczecie...? Sądzę, że jest w was ziarenko litości...!
To łzy poczciwe. Cóż to, dobrzy ludzie, płaczecie, widząc ten płaszcz poraniony?!
Spójrzcie no tutaj! On sam tutaj leży!
Widzicie? Skłuty sztyletami zdrajców!

Pierwszy Obywatel:
Żałosny widok.

Drugi Obywatel:
Szlachetny Cezarze!

Trzeci Obywatel:
O, dniu nieszczęsny!

Czwarty Obywatel:
Zdrajcy, podłe zbiry!

Pierwszy Obywatel:
Cały krwią zlany.

Drugi Obywatel:
Będziemy pomszczeni!

Obywatele:
Zemsta! Śmierć zdrajcom! Szukać ich! Mordować! Palić!
Idziemy!

Antoniusz:
Stójcie, rodacy!

Pierwszy Obywatel:
Czekajcie! Marek Antoniusz chce mówić!

Drugi Obywatel:
Pójdziemy za nim! Zginiemy dla niego! Słuchajcie!

Antoniusz:
O, przyjaciele! Dobrzy przyjaciele! Nie chcę zachęcać was do pochopnego buntu.
Ci, którzy go zabili, są ludźmi prawymi.
Nie wiem, jakie prywatne urazy skłoniły ich do tego czynu.
Są mądrzy, są szlachetni. Pewnie wyjawią wam prawdziwe powody.
Nie przyszedłem tu po to, aby kraść wasze serca.
Nie jestem mówcą tak świetnym jak Brutus.
Znacie mnie wszyscy jako zwykłego, prostego człowieka, który po prostu kochał przyjaciela.
Wiedzą o tym równie dobrze i ci, którzy mi pozwolili mówić tu o nim.
Nie jestem bystry, nie mam daru słowa ani powagi.
Mówię bez gestów. Nie znam zasad retoryki, nie umiem poruszać umysłów ani krwi ludzi.
Mówię od serca. To, co wiecie sami. I pokazuję wam rany Cezara;
Te biedne usta, biedne, nieme usta...
I każę ranom, by mówiły za mnie.
Jeśli byłbym Brutusem, jeżeli Brutus byłby Antoniuszem,

taki Antoniusz potargałby dusze! Osadził język w każdej jego ranie. Kamienie Rzymu podniósłby do buntu przeciwko zdrajcom!

Obywatele:
Jesteśmy gotowi!

Pierwszy Obywatel:
Spalimy dom Brutusa!

Trzeci Obywatel:
Chodźmy szukać spiskowców!

Antoniusz:
Zaraz! Czekajcie! Pozwólcie mi skończyć!

Obywatele:
Cicho tam! Mówi szlachetny Antoniusz!

Antoniusz:
Cóż to, przyjaciele! Chcecie mścić się, nie wiedząc za co?
I czymże to Cezar zasłużył na waszą miłość?
A więc nie wiecie... Muszę wam przypomnieć: testament!
Miałem przeczytać testament!

Obywatele:
Prawda! Testament! Przeczytaj testament!

Antoniusz:
Oto dokument z pieczęcią Cezara.
Każdy Rzymianin otrzyma siedemdziesiąt pięć drachm w srebrze.

Drugi Obywatel:
Boski Cezarze! O, zemsty na zdrajców!

Trzeci Obywatel:
Królewski Cezarze!

Antoniusz:
Posłuchajcie dalej...

Obywatale:
Cicho! Słuchajcie!

Antoniusz:
Co więcej, oddał wam wszystkie ogrody, stare i nowe, po tej stronie Tybru.
Dla was i waszych potomków. Na zawsze. Dla przyjemności waszej i wytchnienia.
Taki był Cezar. Czy ktoś mu dorówna?!

Pierwszy Obywatel:
Nigdy! Przenigdy! Chodźcie, przyjaciele! Spalimy zwłoki w świętym miejscu,
Głownie zaś zaniesiemy do domów tych zdrajców! Dźwignijmy ciało Cezara!

Drugi Obywatel:
Przynieście ognia!

Trzeci Obywatel:
Rozbijcie te ławy!

Czwarty Obywatel:
Ławy, mównicę, okna! Wszystko! Wszystko! (Obywatele wynoszą ciało Cezara.)

Antoniusz:
Niech się więc stanie! Zło wyszło na rynek! Niech idzie dokąd zechce[15].

W SKRÓCIE

- Zacznij ze wspólnej płaszczyzny. Na początku zwróć uwagę na coś, w czym wszyscy się zgadzacie.
- Nie przedstawiaj swojej sprawy tonem, który już na wstępie skłoni słuchaczy do stanowczego sprzeciwu. Gdy ktoś raz powie „nie", duma nie będzie mu pozwalać na zmianę stanowiska. „Im więcej reakcji na 'tak' wywoła mówca na samym początku, tym większe ma szanse na zdobycie uwagi słuchaczy dla swej najważniejszej tezy".
- Nie zaczynaj od stwierdzenia, że zamierzasz udowodnić to i to. Takim oświadczeniem prawdopodobnie „zjeżysz" słuchaczy, prowokując ich do przyjęcia po-

[15] William Szekspir, *Juliusz Cezar*, wyd. Ex Libris, Warszawa, 2001 r., tłum. Jerzy S. Sito.

stawy obronnej. Słuchacze mogą pomyśleć: „Proszę bardzo, zobaczmy, czy ci się uda". Zadaj jakieś cierpliwe pytanie i zabierz ich ze sobą w podróż ku odkrywaniu odpowiedzi...

- Najsłynniejszą mową, jaka wyszła spod pióra Szekspira, jest oracja pogrzebowa Marka Antoniusza, wygłoszona nad ciałem zamordowanego Cezara. To klasyczny przykład najwyższego taktu. Lud Rzymu jest przyjaźnie nastawiony wobec spiskowców. Zwróć uwagę, jak sprytnie Antoniusz przekształca tę przychylność w furię nienawiści. Zauważ, że osiąga ten cel bez kłótni. Przedstawia fakty i pozwala, by zgromadzeni sami wyrobili sobie opinię.

PRAWIDŁOWE POSŁUGIWANIE SIĘ SŁOWAMI

DOPROWADZIĆ/PRZEPROWADZIĆ. *Doprowadzić* do czegoś znaczy spowodować, wywołać, np.: „Wiadomość *doprowadziła* do paniki na rynku". Coś *przeprowadzić* to zrealizować, wykonać, np.: „Sprawnie *przeprowadził* dyskusję nad kluczowymi problemami".

EMIGRANT/IMIGRANT. Gdy mój pradziadek opuścił Dublin, by osiedlić się w Ameryce, stał się *emigrantem* z Irlandii, zaś *imigrantem* do Stanów Zjednoczonych.

PUSTY/WOLNY. Coś, co nic nie zawiera, jest *puste*; coś, co pozbawione jest swego zwykłego użytkownika, jest *wolne*. Pusta *ławka* może nie być *wolna*, a *wolna* ławka może nie być *pusta*.

OCHOCZY/ŻARLIWY/ZANIEPOKOJONY. *Ochoczy* odnosi się do cechy pojawiającej się okazjonalnie bardziej powierzchownej, niż *żarliwy*. *Zaniepokojony* sugeruje pewne psychiczne cierpienie i możliwość rozczarowania. Ktoś może *ochoczo* wysłać swojej matce bukiet kwiatów, *żarliwie* mając nadzieję, że poczynione przez nią inwestycje zapewnią jej wygodne życie, oraz być *zaniepokojony* jej stanem zdrowia.

BEZSTRONNY/NIE ZAINTERESOWANY. Gdy jesteś gotowy wysłuchać obu stron dyskusji i nie popierać żadnej z nich, jesteś *bezstronny*; jeśli przedmiot dyskusji jest ci obojętny, jesteś *niezainteresowany*.

NAKAZYWAĆ/ZAKAZYWAĆ. *Nakazywać* to wydawać rozkazy bądź polecenia; *zakazywać* to zabraniać, mówić o czymś, czego nie wolno.

ĆWICZENIE GŁOSU – ELASTYCZNOŚĆ UST

Nerwowe napięcie – a początkujący mówca niemal zawsze go doświadcza, szczególnie na początku przemówienia – bardzo często objawia się zaciśnięciem mięśni gardła oraz usztywnieniem szczęki i ust. Z poprzedniego rozdziału wiemy już, jak pracować nad rozluźnieniem gardła i szczęki. Zajmijmy się teraz sztywnymi, mało elastycznymi ustami. Taki stan to spore utrudnienie dla mówcy. Usta powinny poruszać się swobodnie i elastycznie, pomagając formować jasne i pięknie brzmiące tony. Możesz zdobyć tę dodatkową atrakcyjność i siłę nośną swoich tonów, jeśli tylko poświęcisz dość czasu i wysiłku na odpowiednie ćwiczenia. Wszystko, co mogę zrobić, to wypisać ci receptę; lekarstwo musisz zażyć sam.

Weźmy słowo *omen*. Gdy mówisz *o*, zaokrąglij i wysuń usta. Gdy mówisz *men*, odwiedź je najdalej, jak możesz. Zrób to w sposób przerysowany. Niech twoje usta ułożą się w coś na kształt szerokiego uśmiechu. Wyobraź sobie, że pozujesz do jednego z tych uśmiechów, jakie widzisz w reklamach pasty do zębów. A teraz powtarzaj raz za razem: *omen, omen, omen, omen.*

Dodaj słowo *woda* i mów na zmianę: *omen, woda, omen, woda, omen, woda, omen, woda, omen, woda...*

Wielokrotnie powtarzaj poniższe zdanie, poruszając ustami w sposób przerysowany i układając je w możliwie najszerszym zakresie:

Król Karol kupił królowej Karolinie korale koloru koralowego.

ĆWICZENIE 1
Rozluźnij szczękę, pozwól, by opadła niczym balast. Weź głęboki wdech, poczuj, jakbyś wsysał powietrze do brzucha, po czym wydaj z siebie przeciągłe „a", swobodnie, bez najmniejszego wysiłku.

ĆWICZENIE 2
Ponownie weź głęboki wdech i powiedz, wykonując szeroki gest ręką: „Jestem spokojny i odprężony. Moja szczęka jest rozluźniona. Moje gardło jest otwarte i nigdzie nie odczuwam śladu napięcia".

ĆWICZENIE 3
Głęboko nabierz powietrza, po czym, stosując się do wszystkich zasad, jakie dotąd poznałeś na temat przeponowego oddychania, relaksacji i kontroli oddechu, zacznij odliczać od jednego wzwyż, dopóki starczy ci oddechu. Upewnij się, że kontrolujesz ucieczkę powietrza w jedynym miejscu, w jakim ta kontrola może się odbywać bez zakłócania emisji głosu, czyli w przeponie.

Również i zakończenie ma do wykonania pewne określone zadanie. Uzupełnia przemowę; przez krótką chwilę skupia uwagę słuchaczy na mowie jako całości. Wiąże ze sobą poszczególne myśli; łączy i wykańcza tkaninę mowy... Dokładnie je zaplanuj i sformułuj. Nigdy nie kończ mowy nieporadnie i pospiesznie, mamrocząc: „To chyba już wszystko, co chciałem powiedzieć". Dokończ zadanie i zrób to tak, by słuchacze wiedzieli, iż jest dokończone.

GEORGE ROWLAND COLLINS
Platform Speaking

Zegar nie ma nic wspólnego z długością kazania. Zupełnie nic! ... Długie kazanie to kazanie, które wydaje się długie... Zaś krótkie to takie, które kończy się, gdy ludzie wciąż jeszcze chcą więcej. Może trwać zaledwie dwadzieścia minut, a może też i trwać półtorej godziny. Jeśli po zakończeniu ludzie nadal chcą więcej, to nie ma dla nich znaczenia, co zegar mówi o jego długości. Dlatego nie można powiedzieć, jak długie jest dane kazanie, patrząc na wskazówki zegara – należy patrzeć raczej na ludzi. Spójrz, gdzie są ręce słuchaczy. Jeśli ich ręce przeważnie sięgają do bocznych kieszonek po zegarki, by ponownie sprawdzić, jak długo już mówisz, to zły znak. Spójrz, gdzie są ich oczy! Spójrz, za czym błądzą ich myśli, a poznasz dokładny czas tego konkretnego kazania. Być może już najwyższy czas, by je zakończyć.

CHARLES R. BROWN
The Art of Preaching

ROZDZIAŁ

11

JAK ZAKOŃCZYĆ MOWĘ

Chcesz wiedzieć, które części przemowy najwyraźniej uwidaczniają twój brak doświadczenia bądź znajomość tematu, twoją nieporadność bądź finezję? Powiem ci: początek i zakończenie. W teatrze jest takie stare powiedzenie, odnoszące się, oczywiście, do aktorów: „Po ich wejściu i po wyjściu ich poznacie".

Początek i koniec! Zręczne poradzenie sobie na tych dwóch etapach to najtrudniejsza rzecz niemal w każdym zadaniu. Na przykład, podczas jakiejś uroczystości czy przyjęcia, czyż nie jest wyczynem samym w sobie pełne wdzięku wejście i eleganckie wyjście? A podczas rozmowy w interesach, czyż nie wymaga największej wprawy doskonałe otwarcie i udane zamknięcie?

Zakończenie to w istocie najbardziej strategiczny moment w przemowie. To, co ktoś powie na samym końcu, ostatnie słowa, dźwięczące w uszach słuchaczy, gdy mówca schodzi z mównicy – właśnie to zostaje w pamięci najdłużej. Jednak początkujący mówcy rzadko doceniają wagę tej prawdy. Ich zakończenia mów często pozostawiają spory niedosyt.

Jakie błędy popełniają najczęściej? Omówmy kilka z nich i zastanówmy się, jak można im zaradzić.

Po pierwsze, niektórzy mówcy kończą mniej więcej tak: „I to już chyba wszystko, co mam na ten temat do powiedzenia; dlatego na tym zakończę". To nie jest zakończenie. To pomyłka. Słowa, od których czuć amatorszczyzną. Błąd niemal niewybaczalny. Jeśli tylko tyle masz do powiedzenia, to może po prostu podziękuj i szybko wróć na swoje miejsce, kończąc bez mówienia o kończeniu. Zrób to, a wniosek, że to już wszystko, co masz do powiedzenia, pozostawisz wnikliwości słuchaczy, co będzie posunięciem bezpiecznym i nienaruszającym dobrego smaku.

Są też mówcy, którzy, powiedziawszy już wszystko, co mieli do powiedzenia, nie wiedzą, jak przestać. Miotają się i kręcą w kółko, wracając do tego, o czym już mówili, wciąż powtarzając te same myśli i pozostawiając niekorzystne wrażenie...

Jak temu zaradzić? Zakończenie trzeba zaplanować, prawda? Czy mądrze jest próbować to zrobić, gdy stoisz przed słuchaczami i doświadczasz całego tego napięcia i stresu, a twój umysł skupiony jest na akurat wypowiadanych słowach? A może zdrowy rozsądek podpowiada, by wziąć się za to z odpowiednim wyprzedzeniem, w ciszy i spokoju?

Tacy zasłużeni mówcy, jak Winston Churchill, Franklin Roosevelt, Billy Graham czy Martin Luther King, ze swoją godną podziwu znajomością ojczystego języka, uznawali za konieczne zapisanie i zapamiętanie dokładnie słów, jakimi chcą zakończyć daną mowę.

Początkujący, jeśli pójdą ich śladami, raczej nie będą tego żałować. Powinni z ogromną dokładnością wiedzieć, jakie wnioski czy myśli zamierzają umieścić na końcu mowy. Powinni kilkakrotnie przećwiczyć zakończenie, niekoniecznie posługując się za każdym razem tymi samymi słowami, ale przekładając na inne słowa tę samą myśl.

Podczas wygłaszania jakiejś ponadczasowej mowy, mówca musi niekiedy wprowadzić fizyczne zmiany w jej organizacji, dokonać pewnych cięć, by sprostać nieprzewidzianym czynnikom i harmonizować z reakcjami słuchaczy; dlatego naprawdę mądrze jest przygotować dwie czy trzy wersje zakończenia. Jeśli jedna wersja nie będzie pasować do danych okoliczności, to może inna będzie odpowiednia.

Niektórzy mówcy w ogóle nie docierają do końca. Gdzieś pośrodku swej podróży zaczynają się zacinać niczym silnik, który pracuje na resztkach paliwa; po kilku rozpaczliwych wysiłkach odzyskania mocy, zatrzymują się w martwym punkcie. Potrzebują, oczywiście, lepszego przygotowania, większej praktyki – więcej benzyny w zbiorniku.

Wielu nowicjuszy kończy zbyt gwałtownie. Ich zakończeniu brakuje gładkości, dopracowania. Właściwie to nie mają żadnego zakończenia; jedynie zatrzymują się nagle i jakby w pół myśli. Efekt jest mało przyjemny, tchnie amatorstwem. Tak jakby kolega, z którym normalnie sobie rozmawiasz, nagle brutalnie przerwał i wybiegł z pokoju bez słowa pożegnania czy jakiegokolwiek wyjaśnienia.

Sam Lincoln popełnił ten błąd w pierwotnej wersji swej mowy inauguracyjnej. Wygłaszał ją w czasie pełnym napięć. Nad narodem zebrały się czarne, burzowe chmury tarć i nienawiści, a kilka tygodni później uderzył huragan krwi i zniszczenia. Lincoln, zwracając się do mieszkańców południa, zamierzał zakończyć właśnie w ten sposób:

> W waszych rękach, moi niezadowoleni rodacy, nie w moich, leży kwestia wielkiej wagi, jaką jest wojna domowa. Rząd nie podniesie na was ręki pierwszy. Nie będzie walki, jeśli to wy nie staniecie się agresorami. Nie jesteście związani żadną świętą przysięgą, by zniszczyć rząd, podczas gdy ja jestem, i to najświętszą, by go zachować, chronić i bronić. Możecie powstrzymać swój atak na niego. Bo ja nie cofnę się przed jego obroną. To do was, nie do mnie, należy odpowiedź na to najważniejsze pytanie: „Pokój czy miecz?".

Lincoln przedstawił swoją mowę sekretarzowi stanu, Williamowi Sewardowi, który całkiem słusznie zauważył, że kończy się ona zbyt ostro, zbyt gwałtownie, zbyt prowokująco. Dlatego sam Seward postanowił dopisać zakończenie; przygotował je nawet w dwóch wersjach. Lincoln zaakceptował jedną z nich i z niewielkimi modyfikacjami wykorzystał w swojej przemowie, umieszczając ją w miejscu trzech ostatnich zdań pierwotnie zaplanowanego zakończenia. W efekcie, jego pierwsza, inauguracyjna przemowa straciła swoją prowokującą szorstkość i nabrała tonu przyjacielskiego, wznosząc się na wyżyny czystego piękna i poetyckiej elokwencji:

> Z bólem serca kończę. Nie jesteśmy wrogami, lecz przyjaciółmi. Nie wolno nam być wrogami. Choć silne emocje wystawiają na próbę łączącą nas więź, nie dopuśćmy, by została ona zerwana. Mistyczne struny pamięci, łączące każde pole walki i mogiłę każdego patrioty z każdym bijącym sercem, i ogniskiem domowym najdalszego zakątka tej bezkresnej ziemi, zabrzmią wraz z chórem Unii i wzmogą jego głos, gdy lepsza strona naszej natury ponownie zagra na nich swą melodię.

Jak początkujący mówca może nadać właściwy ton swojemu zakończeniu? Nie da się tu mechanicznie zastosować żadnych zasad; to sprawa zbyt delikatna na takie metody. Potrzebna jest spora doza wyczucia, a nawet pewna intuicja. Musisz wyczuć, czy twoje słowa układają się harmonijnie i zręcznie. To *wyczucie* możesz jednak pielęgnować; ową wprawę możesz w pewnym stopniu rozwinąć, studiując metody stosowane przez uznanych mówców dla osiągnięcia pożądanego rezultatu. Oto przykład. Dla upamiętnienia śmierci Martina Luthera Kinga, prezydent Bill Clinton wygłosił mowę na temat odnowy narodowej jedności, kończąc ją następującymi słowami:

> Musimy nawiązać stosunki partnerskie – wszystkie agencje rządowe, wszyscy ludzie biznesu. Ale tam, gdzie nie ma rodzin, gdzie brakuje porządku, gdzie ludzie stracili pracę, gdyż trzeba było zredukować liczebność sił zbrojnych po zakończeniu zimnej wojny, kto zapewni tym dzieciom wychowanie, kto będzie dla nich wzorem do naśladowania, kto da im dyscyplinę, miłość i nadzieję? Wy musicie to zrobić, a my wam pomożemy. Pismo mówi: „Jesteście solą ziemi i światłem świata" i „niech wasze światło świeci przed ludźmi, by oddali chwałę Ojcu w niebie". I właśnie to musimy zrobić. Właśnie to musimy zrobić. I będę w tym z wami.

Oto, jak powinna kończyć się mowa. Każdy, kto słuchał tamtych słów, miał poczucie, że przemowa została wyraźnie zakończona. Że nie urywa się ni z tego, ni z owego, jak lina dyndająca luźno w powietrzu; że jej konstrukcja nie przypomina wystrzępionego, poszarpanego skrawka materiału. Jest wręcz przeciwnie: przemowa posiada pracowite wykończenie, jest zamknięta.

Żadne studium dotyczące kończenia mowy nie byłoby pełne bez majestatycznych tonów i przypominającej brzmienie organów melodii, jaką posiadały słowa, kończące drugą mowę inauguracyjną Lincolna:

Żywimy głęboką nadzieję i wznosimy żarliwe modły, by ta potężna plaga wojny szybko przeminęła. Jeśli jednak Bóg zechce, by trwała dotąd, aż przepadnie cały majątek, budowany przez dwieście pięćdziesiąt lat samotnego znoju niewolników, i aż każda kropla krwi, przelana biczem, zostanie okupiona kolejną, przelaną mieczem, to, jak powiedziano trzy tysiące lat temu, tak i teraz musi być powiedziane, że „wyroki Pana są prawdziwe i sprawiedliwe" [Stary Testament – przyp. tłum].

Bez złych zamiarów wobec nikogo, lecz w duchu miłosierdzia wobec wszystkich, trwając przy tym, co dobre i sprawiedliwe, według poznania, jakie daje nam Bóg, dołóżmy wszelkich starań, by dokończyć tę pracę, którą podjęliśmy; by zeszyć rany narodu; by zatroszczyć się o tego, kto dźwiga ciężar walki, i o jego wdowę i jego sieroty – by zrobić wszystko dla osiągnięcia i pielęgnowania sprawiedliwego i trwałego pokoju między nami i ze wszystkimi narodami.

Słowa, które właśnie przeczytałeś, mój drogi czytelniku, to według mnie najpiękniejsze zakończenie, jakie kiedykolwiek wygłoszono. Zgadzasz się z moją opinią? W całym wachlarzu przemów, i w całej literaturze z tego zakresu, nie znajdziesz więcej człowieczeństwa, więcej czystego uroku, więcej współczucia.

William E. Barton w *Life of Abraham Lincoln* pisze: „Odezwa Gettysburska była mową szlachetną, ale ta wznosi się na jeszcze wyższy poziom szlachetności. To najwspanialsza z mów Abrahama Lincolna, świadcząca o jego najwyższej intelektualnej i duchowej mocy".

„To było jak święty poemat – napisał Carl Schurz. – Żaden amerykański prezydent nigdy nie zwrócił się w ten sposób do Amerykanów. Ameryka jeszcze nigdy nie miała prezydenta, który znalazłby w głębi swego serca takie słowa".

Ale ty przecież nie zamierzasz wygłaszać żadnej nieśmiertelnej odezwy jako przywódca narodu. Twój problem może za to polegać na tym, jak zakończyć prostą przemowę, kierowaną do grupy ludzi takich, jak ty. Jak się do tego zabrać? Przyjrzyjmy się temu zagadnieniu nieco bliżej. Sprawdźmy, czy uda nam się odkryć jakieś pożyteczne wskazówki.

PODSUMUJ POSZCZEGÓLNE ZAGADNIENIA

Nawet podczas krótkiej przemowy, trwającej od trzech do pięciu minut, mówca jest skłonny poruszyć tak wiele kwestii, że pod koniec słuchacze są nieco zdezorientowani co do wszystkich głównych punktów. Jednak niewielu mówców zdaje sobie z tego sprawę. Mylnie wychodzą z założenia, że skoro owe zagadnienia są im samym tak dobrze znane i skoro oni tak świetnie je rozumieją, to muszą być one równie jasne dla słuchaczy. W żadnym razie. Przez jakiś czas mówca wypowiada się na ich temat i wyjaśnia. Ale dla słuchaczy są to rzeczy nowe; mówca rzuca w nich nimi jak garścią fotografii. Niektóre się przykleją, lecz większość prawdopodobnie opadnie z powodu niedostatecznego zrozumienia. Publiczność jest skłonna zapamiętać mnóstwo różnych rzeczy, ale nic w sposób wyróżniający się.

Pewien irlandzki polityk podobno sformułował taki oto przepis na wygłaszanie przemówień: „Na początku powiedz im, co zamierzasz powiedzieć; następnie powiedz to; po czym powiedz, co powiedziałeś". Nieźle. Prawdę mówiąc, często wysoce polecane jest, by „powiedzieć, co powiedziałeś". Oczywiście krótko i szybko – wystarczy zarys, podsumowanie.

Oto dobry przykład takiego podsumowania. Mówcą jest pewna kobieta, która nakłania do wsparcia „walkathonu" [charytatywna impreza sportowa – przyp. tłum.], imprezy mającej na celu gromadzenie funduszy na badania nad rakiem piersi.

> Mówiąc krótko, panie i panowie, statystyki, jakie wam tu przedstawiłam, wyraźnie pokazują, że liczba kobiet ze zdiagnozowanym rakiem piersi każdego roku jest coraz większa. Dużo już wiemy na temat tego, jak uśmierzać ból i cierpienie, jednak jest jeszcze tak wiele rzeczy, jakie musimy poznać. Czynimy przełomowe postępy w naszych badaniach, lecz jeszcze tak dużo musimy zrobić. Wasza pomoc w postaci przyłączenia się do przyszłotygodniowego Walkathonu zwiększy fundusze potrzebne tej ważnej sprawie.

Widzisz, co ta kobieta zrobiła? Można to zobaczyć i wyczuć, nie słuchając reszty jej przemówienia. W kilku zdaniach, dosłownie w kilkudziesięciu słowach, podsumowała praktycznie wszystkie zagadnienia, jakie poruszyła w całej mowie.

Nie sądzisz, że takie podsumowanie pomaga? Jeśli tak, sam zacznij stosować tę metodę.

ZAAPELUJ O DZIAŁANIE

Powyższe podsumowanie jest doskonałym przykładem zakończenia, połączonego z apelem o działanie. Mówczyni dąży do określonego celu: chce zebrać fundusze na badania nad rakiem piersi. Mówi o pieniądzach, jakie organizowana akcja pomoże zgromadzić, i o bólu i cierpieniu, jakiego będzie można oszczędzić wielu chorym kobietom. Mówczyni chce od słuchaczy działania, i to działanie dostaje. Nie wygłasza tej mowy dla wprawy, dla doskonalenia swoich umiejętności oratorskich. Wygłasza ją przed grupą około pięćdziesięciu kobiet, zebranych w miejscowym centrum kultury, i uzyskuje wspaniały rezultat: ponad trzydzieści kobiet zgłasza swoje uczestnictwo w Walkathonie, a większość pozostałych deklaruje wsparcie finansowe.

W Rozdziale 15. bliżej przyjrzymy się problemom, z jakimi musi zmierzyć się mówca, chcący nakłonić słuchaczy do konkretnego działania, oraz zastanowimy się, jak te problemy rozwiązać.

ZWIĘZŁY, SZCZERY KOMPLEMENT

Należycie do liderów kultury tego miasta. Wasza ciężka praca umożliwiła nam sprowadzenie do Wichita najwyższej klasy przedstawień operowych. Wasze oddanie sztuce doprowadziło do utworzenia uniwersyteckich warsztatów operowych oraz do wprowadzenia do systemu szkolnego podstawowych kursów z zakresu muzyki klasycznej. Nasze stowarzyszenie jest z was dumne. Dziękujemy wam, dziękujemy wraz z całą Wichitą i wszystkimi miłośnikami muzyki, którzy doceniają wasze oddanie.

Tymi słowami Burton Pell, prezes Stowarzyszenia Operowego z Wichita w Kansas, sprawił przyjemność swoim słuchaczom, wprawiając ich w dobry nastrój i napełniając optymizmem. To zakończenie godne podziwu, jednak, by przyniosło zamierzony skutek, musi być szczere. Żadnych pustych pochlebstw. Żadnej przesady. Tego typu zakończenie, jeśli nie ma w nim prawdy, brzmi fałszywie, bardzo fałszywie. I tak jak fałszywa moneta, na nic się nikomu nie przyda.

ZAKOŃCZENIE POETYCKIM CYTATEM

Ze wszystkich metod kończenia przemowy, żadna nie nadaje się lepiej (jeśli jest poprawnie użyta), niż wykorzystanie fragmentu poezji lub słynnego cytatu.

Gdy prezes jednej z firm Fortune 500 przemawiał do pracowników swojej organizacji, mówiąc na temat lojalności i współpracy, zakończył tym oto wymownym fragmentem z drugiej *Księgi Dżungli* Kiplinga[16]:

„Oto Prawo dżungli – stare i prawdziwe jak niebo;
Wilkowi, który je zachowa, będzie się wiodło, lecz ten, który je złamie, musi umrzeć.
Niczym pnącze, co oplata pień drzewa, Prawo biegnie wprzód i z powrotem –
Gdyż siłą Stada jest Wilk, a siłą Wilka Stado".

Dr Sara Hill poświęciła się rozwojowi programów systemu nauczania, by edukacja, jaką Amerykanie zapewniają swoim dzieciom, była bardziej skuteczna i wartościowa. W przemówieniu, jakie wygłosiła podczas spotkania nauczycieli na Long Island, rzuciła wyzwanie powierzchowności przenikającej nauczanie wielu przedmiotów. Po zaprezentowaniu przekonujących argumentów, popierających jej punkt widzenia, zakończyła fragmentem słynnego wiersza Alexandra Pope'a:

[16] *Księga Dżungli* i *Druga Księga Dżungli* są w Polsce znane w tłumaczeniu Józefa Birkenmajera. Oba tytuły miały wiele wydań. Przekład fragmentu dla tej publikacji – Dorota Piotrowska.

„Łyk wiedzy to niebezpieczna rzecz.
Pij do dna, albo nie skosztujesz wiosny;
Bo gdy susza płytkości zatruwa umysł,
Obfitość płynów otrzeźwi nas ponownie".

Pójdź do biblioteki publicznej i powiedz, że przygotowujesz mowę na dany temat i szukasz jakiegoś poetyckiego cytatu, by wyrazić tę czy inną myśl. Pracownik biblioteki pomoże ci znaleźć coś odpowiedniego.

PUNKT KULMINACYJNY

Punkt kulminacyjny, popularny sposób kończenia mowy, nie jest metodą łatwą do zastosowania i nie stanowi zakończenia odpowiedniego dla wszystkich mówców i dla wszystkich tematów. Ale właściwie przygotowany jest zakończeniem doskonałym. Podąża ku szczytowi, rosnąc w siłę zdanie po zdaniu. Świetnym przykładem punktu kulminacyjnego jest zakończenie zwycięskiej mowy na temat Filadelfii, przytoczonej w Rozdziale 3.

Lincoln posłużył się tego typu zakończeniem, przygotowując wykład na temat wodospadu Niagara. Zauważ, jak każde kolejne porównanie jest silniejsze od poprzedniego, jak autor zmierza do punktu kulminacyjnego, odnosząc się do czasów Kolumba, Chrystusa, Mojżesza i Adama.

> Ten wodospad przywołuje na myśl nieokreśloną przeszłość. Gdy Kolumb odkrywał ten kontynent – gdy Chrystus cierpiał na krzyżu – gdy Mojżesz prowadził Izraelitów przez Morze Czerwone – nie, nawet, gdy Adam wychodził z rąk swego Stwórcy – tak wtedy, jak i teraz, Niagara z potężnym hukiem przelewała tutaj swoje wody. Oczy wymarłych gatunków olbrzymów, których kości spoczywają we wzgórzach Ameryki, patrzyły na ten wodospad tak, jak teraz spoglądają nasze. Współczesna pierwszej ludzkiej rasie i starsza od pierwszego człowieka, Niagara jest dziś równie silna i świeża, jak tysiąc lat temu. Mamuty i mastodonty, wymarłe tak dawno temu, że o ich istnieniu świadczą jedynie fragmenty ich monstrualnych kości, wpatrywały się w te wody, które przez cały ten długi, długi czas nigdy nie ustały choćby na moment, nigdy nie wyschły, nigdy nie zamarzły, nigdy nie zasnęły, nigdy nie odpoczęły.

Wendell Phillips, jeden z wiodących, amerykańskich mówców abolicjonistów w czasach sprzed wojny secesyjnej, zastosował tę samą technikę w swoim przemówieniu na temat Toussainta l'Ouverture'a, przywódcy buntu niewolników, jaki wybuchł przeciwko Francuzom na początku 1800 roku na Haiti (l'Ouverture został później zwabiony przez Napoleona do Francji, uwięziony i stracony). O Toussaincie prawie nikt już dziś nie pamięta, ale w XIX wieku patrzono na niego jak na bohatera – nie tylko na Haiti, szczególnie zaś w Stanach Zjednoczonych w środowiskach abolicjonistów.

Poniżej znajdziesz zakończenie tej mowy – fragment często cytowany w książkach z dziedziny publicznego przemawiania. Są to słowa pełne wigoru, żywotności. Nadal wzbudzają zainteresowanie, choć jak na nasze praktyczne czasy są może nieco zbyt ozdobne. Ta mowa została napisana ponad sto lat temu. Zabawne, jak z gruntu mylne były przewidywania Wendella Phillipsa, dotyczące historycznego znaczenia Johna Browna i Toussainta l'Ouverture'a. Równie trudno jest odgadnąć bieg historii, co przewidzieć przyszłoroczne notowania giełdowe.

> Nazwałbym go Napoleonem, ale Napoleon przebył swą drogę ku imperium, wspinając się po szczeblach złamanych przysiąg i przelewając morze krwi. Zaś ten człowiek nigdy nie złamał danego słowa. „Żadnego odwetu" było jego wielkim mottem i życiową zasadą; a ostatnimi słowami, jakie wypowiedział we Francji do swego syna, były: „Chłopcze, pewnego dnia wrócisz na Haiti; zapomnij, że Francja zamordowała ci ojca". Nazwałbym go Cromwellem, ale Cromwell był tylko żołnierzem, a władza, jaką ustanowił, poszła do grobu razem z nim. Nazwałbym go Waszyngtonem, ale ten wielki przywódca z Virginii miał niewolników. Zaś ten człowiek wolałby raczej położyć na szali swe imperium, niż pozwolić na handel niewolnikami w najskromniejszej wiosce, leżącej na terenie jego ziem.
>
> Uważacie mnie dziś za fanatyka, gdyż czytacie historię nie oczami, ale uprzedzeniami. Ale za pięćdziesiąt lat, gdy prawda zostanie wysłuchana, Muza Historii wyda Grekom Focjona, Rzymianom Brutusa, Anglikom Hampdena, a Francji Lafayette'a, wybierze Waszyngtona jako jasny, doskonały kwiat naszej wczesnej cywilizacji, a Johna Browna jako dojrzały owoc naszego południa, po czym, zanurzając pióro w słońcu, zapisze wyraźnymi literami, ponad nimi wszystkimi, nazwisko żołnierza, męża stanu, męczennika, Toussainta L'Ouverture'a.

GDY DUŻY PALEC DOTKNIE ZIEMI

Poluj, szukaj, eksperymentuj, aż będziesz mieć dobre zakończenie i dobry początek. A potem zbliż je do siebie.

Mówcy, którzy nie tną swoich mów, by dopasować się do wszechobecnego, pośpiesznego tempa naszych czasów, nie będą mile widziani, a czasem wręcz spotkają się z niechęcią i brakiem sympatii.

Sam święty Paweł z Tarsu zgrzeszył pod tym względem. Pewnego razu nauczał tak długo, aż jeden ze słuchaczy, „młody człowiek imieniem Eutychus", zasnął, wypadł przez okno i skręcił kark. Może nawet i wtedy Paweł nie przestał mówić. Kto wie? Pamiętam pewnego doktora, który wstał, by przemówić do uczestników bankietu, odbywającego się w Klubie Uniwersyteckim na Brooklynie. Był to długi bankiet. Wielu mówców zabrało już głos. Była druga w nocy, gdy w końcu nadeszła jego kolej. Gdyby posiadał choć odrobinę taktu, wyczucia i dyskrecji, powiedziałby kilka zdań i pozwoliłby wszystkim się rozejść. Czy tak się stało? Niestety nie. Pan doktor wygłosił czterdziestopięciominutową tyradę przeciwko wiwisekcji. Nie dotarł jeszcze do połowy, a słuchacze marzyli już tylko o tym, by, niczym Eutychus, mówca wypadł przez okno i coś sobie złamał, wszystko jedno co, byle wreszcie zamilkł.

Horace Lorimer, redaktor naczelny „Saturday Evening Post" powiedział mi, że zawsze przerywa ciąg artykułów, gdy dana seria znajduje się na szczycie popularności, a czytelnicy domagają się jeszcze. Dlaczego zatem przerywa? Dlaczego właśnie wtedy? „Dlatego – powiedział pan Lorimer – a z pewnością wiedział, co mówi – że moment zaspokojenia następuje tuż po szczycie popularności".

Ta sama prawda znajduje zastosowanie, i powinna być stosowana, w przemawianiu. Zakończ, gdy słuchacze wciąż jeszcze chcą cię słuchać.

Najwspanialszą mowę, jaką wygłosił Chrystus, Kazanie na Górze, można powtórzyć w ciągu pięciu minut. Odezwa Gettysburska Lincolna liczy zaledwie dziesięć zdań. Przeczytanie całej historii stworzenia świata, zapisanej w Księdze Rodzaju, może zająć mniej czasu, niż prześledzenie relacji o kolejnym morderstwie, zamieszczonej w porannej gazecie... Mów krótko! Streszczaj się!

Doktor Johnson, archidiakon Nyasa, napisał książkę o prymitywnych ludach Afryki. Żył wśród nich i przyglądał się im przez czterdzieści dziewięć lat. Podaje, że gdy jakiś mówca przemawia na zebraniu wioski zbyt długo, słuchacze uciszają go, krzycząc: „*Imetosha*! *Imetosha*!". „Dosyć! Dosyć!".

W innym plemieniu panuje zwyczaj, że dana osoba może przemawiać tylko tak długo, dopóki jest w stanie ustać na jednej nodze. Gdy duży palec drugiej stopy mówcy dotknie ziemi, czas minął.

Słuchacze na całym świecie, choć mogą być bardziej uprzejmi i bardziej powściągliwi, nie lubią długich przemówień tak samo, jak tamci afrykańscy tubylcy.

Niech przestrogą będzie ich los,
Którego wiem, że nie chcesz podzielić;
Ucz się od nich przemawiać.

ODPOWIADANIE NA PYTANIA PUBLICZNOŚCI

Dość często, w trakcie lub po zakończeniu przemówienia, publiczność zadaje mówcy pytania. Większość mówców woli, by im nie przerywano, dlatego prosi, by ewentualne pytania zgłaszać tuż po oficjalnej prezentacji. Jeśli posiadasz dogłębną wiedzę na dany temat, prawdopodobnie możesz przewidzieć, jakie padną pytania. Z reguły dotyczą one zagadnień, jakie porusza mówca, lecz których być może do końca nie wyjaśnia. Nie da się jednak przewidzieć pytań nietypowych, które mogą odzwierciedlać jakieś osobiste cele pytającego. Jeśli twoja wiedza na omawiany temat będzie dziesięć razy większa, niż jesteś w stanie wykorzystać w oficjalnym przemówieniu, będziesz przygotowany na większość pytań.

Są dwa sposoby prezentacji pytań. Jeśli prowadzisz warsztaty lub seminarium, odpowiedzi na pytania to integralna część programu. By ułatwić ten proces, rozdaj uczestnikom niewielkie kartki papieru, na których będą mogli zapisać swoje pytania. Po uwagach końcowych zbierz kartki. Zaletą tej metody jest możliwość szybkiego przejrzenia kartek i wzięcia na pierwszy ogień pytań najbardziej istotnych i trafnych. Poza tym, masz także chwilę na zastanowienie się nad odpowiedzią. Przeczytaj na głos wybrane pytanie, po czym skomentuj. Mów krótko! Nie ma czasu na kolejną przemowę. Jeśli jednak odpowiedź tego czasu wymaga, powiedz o tym słuchaczom i w miarę możliwości poleć im źródła, z których mogą zaczerpnąć poszukiwane informacje. Kolejną zaletą jest to, że przeglądając kartki, możesz pominąć pytania trywialne bądź zbyt kontrowersyjne.

Jednakże, pisemna metoda zadawania pytań nie zawsze jest wykonalna. Podczas wielu spotkań słuchacze zadają pytania bezpośrednio. W takich przypadkach kieruj się następującymi wskazówkami:

1. Powtórz pytanie. To ważne, gdyż wielu z obecnych mogło go nie usłyszeć. Pytający mógł mówić nie dość wyraźnie lub za cicho.
2. Odpowiedz jasno i zwięźle. Nie powtarzaj tego, co już mówiłeś, lecz jedynie odnieś się do wypowiedzianych już myśli; a jeśli pytanie wskazuje, że twoje wcześniejsze komentarze wymagają wyjaśnienia, zrób to, posługując się przykładami z własnego doświadczenia.
3. Nie wdawaj się w dyskusję z pytającym. Jeśli dana osoba reprezentuje odmienny punkt widzenia, powiedz, że szanujesz jej opinię. Po czym wyraź kluczowe myśli, uzasadniające twoje stanowisko.
4. Nie dopuść, by jeden pytający zdominował całe spotkanie. Gdy odpowiesz na czyjeś pytanie, możesz pozwolić na jedno pytanie pomocnicze, lecz jeśli dana osoba uparła się, by z tobą dyskutować, powiedz przyjaznym tonem: „Dziękuję za pana/pani komentarze, ale dopuśćmy do głosu innych, którzy też mogą mieć uwagi lub pytania".

Czasem zdarza się, że któryś ze słuchaczy staje się wojowniczy wobec mówcy lub zaczyna wprowadzać zamieszanie. *Nie* próbuj zamknąć mu ust sarkazmem. To przeważnie tylko umacnia wsparcie publiczności dla „krzykacza". Uśmiechnij się. Nie mów nic przez chwilę. Następnie zwróć się ku słuchaczom i zapytaj: „Kto ma następne pytanie?". Najczęściej jest tak, że osoba prowadząca określa, kiedy czas spotkania dobiega końca – wtedy wstaje i oznajmia, że to już będzie ostatnie pytanie. Odpowiedz na nie, po czym zignoruj uniesione ręce tych, którzy mają jeszcze jakieś uwagi, podziękuj i wróć na swoje miejsce.

W SKRÓCIE

- Zakończenie to najbardziej strategiczny element przemowy. Słowa, jakie padają na końcu, prawdopodobnie pozostaną w pamięci najdłużej.
- Nie kończ, mówiąc: „To już chyba wszystko, co mam na ten temat do powiedzenia; dlatego na tym zakończę". Zakończ, ale o tym nie mów.
- Dokładnie zaplanuj swoje zakończenie. Przećwicz je. Niemal co do słowa wiedz, co powiesz na koniec. Niech twoje przemówienie będzie pięknie wykończone i oszlifowane, a nie szorstkie i nierówne jak rozłupany kamień.
- Oto kilka proponowanych sposobów zakończenia:
  1. Podsumuj, powtórz, pokrótce nakreśl główne zagadnienia, jakie poruszyłeś.
  2. Zaapeluj o działanie.
  3. Obdarz słuchaczy szczerym komplementem.
  4. Zacytuj pasujący fragment poezji.
  5. Zbuduj punkt kulminacyjny.
- Przygotuj dobre zakończenie i dobry początek; po czym zbliż je do siebie. Zawsze kończ wtedy, gdy słuchacze wciąż jeszcze chcą cię słuchać. „Moment zaspokojenia następuje tuż po szczycie popularności".
- Bądź przygotowany na pytania publiczności. W miarę możliwości, zorganizuj pisemną formę zadawania pytań – niech słuchacze zapiszą je na kartkach, które następnie zbierzesz, przejrzysz i postarasz się odpowiedzieć na tyle, na ile zdołasz w przydzielonym ci czasie. Jeśli pytania zadawane są bezpośrednio, powtarzaj je, zanim udzielisz odpowiedzi. Kieruj się wskazówkami przedstawionymi w tym rozdziale.

PRAWIDŁOWE POSŁUGIWANIE SIĘ SŁOWAMI

Myślimy słowami, dlatego myśli i słowa nie mogą być od siebie oddzielone.
Jak człowiek mówi, tak i myśli, a „jak człowiek myśli w swoim sercu, takim też jest".

G. P. MARSH
Lectures on the English Language

PRZYJACIELSKI/PRZYJAZNY. *Przyjacielski* jest określeniem silniejszym i mniej formalnym, niż *przyjazny*. Człowiek *towarzyski* może nie być *serdeczny*. *To-*

warzyski odnosi się do sposobu bycia i może być stosowane tam, gdzie nie istnieją żadne szczere uczucia; zaś *serdeczny* wskazuje na autentyczną, pełną ciepła przyjacielskość.

HOJNY/SOWITY/WIELKODUSZNY. *Hojny* jest ten, kto daje obficie i z poświęceniem. *Sowity* odnosi się do rozmiaru daru. Jeśli robotnik, pracujący za minimalną stawkę, odda na cele charytatywne 20 dolarów, powiemy o nim, że jest *hojny*. Jeśli U.S. Steel Corporation przekaże 10 milionów dolarów, jej datek będzie *sowity*. *Wielkoduszny* znaczy wzniosły, szlachetny, wznoszący się ponad to, co niskie i podłe. Ktoś jest *wielkoduszny*, jeśli wybaczy tym, którzy mu zawinili.

ZDROWOTNY/ZDROWY. *Zdrowotny* znaczy promujący bądź sprzyjający zdrowiu, np. *zdrowotny* klimat. *Zdrowy* to cieszący się zdrowiem, np. *zdrowy* człowiek. Unikaj mówienia „*zdrowe* jedzenie" czy „*zdrowe* ćwiczenia".

UCZCIWY/HONOROWY. Człowiek *uczciwy* nie kłamie, nie kradnie, nie oszukuje; zaś *honorowy* nie czerpie niesłusznych korzyści i może nawet z własnej woli poświęcić się dla sprawiedliwości.

ĆWICZENIE GŁOSU – ROZWÓJ REZONANSU

Trzy podstawowe zasady wydawania dobrych tonów to: kontrola oddechu, rozluźnienie i rezonans. Zajęliśmy się już pierwszymi dwoma; czas na trzecią: rezonans. Twoje ciało działa jak płyta rezonansowa dla twojego głosu, co odbywa się mniej więcej na tej samej zasadzie, co w przypadku skrzypiec czy fortepianu, gdzie pudło wzmacnia i upiększa wygrywane przez muzyka dźwięki. Gdy mówisz, struny głosowe wydają pierwotny dźwięk, który następnie wznosi się i rozbrzmiewa, odbijając się od twardej, kostnej struktury klatki piersiowej, zębów, podniebienia, otworów nosowych oraz innych części twarzy. To odbicie nadaje głosowi jego najważniejszą cechę. Pomyśl o głosie jako o rakiecie, która, startując z przepony, wzlatuje poprzez ciemność rozluźnionego gardła, by rozbłysnąć strumieniem dźwięku w nozdrzach i innych kościstych częściach głowy.

Trudność nie polega na mówieniu z rezonansem. Przez całe życie tak mówimy. Bez tego nikt by nas nie usłyszał. Chodzi o to, by mówić ze zwiększonym rezonansem. Jak to zrobić? Pozwól, że zacytuję interesujący fragment z książki *Caruso and the Art of Singing* [*Caruso i sztuka śpiewania*] autorstwa Fucito i Beyera.

> Wiele powiedziano na temat wartości nucenia jako ćwiczenia wokalnego... Nucenie, jeśli wykonywane poprawnie, pozwala rozwinąć rezonans głosowy. W przypadku większości ludzi nucenie brzmi jak miauczenie, ponieważ ich szczęka, usta, język i membrany głosowe są boleśnie usztywnione. A przecież tak samo, jak dla wydawania dobrych dźwięków, tak i dla nucenia konieczne jest ustawienie organów wokalnych w odpowiedniej pozycji: mięśnie twarzy, szczęka i ję-

zyk powinny być w pełni rozluźnione, tak jak przy odpoczynku czy podczas snu; usta lekko przymknięte. Wtedy wibracje dźwięku nie będą ani tłumione przez zablokowane mięśnie, ani wypychane przez nos z powodu napięcia; zamiast tego będą rezonować w otworach nosowych, nadając kształt i piękno wydawanym tonom.

A teraz, z rozluźnionym językiem, gardłem, ustami i szczęką, zanuć „O mój rozmarynie":

„O mój rozmarynie, rozwijaj się,
O mój rozmarynie, rozwijaj się,
Pójdę do dziewczyny, pójdę do jedynej, zapytam się,
Pójdę do dziewczyny, pójdę do jedynej, zapytam się"[17].

Nucąc, połóż dłoń na czubku głowy i poczuj dochodzące tam wibracje. To bardzo ważne: gdy wykonujesz ćwiczenia na wzmocnienie rezonansu, niech twoim pierwszym krokiem będzie wzięcie głębokiego, przeponowego oddechu, rozluźnienie klatki piersiowej i poczucie, jak dopasowuje się ona do ilości zawartego w niej powietrza. Biorąc wdech, zwróć uwagę na wrażenie otwartości i swobody w twarzy, w nosie i w głowie. Gdy zaczynasz nucić i pozbywać się powietrza, w ogóle nie myśl o wydechu. Wyobraź sobie, że nadal robisz wdech i wciąż doświadczasz w głowie tego wrażenia otwartości. Dzięki temu wszystkie jej otwory będą odblokowane, co wzmocni rezonans. Pielęgnuj to wrażenie otwartości zawsze, gdy mówisz.

A teraz zanuć to samo jeszcze raz. Tym razem umieść dłoń z tyłu głowy i poczuj dochodzące tam wibracje.

Nucąc po raz trzeci, skup się na nosie. Poczuj wibrujący tam dźwięk, jakby wpływał on do nosa – to samo wrażenie, co przy wdechu. Kciuk i palec wskazujący umieść na kościstej części nosa, tuż poniżej oczu i poczuj dochodzące tam wibracje.

Dla urozmaicenia, zanuć teraz *Umówiłem się z nią na dziewiątą*:

„Umówiłem się z nią na dziewiątą,
Tak mi do niej spieszno już.
Zaraz wezmę od szefa a conto,
Kupię jej bukiecik róż.
Potem kino, cukiernia i spacer,
W księżycową, jasną noc.
I będziemy szczęśliwi, weseli,
I przyjdzie północ, i nas rozdzieli.

[17] Ze względu na inne brzmienie języka polskiego i angielskiego, do ćwiczeń zostały wybrane znane polskie teksty.

I umówię się znów na dziewiątą,
Na dziewiątą tak jak dziś".

Nucąc, tym razem skup się na ustach. Dotknij ich palcem i poczuj, jak wibrują. Czujesz delikatne łaskotki?

Zanuć jeszcze raz, na możliwie najniższym tonie; połóż otwartą dłoń na klatce piersiowej i poczuj dochodzące tam wibracje.

Nucąc tym razem, prawą dłoń umieść na klatce piersiowej, a lewą przesuwaj po różnych częściach głowy i twarzy. Poczuj, jak całe ciało wibruje, wywołując rezonans. Znałem śpiewaków, którzy nucąc, odczuwali wibracje nawet w palcach dłoni i stóp.

Śpiew to doskonałe ćwiczenie wokalne; dlatego, stosując wszystkie omówione tu zasady emisji głosu, zaśpiewaj teraz te dwie, znane piosenki, które przed chwilą nuciłeś.

Dziewięciu czytelników na dziesięciu uzna jasne, przejrzyste twierdzenie za prawdziwe.

ENCYKLOPEDIA BRITANNICA

Dokładnie przeanalizuj to, co chcesz powiedzieć, po czym ubierz ten przekaz w słowa, pisząc lub mówiąc do wymyślonego słuchacza. Uporządkuj poszczególne zagadnienia. Trzymaj się ustalonego porządku. Podziel czas przemowy między poruszane kwestie według wagi każdej z nich. Zatrzymaj się, gdy skończysz.

DR EDWARD EVERETT HALE

Jeśli mówisz o Salomonie, zwracając się do grupy biznesmenów, przedstaw go jako J. P. Morgana[18] *swoich czasów. Jeśli mówisz o Samsonie, zwracając się do fanów bejsbola, nazwij go Babe Ruth*[19] *swoich czasów. Gdy Frank Simonds opisywał strategię Focha w niszczeniu pozycji wojsk niemieckich pod dowództwem Hindenburga, posłużył się obrazem uderzania w zawiasy bramy. W podobny sposób Hugo wykorzystał literę A, ilustrując pole walki pod Waterloo, a Elson podkowę, opisując bitwę pod Gettysburgiem. Każdy wie, jak wygląda brama, podkowa i alfabet, choć nie każdy widział bitwę.*

GLENN CLARK
Self-Cultivation in Extemporaneous Speaking

Jeden obraz wart jest tysiące słów.

PRZYSŁOWIE CHIŃSKIE

Mój ojciec był człowiekiem o ogromnej energii intelektualnej. Najwięcej nauczyłem się właśnie od niego. Nie tolerował ogólnikowości i niejasności, a odkąd zacząłem pisać, aż do jego śmierci w wieku osiemdziesięciu jeden lat, wszystko, co napisałem, zanosiłem jemu. Prosił, bym czytał to na głos, co zawsze było dla mnie bolesne. Co chwila mi przerywał. „Co chcesz przez to powiedzieć?" Mówiłem mu, a wtedy, oczywiście, wyrażałem się prościej, niż na papierze. „Dlaczego od razu tak nie powiedziałeś? – kontynuował. – Kiedy coś mówisz, nie owijaj w bawełnę, ale wal prosto z mostu".

WOODROW WILSON

[18] John Pierpont Morgan (ur. 17 kwietnia 1837, zm. 31 marca 1913) – amerykański finansista i biznesmen przełomu XIX i XX wieku. Jeden z najbogatszych ludzi na świecie swego czasu – w rzędzie z Andrew Carnegie'mem czy Johnem D. Rockefellerem. Kolekcjoner dzieł sztuki, przekazał swoją kolekcję Metropolitan Museum of Art. Był odznaczony w czerwcu 1911 roku Orderem Czerwonego Orła po przekazaniu oryginalnego listu Marcina Lutra władzom niemieckim.

[19] Georgie Herman Ruth (1895–1948) – zawodowy bejsbolista; charyzmatyczny i waleczny. W 1969 r. uznany za gracza wszechczasów.

ROZDZIAŁ

12

ZADBAJ O JASNOŚĆ I ZROZUMIAŁOŚĆ PRZEKAZU

Nawet najbardziej utalentowany mówca nie przekaże swoich myśli skutecznie, jeśli słuchacze nie będą w stanie go zrozumieć. Dobra komunikacja zaczyna się od znajomości swoich słuchaczy. Dobieraj takie słowa, które będą dla nich w pełni zrozumiałe. Jeśli osoby, do których mówisz, wywodzą się ze środowiska technicznego lub wyspecjalizowanego, możesz posłużyć się żargonem lub terminologią powszechnie używaną w ich dziedzinie. Bez trudu zrozumieją twój przekaz. Z drugiej strony, jeśli tym samym językiem zwrócisz się do osób nieobeznanych z ową terminologią, stracisz słuchaczy.

Na przykład, na spotkaniu członków Rotary Club w White Plains w stanie Nowy Jork, pewien znany prawnik przemawiał do osób, z których większość zarządzała niewielką, lokalną firmą lub byli ich właścicielami. Słuchacze byli ogromnie ciekawi, co powie o pewnych nowych przepisach, jakie niedawno zostały wprowadzone, i jakie one mają bezpośredni wpływ na ich firmy. Po kilku wstępnych uwagach prawnik przystąpił do uczonej dyskusji na temat owych przepisów, solidnie zaprawionej prawniczym żargonem. Można sobie wyobrazić, jak zareagowała publiczność. Gdy tak rozprawiał, utrata zainteresowania jego słowami zaczęła być fizycznie zauważalna. Ludzie kręcili się na swoich miejscach, kobiety i mężczyźni z długopisami w dłoniach, gotowi robić notatki, zaczęli stukać w notatniki; niektórzy nawet wstawali i chodzili po pomieszczeniu lub po prostu opuszczali spotkanie.

Byli to inteligentni ludzie, pragnący dowiedzieć się czegoś na temat, który w jakiś sposób ich dotyczył, ale nie rozumieli żargonu prawniczego – mówca równie dobrze mógł przemawiać po chińsku.

Skuteczny mówca wziąłby pod uwagę poziom wiedzy swoich słuchaczy i uznałby, że język prawniczy, będący jego drugą naturą, może być dla słuchaczy kompletnym bełkotem. Dlatego też podszedłby do tematu zupełnie inaczej.

To do ciebie, nie do słuchaczy, należy zadbanie o to, by twój przekaz został właściwie zrozumiany. Jeśli specjalistyczne zagadnienia potrafisz wytłumaczyć językiem laika, zrób to. Jeśli zaś nie możesz ominąć jakiegoś technicznego, prawniczego czy innego, mało znanego terminu, poświęć czas na jego wyjaśnienie, gdy będziesz stosować go po raz pierwszy. Zrób to przynajmniej jeszcze raz, jeśli odnosisz wrażenie, że słuchacze nie do końca go zrozumieli.

ZNAJ CEL SWOJEJ PRZEMOWY

Gdy ktoś prosi cię o wygłoszenie mowy, przeważnie towarzyszy temu jakiś cel. Nie zostajesz zaproszony po to, by sobie po prostu pogawędzić. Upewnij się, że to, co mówisz, odpowiada temu celowi. Każdemu przemówieniu, bez względu na to, czy mówca zdaje sobie z tego sprawę, czy nie, przyświeca jeden z czterech głównych celów:

1. By coś wyjaśnić.
2. By wywrzeć wrażenie i przekonać.
3. By skłonić do działania.
4. By dostarczyć rozrywki.

Każdy z nich zilustruję konkretnymi przykładami.

Lincoln, który zawsze interesował się mechaniką, któregoś razu wynalazł i opatentował urządzenie do podnoszenia łodzi, które np. osiadły na mieliźnie. W warsztacie w pobliżu swej kancelarii złożył model wynalazku. Choć ostatecznie urządzenie się nie przyjęło, Lincoln z ogromnym entuzjazmem podchodził do jego możliwości. Gdy przyjaciele przyszli do jego biura, by obejrzeć model, z namaszczeniem objaśnił każdy detal. Głównym celem tych wyjaśnień było pełne zrozumienie.

Gdy wygłaszał swą nieśmiertelną odezwę pod Gettysburgiem; gdy wygłaszał pierwszą i drugą mowę inauguracyjną; gdy umarł Henry Clay i Lincoln, przemawiał na jego pogrzebie – podczas wszystkich tych wydarzeń głównym celem Lincolna było wywarcie wrażenia na słuchaczach i przekonanie ich do pewnych idei. Zanim mógł kogokolwiek do czegoś przekonać, musiał, oczywiście, wyrażać się jasno i zrozumiale, jednak w tych przypadkach zrozumiałość nie była tym, co przede wszystkim miał na względzie.

Kiedy przemawiał do sędziów, miał na celu nakłonienie ich do przychylnych decyzji, a kiedy przemawiał na arenie politycznej, dążył do zdobycia poparcia wyborców. Zatem głównym celem jego mów było nakłonienie odbiorców do określonego działania.

Dwa lata przed swoim wyborem na prezydenta, Lincoln przygotował wykład na temat wynalazków. Chciał przede wszystkim dostarczyć słuchaczom rozrywki. A przynajmniej taki miał zamiar, bo osiągnięcie tego celu nigdy specjalnie mu nie wychodziło. Jego kariera jako popularnego wykładowcy okazała się stanowczym rozczarowaniem. W pewnym mieście ani jedna osoba nie przyszła, by go posłuchać.

Sprawdził się jednak, i to sprawdził doskonale, w mowach, o których wspomniałem wcześniej. Dlaczego? Bo w tamtych przypadkach znał swój cel i wiedział, jak go osiągnąć. Wiedział, gdzie chce dotrzeć i jak to zrobić. A ponieważ tak wielu mówców nie posiada tej wiedzy, często plączą się i błądzą, i w końcu ponoszą porażkę.

Byłem kiedyś świadkiem, jak pewien kongresman został wygwizdany i zmuszony do zejścia ze sceny, gdyż nierozsądnie, i z pewnością nieświadomie, wybrał za swój cel „zrozumiałość". Postanowił wygłosić wykład na temat wagi projektu ustawy, jaki sponsorował w Kongresie. Słuchacze zaś nie chcieli być pouczani, ale zabawiani. Słuchali cierpliwie i uprzejmie przez dziesięć minut, kwadrans, mając nadzieję, że występ szybko dobiegnie końca. Ale tak się nie stało. Kongresman mówił i mówił; cierpliwość publiczności prysła. Wszyscy mieli dość, ktoś zaczął ironicznie wiwatować. Za nim inni. Już po chwili tysiąc osób gwizdało i krzyczało. Mówca, najwyraźniej głuchy i ślepy na nastrój publiczności, uparł się, by kontynuować. Emocje słuchaczy poszybowały w górę, ich niecierpliwość zamieniła się w gniew. Na sali rozgorzała bitwa. Wściekła publiczność gotowa była zrobić wszystko, by go uciszyć. Burza protestów huczała coraz głośniej i głośniej. W końcu, gniewny ryk pochłonął padające z mównicy słowa – słychać je było najwyżej na odległość kilku metrów. Kongresman został zmuszony do poddania się, uznania swej porażki i odejścia w atmosferze upokorzenia.

Wyciągnij wnioski z tego przykładu. Znaj cel swojej przemowy. Mądrze go wybierz – jeszcze zanim zaczniesz się przygotowywać. Wiedz, jak ten cel osiągnąć. Następnie przystąp do jego realizacji, robiąc to umiejętnie i z wyczuciem.

Wszystko to wymaga wiedzy oraz specjalnych, technicznych instrukcji. Jest to tak ważna faza konstrukcji przemowy, że poświęcono jej aż cztery kolejne rozdziały. Z pozostałej części tego rozdziału dowiesz się, jak uczynić swoją mowę jasną i zrozumiałą. W Rozdziale 13. znajdziesz wskazówki, jak wyposażyć ją w moc przekonywania. Rozdział 14. podpowie ci, jak uczynić ją interesującą, a Rozdział 15. przedstawi naukowe metody skłonienia do działania.

DLA LEPSZEGO WYJAŚNIENIA POSŁUGUJ SIĘ PORÓWNANIAMI

Doświadczeni mówcy publiczni zgadzają się, że najważniejsze zasady to: znajomość tematu, przygotowanie oraz zadbanie o to, by twój przekaz był dla słuchaczy zrozumiały.

Wielki generał Helmuth Von Moltke, tuż po wybuchu wojny francusko-pruskiej, powiedział do swoich oficerów: „Pamiętajcie, panowie, że każdy rozkaz, jaki *może* być niewłaściwie zrozumiany, *będzie* niewłaściwie zrozumiany".

Napoleon również dostrzegał to zagrożenie. Najbardziej wymowne i często powtarzane polecenie, jakie wydawał swoim sekretarzom, brzmiało: „Bądźcie zrozumiali! Bądźcie zrozumiali!".

Gdy uczniowie zapytali Chrystusa, dlaczego naucza lud używając przypowieści, Ten odparł: „Bo patrzą, lecz nie widzą; słuchają, lecz nie słyszą; tak więc i nie rozumieją".

Dlaczego sądzisz, że zostaniesz lepiej zrozumiany, niż sam Mistrz, kiedy mówisz na temat nieznany twoim słuchaczom?

Co zatem możemy z tym zrobić? Co On zrobił, gdy znalazł się w podobnej sytuacji? Poradził sobie w sposób najprostszy i najbardziej naturalny z możliwych: to, czego ludzie nie znali, wyjaśniał przez porównywanie z rzeczami, które znali. Królestwo Niebieskie... Jakie ono jest? Jak ci prości, palestyńscy chłopi mogliby je zrozumieć? Chrystus posłużył się w tym celu terminologią, dotyczącą przedmiotów i czynności, jakie ci ludzie dobrze znali:

> Królestwo Niebieskie podobne jest do zaczynu, który kobieta wzięła i rozczyniła w trzech miarach mąki, aż wszystko się zakwasiło.
>
> Dalej, Królestwo Niebieskie podobne jest do kupca, szukającego pięknych pereł...
>
> Dalej, Królestwo Niebieskie podobne jest do sieci, zarzuconej w morze...

Słowa jasne i zrozumiałe; ludzie bez trudu je pojmowali. Gospodynie domowe co tydzień robiły zaczyn; rybacy codziennie wypływali w morze i zarzucali sieci; kupcy handlowali perłami.

A jak Dawid wyjaśnił troskę i pełną miłości opiekę Jahwe?

> „Pan jest moim pasterzem. Nie brak mi niczego. Pozwala mi leżeć na zielonych pastwiskach. Prowadzi mnie nad wody, gdzie mogę odpocząć (...)"[20].

Zielone pastwiska na tamtej niemal jałowej ziemi... spokojne wody, z których owce mogą pić – lud pasterski od razu wiedział, o co chodzi.

A oto uderzający i nieco zabawny przykład wykorzystania tej metody. Pewni misjonarze tłumaczyli *Biblię* na dialekt jednego z afrykańskich plemion, zamieszkującego obszary podrównikowe. Doszli do wersetu: „Choćby wasze grzechy były jak szkarłat, jak śnieg wybieleją"[21]. Jak przetłumaczyć coś takiego? Dosłownie? Bez sensu. Ci ludzie nigdy nie odśnieżali chodnika w lutowy poranek. Nie mieli nawet słowa oznaczającego śnieg. Nie umieliby wskazać różnicy między śniegiem a smołą węglową, ale za to wiele razy wspinali się na palmy kokosowe, by strącić na obiad kilka kokosów. Dlatego misjonarze przyrównali rzecz nieznaną do znanej i przetłumaczyli ów werset w ten sposób: „Choćby twe grzechy były jak szkarłat, staną się białe niczym miąższ kokosa".

Biorąc pod uwagę okoliczności, trudno byłoby nie przyznać im racji.

Któregoś razu słuchałem pewnego mówcy, przemawiającego w Stanowym College'u Nauczycieli w Warrensburgu, w Missouri, na temat Alaski. W wielu miejscach

---

[20] Dawid, Psalm 23; *Biblia Tysiąclecia*, wyd. Pallottinum, 2002 r.

[21] Stary Testament, Księga Izajasza, 1:18.

mówca nie wyrażał się ani zrozumiale, ani interesująco, gdyż, w przeciwieństwie do tamtych afrykańskich misjonarzy, nie posługiwał się terminologią znaną słuchaczom. Powiedział na przykład, że ogólna powierzchnia Alaski to 590 804 mile kwadratowe, zaś jej populacja wynosi 64 356 mieszkańców.

Pół miliona mil kwadratowych – co to znaczy dla przeciętnego słuchacza? Niewiele. Większość z nas nie przywykła do myślenia w kategoriach mil kwadratowych czy innej miary powierzchni. Ten termin nie przywołuje na myśl żadnego obrazu. Nie mamy pojęcia, czy pół miliona mil kwadratowych to obszar mniej więcej wielkości stanu Maine czy Texasu. Przypuśćmy, że mówca powiedział, że linia brzegowa Alaski i jej wysp jest dłuższa niż obwód ziemi, a jej powierzchnia przewyższa sumę powierzchni Vermont, New Hampshire, Maine, Massachusetts, Rhode Island, Connecticut, Nowego Jorku, New Jersey, Pensylwanii, Delaware, Maryland, Zachodniej Virginii, Północnej Karoliny, Południowej Kalifornii, Georgii, Florydy, Mississippi i Tennessee. Czy nie dałoby to wszystkim znacznie lepszego pojęcia o powierzchni Alaski?

Mówca powiedział, że populacja Alaski to 64 356 osób. Po pięciu minutach nikt już pewnie nie pamiętał, o jaką liczbę chodzi – a może i po minucie. Dlaczego? Bo wyrecytowanie „sześćdziesiąt cztery tysiące trzysta pięćdziesiąt sześć" nie daje żadnego pojęcia o danej wielkości. Zostawia jedynie niepewne wrażenie, będące jak słowa na piasku nad brzegiem morza. Najbliższa fala uwagi zetrze je z pamięci słuchaczy. Nie lepiej byłoby podać tę wielkość w kategoriach, z którymi słuchacze byliby bardziej obeznani? Na przykład: niedaleko miejscowości, w której mieszkali słuchacze, znajdowało się miasto St. Joseph. Wielu z nich jeździło do St. Joseph, a Alaska miała w tamtym czasie dziesięć razy mniej mieszkańców, niż owe miasto. Jeszcze lepszym wyjściem byłoby porównanie populacji Alaski do populacji miejscowości słuchaczy. Czyż mówca nie trafiłby bardziej skutecznie do ich wyobraźni, gdyby powiedział: „Alaska jest osiem razy większa niż Missouri, a jednak ma zaledwie trzynaście razy więcej mieszkańców niż żyje tu, w Warrensburgu"?

Które z poniższych zdań jest bardziej zrozumiałe i wymowne: a) czy b)?

a) Nasza najbliższa gwiazda oddalona jest od nas o 35 trylionów mil.
b) Pociąg jadący z prędkością jednej mili na minutę, dotarłby do naszej najbliższej gwiazdy w ciągu 48 milionów lat. Gdyby można było zaśpiewać tam piosenkę, a jej dźwięk mógłby dotrzeć do Ziemi, stałoby się to dopiero po upływie 3,8 miliona lat. Nić pajęcza, biegnąca od Ziemi do owej gwiazdy, ważyłaby 500 ton.

a) Bazylika św. Piotra, największy kościół na świecie, ma 232 jardy długości i 364 stopy szerokości.
b) Bazylika św. Piotra jest mniej więcej tak duża, jak dwa budynki wielkości waszyngtońskiego Kapitolu ustawione jeden na drugim.

Znany na świecie fizyk, sir Oliver Lodge, z powodzeniem posługiwał się tą metodą, wyjaśniając przeciętnej publiczności rozmiar i naturę atomów. Któregoś razu miałem okazję być na jednym z jego europejskich wykładów; powiedział wtedy, że liczba atomów w kropli wody dorównuje liczbie kropel w Morzu Śródziemnym (a wielu z jego słuchaczy miało za sobą ponad tygodniowy rejs z Gibraltaru do Kanału Sueskiego). By jeszcze lepiej wyjaśnić omawiane zagadnienie, sir Lodge powiedział, że w kropli wody jest tyle atomów, ile źdźbeł trawy na całej ziemi.

Powieściopisarz Richard Harding Davis, przemawiając przed nowojorską publicznością, powiedział, że meczet Hagia Sophia jest „mniej więcej tak duży, jak teatr na Piątej Alei". Stwierdził też, że włoski port Brindisi „wygląda jak Long Island City, gdy wjeżdżasz do niego od tyłu".

Od dziś stosuj tę zasadę w swoich przemówieniach. Jeśli opisujesz największą na świecie piramidę, najpierw podaj jej rozmiar, po czym porównaj tę wielkość do jakiegoś znanego słuchaczom budynku. Powiedz, ile takich budynków zmieściłoby się na obszarze, jaki zajmuje jej podstawa. Nie mów jedynie o tysiącach galonów tego, czy setkach tysięcy beczek tamtego; wskaż także, ile pomieszczeń o danym rozmiarze można by napełnić ową ilością płynu. Zamiast mówić, że coś ma 20 stóp wysokości, powiedz, że sięga do połowy pierwszego piętra. A mówiąc o odległości, będziesz lepiej rozumiany, jeśli zamiast operowania milami czy kilometrami, powiesz: jak stąd do stacji, albo do takiej czy innej ulicy.

UNIKAJ TERMINÓW SPECJALISTYCZNYCH

Jeśli należysz do jakiejś branży – jesteś prawnikiem, lekarzem, inżynierem lub działasz w wysoko wyspecjalizowanym biznesie – bądź podwójnie ostrożny, gdy przemawiasz do osób z zewnątrz, i zwróć szczególną uwagę, by posługiwać się zrozumiałym słownictwem i podawać tylko konieczne detale.

Mówię o podwójnej ostrożności, gdyż, w ramach moich zawodowych obowiązków słyszałem już setki mówców, którzy nie radzili sobie z tym problemem, a skutek był naprawdę rozpaczliwy. Sprawiali wrażenie zupełnie nieświadomych powszechnej i głębokiej ignorancji publiczności w zakresie reprezentowanych przez siebie specjalności. Rezultat? Podobnie jak tamten prawnik, o którym wspominałem na początku tego rozdziału, wszyscy ci mówcy prowadzili niekończące się wywody, dzielili się skomplikowanymi przemyśleniami i posługiwali wyrażeniami, które najlepiej pasowały do ich doświadczeń i były zrozumiałe tylko dla nich. Jednak dla niewtajemniczonych ich słowa były tak jasne i przejrzyste, jak wody rzeki Missouri po czerwcowych deszczach, spływających ze świeżo zaoranych pól Iowa i Kansas.

Co taki mówca powinien zrobić? Powinien pójść za radą byłego senatora z Indiany, Alfreda Beveridge'a:

Dobrze jest wybrać z publiczności jakąś najmniej inteligentnie wyglądającą osobę i postarać się zainteresować ją tym, co mówisz. Można to osiągnąć jedynie przy pomocy w pełni zrozumiałych informacji i jasnego rozumowania. Jeszcze lepszą metodą jest skupić swoje słowa na jakimś dziecku, które towarzyszy słuchającym cię rodzicom.

Powiedz sobie... że postarasz się mówić tak prosto, że to dziecko zrozumie i zapamięta twoje wyjaśnienia dotyczące omawianego tematu, a po spotkaniu będzie w stanie powtórzyć, o czym mówiłeś.

Pamiętam, jak któregoś razu słuchałem pewnego lekarza, jednego z moich kursantów, który powiedział, że „oddychanie przeponowe stanowczo wspomaga perystaltykę jelit i jest prawdziwym dobrodziejstwem dla zdrowia". Tym zdaniem miał zakończyć daną część przemowy i przejść do kolejnego punktu. Przerwałem mu, po czym zwróciłem się do zgromadzonych i poprosiłem o podniesienie rąk tych, którzy mają dokładne pojęcie, czym różni się oddychanie przeponowe od innego rodzaju oddechu, dlaczego jest ono tak korzystne dla zdrowia i czym jest perystaltyka. Wynik zaskoczył lekarza; dlatego wrócił on do poprzedniej myśli, wyjaśnił ją i rozbudował w ten oto sposób:

> Przepona to cienki mięsień, tworzący podłoże klatki piersiowej, leżący u podnóża płuc i zamykający od góry jamę brzuszną. Gdy pozostaje w spoczynku, np. podczas oddychania piersiowego, jego łukowato sklepiony kształt przypomina odwróconą miskę do prania.
>
> Podczas oddychania brzusznego, każdy oddech powoduje nacisk na ten mięśniowy łuk, aż staje się on niemal płaski; jednocześnie czujesz, jak mięśnie brzucha napierają na pasek. Ów nacisk na przeponę masuje i pobudza do pracy organy, znajdujące się w górnej części jamy brzusznej.
>
> Gdy robisz wydech, brzuch i jelita napierają ku górze na przeponę i ponownie są masowane. Ten masaż wspomaga proces wydalania.
>
> Wiele schorzeń bierze swój początek w jelitach. Większość przypadków niestrawności, zaparć i samozatruć nie miałoby miejsca, gdyby nasze żołądki i jelita były odpowiednio stymulowane za pomocą przeponowego oddychania.

Czy tym razem słuchacze zrozumieli, o co chodzi? Jak najbardziej.

SEKRET ZROZUMIAŁOŚCI LINCOLNA

Głęboką i nieustanną troską Lincolna było takie przedstawienie danej myśli, by była ona natychmiast zrozumiała dla każdego słuchającego. W swoim pierwszym przesłaniu do Kongresu posłużył się określeniem „lukrowany". Pan Defrees, drukarz i przyjaciel Lincolna, zasugerował, że ów wyraz, choć może i nadaje się do przemowy pod niebem Illinois, w historycznym dokumencie państwowym może razić swą pospolitością „Cóż, Defrees – odparł Lincoln – jeśli sądzisz, że kiedyś nadejdzie czas, gdy ludzie nie będą rozumieć, co znaczy 'lukrowany', to zastąpię to słowo jakimś innym; na razie niech zostanie tak, jak jest".

Któregoś razu wyjaśnił dr Gulliverowi, dyrektorowi Knox College, skąd pochodzi jego „pasja" dla prostego języka:

> Gdy sięgam pamięcią daleko wstecz, przypominam sobie, że jako małe dziecko zwykle denerwowałem się, gdy ktoś mówił do mnie w sposób dla mnie niezrozumiały. Nie sądzę, bym kiedykolwiek w życiu denerwował się z jakiegoś innego powodu. Ale to jedno zawsze wyprowadzało mnie z równowagi; i tak jest do dziś. Pamiętam, jak po usłyszeniu rozmowy mojego ojca z sąsiadami o wydarzeniach wieczoru, szedłem do mojej małej sypialni i przez większość nocy chodziłem w tę i z powrotem, próbując zrozumieć dokładne znaczenie niektórych z ich słów, tak dla mnie niejasnych. Gdy znaczenie jakiejś myśli nie dawało mi spokoju, nie mogłem zasnąć, choć próbowałem, dopóki go nie uchwyciłem; a gdy wydawało mi się, że wiem już, o co chodzi, nie spoczywałem, dopóki wielokrotnie tego nie powtórzyłem, przekładając daną myśl na język dość prosty, by zrozumiał go każdy inny chłopiec w moim wieku. Tak narodziła się moja pasja, która trwa do dziś.

Pasja? Zgadza się, to zamiłowanie Lincolna musiało przerodzić się w prawdziwą pasję, gdyż, jak przyznał Mentor Graham, nauczyciel z New Salem: „Lincoln potrafił godzinami zastanawiać się nad najlepszym sposobem, z trzech możliwych, na wyrażenie danej myśli".

Powszechnym powodem, że nie rozumiemy wielu mówców jest to, że kwestia, jaką próbują wyjaśnić, nie jest zrozumiała nawet dla nich samych. Mgliste pojęcie! Niewyraźne, niejasne przemyślenia! Skutek? W tej sytuacji ich umysły sprawdzają się mniej więcej równie dobrze, co przeciętny aparat fotograficzny w mglistym krajobrazie. Każdy z takich mówców powinien brać przykład z Lincolna i być równie wyczulony na punkcie jasności i wyrazistości przekazu. Każdy z nich powinien korzystać z jego metod.

ODWOŁAJ SIĘ DO ZMYSŁU WZROKU

Połączenia nerwowe, biegnące od oka do mózgu, są, jak już zauważyliśmy w Rozdziale 4., znacznie większe od tych, które biegną do mózgu od ucha. Według naukowców, wrażeniom wzrokowym poświęcamy dwadzieścia razy więcej uwagi, niż wrażeniom słuchowym.

Jak mówi stare, japońskie przysłowie: „Raz zobaczyć jest lepiej, niż sto razy usłyszeć".

Dlatego, jeśli chcesz być dobrze zrozumiany, pomagaj sobie przykładami, ilustracjami: obrazuj swoje myśli. Tak też postępował John H. Patterson, prezes National Cash Register Company[22]. Patterson napisał artykuł do „System Magazine", wyjaśniając metody, jakimi posługuje się podczas przemawiania do swoich pracowników:

> Zdaję sobie sprawę, że nie można polegać jedynie na mowie, by być w pełni zrozumiałym, albo by zdobyć i utrzymać czyjąś uwagę. Trzeba się czymś wspomóc. Najlepiej nadają się do tego obrazy, pokazujące, co jest właściwe, a co niewłaściwe; diagramy są bardziej przekonujące od samych słów, a obrazy są bardziej przekonujące od diagramów. Najlepszą prezentacją danego tematu jest ta, w której każda myśl jest zobrazowana, a słowa służą jedynie do połączenia poszczególnych ilustracji. Już dawno temu przekonałem się, iż pokazanie jakiegoś obrazu warte jest więcej, niż wszelkie słowa, jakie mogę wypowiedzieć.
>
> Ogromnie skuteczne są małe, groteskowe rysunki... Mam cały system ilustracji rysunkowych, czy też „mów obrazkowych". Kółko z symbolem dolara oznacza pieniądz, worek z symbolem dolara to mnóstwo pieniędzy. Wiele świetnych efektów można osiągnąć przy pomocy graficznego wyobrażenia twarzy. Narysuj okrąg, kropkami i kreskami zaznacz oczy, nos, usta i uszy. Zmiana kształtu tych linii sprawia, że twarz nabiera innego wyrazu. U osoby pesymistycznej i zmęczonej życiem kąciki ust zwrócone są ku dołowi; u osoby radosnej, idącej z duchem czasu, linie twarzy zwracają się ku górze. Rysunki są niewyszukane, jednak najskuteczniejszymi ilustratorami nie są ci, którzy rysują najpiękniej; cała rzecz w tym, by wyrazić daną myśl i pokazać kontrast.
>
> Duża torba i mała torba pieniędzy, jedna obok drugiej, to symbole, wskazujące na właściwy kierunek działań w przeciwieństwie do kierunku niewłaściwego; pierwszy przynosi dużo pieniędzy, drugi mało. Jeśli naszkicujesz je podczas mówienia, nie ma obaw, że umysły słuchaczy będą gdzieś błądzić; będą oni patrzeć na to, co robisz i w ten sposób podążać za tobą przez kolejne etapy aż do wniosku końcowego. Poza tym, zabawne obrazki poprawiają ludziom nastrój.
>
> Zatrudniałem kiedyś rysownika, który chodził za mną po firmie i szkicował rzeczy, które nie były robione właściwie. Następnie ze szkiców powstawały rysunki; wtedy zwoływałem pracowników i dokładnie im pokazywałem, co robią. Gdy usłyszałem o projektorze slajdów, natychmiast taki kupiłem i zacząłem wyświetlać rysunki na ekranie, co, oczywiście, uczyniło je bardziej skutecznymi, niż na papierze. Potem weszła technologia obrazów ruchomych. Sądzę, że mia-

[22] NCRC – National Cash Register Company. Firma działa od 1884 roku oferując – w pierwszym okresie – urządzenia biurowe. Aktualnie: zintegrowane systemy informatyczne.

łem jedną z pierwszych kamer, jakie w ogóle powstały, a obecnie posiadamy spory zbiór filmów i ponad 60 tysięcy kolorowych slajdów.

W dobie komputerów coraz więcej mówców posługuje się PowerPointem dla zilustrowania kluczowych kwestii, jakie przedstawiają w swoich wystąpieniach. Oczywiście, nie każdy temat i nie każda okoliczność nadaje się do tego, by przemówienie wzbogacać rekwizytami i rysunkami; jednak korzystajmy z nich tak często, jak tylko możemy. Przyciągają one uwagę, pobudzają zainteresowanie i nierzadko czynią nasze słowa znacznie bardziej zrozumiałymi.

ROCKEFELLER ROZDZIELA MONETY

Pewnie pamiętasz, jak John D. Rockefeller Junior zaapelował do pracowników Colorado Fuel and Iron Company (Rozdział 10.). Zobaczmy teraz, jak odwołał się do zmysłu wzroku, by wyjaśnić sytuację finansową firmy.

Dowiedziałem się, że pracownicy Colorado Fuel and Iron Company wyobrażają sobie, iż Rockefellerowie czerpią niebotyczne zyski ze swych interesów w Kolorado; mnóstwo ludzi im tak mówiło. Wyjaśniłem im, jak dokładnie wygląda sytuacja. Pokazałem, że w ciągu tych czternastu lat, przez jakie byliśmy związani z Colorado Fuel and Iron Company, nie wypłaciliśmy sobie ani centa dywidendy z akcji zwykłych.

Na jednym ze spotkań z pracownikami posłużyłem się praktyczną ilustracją finansów firmy. Położyłem na stole pewną liczbę monet. Zgarnąłem część, reprezentującą ich płace – gdyż pierwszym zobowiązaniem firmy jest lista płac. Następnie zgarnąłem kolejną część, stanowiącą wynagrodzenie kadry kierowniczej, po czym zabrałem pozostałe monety, które reprezentowały płace członków zarządu. Dla akcjonariuszy nie zostało już nic. Wtedy zapytałem: czy to sprawiedliwe, by w korporacji, gdzie wszyscy jesteśmy partnerami, trzech partnerów otrzymało wynagrodzenie – większe czy mniejsze, ale zawsze – zaś czwarty musiał obejść się smakiem?

Po tej ilustracji, jeden z pracowników zabrał głos, domagając się podniesienia wynagrodzeń. Zapytałem go: „Czy to w porządku, byście żądali wyższych wynagrodzeń, gdy jeden z partnerów nie dostaje niczego?". Pracownik przyznał, że rzeczywiście, nie wygląda to na uczciwy interes; więcej nie słyszałem na temat podniesienia płac.

Niech twoje ilustracje będą jednoznaczne i konkretne. Odmaluj obrazy, które zapadną w pamięć, i będą tak wyraziste, jak róg jelenia, rysujący się na tle zachodzącego słońca. Na przykład, słowo *pies* przywołuje na myśl mniej lub bardziej określony obraz owego zwierzęcia – może cocker spaniela, teriera szkockiego, bernardyna czy jamnika. Zauważ, jak odmienny obraz jawi się przed twoimi oczami, gdy powiem „buldog" – termin znacznie węższy. A czy „buldog bostoński" nie wiąże się z jeszcze konkretniejszym wyobrażeniem? Czy „czarny kucyk szetlandzki" nie jest określeniem bardziej wymownym i żywym, niż po prostu „koń"? Czy „biały kogut ze złamaną nogą" nie przywołuje na myśl obrazu bardziej konkretnego i wyraźnego, niż samo słowo „drób"?

POWTÓRZ WAŻNE MYŚLI, UŻYWAJĄC INNYCH SŁÓW

Napoleon stwierdził, że jedyną, naprawdę ważną zasadą retoryki jest zasada powtórzeń. Wiedział, że choć dana myśl może być jasna i zrozumiała dla niego samego, to już niekoniecznie dla innych. Wiedział, że zrozumienie nowych zagadnień wymaga czasu, że umysł musi się na nich skoncentrować. Krótko mówiąc, wiedział, że rzeczy nowe wymagają powtórzenia. I to niekoniecznie przy pomocy tych samych słów. Ludzie niechętnie to przyjmą, i słusznie. Lecz jeśli powtórzenie wykonane jest przy użyciu świeżej frazeologii, jeśli różni się od swej pierwotnej wersji, słuchacze w ogóle nie zauważą, że mówisz o czymś, co przed chwilą słyszeli.

Przyjrzyjmy się konkretnemu przykładowi. William Jennings Bryan powiedział: „Nie można sprawić, by ludzie zrozumieli jakiś temat, dopóki samemu się go nie zrozumie. Im wyraźniej widzisz dane zagadnienie, tym wyraźniej i bardziej zrozumiale możesz je przedstawić innym".

Drugie zdanie tej wypowiedzi to zaledwie ponowne wyrażenie myśli, zawartej w pierwszym. Jednak w chwili, gdy owe zdania są wypowiadane, słuchacz nie ma czasu na zauważenie, że jest to powtórka. Odnosi jedynie wrażenie, że dana kwestia została lepiej wyjaśniona.

Rzadko zdarza się, bym podczas którejś z sesji mojego kursu nie słyszał co najmniej jednej mowy, która byłaby bardziej zrozumiała i robiła silniejsze wrażenie, gdyby tylko mówca zastosował zasadę powtórzeń. Początkujący mówcy niemal całkowicie ją ignorują. Jaka szkoda!

POSŁUGUJ SIĘ OGÓLNYMI ILUSTRACJAMI I KONKRETNYMI PRZYKŁADAMI

Jednym z najpewniejszych i najprostszych sposobów wyraźnego i zrozumiałego przedstawienia swoich myśli jest poparcie ich ogólnymi ilustracjami i konkretnymi przykładami. Jaka jest między nimi różnica? Jak wskazuje samo określenie, jedne są ogólne, drugie konkretne.

Pokażmy tę różnicę oraz wykorzystanie każdej z form obrazowania na przykładzie. Weźmy takie oto twierdzenie: „Są tam specjaliści, mężczyźni i kobiety, którzy osiągają zdumiewająco wysokie dochody".

Czy to zdanie jest dość jasne? Czy masz doskonałe pojęcie o tym, co mówca naprawdę ma na myśli? Nie, a sam mówca nie może być do końca pewny, jaki obraz takie twierdzenie wywoła w umysłach słuchaczy. Jakiś wiejski lekarz może pomyśleć o lekarzu rodzinnym z miasta, zarabiającym 25 tysięcy rocznie. Utalentowany kierownik średniego szczebla może pomyśleć o dyrektorach, zarabiających rocznie kilkaset tysięcy. Takie zdanie jest stanowczo za mało konkretne i zbyt luźne. Trzeba je uściślić. Mówca powinien podać kilka wyraźnych szczegółów, wskazujących na profesje, jakie ma na myśli, oraz wyjaśniających, co to znaczy „zdumiewająco wysokie". Na przykład: „Są tam prawnicy, zawodowi bokserzy, twórcy piosenek, powieściopisarze, dramatopisarze, malarze, aktorzy i piosenkarze, którzy zarabiają więcej, niż prezydent Stanów Zjednoczonych".

Czy teraz masz już lepsze pojęcie o tym, co mówca ma na myśli? Nie są to jednak słowa zindywidualizowane. Dotyczą ogólnego obrazu, nie wskazując na żadne konkretne osoby. Miałyby znacznie większą moc, gdyby ich autor wymienił nazwiska sławnych aktorów bądź piosenkarzy, zarabiających owe góry pieniędzy, jak zostało to uczynione w poniższym fragmencie:

> Samuel Untermyer i Max D. Steuer, dwóch spośród najlepszych prawników swoich czasów, zarabiali ponoć milion dolarów rocznie. Zarobki Benny'ego Leonarda, mistrza bokserskiego wagi lekkiej z 1920 roku, szacuje się na jedną trzecią miliona. Jack Dempsey, mistrz bokserski wagi ciężkiej, podobno osiągnął pułap pół miliona dolarów rocznie. Zaś ragtime Irvinga Berlina miał mu przynieść w ciągu dwunastu miesięcy aż ćwierć miliona.

A było to w czasach, gdy pięć dolarów dziennie uważane było za niezłą stawkę – można sobie zatem wyobrazić, jak ówcześni słuchacze zareagowaliby na takie rewelacje.

Czy teraz masz już wyraźne i żywe pojęcie o tym, co dokładnie mówca chciał przekazać?

Bądź konkretny. Bądź precyzyjny. Bądź dokładny. Konkretność sprzyja nie tylko lepszemu zrozumieniu, ale także sprawia, że słowa mówcy wywierają większe wrażenie, są bardziej przekonujące oraz wzbudzają większe zainteresowanie.

NIE NAŚLADUJ GÓRSKIEJ KOZICY

Psycholog i wychowawca William James, podczas jednej ze swych mów do nauczycieli, w którymś momencie zatrzymał się i stwierdził, że w trakcie wykładu można poruszyć tylko jedną sprawę, a wykład, o którym mówił, trwał godzinę. A jednak, słyszałem niedawno pewnego mówcę, który, ograniczony stoperem do trzech minut, zaczął od zapowiedzi, że chce zwrócić naszą uwagę na jedenaście spraw. Szesnaście i pół sekundy na każdy punkt poruszanego tematu! Niewiarygodne, że inteligentny człowiek mógłby usiłować zrobić coś tak jawnie absurdalnego. To prawda, podaję przykład ekstremalny, ale skłonność do popełniania podobnego błędu, jeśli nie identycznego, upośledza niemal każdego nowicjusza. Tak jakby jakiś przewodnik próbował w jeden dzień pokazać turystom Paryż. Można to zrobić, tak jak można w ciągu trzech minut „przegalopować" przez Amerykańskie Muzeum Historii Naturalnej. Ale nie będzie to ani owocne, ani przyjemne. Wiele mów zupełnie do słuchaczy nie trafia, gdyż ich autorzy sprawiają wrażenie, jakby usiłowali ustanowić światowy rekord w ilości tematów poruszanych w przydzielonym im czasie. Tacy mówcy przeskakują z jednego punktu na drugi z szybkością i zwinnością kozicy górskiej.

Z uwagi na presję czasu, mowy wygłaszane na moim kursie muszą być krótkie. Dlatego uczulam moich kursantów, by odpowiednio dobierali słowa. Jeśli, na przykład, mają mówić na temat związków zawodowych, niech nie usiłują w ciągu trzech czy sześciu minut zmieścić wszystko: dlaczego te związki powstały, jakimi metodami się posługują, co dobrego udało im się osiągnąć, co złego spowodowały, oraz jak rozwiązywać konflikty między pracownikami a pracodawcami. Nie tędy droga; jeśli spróbujesz to zrobić, nikt nie będzie do końca pewien, co właściwie zostało powiedziane. Słuchacze będą zdezorientowani, mając niewyraźny obraz tego, co im przekazałeś – jakiś plik pomieszanych informacji, zbyt pobieżnych i stanowiących zaledwie szkic przemowy.

Czy nie lepiej byłoby poruszyć tylko jedną kwestię dotyczącą związków zawodowych i w pełni ją rozwinąć, popierając ilustracjami i przykładami? Znacznie lepiej. Taka przemowa pozostawiłaby o wiele lepsze wrażenie. Jej obraz byłby jasny i przejrzysty, a usłyszane informacje łatwe do przyjęcia i zapamiętania.

Jeśli jednak musisz poruszyć kilka spraw, warto na końcu krótko je podsumować. Spójrzmy, jak taka wskazówka sprawdza się w praktyce. Oto podsumowanie bieżącej lekcji. Czy zapoznanie się z nim pomaga uczynić przedstawiony tu przekaz bardziej jasnym i zrozumiałym?

W SKRÓCIE

- Wyrażanie się w sposób jasny jest rzeczą bardzo ważną i często bardzo trudną. Chrystus przyznał, że musi nauczać przez przypowieści, „bo (słuchacze) patrzą, lecz nie widzą; słuchają, lecz nie słyszą; tak więc i nie rozumieją".
- Chrystus wyjaśniał rzeczy nieznane, mówiąc o nich w kategoriach rzeczy znanych. Królestwo Niebieskie porównał do zaczynu, do sieci zarzuconych w morze, do kupca kupującego perły. „Idźcie więc i czyńcie podobnie". Jeśli chcesz, by słuchacze mieli dokładne pojęcie o rozmiarze Alaski, nie podawaj jej po-

wierzchni w metrach kwadratowych; zamiast tego, wymień nazwy znanych obszarów, jakie mogłyby się w niej zmieścić. Mówiąc o jej zaludnieniu, przyrównaj liczbę jej mieszkańców do populacji miasta, w którym przemawiasz.

- Zwracając się do słuchaczy laików, unikaj posługiwania się terminologią specjalistyczną. Pójdź za wskazówką Lincolna i ubierz swoje myśli w słowa dość proste, by zrozumiało je każde dziecko.
- Upewnij się, że temat, który chcesz przedstawić, jest przede wszystkim dla ciebie samego jasny niczym promienie słońca w samo południe.
- Odwołaj się do zmysłu wzroku. W miarę możliwości posługuj się rekwizytami, obrazami, ilustracjami. Bądź konkretny. Nie mów po prostu „pies", jeśli masz na myśli „foksteriera z czarną plamką nad prawym okiem".
- Powtórz najważniejsze kwestie, ale zrób to innym językiem; nie korzystaj ponownie z tych samych słów. Różnicuj zdania, przypominając wypowiedzianą już myśl tak, by słuchacze nie zauważyli, że mówisz o tym samym.
- Wyjaśniaj abstrakcyjne twierdzenia, popierając je ogólnymi ilustracjami lub – jeszcze lepiej – określonymi przykładami i konkretnymi przypadkami.
- Nie usiłuj omówić zbyt wielu zagadnień. W trakcie krótkiej mowy nie da się odpowiednio potraktować więcej niż jednej czy dwóch kwestii, dotyczących danego tematu.
- Zakończ krótkim podsumowaniem.

PRAWIDŁOWE POSŁUGIWANIE SIĘ SŁOWAMI

OBOJĘTNOŚĆ/ZOBOJĘTNIENIE. *Obojętność* to brak zainteresowania jakąś sprawą. *Zobojętnienie* to apatia, całkowity brak uczuć. Ktoś może mieć *obojętny* stosunek do polityki lub wykazywać *zobojętnienie* wobec wszystkiego, co się wokół dzieje.

BYĆ SKŁONNYM/MIEĆ SZANSĘ/BYĆ NARAŻONYM. Źle: „Jego upór *ma szansę* wpakować go w kłopoty". Lepiej jest powiedzieć: „Przez swój upór *narażony jest* na kłopoty". *Skłonny* sugeruje naturalną tendencję, np.: „Ludzie są *skłonni* winić swój los". *Mieć szansę* odnosi się do czegoś prawdopodobnego i pożądanego, np.: „Nasz koń *ma szansę* wygrać Wielką Warszawską". *Narażony* wskazuje na coś nieprzyjemnego, np.: „Jesteśmy *narażeni* na kłopoty".

ZEZWALAĆ/POZWALAĆ. *Zezwalasz* komuś na przejście przez dany teren, jeśli to przejście aprobujesz lub wydajesz na nie zezwolenie; lecz jeśli w żaden sposób nie próbujesz mu zapobiec, *pozwalasz* na nie.

PRZYPOMINAĆ SOBIE/PAMIĘTAĆ. *Przypominanie sobie* wiąże się ze świadomie podejmowany wysiłkiem; *pamiętanie* niekoniecznie.

ĆWICZENIE GŁOSU – ROZWÓJ REZONANSU

Pamiętasz, jak w dzieciństwie wkładałeś głowę do częściowo pustej beczki z deszczówką i coś mówiłeś, a efekt był tak silny, że aż dzwoniło ci w uszach? Ten efekt to zasługa rezonansu. Dźwięk, jaki wydawałeś, był znacznie zwielokrotniony, gdyż powstawał w miejscu częściowo zamkniętym. Wszystkie instrumenty muzyczne – bęben, róg ze swoją tubą i czarą głosową, fortepian z płytą rezonansową, skrzypce z pudłem z sezonowanego drewna – wszystko to jest skonstruowane wedle zasady, że stosunkowo słaby dźwięk pierwotny może ulec wzmocnieniu i spotęgowaniu przez wybrzmienie w odpowiednim, elastycznym nośniku, czy to w powietrzu, drewnie czy w metalu. Takim instrumentem jest również ludzki głos. Nikłe brzmienie strun głosowych to pierwotny dźwięk, który wywołuje wibracje w klatce piersiowej i w częściowo otwartych otworach powietrznych gardła, ust i nosa, gdzie zostaje wspaniale wzmocniony, znacznie zyskując na sile i szlachetności. Gdybyśmy słyszeli jedynie pierwotne brzmienie strun głosowych, ów dźwięk niósłby się zaledwie na dwa, trzy metry i nie miałby żadnej z cech, jakie wiążemy z ludzką mową. Rezonans klatki piersiowej jest w dużej mierze automatyczny, podczas gdy rezonans otworów czaszkowych podlega naszej kontroli, a umiejętne nim operowanie może przynieść efekty zarówno piękne, jak i potężne. Pewien znany mi mówca, który posiadał wyjątkowo bezdźwięczny i pusty głos, dzięki uważnemu zgłębianiu teorii i sumiennym ćwiczeniom nauczył się w pełni wykorzystywać rezonans czaszkowy. Obecnie już od kilku lat znany jest z niezwykle dźwięcznego głosu oraz z umiejętności bezproblemowego zapełniania wielkich audytoriów. Nauka właściwego posługiwania się rezonansem, szczególnie ustnym i nosowym, powinna stanowić ważną część zgłębiania sztuki publicznego przemawiania.

Opuszczające krtań powietrze wydostaje się przez otwarte gardło, docierając do osłony podniebienia miękkiego, którą możemy dostrzec w głębi jamy ustnej. Część strumienia powietrza wpada do jamy ustnej, a część wznosi się korytarzem, umiejscowionym z tyłu tej osłony, ku jamie nosowej.

Z tych dwóch, jama nosowa jest większa, a jej powierzchnia jest tak nieregularna i zróżnicowana, jak wnętrze górskiej jaskini. Czy zdarzyło ci się głośno mówić lub nawoływać w jaskini? Jeśli tak, do twych zdumionych uszu dotarły wówczas odbicia, jakich nigdy jeszcze nie słyszałeś. W podobny sposób twój głos nabiera doskonałych, bogatych tonów, wybrzmiewając w dziwnie ukształtowanych, przepaścistych przestrzeniach jamy nosowej i głowy. Zjawisko to zwie się „rezonansem czaszkowym". Jednocześnie, drugi strumień, wpadający do jamy ustnej pod sklepieniem podniebienia, podlega zupełnie innej zmianie. Poza wzmocnieniem pod względem dźwięku, tak jak dzieje się to ze strumieniem, który dostaje się do jamy nosowej prze tylne drzwi, ów drugi strumień ulega modyfikacji za sprawą *kształtu*, nadanego wnętrzu jamy ustnej przez plastyczny język i mobilne usta. Te zachodzące w jamie ustnej modyfikacje nikłych, pierwotnych dźwięków zwane są samogłoskami. Wiemy zatem, że samogłoski to zaledwie przejaw ustnego rezonansu, nie zaś produkt strun głosowych. W krtani wszystkie samogłoski brzmią tak samo. Dopiero kształt, chwilowo nadany wnętrzu jamy ustnej, w dużej mierze za sprawą języka, określa brzmienie danej samogłoski. Dlatego jama ustna to jama samogłoskowa, gdzie powstają też interferencje zwane spółgłoskami. Pokażę teraz, jak najbardziej efektywnie wykorzystywać te trzy rezonujące, wewnętrzne przestrzenie.

Klatka piersiowa rezonuje *automatycznie*, gdy mocno oprzesz swój głos na kontrolowanym oddechu (Rozdział 5.). Możesz to poczuć, kładąc dłoń na górnej części klatki piersiowej. Rezonans jest silniejszy przy głębszych tonach niskiego głosu, jednak można go wyczuć na całej skali dorosłego, męskiego głosu. Przy każdym wypowiadanym słowie wesprzyj swój głos głębokim oddechem, a otrzymasz pełną pomoc ze strony klatki piersiowej i zachodzącego w niej rezonansu.

Jeśli chodzi o rezonans nosowy, ta cenna pomoc może być uzyskana jedynie dzięki specjalnym ćwiczeniom. Przede wszystkim trzeba wiedzieć, czym różni się nosowy rezonans od nosowego głosu. Głos nosowy powstaje wtedy, gdy dźwięk nie przedostaje się przez nos swobodnie. Kciukiem i palcem wskazującym zatkaj sobie nos. Powiedz „mobilny automobil". Zwróć uwagę na nieprzyjemną nosowość głosu. Ten sam efekt możesz osiągnąć również po odjęciu palców, celowo nie dopuszczając, by dźwięk wydostał się przez nos. A teraz powtórz te słowa z pełną swobodą. Nieprzyjemna cecha znikła. Gdy mówisz, wypowiadaj słowa „ku przodowi" jamy ustnej, jednocześnie pozwalając, by dźwięk wydostawał się swobodnie przez nos. Oto kilka ćwiczeń, które pomogą ci osiągnąć przyzwoity rezonans czaszkowy i solidną siłę nośną głosu.

ĆWICZENIE 1

Nabierz głęboko powietrza. Robiąc powolny, stopniowy wydech, wypowiadaj różne spółgłoski. Nie przerywając wydechu, po każdej spółgłosce zamknij usta, kierując strumień powietrza ku nosowi i mimowolnie tworząc spółgłoskę *m*.

ĆWICZENIE 2

Weź głęboki wdech. Wydaj przeciągłe *m*. Nie przerywając, zmień dźwięk na *n* przez uchylenie ust i dotknięcie językiem do podniebienia. Wróć do *m*, po czym ponownie zmień na *n*; powtórz zmianę kilkukrotnie, nie przerywając rezonansu: *mnmnmnmn*. Zwróć uwagę, w którym miejscu odczuwasz wrażenie wibrowania.

ĆWICZENIE 3

Powtórz ćwiczenie 2., umieszczając między spółgłoskami samogłoskę *e*: *menemenemene*. Zwróć uwagę na czysty rezonans samogłoski na przedzie jamy ustnej podczas nieprzerwanego dźwięku wydostającego się przez nos. Ważne, by ten dźwięk towarzyszył wypowiadanej samogłosce. Poczuj go i usłysz.

ĆWICZENIE 4

Powtórz ćwiczenie 3., do każdego *mene* dodając *a*: menea... menea... Nie przerywając strumienia rezonansu, uzyskasz czyste, dźwięczne *a*, słyszane na przedzie jamy ustnej tuż za górnymi, przednimi zębami, jednocześnie słysząc swój głos w pozostałych otworach głowy.

ĆWICZENIE 5

Kilkakrotnie powtórz powoli *min... man... min... man...*, nie przerywając strumienia rezonansu w otworach nosowych.

Sekret życiowego sukcesu to wiedza, jak zmieniać ludzkie umysły. To właśnie ta moc sprawia, że ktoś odnosi sukcesy jako prawnik, sklepikarz, polityk czy kaznodzieja.

DR FRANK CRANE

Przepisem na wieczną ignorancję jest satysfakcja z własnych poglądów i zadowolenie ze swojej wiedzy.

ELBERT HUBBARD

Mówca publiczny musi przekonująco i atrakcyjnie przedstawić ten sam temat, który inni omawiają przy użyciu tak banalnej i suchej frazeologii.

CYCERON

Praktykowanie publicznego przemawiania, wysiłek logicznego i skutecznego pokierowania wszystkimi swoimi siłami oraz skoncentrowania się na całej posiadanej mocy, to ogromny bodziec dla wszystkich zdolności mówcy. Poczucie mocy, pochodzące z podtrzymywania uwagi słuchaczy, z poruszania ich emocji, czy wpływania na ich tok myślenia, daje mówcy pewność siebie i wiarę we własne możliwości, wzmaga jego samodzielność i ambicję oraz sprawia, że staje się on bardziej skuteczny pod każdym względem.

DR ORISON SWETT MARDEN

ROZDZIAŁ

13

JAK WYWIERAĆ WRAŻENIE I BYĆ PRZEKONUJĄCYM

Oto pewne psychologiczne odkrycie o ogromnym znaczeniu: „Każda myśl, koncepcja czy wniosek, jakie pojawiają się w umyśle – powiedział Walter Dill Scott, rektor Northwestern University – uważane są za prawdziwe, dopóki nie zostaną zablokowane przez jakąś myśl przeciwną. Jeśli poddamy komuś jakąś myśl, nie musimy koniecznie dowodzić jej prawdziwości; wystarczy, że nie dopuścimy do pojawienia się w umyśle tej osoby myśli, które by tamtą podważały. Jeśli nakłonię cię do przeczytania zdania: «Amerykańskie opony to dobre opony», uwierzysz, że to prawda i bez żadnego dalszego udowadniania będziesz trwać w tym przekonaniu, jeśli tylko żadna przeciwna temu twierdzeniu myśl nie pojawi się w twojej głowie".

Dr Scott mówi tu o sugestii – jednej z najpotężniejszych technik wywierania wpływu, jakimi mówca (publiczny czy prywatny) może się posłużyć.

Trzysta lat przed tym, jak Trzech Mędrców ze Wschodu udało się w podróż, podążając za gwiazdą betlejemską podczas pierwszych świąt Bożego Narodzenia, Arystoteles nauczał, że człowiek to zwierzę myślące – że postępuje zgodnie z tym, co podpowiada mu rozum. Arystoteles nam schlebiał. Czyny oparte o czyste rozumowanie są zjawiskiem tak rzadkim, jak romantyczne myśli przed śniadaniem. Większość naszych działań to wynik sugestii.

Sugestia to skłanianie umysłu do zaakceptowania danej myśli bez poparcia jej jakimkolwiek dowodem czy demonstracją. Jeśli powiem: „Mąka Pilsbury jest doskonale czysta" i nie będę próbował tego udowodnić, moje twierdzenie będzie sugestią. Jeśli zaś przedstawię analizę tego produktu oraz pochlebną opinię znanych mistrzów kuchni, będzie to już próba udowodnienia mojego twierdzenia.

Największe sukcesy w radzeniu sobie w kontaktach międzyludzkich osiągają ci, którzy polegają bardziej na sugestii, niż na argumentacji. Handel i nowoczesna reklama w przeważającej mierze opierają się na sugestii.

Łatwo jest wierzyć; wątpienie jest trudniejsze. By w coś wątpić i inteligentnie to kwestionować, potrzebne są doświadczenie, wiedza i myślenie. Powiedz dziecku, że święty Mikołaj wchodzi przez komin, a człowiekowi prymitywnemu, że piorun to przejaw gniewu bogów, a zarówno dziecko, jak i człowiek prymitywny przyjmą twoje twierdzenia, dopóki nie zdobędą dostatecznej wiedzy, by się im sprzeciwić. Oto przykład: miliony Hindusów żarliwie wierzą, że wody Gangesu są święte, a zabicie krowy jest takim samym złem, jak zabicie człowieka. Dla niektórych są to autentyczne koncepcje, być może poparte osobistymi doświadczeniami; jednak większość przyjmuje je tylko dlatego, że tak mocno zostały one zaszczepione w ich umysłach.

Takie przekonania nie są domeną ludzi z innych kultur. Jeśli z bliska przyjrzymy się faktom, odkryjemy, że większość naszych poglądów, nasze najstaranniej pielęgnowane przekonania, podstawowe wierzenia i zasady postępowania, na których wielu z nas opiera istotę swojego życia, są raczej wynikiem sugestii, niż własnych przemyśleń czy doświadczeń. Konkretny przykład ze świata handlu: koszule Ralpha Laurena, samochody BMW, keczup Heinz, czekolada Lindt i mydło Ivory to produkty uważane za jedne z najlepszych w swoim rodzaju (jeśli nie wiodące). Dlaczego? Czy mamy odpowiednie argumenty dla poparcia takiej oceny? Większość z nas nie ma. Czy dokonaliśmy dokładnego porównania wartości tych marek z wynikami firm konkurencyjnych? Nie! Uwierzyliśmy w rzeczy, które nie są poparte żadnymi dowodami. Nasze przekonania powstały na gruncie tendencyjnych, pozbawionych obiektywizmu i stale powtarzanych twierdzeń, nie zaś na gruncic logiki.

Ludzkie życie opiera się na sugestii. Spójrzmy na prosty przykład, pokazujący, jak większość z nas codziennie podlega wpływowi sugestii.

Wiele razy czytałeś, że kawa szkodzi. Załóżmy, że chcesz ją odstawić. Idziesz na kolację do swojej ulubionej restauracji. Jeśli kelnerka nie bacząc na szkodliwość kawy (może o tym nie wie), zapyta: „Czy życzy pan sobie kawy?" – pytanie wywołuje w twojej głowie krótką bitwę między argumentami za i przeciw. Tym razem zwycięża samokontrola. Bardziej zależy ci na zdrowiu, niż na chwilowej rozkoszy podniebienia. Jeśli pytanie sformułowane jest w sposób negatywny: „Nie chce pan kawy?", łatwiej jest odpowiedzieć „nie". Myśl o odrzuceniu propozycji kelnerki przeradza się w działanie. (Pewnie nieraz słyszałeś, jak jakiś niedouczony i niewyrobiony sprzedawca wita potencjalnego klienta taką negatywnie sformułowaną propozycją.) Ale przypuśćmy, że kelnerka zapyta: „Życzy pan sobie kawy teraz czy później?". Co się dzieje? Kelnerka czyni subtelne założenie, że twoja konsumpcja kawy jest sprawą z góry przesądzoną; całą twoją uwagę koncentruje na tym, kiedy chcesz się tej kawy napić, czym wyklucza z twojego umysłu inne względy, utrudniając pojawienie się możliwości przeciwnej, a ułatwiając przekształcenie myśli o zamówieniu kawy w działanie. Skutek? Mówisz: „Proszę podać teraz", choć tak naprawdę wcale nie miałeś zamiaru jej zamawiać. Sam znalazłem się kiedyś w takiej sytuacji. Tak jak pewnie większość czytelników. To i tysiące podobnych zajść mają miejsce każdego dnia. Kierownicy domów handlowych instruują swoich sprzedawców, by pytali: „Zabierze to pan ze sobą?". Wiedzą, że pytanie: „Życzy pan sobie wysłać?" natychmiast zwiększa koszt dostawy.

Ludzie nie tylko skłonni są akceptować i uznawać za prawdziwą każdą koncepcję, jaką się im podsunie; powszechnie znaną psychologiczną prawdą jest również to, że jesteśmy skłonni przekształcać podsuwane nam koncepcje w działanie. Na przykład, myśląc o jakiejś literze alfabetu, delikatnie napinasz mięśnie, służące do jej wyartykułowania. Myśląc o połykaniu, delikatnie napinasz mięśnie, które uczestniczą w tej czynności. Ten ruch może być dla ciebie niedostrzegalny, ale istnieją urządzenia dość czułe, by zarejestrować tę mięśniową reakcję. Jedyną przyczyną, dlaczego nie robisz wszystkiego, o czym pomyślisz, jest to, że jakaś inna myśl – o bezcelowości danej rzeczy, o wiążących się z nią kosztach, kłopotach czy zagrożeniach, o jej absurdalności, czy jeszcze o czymś innym – pojawia się i niszczy pierwotny impuls.

NASZ GŁÓWNY PROBLEM

Zatem, jak wynika z powyższej analizy, nakłonienie ludzi do przyjęcia naszych przekonań bądź do działania zgodnie z naszymi sugestiami sprowadza się do jednego: należy zaszczepić daną koncepcję w ich umysłach i nie dopuścić do pojawienia się koncepcji przeciwnej. Ten, kto tę sztukę opanuje, stanie się skutecznym mówcą i doskonałym biznesmenem.

POMOC, JAKĄ OFERUJE NAM PSYCHOLOGIA

Czy psychologia ma dla nas jakieś wskazówki, które mogą okazać się tu pomocne? Stanowczo tak. Spójrzmy. Po pierwsze, czy nie zauważyłeś, że pojawienie się koncepcji przeciwnej jest znacznie mniej prawdopodobne, jeśli główna myśl zostanie przedstawiona z uczuciem i z zaraźliwym entuzjazmem? Mówię „zaraźliwym", bo entuzjazm właśnie taki jest. Entuzjazm usypia zmysł krytyczny. To bariera nie do przebycia dla wszelkich odmiennych, negatywnych i przeciwstawnych myśli. Jeśli twoim celem jest wywarcie wrażenia, pamiętaj, że w takim wypadku lepiej jest poruszyć emocje, niż pobudzić do myślenia. Uczucia mają większą moc, niż zimne myśli. By wzbudzić uczucia, musisz mówić z głębokim przekonaniem i żarliwością. Nieszczerość pozbawia przekaz wigoru, zabija jego żywotność. Bez względu na wszystkie piękne zdania, jakie zbudujesz; bez względu na ilustracje i przykłady, jakie przedstawisz; bez względu na harmonię twego głosu i wdzięk gestów: jeśli nie mówisz szczerze, twoja mowa jest miła w odbiorze, ale pusta. Jeśli chcesz wywrzeć na kimś wrażenie, najpierw sam bądź pod wrażeniem. Twój duch, wyzierający z twoich oczu, emanujący z twego głosu i objawiający się w twoim sposobie bycia, sam przemówi do tych, którzy będą cię słuchać.

COŚ, CO CHCESZ, BY LUDZIE PRZYJĘLI, PORÓWNAJ DO CZEGOŚ, O CZYM SĄ JUŻ PRZEKONANI

Pewien ateista oznajmił kiedyś pobożnemu duchownemu, że nie ma Boga i postawił przed nim wyzwanie, by ten udowodnił mu, że się myli. Duchowny bardzo spokojne wyjął swój kieszonkowy zegarek, otworzył kopertę i pokazał niewierzącemu mechanizm, mówiąc: „Gdybym ci powiedział, że wszystkie te dźwignie, kółka i sprężyny same się zrobiły i same poskładały i zaczęły pracować dzięki własnej mocy, nie popatrzyłbyś na mnie jak na wariata? Oczywiście, że byś popatrzył. A teraz spójrz na gwiazdy. Każda z nich ma swój doskonale wyznaczony kurs i bieg – ziemia i planety krążące wokół słońca i cały zbiór ciał niebieskich, pokonujących dziennie setki tysięcy kilometrów. Każda gwiazda to kolejne słońce, posiadające własny zbiór światów, przemierzających przestrzeń kosmiczną tak samo, jak nasz układ słoneczny. A jednak nie ma tam żadnych kolizji, żadnych zakłóceń, żadnego bałaganu. Wszystko odbywa się spokojnie, skutecznie i pod kontrolą. Łatwiej jest wierzyć, że wszystko to po prostu powstało i samo w ten sposób działa, czy, że ktoś za to odpowiada?”.

Imponujące, prawda? Jaką techniką posłużył się mówca? Spójrzmy. Zaczął ze wspólnej płaszczyzny, skłaniając słuchacza do powiedzenia „tak” i przyznania mu racji już na samym początku (zalecenie Rozdziału 10.). Następnie pokazał, że wiara w bóstwo jest rzeczą tak prostą i tak nieuchronną, jak wiara w zegarmistrza.

Załóżmy, że duchowny zareagowałby inaczej i z mostu natarłby na ateistę: „Nie ma Boga? Nie bądź idiotą. Nie wiesz, o czym mówisz”. Co by się stało? Bez wątpienia doszłoby do ustnego starcia – rozgorzałaby słowna bitwa, równie gwałtowna, co bezsensowna. Ateistę ogarnąłby „bezbożny” zapał, by z całą furią fanatyka walczyć w obronie swoich poglądów. Dlaczego? Bo był to jego system przekonań; bo jego cenna, nieodzowna samoocena zostałaby zagrożona; bo chodziłoby tu o jego dumę.

Biorąc pod uwagę fakt, iż duma jest tak zasadniczo wybuchową cechą ludzkiej natury, czyż nie byłoby mądrzej użyć takich słów, dzięki którym czyjaś duma pracowałaby *dla* nas, a nie *przeciwko* nam? Jak? Przez pokazanie, jak zrobił to ów duchowny, że sprawa, której bronimy, jest bardzo podobna do czegoś, w co nasz oponent już wierzy lub, do czego już jest przekonany. Dzięki temu będzie mu łatwiej zaakceptować nasz punkt widzenia, niż go odrzucić. Takie posunięcie zapobiegnie też pojawieniu się w umyśle oponenta myśli przeciwnych i sprzecznych z naszymi, które osłabiłyby to, co powiedzieliśmy.

Duchowny wykazał się znajomością i respektowaniem zasad funkcjonowania ludzkiego umysłu. Jednak większość ludzi nie posiada tej subtelnej zdolności i nie umie przekraczać bram twierdzy czyichś przekonań, idąc ramię w ramię z ich właścicielem. Większość błędnie sądzi, że aby zdobyć tę twierdzę, muszą wziąć ją szturmem, zburzyć i zniszczyć przez frontalny atak. Co się dzieje? W chwili wszczęcia działań wojennych most zwodzony podnosi się, wrota zostają zatrzaśnięte i zaryglowane, a łucznicy zajmują swoje stanowiska i napinają cięciwy – bitwa na słowa rozpoczęta. Takie boje zawsze pozostają nierozstrzygnięte, gdyż żadna ze stron nie rezygnuje ze swojego stanowiska.

ROZTROPNOŚĆ ŚWIĘTEGO PAWŁA

Ta rozsądna metoda, jaką tu polecam, nie jest niczym nowym. Już wieki temu posługiwał się nią święty Paweł. Skorzystał z niej choćby w swej słynnej przemowie do Ateńczyków na Wzgórzu Marsowym – robiąc to ze sprytem i finezją, jakie już od dwudziestu stuleci wzbudzają podziw czytelników. Paweł był człowiekiem starannie wykształconym, a gdy został chrześcijaninem, jego elokwencja uczyniła go wiodącym orędownikiem wiary. Pewnego dnia przybył do Aten – miasta, które w owym czasie szczyt chwały miało już za sobą i chyliło się ku upadkowi. Biblia mówi, że „wszyscy Ateńczycy i zamieszkali tam cudzoziemcy spędzali czas jedynie na opowiadaniu lub słuchaniu nowin".

Żadnego radia, żadnego internetu, żadnych kanałów informacyjnych – Ateńczykom musiało być trudno każdego popołudnia zdobywać świeże wiadomości. I wtedy pojawił się Paweł. Oto coś nowego. Zebrali się wokół niego, rozbawieni, zaciekawieni, zainteresowani, i zapytali:

> Czy możemy dowiedzieć się, co to za nowa nauka, którą głosisz? Kładziesz bowiem jakieś niezwykłe rzeczy w nasze uszy; chcemy przeto wiedzieć, o co właściwie chodzi.

Innymi słowy, poprosili go o zabranie głosu, a Paweł, oczywiście, chętnie uległ ich prośbom. Prawdę mówiąc, właśnie po to tam przybył – by do nich przemówić. Prawdopodobnie stanął na jakimś podwyższeniu, po czym, będąc nieco zdenerwowany, jak wszyscy świetni mówcy na początku przemowy, być może potarł dłonie i odchrząknął.

Nie spodobał mu się jednak sposób, w jaki Ateńczycy sformułowali swoje zaproszenie: „Bajarz... zwiastun obcych bogów". To trucizna. Musiał wyplenić ten pogląd, gdyż stanowił on podatny grunt dla propagowania sprzecznych poglądów. Nie chciał przedstawiać swojej wiary jako czegoś dziwnego i obcego. Chciał ją połączyć, przyrównać do czegoś, w co już wierzyli. To stłumiłoby przeciwne mu argumenty. Ale jak to zrobić? Paweł pomyślał przez chwilę, po czym wpadł na znakomity plan; rozpoczął swoją nieśmiertelną odezwę: „Mężowie Ateńscy! Widzę, że pod każdym względem jesteście ludźmi nadzwyczaj pobożnymi".

Niektóre przekłady podają „jesteście bardzo religijni". Sądzę, że tak jest lepiej, bardziej celnie. Ateńczycy czcili wielu bogów; byli zatem bardzo religijni. I szczycili się tym. Paweł powiedział im komplement, sprawił im przyjemność, czym zjednał sobie ich przychylność. Jedną z zasad sztuki publicznego przemawiania jest poparcie twierdzenia przykładem. I Paweł to robi: „Przechodząc bowiem i oglądając wasze świętości, znalazłem też ołtarz, na którym napisano: Nieznanemu Bogu".

To potwierdza ogromną religijność Ateńczyków. Ci ludzie tak bardzo obawiali się obrażenia któregoś z bóstw, że zbudowali ołtarz nieznanemu Bogu – taki rodzaj ubezpieczenia łącznego na wypadek nieświadomej zniewagi i niezamierzonego przeoczenia. Paweł, wspominając o tym wyjątkowym ołtarzu, daje do zrozumienia, że jego uwaga o ich religijności nie jest zwykłym pochlebstwem, ale wynika z autentycznego podziwu, zrodzonego z obserwacji.

Po czym mówi coś fantastycznego: „Otóż to, co czcicie, nie znając, ja wam zwiastuję".

„Bajarz... zwiastun obcych bogów"? Ani trochę. Zjawił się tam jedynie po to, by wyjaśnić kilka prawd na temat Boga, którego już czcili, nie będąc tego świadomymi. Oto doskonała metoda Pawła: połączyć poglądy, które są słuchaczom obce, z czymś, czemu są żarliwie oddani.

Paweł przedłożył Grekom swą doktrynę o zbawieniu i zmartwychwstaniu, zacytował kilka słów jednego z ich własnych, greckich poetów i na tym zakończył. Cała przemowa zajęła mu mniej niż dwie minuty. Niektórzy naśmiewali się z jego słów, lecz inni powiedzieli: „O tym będziemy cię słuchali innym razem".

Na marginesie warto zauważyć, że jest to jedna z zalet dwuminutowej przemowy: mówca może zostać poproszony o ponowne zabranie głosu, tak jak poproszono o to Pawła. Pewien polityk z Filadelfii powiedział mi kiedyś, że główne zasady, o jakich należy pamiętać podczas wygłaszania mowy, to: mów krótko i mów ostro. Mówiąc do Ateńczyków, Paweł zastosował je obie.

Obecnie bardziej wyrobione firmy stosują ową technikę w swojej działalności marketingowej. Oto fragment listu handlowego, jaki niedawno trafił na moje biurko:

> Old Hampshire Bond kosztuje mniej niż pół centa więcej za list na najtańszym dostępnym papierze. Jeśli napiszesz do klienta dziesięć listów rocznie, korzystanie z Old Hampshire będzie cię kosztować mniej, niż opłata za przejazd środkami komunikacji miejskiej – mniej, niż podarowanie klientowi dobrego cygara raz na pięć lat.

Kto mógłby mieć coś przeciwko płaceniu rocznie tyle, ile wynosi jednorazowa opłata za przejazd lub dwa cygara raz na dziesięć lat? Oczywiście nikt. A korzystanie z Old Hampshire Bond tylko o tyle powiększy twoje wydatki. Czy nie uprzedza to wszelkich prób przeciwstawienia się dodatkowym kosztom?

JAK SPRAWIĆ, BY NIEWIELKIE SUMY WYDAWAŁY SIĘ DUŻE, A DUŻE SUMY WYDAWAŁY SIĘ MAŁE

W podobny sposób, duża suma może wydać się mała, jeśli rozłożymy ją na dłuższy czas i porównamy dzienny wydatek z czymś trywialnym.

Na przykład, w reklamach samochodów dużym drukiem zaznacza się, jak niewiele wynosi miesięczny koszt zakupu, za to małym drukiem, ile miesięcy zajmie spłata całej sumy.

Z drugiej strony, małe sumy mogą wydawać się potężne przez odwrócenie tego procesu, czyli przez ich skoncentrowanie. Pewien przedstawiciel firmy telefonicznej dodał pojedyncze minuty, by zrobić na słuchaczach wrażenie ogromną ilością czasu, jaki nowojorczycy tracą z powodu niewłaściwego odbierania telefonów:

> Z setki wykonanych połączeń telefonicznych, siedem wykazuje ponad minutowe opóźnienie, zanim odbiorca podniesie słuchawkę. Każdego dnia traci się w ten sposób 280 tysięcy minut. W ciągu sześciu miesięcy w Nowym Jorku, to minutowe opóźnienie porównywalne jest do wszystkich dni roboczych, jakie upłynęły od dnia, gdy Kolumb odkrył Amerykę.

JAK SPRAWIĆ, BY PRZYTACZANE WIELKOŚCI ROBIŁY WRAŻENIE

Nagie liczby i ilości same w sobie nie robią większego wrażenia. Trzeba je zilustrować i, w miarę możliwości, ująć w kategoriach odnoszących się do własnych doświadczeń, najlepiej doświadczeń niedawnych i związanych z przeżywanymi emocjami. Na przykład, pewien brytyjski radny posłużył się tą techniką, gdy przemawiał przed Radą Miejską Londynu na temat warunków pracy. W trakcie przemowy nagle przerwał, wyjął zegarek i w kompletnej ciszy stał, patrząc na słuchaczy przez minutę i dwanaście sekund. Pozostali członkowie Rady kręcili się niespokojnie na swoich miejscach, zerkając pytająco to na mówcę, to na siebie nawzajem. O co chodzi? Czy radny nagle stracił rozum? Ten zaś, wznawiając mowę, oznajmił: „Właśnie siedzieliście i wierciliście się przez siedemdziesięciosekundową wieczność, stanowiącą przybliżony czas, w jakim robotnik kładzie jedną cegłę".

Czy jego metoda była skuteczna? Owszem, i to tak bardzo, że wiadomość o jego przemowie rozeszła się po całym świecie, trafiając do zamorskich gazet. Była tak skuteczna, że Amalgamated Union of Building Trades [Połączone Związki Branży Budowlanej] od razu wszczęły strajk „w proteście przeciwko zniewadze naszej godności".

Które z poniższych twierdzeń bardziej dobitnie wyraża daną myśl?

> W Watykanie znajduje się piętnaście tysięcy pokojów.
> W Watykanie znajduje się tyle pokojów, że ktoś mógłby przez czterdzieści lat codziennie zajmować inny pokój i wciąż nie wykorzystałby ich wszystkich.

Które ze zdań przekazuje bardziej wyrazisty obraz niewiarygodnego deficytu, jaki zanotowano w Stanach Zjednoczonych w 2004 roku?

Zgodnie z danymi General Accounting Office [Głównego Biura Rachunkowego], deficyt Stanów Zjednoczonych w bieżącym roku fiskalnym wyniesie ponad 450 miliardów dolarów.

Dla większości ludzi taka kwota z niczym się nie wiąże. Jest niemożliwa do ogarnięcia. Lecz spójrz na to:

Od chwili rozpoczęcia naszej ery upłynęło około miliard minut. Bieżący deficyt jest równy wydaniu czterystu dolarów na każdą minutę każdego dnia i każdej nocy, jakie minęły od narodzin Chrystusa.

CO OSIĄGNIESZ DZIĘKI PONOWNEMU UJĘCIU DANEJ MYŚLI

Ponowne ujęcie to kolejny zabieg, jaki możemy wykonać, by nie dopuścić do pojawienia się przeciwnych koncepcji, podważających sens naszego przekazu. „By ludzie podchwycili i przyjęli jakąś polityczną prawdę, nie wystarczy wypowiedzieć ją raz czy dwa, czy nawet dziesięć razy" – oznajmił Daniel O'Connell, słynny irlandzki mówca. O'Connell miał mnóstwo doświadczeń ze słuchaczami i publicznością, dlatego warto wziąć pod uwagę jego słowa. „Nieustanne powtarzanie – kontynuował – to metoda konieczna, by wytłoczyć polityczne prawdy w umysłach słuchaczy. Ciągle słysząc to samo, ludzie nieświadomie zaczynają utożsamiać owe koncepcje z truizmami. W końcu, dany przekaz niezauważalnie zapada w ich umysły i przestaje być podawany w wątpliwość, tak jak nie podaje się w wątpliwość swoich przekonań religijnych".

Matka Johna Wesleya znała tę wyrażoną przez O'Connella prawdę. Gdy jej mąż zapytał ją, dlaczego te same rzeczy powtarza ich synom po dwadzieścia razy, odparła: „Bo za dziewiętnastym razem jeszcze to do nich nie dociera".

Woodrow Wilson również znał tę zasadę. I dlatego wykorzystywał ją w swoich przemówieniach. Zauważ, że w dwóch ostatnich zdaniach jedynie powtarza i ponownie formułuje tę samą myśl, jaką wyraził w pierwszym zdaniu.

Wiecie, że już od kilku dziesięcioleci uczniowie w szkołach wyższych nie są edukowani. Wiecie, że z całym naszym nauczaniem nie uczymy nikogo. Wiecie, że z całym naszym instruowaniem nie kształcimy nikogo.

Jednak, mimo całego uznania, jakie zostało wyrażone pod adresem zasady ponownego ujęcia, trzeba też mieć na uwadze, że w rękach niedoświadczonego mówcy może okazać się ona niebezpiecznym narzędziem. Bo jeśli mówca nie dysponuje dość bogatą frazeologią, próba ponownego wyrażenia danej myśli może zakończyć się sformułowaniem zwykłego, ewidentnego powtórzenia. A to zabija każdą przemowę. Jeśli słuchacze cię na tym przyłapią, zaczną się wiercić i spoglądać na zegarki.

OGÓLNE ILUSTRACJE I KONKRETNE PRZYKŁADY

Z drugiej strony, raczej nikogo nie zanudzisz, jeśli wprowadzisz do swojej mowy ogólne ilustracje i konkretne przykłady. Interesujące i sprzyjające skupieniu uwagi, są ogromnie cenne, jeśli celem twojej przemowy jest wywarcie na słuchaczach wrażenia i przekonanie ich do czegoś. Pomagają powstrzymać pojawienie się przeciwnych koncepcji.

Słuchacze lubią, gdy mówca podaje nazwiska i daty – coś, co sami mogą sprawdzić, gdyby mieli taką ochotę. Jest to posunięcie szczere i uczciwe. Zdobywa zaufanie i robi wrażenie.

Załóżmy, że powiem: „Wielu bogatych ludzi wiedzie proste życie". Zdanie nie robi wrażenia. Jest zbyt ogólnikowe, prawda? Nie ma w nim nic szokującego, nic uderzającego. Szybko odejdzie w niepamięć. Nie jest ani dość jasne, ani interesujące, ani przekonujące. Pewnie od razu przypomnisz sobie różne zasłyszane bądź przeczytane informacje ze świata, rzucające cień wątpliwości na takie twierdzenie.

Jeśli sądzę, że wielu bogatych ludzie wiedzie proste życie, jak doszedłem do takiego wniosku? Przez obserwację kilku konkretnych przypadków; dlatego najlepszym sposobem przekonania cię do mojego poglądu jest przedstawienie tych przykładów. Jeśli pokażę ci to, co sam zobaczyłem, być może dojdziesz do takiego samego wniosku, i prawdopodobnie stanie się to bez żadnego ponaglania z mojej strony.

Wniosek, jaki pozwalam ci samemu wyciągnąć na podstawie konkretnych przypadków i dowodów, jakie ci przedstawiam, ma kilkukrotnie większą moc, niż gotowy wniosek, jaki podam ci na tacy. Oto przykład:

John D. Rockefeller Senior miał w swoim gabinecie na Broadwayu skórzaną kanapę, na której codziennie w południe ucinał sobie drzemkę.

John H. Patterson, założyciel National Cash Register Company, nie palił ani nie pił.

Frank Vanderlip, w swoim czasie prezes największego banku w Ameryce, jadł tylko dwa posiłki dziennie.

Ulubionym daniem Andrew Carnegie była owsianka ze śmietaną.

Cyrus H. Curtis, właściciel „Saturday Evening Post" i „Ladies' Home Journal", najbardziej ze wszystkich potraw uwielbiał fasolę w sosie pomidorowym [po bretońsku – przyp. red].

Warren Buffet, jeden z najbogatszych ludzi na świecie, nadal mieszka w domu, który kupił czterdzieści lat temu za 32 tysiące dolarów, a na lunch jada hamburgery popijane colą.

Jaki efekt wywołują te przykłady? Czy dodają dramatyzmu twierdzeniu, że bogaci często wiodą proste życie? Czy robi na tobie wrażenie prawda, jaka się w nim kryje? Czytając te przykłady, czyż nie jest mało prawdopodobne, by w twojej głowie pojawiły się myśli przeczące temu twierdzeniu?

ZASADA KUMULACJI

Nie spodziewaj się, że pośpieszne odniesienie się do jednego czy dwóch konkretnych przykładów przyniesie pożądany efekt.

Aby to nastąpiło, przedstaw ciąg przykładów, podkreślających daną myśl. Po wielokroć kieruj ku niej uwagę słuchaczy, podając przykład za przykładem, aż ich ciężar wtłoczy tę myśl głęboko w tkankę ich umysłu. Wtedy stanie się ona ich częścią i ani czas, ani różne zajścia nie zdołają jej stamtąd usunąć. A zasadą, dzięki której się to stanie, jest zasada kumulacji.

Zauważ, jak ta zasada została wykorzystana do zgromadzenia i uporządkowania szeregu konkretnych przykładów, podanych dla potwierdzenia, że ludzie bogaci często wiodą proste życie. Zauważ, jak była stosowana kilka rozdziałów wcześniej dla poparcia tezy, że Filadelfia to „największy warsztat świata". Zwróć uwagę, jak pewien polityk posłużył się nią w poniższym fragmencie przemowy, by dowieść, że ludzkość jedynie siłą zdolna jest naprawić krzywdy niesprawiedliwości i ucisku. Jaki byłby skutek, gdyby dwie trzecie tych konkretnych odniesień zostało pominięte?

> Kiedy walka o człowieczeństwo i wolność została wygrana inaczej, niż siłą? Jakie barykady zła, niesprawiedliwości i ucisku zostały zniszczone inaczej, niż przy pomocy siły?
>
> Siła wymusiła na królu złożenie niechętnego podpisu na wspaniałej Wielkiej Karcie Swobód [Magna Charta Libertatum]; siła powołała do życia Deklarację Niepodległości [Declaration of Independence] i urzeczywistniła Proklamację Wyzwolenia [Emancipation Proclamation]; siła uderzała nagimi pięściami w żelazne wrota Bastylii i w ciągu jednej strasznej godziny wzięła odwet za całe stulecia królewskiej zbrodni; siła załopotała sztandarem rewolucji nad Bunker Hill i naznaczyła śniegi Valley Forge śladami skrwawionych stóp; siła utrzymała przerwany szyk pod Shiloh, wspięła się na płonące wzgórze pod Chattanooga i wzięła szturmem Lookout Heights; siła pomaszerowała z Shermanem nad morze, towarzyszyła Sheridanowi w dolinie Shenandoah i zapewniła Grantowi zwycięstwo pod Appomattox; siła ocaliła Unię i zachowała gwiazdy na fladze.

PORÓWNANIA GRAFICZNE

Wiele lat temu, pewien kursant na jednym z moich szkoleń wygłaszał mowę, w trakcie której podał liczbę domów, zniszczonych przez ogień w minionym roku. Następnie powiedział, że gdyby te spalone budynki ustawić jeden obok drugiego, ich ciąg sięgnąłby z Nowego Jorku do Chicago, a gdyby osoby, które zginęły w owych pożarach, ustawić co pół mili, utworzony przez nie szereg sięgnąłby z Chicago z powrotem do Brooklynu.

Liczby, jakie podał, zapomniałem niemal natychmiast, ale, choć minęło już dziesięć lat, wciąż bez najmniejszego wysiłku widzę tamten rząd spalonych budynków, sięgający od Manhattanu aż do Cook County w Illinois.

Dlaczego tak się dzieje? Bo wrażenia słuchowe trudno zatrzymać. Spływają jak śnieg z deszczem po gładkiej korze buku. A wrażenia wzrokowe? Kilka lat temu widziałem kulę armatnią tkwiącą w ścianie starego domu, stojącego nad brzegiem Danube – kulę, którą wystrzeliła artyleria Napoleona w bitwie pod Ulm. Wrażenia wzrokowe są jak taka kula armatnia: towarzyszy im ogromna moc. Zapadają głęboko w pamięć. Trwają. Rozprawiają się z wszelkimi przeciwnymi sugestiami, tak jak Napoleon rozprawił się z Austriakami.

Moc, jaka tkwiła w odpowiedzi, którą duchowny udzielił ateiście, w dużej mierze pochodziła z faktu, że ta odpowiedź opierała się na wrażeniu wzrokowym. Edmund Burke posłużył się tą techniką, gdy, potępiając opodatkowanie amerykańskich kolonii, proroczo oznajmił: „Strzyżemy nie owcę, lecz wilka".

DLA WSPARCIA SWOJEJ SPRAWY, POWOŁAJ SIĘ NA JAKIŚ AUTORYTET

Jako dziecko, bawiłem się w trzymanie kija w poprzek bramy, przez którą przechodziły owce. Gdy kilka pierwszych owiec przeskoczyło przez kij, cofałem rękę, lecz kolejne owce wciąż przechodziły przez bramę tak, jak ich poprzedniczki, skacząc przez niewidzialną przeszkodę. Jedynym powodem takiego zachowania był fakt, że te przed nimi podskakiwały. Jednak owca nie jest jedynym zwierzęciem z taką tendencją. Niemal każdy z nas skłonny jest robić to, co robią inni, wierzyć w to, w co wierzą inni, oraz bez wahania uznawać świadectwo ludzi znaczących.

Skorzystanie z tej metody z pewnością opłaciło się osobie przemawiającej w New York Chapter of the American Insitute of Banking [Nowojorska Sekcja Amerykańskiego Instytutu Bankowości], która swoją mowę na temat oszczędności zaczęła od powołania się na słowa wybitnego człowieka:

> Benjamin Franklin powiedział: „Jeśli chcesz wiedzieć, czy odniesiesz sukces, jest na to jeden prosty test. Czy potrafisz oszczędzać pieniądze? Jeśli nie, daj sobie

spokój. Z pewnością przegrasz. Możesz sądzić inaczej, ale tak czy owak przegrasz".

Lepszy skutek przyniosłaby już tylko sama obecność Franklina. Jego słowa zrobiły wrażenie. Ich wpływ był tak duży, że powstrzymał pojawienie się wszelkich myśli przeciwnych.

Jednakże, cytując znane osoby, pamiętaj o czterech poniższych zasadach.

Bądź konkretny

Które z następujących zdań robi największe wrażenie i jest najbardziej przekonujące?

1. Statystyki pokazują, że Seattle to najzdrowsze miasto na świecie.
2. „Według oficjalnych, federalnych statystyk śmiertelności, przez ostatnie piętnaście lat roczny współczynnik umieralności w Seattle wynosił 9,78 na tysiąc; w Chicago 14,65; w Nowym Jorku 15,83; w Nowym Orleanie 21,02".

Nie zaczynaj od „statystyki pokazują..." Jakie statystyki? Kto je zebrał i dlaczego? Bądź ostrożny! „Liczby nie kłamią, lecz kłamcom zostanie policzone".

Częste sformułowanie „wielu ekspertów twierdzi" jest absurdalnie nieścisłe. Kim są owi eksperci? Wymień jednego lub dwóch. Jeśli nie wiesz, o kogo dokładnie chodzi, jak możesz być pewien, co ktoś powiedział?

Wyrażaj się konkretnie. Konkretność zdobywa zaufanie. Pokazuje słuchaczom, że mówca wie, o czym mówi. Nawet Theodore Roosevelt uważał, że nie może sobie pozwolić na nieścisłość. W przemowie w Louisville w Kentucky, podczas rządów Woodrowa Wilsona, powiedział:

> Niemal wszystkie przedwyborcze obietnice pana Wilsona, zarówno te, które sam składał w swoich przemówieniach, jak i obietnice jego platformy politycznej, zostały tak jawnie złamane, że ów fakt stał się tematem żartów nawet wśród jego własnych przyjaciół. Jeden z ważnych, demokratycznych zwolenników pana Wilsona, popierający go w Kongresie, z odświeżającą szczerością potwierdził tę prawdę o przedwyborczych obietnicach swego lidera oraz o tych, które złożono w jego imieniu, gdy, w odpowiedzi na pewne zarzuty dotyczące braku konsekwencji, odparł, że „nasza platforma powstała po to, by przejąć władzę – i wygraliśmy". *Tę uwagę znajdziecie państwo na 4618 stronie protokołu z trzeciej sesji sześćdziesiątego drugiego posiedzenia Kongresu.*

Przytocz jakąś znaną wielkość

Nasze sympatie i antypatie mają więcej wspólnego z naszymi przekonaniami, niż większość z nas chciałaby przyznać. Widziałem kiedyś, jak wygwizdano reformatora politycznego, Samuela Untermyera, uczestniczącego w debacie socjalistycznej w Carnegie Hall w Nowym Jorku. To, co powiedział, było dość uprzejme i, jak sądziłem, w istocie rzeczy również dość nieszkodliwe i spokojne. Jednak słuchacze w przeważającej mierze byli socjalistami. Gardzili nim. Byli skłonni podważyć prawdziwość wszystkiego, co zacytował, choćby to była nawet tabliczka mnożenia.

Przytocz słowa lokalnego eksperta

Jeśli przemawiasz w Detroit, zacytuj słowa kogoś z Detroit. Twoi słuchacze sami będą mogli je sprawdzić i z bliska przyjrzeć się sprawie. Wypowiedź tej osoby zrobi na nich większe wrażenie, niż świadectwo kogoś nieznanego, pochodzącego z obcego im obszaru.

Zacytuj kogoś uprawnionego do zabierania głosu

Zadaj sobie pytanie: Czy ta osoba to powszechnie uznany autorytet w danej dziedzinie? Dlaczego? Czy jest obiektywna? Czy kierują nią jakieś egoistyczne pobudki?

Osoba, która przemawiała przed Izbą Handlową w Brooklynie na temat specjalizacji, postąpiła mądrze, rozpoczynając swoją mowę od niżej przytoczonych słów Andrew Carnegie. Dlaczego mądrze? Ponieważ jej słuchacze darzyli trwałym szacunkiem tego magnata przemysłu stalowego. Poza tym, pan Carnegie został zacytowany w kontekście sukcesu w biznesie, czyli na temat, na który miał pełne prawo zabierać głos, ze względu na całe lata doświadczeń i obserwacji.

> Sądzę, że prawdziwą drogą do wybitnego sukcesu w dowolnej dziedzinie jest bycie mistrzem w tej dziedzinie. Nie wierzę w politykę rozproszonych umiejętności, a jeśli chodzi o mnie, rzadko zdarza mi się, jeśli kiedykolwiek, spotkać kogoś, kto wiódłby prym w zarabianiu pieniędzy – a z pewnością nigdy w wytwórstwie – i jednocześnie interesowałby się wieloma dziedzinami. Prawdziwi ludzie sukcesu to ci, którzy wybrali jedno pole zainteresowań i na nim pozostali.

W SKRÓCIE

„Każda myśl, koncepcja czy wniosek, jakie pojawiają się w umyśle, uważane są za prawdziwe, dopóki nie zostaną zablokowane przez jakąś myśl przeciwną". Zatem, gdy przemawiamy, by wywrzeć wrażenie i do czegoś przekonać, nasze zadanie jest dwojakie: po pierwsze, przedstawić daną koncepcję; i po drugie, nie dopuścić do pojawienia się w umysłach słuchaczy koncepcji przeciwnych, które tamtą by unieważniły i zniosły. Oto osiem wskazówek, które pomogą ten cel osiągnąć:

1. Przekonaj samego siebie, zanim przystąpisz do przekonywania innych. Mów z zaraźliwym entuzjazmem.
2. Pokaż, w jaki sposób to, do czego chcesz słuchaczy przekonać, jest podobne do czegoś, w co już wierzą, i o czym już są przekonani.
3. Wielokrotnie wyraź daną myśl. Gdy ponownie przytaczasz jakieś dane, popieraj je przykładami.
4. Posługuj się ogólnymi ilustracjami.
5. Podawaj określone przykłady, przedstawiaj konkretne przypadki.
6. Stosuj zasadę kumulacji. „Podawaj przykład za przykładem, aż ich ciężar wtłoczy daną myśl głęboko w tkankę umysłu słuchaczy".
7. Używaj porównań obrazowych. Wrażenia słuchowe łatwo ulegają zapomnieniu. Wrażenia wzrokowe zapadają w pamięć niczym tkwiąca w murze kula armatnia.
8. Popieraj swoje twierdzenia wypowiedziami bezstronnych ekspertów. Zacytuj kogoś powszechnie znanego. Przytocz słowa któregoś z miejscowych autorytetów. Zacytuj kogoś, kto ma wszelkie prawo, by wypowiadać się na dany temat.

PRAWIDŁOWE POSŁUGIWANIE SIĘ SŁOWAMI

SKRYTY/POWŚCIĄGLIWY/MAŁOMÓWNY. *Skryty* mężczyzna nie lubi mówić o swoich przeżyciach; *powściągliwa* kobieta jest *skryta*, chłodna i nie okazuje emocji; osoba *małomówna* jest na ogół mało komunikatywna.

WYSELEKCJONOWAĆ/WYBRAĆ/WOLEĆ, PREFEROWAĆ. Źle: „Ona nie ma żadnych preferencji, dlatego *wyselekcjonowała* pierwsze, co wpadło jej w ręce". *Wyselekcjonowanie* oznacza uważny wybór. *Preferencja* wiąże się z określoną chęcią. Ze względu na swą żonę, mężczyzna może *wybrać* (nie *wyselekcjonować*) wybrzeże morskie jako miejsce spędzenia urlopu, choć sam *wolałby* dwa tygodnie w kanadyjskich lasach.

SPOŁECZNY/USPOŁECZNIONY. Źle: „To bardzo *społeczny* człowiek". *Społeczny* odnosi się do społeczeństwa, np. stosunki *społeczne*, zagadnienia *społeczne*. *Uspołeczniony* to udzielający się społecznie, np.: „To bardzo *uspołeczniona* kobieta".

UNIKALNY/RZADKI. *Unikalny* to jedyny w swoim rodzaju; *rzadki* to nieczęsto spotykany. Ponadczasowe przemowy są zjawiskiem *rzadkim*. Odezwa Lincolna pod Gettysburgiem jest *unikalna*.

ĆWICZENIE GŁOSU – REZONANS NOSOWY

Podczas swej pierwszej kampanii politycznej Theodore Roosevelt szybko przekonał się, że jego głos nie wytrzymuje napiętego grafika przemów. Zatrudnił instruktora głosu, by towarzyszył mu w podróży pociągiem, sam zaś między kolejnymi stacjami ćwiczył „ding-dong, sing-song, hong-kong", akcentując dźwięk *ng* i pozwalając mu wybrzmieć w otworach nosowych, by rozwinąć nosowy rezonans. Ów rezonans nadaje głosowi jasność i siłę nośną; jest wysoce pożądany, gdy ktoś mówi z oddalenia.

Wykonuj ćwiczenie, któremu oddawał się Roosevelt, a także czytaj codziennie na głos poniższy wiersz George'a Byrona „Żegnaj". A oto, czemu ma służyć ta lektura:

1. Czytaj ten wiersz dla rozwinięcia rezonansu nosowego. Niech poszczególne dźwięki wybrzmiewają w twojej jamie nosowej i we wszystkich nieregularnych otworach głowy. Jak już wiesz z poprzednich rozdziałów, podczas czytania ważne jest, byś nabierał głęboko powietrza, po czym wypowiadał kolejne słowa i próbował odnieść to samo wrażenie otwartości w głowie, jakiego doświadczałeś podczas wdechu.
2. Czytaj go również dla rozwinięcia siły i zwinności czubka języka. Szczególną uwagę poświęć głosce l, która jest niemal doskonała dla osiągnięcia tego celu. By przypomnieć sobie, o co dokładnie chodzi w tym ćwiczeniu, wróć do Ćwiczenia głosu z Rozdziału 6.
3. Czytaj ten wiersz także dla rozwinięcia w swoim głosie jasnych, pogodnych nut (zob. Ćwiczenie głosu, Rozdział 7.).
4. Pierwszą zwrotkę przeczytaj falsetem (Rozdział 7.).

Żegnaj

„Żegnaj. – O! Jeśli ustawne modlenia
Wyjednać mogły innym zmianę w losach,
To może ujdą moje zatracenia –
Błądząc, w Imieniu Twoim po niebiosach.

Ponad lamenty przecież, nad westchnienia
Jest krew, co zbrodni oko zarumienia
W skonania chwili – ale i to ginie
Przy słowie „żegnaj" w rozstania godzinie!

Współczucia żebrać ni może, ni raczy
Duch mój – a serce niech pęka z rozpaczy!
Ja tylko to wiem: że Miłość tu próżną,
Jam tylko żegnał i żegnał... podróżną!..."[23].

---

[23] George Byron, *Liryki najpiękniejsze*, tłum.: Cyprian Kamil Norwid, wyd. Algo, Toruń, 2000 r.

W każdym sposobie porozumiewania się – pisemnym czy ustnym – istnieje pewna granica zainteresowania. Jeśli przekroczymy tę granicę, cały świat jest z nami – przynajmniej tymczasowo. Jeśli nie potrafimy jej przekroczyć, równie dobrze możemy się wycofać. Bo nic nie da się już zrobić.

H. A. OVERSTREET
Influencing Human Behaviour

Zawsze miej coś do powiedzenia. Ten, kto ma coś do powiedzenia, i kto znany jest z tego, że nigdy nie zabiera głosu, dopóki czegoś do powiedzenia nie ma, z pewnością zostanie wysłuchany. Zawsze wiedz zawczasu, co chcesz powiedzieć. Jeśli masz w umyśle zamęt, tym bardziej twoi słuchacze nie będą wiedzieli, o co ci chodzi. Niech twoje myśli zawsze będą w jakiś sposób uporządkowane. Nieważne, jak krótko zamierzasz mówić – niech twoja wypowiedź posiada początek, rozwinięcie i zakończenie. Bez względu na wszystko, mów jasno i zrozumiale. Niech twoi słuchacze bez cienia wątpliwości wiedzą, co do nich mówisz i co chcesz im przekazać. Jeśli wypowiadasz się na temat kontrowersyjny, postaraj się przewidzieć argumenty przeciwników. Na ich żarty odpowiadaj poważnie, a ich uwagi poważne kwituj żartem. Zawsze zawczasu pomyśl, z jakim typem publiczności możesz mieć do czynienia. ... I jeśli to możliwe, nigdy nie bądź nudny".

LORD BRYCE

ROZDZIAŁ

14

JAK ZAINTERESOWAĆ SŁUCHACZY

W zamożnych domach niektórych części starego imperium chińskiego wypada, by podczas posiłku zaproszeni goście rzucali na podłogę kości kurczaka i pestki oliwek. W ten sposób wyrażają swe uznanie dla gospodarza. Pokazują, że zdają sobie sprawę z tego, że jest bogaty i że posiada wielu służących, którzy to wszystko posprzątają. A gospodarzowi bardzo się to podoba.

Można nie zawracać sobie głowy pozostałościami wystawnego posiłku w domu bogacza, jednak w innych częściach Chin ludzie biedni muszą oszczędzać nawet wodę, w której się kąpią. Podgrzanie wody jest tak drogie, że gorącą wodę kupują w specjalnych sklepach. Gdy się wykąpią, mogą odsprzedać ją z powrotem kupcowi, od którego ją nabyli. Używana woda wciąż zachowuje pewną wartość rynkową, choć jej cena jest nieco niższa.

Interesują cię te fakty z chińskiego życia? Jeśli tak, czy wiesz, dlaczego? Bo mówią one o bardzo niezwykłych aspektach bardzo zwykłych rzeczy. Są dziwnymi prawdami o zjawiskach tak powszechnych, jak chodzenie w gościnę i mycie się.

I właśnie to nas interesuje – coś nowego na temat tego, co stare i dobrze znane.

Weźmy inny przykład. Strona, którą teraz czytasz, ta kartka papieru, na którą właśnie patrzysz – to rzecz bardzo zwykła, prawda? Widziałeś już tysiące takich kartek. Wydaje ci się nudna i bez wyrazu, ale gdybym opowiedział ci o niej coś niezwykłego, niemal z pewnością byś się zainteresował. Spróbujmy! Gdy teraz na nią patrzysz, widzisz zwartą materię. Jednak w rzeczywistości, kartka papieru to raczej pajęczyna niż coś zwartego. Fizycy wiedzą, że składa się ona z atomów. A jak mały jest atom? W jednej kropli wody jest tyle atomów, ile kropel wody w Morzu Śródziemnym i ile źdźbeł trawy na całym świecie. A z czego zbudowane są atomy, tworzące tę kartkę? Z jeszcze mniejszych elementów, zwanych elektronami i protonami. W każdym atomie elektrony krążą wokół protonu w odległości, którą można porównać do dystansu dzielącego ziemię od księżyca. Podróżują po swych orbitach z niewyobrażalną prędkością około dziesięciu tysięcy mil na sekundę. Zatem od momentu, w którym zacząłeś czytać to zdanie, tworzące tę kartkę elektrony pokonały dystans równy temu, jaki rozciąga się między Nowym Jorkiem a Tokio.

A jeszcze dwie minuty temu mogłeś pomyśleć, że kartka papieru to rzecz nudna, nieruchoma i martwa, choć w rzeczywistości to jedna z Boskich tajemnic. Prawdziwy cyklon energii.

Jeśli teraz jesteś nią zainteresowany, to dlatego, że dowiedziałeś się o niej czegoś nowego i ciekawego. I w tym tkwi jeden z sekretów interesujących ludzi. To ważna prawda, z której powinniśmy korzystać w naszych codziennych kontaktach z innymi. Rzeczy zupełnie nowe i nieznane nie są interesujące, podobnie jak rzeczy dobrze znane. Chcemy usłyszeć coś nowego na temat tego, co znamy. Na przykład, prosty rolnik nie będzie zainteresowany opisem katedry w Bourges czy Mona Lisą. To rzeczy dla niego zbyt mało znane, zbyt nowe. Nic ich nie łączy z tym, czym zajmował się do tej pory. Ale możesz wzbudzić jego zainteresowanie faktem, że rolnicy w Holandii uprawiają ziemię leżącą poniżej poziomu morza, a także kopią rowy, które służą za ogrodzenie i budują mosty, które służą za bramy. Twój prosty rolnik będzie słuchał z otwartymi ustami, jeśli mu powiesz, że holenderscy farmerzy podczas zimy trzymają krowy pod tym samym dachem, pod którym sami mieszkają, a czasem owe krowy siedzą w oknach i wyglądają zza koronkowych firanek na zasypany śniegiem świat. Twój słuchacz zna się na krowach i płotach – nowe spojrzenie na stare rzeczy. „Krowa w oknie! Za firanką! – wykrzyknie. – A niech mnie!". I powtórzy to swoim znajomym.

Oto mowa, jaką wygłosił jeden z moich nowojorskich kursantów. Sprawdź, czy cię zainteresuje. Jeśli tak, spróbuj określić, dlaczego.

ROLA KWASU SIARKOWEGO W ŻYCIU CZŁOWIEKA

Większość płynów mierzy się przy pomocy kwart, galonów czy beczek. Zwykle mówi się o kwarcie wina, galonie mleka i beczce melasy. Gdy odkryty zostaje nowy odwiert ropy, o jego wydajności mówi się w tylu i tylu beczkach dziennie. Jest jednak pewien płyn, który wytwarza się i konsumuje w tak dużych ilościach, że stosowaną wobec niego jednostką miary jest tona. Ten płyn to kwas siarkowy.

Codziennie masz z nim kontakt na wiele sposobów. Gdyby nie owa substancja, z samochodu musiałbyś przesiąść się na powóz, gdyż kwas siarkowy bierze udział w procesie rafinacji nafty i benzyny. Światło elektryczne, które oświetla twoje biuro, które świeci nad twoim kuchennym stołem, a wieczorem pokazuje ci drogę do łóżka, nie istniałoby bez niego.

Gdy wstajesz rano i odkręcasz wodę, używasz niklowanego kranu, do produkcji którego wykorzystano kwas siarkowy. Podobnie, jak i do wykończenia emaliowanej wanny, do której wchodzisz. Mydło, którego używasz, prawdopodobnie zrobiono z tłuszczów lub olejów, w których obróbce uczestniczył ów kwas... Twój ręcznik też miał z nim kontakt, zanim trafił w twoje ręce. Nie powstałoby bez niego włosie w twojej szczotce ani plastikowy grzebień, jakim co dzień się czeszesz. Bez wątpienia twoja brzytwa została w nim zanurzona tuż po wyżarzeniu.

Wkładasz bieliznę; zapinasz guziki. Kwas siarkowy to także składnik, jakiego używa się do produkcji wybielaczy i farb. Producent guzików też z niego korzystał. Podobnie jak i garbarz, który robił skórę do twoich butów, i producent pasty, którą te buty czyścisz.

Robisz śniadanie. Filiżanka i spodek, jeśli nie są zupełnie białe, nie powstałyby bez kwasu siarkowego, gdyż uczestniczy on w produkcji złocenia i innych ozdobnych barwników. Łyżka, nóż i widelec również miały z nim kontakt – były w nim zanurzone, jeśli powleczone są srebrem.

Pszenica, z jakiej zrobiony jest twój chleb czy bułki, prawdopodobnie została wyhodowana przy użyciu nawozu fosforowego, którego produkcja opiera się na kwasie siarkowym. Jeśli jesz naleśniki z syropem, syrop też by bez tego kwasu nie powstał...

I tak dalej przez cały dzień; z działaniem kwasu siarkowego masz do czynienia na każdym kroku. Gdziekolwiek pójdziesz, nie uciekniesz od jego wpływu. Ludzie nie mogą iść bez niego na wojnę, ani nie mogą żyć bez niego w pokoju. Dlatego wydaje się niemal niemożliwe, by ów kwas, tak ludzkości niezbędny, był przeciętnemu człowiekowi zupełnie nieznany... A jednak tak właśnie jest.

TRZY NAJBARDZIEJ INTERESUJĄCE RZECZY NA ŚWIECIE

Jak sądzisz, o jakie rzeczy chodzi? O seks, własność i religię. Dzięki pierwszej przekazujemy życie, dzięki drugiej to życie podtrzymujemy, a dzięki trzeciej mamy nadzieję na jego kontynuowanie w przyszłym życiu.

Jednak to *nasz* seks, *nasza* własność i *nasza* religia jest tym, co interesuje nas najbardziej. Obszar czyjegoś zainteresowania skupia się wokół jego własnego ja.

Nie zainteresuje nas mowa zatytułowana „Jak zbić majątek w Peru", ale już z większą uwagą wysłuchamy kogoś, kto wypowie się na temat „Jak zbić majątek tu i teraz". Nie wzbudzi naszego zainteresowania zagadnienie systemów religijnych innych kultur – chyba że pokieruje nami zwykła ciekawość – ale za to będziemy chcieli dowiedzieć się czegoś o religii, która *nam* zapewni niekończące się szczęście w życiu przyszłym.

Gdy zapytano lorda Northcliffe'a, co ludzi interesuje, ten odpowiedział krótko: „oni sami". Northcliffe z pewnością wiedział, co mówi, gdyż był najbogatszym potentatem prasowym w Wielkiej Brytanii.

Chcesz wiedzieć, jaką jesteś osobą? O, w końcu coś interesującego. Mówimy o *tobie*. Oto sposób, w jaki możesz obejrzeć swoje prawdziwe ja i zobaczyć *siebie* takim, jaki naprawdę jesteś. Przyjrzyj się swoim zadumom. Co to znaczy? James Harvey Robinson wyjaśnił to w swojej książce *The Mind in the Making*:

> Wydaje się, że podczas godzin czuwania wszyscy nieustannie o czymś myślimy, a większość z nas zdaje sobie sprawę, że myślimy nawet w trakcie snu, i że są to myśli jeszcze głupsze od tych dziennych. Gdy nie wykonujemy żadnej czynności, oddajemy się czemuś, co obecnie znane jest jako zaduma. To nasz spontaniczny i ulubiony rodzaj myślenia. Pozwalamy, by nasze myśli biegły własnym torem, który wytyczają nasze nadzieje i lęki, nasze spontaniczne pragnienia oraz ich spełnienie bądź frustracja; nasze sympatie i antypatie, miłości i nienawiści, chęci i niechęci. Nic nie interesuje nas bardziej, niż my sami. Każda myśl, która nie jest mniej lub bardziej świadomie kontrolowana i kierowana, nieuchronnie oscyluje wokół naszego ukochanego ja. Obserwowanie tej skłonności w nas samych i w innych jest jednocześnie zabawne i żałosne. Uczymy się uprzejmie i hojnie nie dostrzegać tej prawdy, lecz jeśli odważymy się o niej pomyśleć, oślepia nas niczym promienie południowego słońca. Nasze zadumy formują główny wskaźnik naszego podstawowego charakteru. Są odzwierciedleniem naszej natury, często zmodyfikowanej przez ukryte i zapomniane doświadczenia... Stan zadumy niewątpliwie wpływa na wszystkie nasze spekulacje, nieustannie skłaniając nas do powiększania własnego ja i samousprawiedliwiania się, co jest jego głównym celem.

Zatem pamiętaj, że ludzie, do których masz przemawiać, jeśli akurat nie są zaangażowani w problemy natury zawodowej, większość czasu spędzają na myśleniu o sobie, na usprawiedliwianiu swojego postępowania i wychwalaniu siebie samych. Pamiętaj, że większość z nas bardziej przejmuje się tym, czy uda nam się ugotować dziś wieczór dobrą kolację, niż czy Włochy spłacą swój dług wobec Stanów Zjednoczonych. Większe emocje wzbudza w nas problem tępej żyletki, niż rewolucja w Ameryce Południowej. Ból zęba stresuje nas bardziej, niż trzęsienie ziemi w Azji, pochłaniające pół miliona istnień. Większość z nas wolałaby raczej usłyszeć coś miłego na swój temat, niż wysłuchać wykładu o dziesięciu największych osobowościach w historii ludzkości.

JAK BYĆ DOBRYM ROZMÓWCĄ

Powodem, dla którego większość ludzi jest kiepskimi rozmówcami, jest ciągłe mówienie tylko o tym, co interesuje ich samych. To może śmiertelnie nudzić. Odwróć ten proces. Tak pokieruj rozmową, by temat zszedł na zainteresowania tego, z kim rozmawiasz, na *jego* pracę, *jego* hobby, *jego* wyniki w golfie, *jego* dzieci. Nakłoń go do mówienia o sobie i uważnie słuchaj, a sprawisz mu przyjemność; a co za tym idzie, zostaniesz uznany za dobrego rozmówcę, choć przecież tak niewiele powiedziałeś.

Jeden z moich kursantów wygłosił fantastyczną przemowę na przyjęciu, wydanym z okazji zakończenia kursu. Mówił o każdym z osobna, kto siedział przy stole, opowiadając, jak dana osoba przemawiała na początku kursu i jakie zrobiła postępy; wspominał przemowy, jakie różne osoby wygłaszały i tematy, jakie omawiały; naśladował mimikę niektórych z nich, przejaskrawiając ich szczególne cechy i wywołując na sali salwy śmiechu, sprawiając, że wszyscy świetnie się bawili. Z takim materiałem, jakże mogło być inaczej. Temat był absolutnie doskonały. Żaden inny na całym świecie nie zainteresowałby grupy bardziej.

POMYSŁ, KTÓRY ZDOBYŁ DWA MILIONY CZYTELNIKÓW

Jakiś czas temu „American Magazine" cieszył się niezwykłym wzrostem popularności. Nagły skok jego nadkładu stał się jedną z sensacji świata wydawniczego. Sekret? Sekretem był redaktor naczelny magazynu, John M. Siddall, i jego pomysły. Gdy poznałem Siddalla, kierował Wydziałem Interesujących Ludzi, który został powołany przy redakcji gazety. Napisałem dla niego kilka artykułów, a któregoś dnia usiedliśmy i długo rozmawialiśmy:

„Ludzie są samolubni – powiedział. – Interesują się głównie sobą. Nie bardzo ich obchodzi, czy rząd powinien być właścicielem kolei, czy nie; chcą za to wiedzieć, jak iść do przodu, jak więcej zarabiać, jak być zdrowym. Gdybym był redaktorem naczelnym tego magazynu – kontynuował – powiedziałbym im, jak zadbać o zęby, jak się kąpać, jak się ochłodzić latem, jak zdobyć stanowisko, jak radzić sobie z pracownikami, jak kupić dom, jak zapamiętywać, jak unikać błędów gramatycznych, itd. Ludzie zawsze interesują się historiami z życia wziętymi, dlatego zrobiłbym wywiad z jakimś bogaczem, który dorobił się na nieruchomościach; niech opowie, jak to osiągnął. Poprosiłbym ważnych bankierów i prezesów różnych korporacji, by opowiedzieli o swojej drodze od szeregowego pracownika do potęgi i bogactwa".

Niedługo potem Siddall został redaktorem naczelnym „American Magazine". W tamtym czasie gazeta radziła sobie raczej kiepsko, miała niewielki nakład. Wtedy Siddall zrobił dokładnie to, o czym mówił. Rezultat? Niesamowity. Nakład podskoczył do dwustu tysięcy, potem trzystu, czterystu, pół miliona. Oto coś, czego chciał rynek. Już wkrótce milion ludzi miesięcznie kupowało „American Magazine", potem półtora i w końcu dwa miliony. Siddall przemówił do samolubnych zainteresowań swoich czytelników.

JAK DR CONWELL ZAINTERESOWAŁ MILIONY SŁUCHACZY

Co było sekretem najpopularniejszego wykładu swoich czasów, zatytułowanego „Ziemia diamentów"? Właśnie to, o czym mówiłem przed chwilą. Gdy wtedy rozmawialiśmy, John M. Siddall wspomniał o tym wykładzie i sądzę, że niezwykły sukces „Ziemi..." miał wpływ na kształt polityki jego magazynu.

Zajrzyj, proszę, do aneksu. Autor mówi ludziom, jak iść naprzód, jak wydobyć więcej z siebie i ze środowiska, w którym żyje.

Wykład nigdy nie był statyczny. Dr Conwell personalizował go i dopasowywał jego treść do każdego miasta, w którym przemawiał. Miało to ogromne znaczenie. Odniesienia do środowiska lokalnego czyniły go świeżym i nowym. Sprawiały, że dane miasto i dana publiczność zdawały się być ważne. Dr Conwell opisał, jak to robił:

> Gdy odwiedzam jakąś miejscowość lub miasto, staram się przyjechać tam dość wcześnie, by spotkać się z naczelnikiem poczty, z fryzjerem, kierownikiem hotelu, dyrektorem szkoły oraz pastorami niektórych kościołów. Potem zaglądam do miejscowych zakładów i sklepów, rozmawiam z ludźmi, poznaję lokalne uwarunkowania i historię danego miasta i jego mieszkańców, dowiaduję się, jakie mieli możliwości i co im się nie udało – a każde miasto ma za sobą jakieś porażki – po czym idę na wykład i mówię do tych ludzi, poruszam tematy, które odnoszą się do ich sytuacji. Główny pomysł tego wykładu – diamenty – niezmiennie pozostaje ten sam.
>
> Zasadniczo chodzi zaś o to, że każdy człowiek w naszym kraju ma możliwość wydobycia z siebie więcej, niż robi to w swoim własnym środowisku, w oparciu o swoje umiejętności, swoją energię i swoich przyjaciół.

MATERIAŁ NA PRZEMOWĘ, KTÓRY ZAWSZE PRZYKUWA UWAGĘ

Możesz nudzić słuchaczy, opowiadając o rzeczach i koncepcjach, ale niemal zawsze zdołasz skutecznie przykuć ich uwagę, mówiąc o ludziach. Miliony rozmów będą toczyć się jutro przy stołach i na podwórzach domostw – a jaki będzie dominujący temat większości z nich? Sylwetki. Ten powiedział to. Pani taka i taka powiedziała tamto. Widziałem, jak robiła to, to i to. Tamten „zbija szmal", itd.

Wiele razy miałem okazję przemawiać do uczniów w Stanach Zjednoczonych i Kanadzie. Bardzo szybko przekonałem się, że aby podtrzymać zainteresowanie młodych słuchaczy muszę opowiadać im o innych ludziach. Gdy tylko zaczynałem mówić ogólnie i zajmować się rzeczami abstrakcyjnymi, Susie zaczynała się wiercić, Tommy robił do kogoś minę, a Billy rzucał czymś w kolegów z przodu.

Zgadza się, to były tylko dzieci, jednak dorośli słuchacze również nużą się i męczą, gdy mowa staje się nudna. Dlatego zawsze warto jest włączać do niej opowieści o innych ludziach. Magazyny o milionowych nakładach oraz najbardziej popularne audycje radiowe i programy telewizyjne są pełne takich historii.

Prowadząc kurs w Paryżu, poprosiłem grupę amerykańskich biznesmenów, by wypowiedzieli się na temat „Jak osiągnąć sukces". Większość z nich wychwalała proste wartości, wygłaszała kazania, pouczała i śmiertelnie nudziła słuchaczy. W którymś momencie przerwałem i powiedziałem: „Nie chcemy, by nas pouczano. Nikt tego nie lubi. Pamiętajcie, musicie dostarczać rozrywki, zabawiać, albo nikt nie będzie uważał, bez względu na to, o czym mówicie. Pamiętajcie też, że jedną z najbardziej interesujących rzeczy na świecie jest czysta, zwykła plotka. Dlatego opowiedzcie nam historię dwóch osób, które znaliście. Powiedzcie, dlaczego jedna z tych osób odniosła sukces, a druga przegrała. Z chęcią o tym posłuchamy, zapamiętamy i być może wyciągniemy jakieś wnioski. Poza tym, takie treści będą znacznie łatwiejsze do przekazania, niż jakieś rozwlekłe, abstrakcyjne nauki".

Pewien uczestnik tego kursu miał ciągłe trudności ze wzbudzeniem zainteresowania nie tylko w słuchaczach, ale i w sobie samym. Jednak owego wieczora wziął sobie do serca moją radę i opowiedział nam o swoich dwóch kolegach ze studiów. Jeden z nich był tak skrupulatny, że kupował koszule w różnych sklepach i robił wykresy, pokazujące, która z nich lepiej się prała, dłużej nosiła i lepiej służyła w odniesieniu do zainwestowanych w nią dolarów. Jego umysł wciąż skupiony był na pieniądzach, a gdy skończył naukę – były to studia inżynierskie – miał o sobie tak wysokie mniemanie, że nie chciał zaczynać kariery od samego dołu i powoli piąć się do góry, tak jak robili to inni absolwenci. Nadeszła trzecia rocznica uzyskania dyplomu, a on wciąż robił te swoje wykresy, czekając, aż coś fantastycznego pojawi się na jego drodze. Ale nigdy się nie pojawiło. Od tamtego czasu minęło już ćwierć wieku, a ten człowiek, niezadowolony i zgorzkniały, wciąż mozoli się na jakimś podrzędnym stanowisku.

Następnie mówca skontrastował tę porażkę z historią innego kolegi ze szkoły, który przekroczył wszelkie oczekiwania. Był to wyjątkowo towarzyski gość. Wszyscy go lubili. Choć miał ambicję zajść wysoko, zaczynał jako kreślarz. Jednak nieustannie wypatrywał nowych możliwości. W owym czasie trwały przygotowania do otwarcia węzła Pan-American w Buffalo. Facet wiedział, że będą tam potrzebować kogoś z talentem inżynieryjnym, dlatego zrezygnował z pracy w Filadelfii i wyjechał do Buffalo. Obdarzony miłą osobowością, szybko zdobył przyjaźń pewnego człowieka o znacznych wpływach politycznych. Razem założyli spółkę i natychmiast zaczęli przyjmować zlecenia. Wykonali sporą robotę dla Pan-American, która ostatecznie zatrudniła tego człowieka, oferując mu świetne wynagrodzenie. Dziś jest on multimilionerem i jednym z głównych właścicieli firmy.

To tylko zarys tego, co ów mówca powiedział. Całość urozmaicił wieloma zabawnymi szczegółami dotyczącymi opisywanych osób, dzięki czemu jego mowa była interesująca i przykuwała uwagę. Mówił i mówił – ktoś, kto z reguły nie potrafił znaleźć materiału na trzyminutową przemowę – i był niewymownie zaskoczony, gdy po zakończeniu dowiedział się, że okupował mównicę przez całe pół godziny. Jego mowa był tak interesująca, że każdemu wydawała się krótka. Był to pierwszy prawdziwy sukces tego kursanta.

Niemal każdy może wyciągnąć z tego wydarzenia jakieś wnioski. Przeciętna mowa znacznie skuteczniej trafi do słuchaczy, jeśli będzie pełna historii z życia wziętych. Mówca powinien poruszyć jedynie kilka zagadnień i zilustrować je konkretnymi przykładami. Taka metoda budowania przemowy gwarantuje zdobycie i utrzymanie uwagi.

W miarę możliwości, owe historie powinny opowiadać o zmaganiach, o rzeczach z wysiłkiem zdobywanych; i o osiągniętych zwycięstwach. Każdego z nas interesują opowieści o walkach i bitwach. Jest takie stare powiedzenie, że cały świat kocha kochanka. Nieprawda. Tym, co cały świat kocha, jest „zadyma". Ludzie chcą widzieć dwóch kochanków, walczących o rękę jednej kobiety. Dla potwierdzenia tego faktu przeczytaj niemal dowolną powieść, zajrzyj do jakiejkolwiek gazety, albo idź na jakiś film. Gdy wszystkie przeszkody zostają usunięte i główny bohater bierze w ramiona wybrankę swego serca, publiczność zaczyna sięgać po płaszcze i kapelusze. Niemal każdy melodramat opiera się na tym schemacie. Sprawić, by czytelnik czy widz poczuł się jak ten bohater. Sprawić, by czegoś ogromnie pragnął, i by to coś zdawało się niemożliwe do zdobycia. Po czym pokazać, jak ów bohater walczy i to zdobywa.

Opowieść o tym, jak ktoś zmagał się z przeszkodami w jakimś biznesie czy profesji, albo jak walczył w jakiejś słusznej, lecz niepopularnej sprawie wbrew zniechęcającym przeciwnościom losu, jest zawsze inspirująca, zawsze interesująca. Któregoś razu redaktor naczelny pewnego magazynu powiedział mi, że prawdziwa, żywa historia z życia dowolnej osoby zawsze jest zajmująca. Jeśli ktoś walczył i zwyciężył – a kto tego nie robił? – to jego opowieść, właściwie opowiedziana, będzie do ludzi przemawiać. Nie ma co do tego żadnych wątpliwości.

BĄDŹ KONKRETNY

Któregoś razu, na kursie publicznego przemawiania spotkali się doktor filozofii oraz prosty facet, który trzydzieści lat wcześniej spędził swoją młodość w Marynarce Królewskiej. Wyrafinowany uczony wykładał na uniwersytecie; zaś jego kolega z kursu posiadał niewielką przyczepę kempingową. O dziwo, mowy byłego marynarza, wygłaszane podczas kursu, znacznie skuteczniej przykuwały uwagę przeciętnych słuchaczy, niż mowy profesora wyższej uczelni. Dlaczego? Pan profesor posługiwał się piękną angielszczyzną, prezentując postawę pełną kultury i elegancji oraz wypowiadając się logicznie i zrozumiale, jednak jego słowom brakowało konkretności. Mówił zbyt ogólnie. Z drugiej strony, właściciel przyczepy nie tracił czasu na generalizowanie. Gdy mówił, od razu przechodził do sedna. Wyrażał się w sposób precyzyjny i konkretny. Ta cecha, w połączeniu z jego jurną prostotą i świeżą frazeologią, czyniła jego mowy bardzo zabawnymi.

Podałem ten przykład nie dlatego, że jest on typowy dla wykładowców uniwersyteckich, czy dla właścicieli przyczep kempingowych, ale dlatego, że ilustruje moc przykuwania uwagi, jaka staje się udziałem mówcy, który – niezależnie od poziomu swojego wykształcenia – posiada doskonały nawyk konkretnego i precyzyjnego wypowiadania się.

Ta zasada jest tak ważna, że posłużę się kilkoma przykładami, by na stałe zakorzenić ją w umyśle czytelnika. Mam nadzieję, że nigdy jej nie zapomnisz ani nie zaniedbasz.

Na przykład, czy bardziej interesujące jest twierdzenie, że Martin Luther jako dziecko był „uparty i krnąbrny", czy może lepiej jest powiedzieć, że któregoś razu przyznał, że jego nauczyciele łajali go aż „piętnaście razy w ciągu jednego przedpołudnia"?

Słowa typu „uparty" i „krnąbrny" raczej nie przykuwają uwagi. Ale czy równie beznamiętnie wysłuchamy opowieści o połajankach?

Stara metoda pisania biografii polegała na posługiwaniu się mnóstwem uogólnień, co Arystoteles słusznie nazwał „schronieniem słabych umysłów". Nowa metoda to opisywanie konkretnych faktów, które mówią same za siebie. Staromodny biograf powiedziałby, że Jan Kowalski miał „biednych, lecz uczciwych rodziców". Nowoczesny zaś, że ojca Jana Kowalskiego nie stać było na parę kaloszy, więc gdy nadeszła zima i spadł śnieg, musiał obwiązywać sobie buty workami jutowymi, by było mu ciepło i sucho; jednak pomimo swej biedy, nigdy nie rozwadniał mleka, a sprzedawane przez niego płody rolne zawsze były pierwszorzędnej jakości. Taki opis pokazuje, że rodzice Jana byli „biedni, lecz uczciwi", prawda? A czy nie pokazuje tego w sposób bardziej interesujący, niż metoda ogólnikowa?

Jeśli metoda konkretów sprawdza się w przypadku współczesnych biografii, sprawdzi się również w przypadku współczesnych przemówień.

Spójrzmy na jeszcze jeden przykład. Załóżmy, że chcesz stwierdzić, że każdego dnia nad wodospadem Niagara marnuje się przerażająca ilość potencjalnych koni mechanicznych. Załóżmy, że właśnie tak mówisz, po czym dodajesz, że gdyby tę moc wykorzystać, a otrzymane zyski przeznaczyć na zakup rzeczy codziennego użytku, można by ubrać i nakarmić całe tłumy. Czy twój przekaz jest interesujący i zajmujący? Nie bardzo. Oto znacznie lepsza wersja. Cytat pochodzi z artykułu, opublikowanego w „Daily Science News Bulletin".

> „Mówią nam, że w naszym kraju miliony ludzi żyją w biedzie i niedożywieniu, a jednak tu, nad wodospadem Niagara, co godzinę marnuje się ekwiwalent 250 tysięcy bochenków chleba. Oczyma wyobraźni możemy zobaczyć, jak każdej godziny 600 tysięcy świeżych jaj spada w przepaść, tworząc w wodnym wirze gigantyczny omlet. Gdyby uruchomić krosna o szerokości Niagary, wartość nieustannie spływającej z nich tkaniny równałaby się wartości marnowanej mocy tych wód. Gdyby pod strumieniem Niagary umieścić Biblioteki Carnegie[25], na-

---

[25] Andrew Carnegie (ur. 25 listopada 1835 roku w Dunfermline w Szkocji, zm. 11 sierpnia 1919 roku w Nowym Jorku), Amerykanin szkockiego pochodzenia, przemysłowiec, jeden z najbogatszych ludzi swego czasu na świecie. Swojego bogactwa użył dla stworzenia wielu instytucji o wielkim znaczeniu dla kultury i nauki. Ufundował 2500 publicznych bibliotek.

pełnienie książkami wód poniżej zajęłoby godzinę czy dwie. Albo wyobraźmy sobie, jak codziennie z jeziora Erie spływa ogromny dom towarowy i jak cała jego zawartość rozbija się na skałach 160 stóp niżej. Byłoby to niezwykle interesujące i zabawne przedstawienie, mniej więcej tak samo dla tłumu atrakcyjne, jak to obecne, i wcale od niego nie droższe. Jednak niektórzy mogliby uznać je za ekstrawagancję i zgłosić sprzeciw, tak jak obecnie sprzeciwiają się wykorzystaniu mocy spływającej wody".

SŁOWA BUDUJĄCE OBRAZ

W zdobywaniu zainteresowania słuchaczy pomocna jest pewna bardzo ważna, lecz przeważnie ignorowana technika. Przeciętny mówca zdaje się nie być świadom jej istnienia. Pewnie nigdy nawet nie zwrócił na nią uwagi. Ta metoda to posługiwanie się słowami, które tworzą obrazy. Mówca, który przemawia tak, że obrazy przepływają przed oczami słuchaczy, sprawia, że łatwo się go słucha. Ten zaś, który posługuje się mglistymi, pospolitymi, bezbarwnymi symbolami, sprawia, że słuchacze przysypiają.

Obrazy, obrazy, obrazy. Są tak wolne, jak powietrze, którym oddychasz. Dodaj je do swoich wypowiedzi, a staniesz się mówcą bardziej zajmującym, bardziej przekonującym.

Przykład: wróćmy do właśnie zacytowanego fragmentu artykułu o Niagarze. Spójrzmy na słowa tworzące obrazy. Roją się tam niczym króliki w Australii: 25 tysięcy bochenków chleba, 600 tysięcy jaj spadających w przepaść, gigantyczny omlet w wodnym wirze, tkanina spływająca z krosien o szerokości Niagary, Biblioteki Carnegie'ego umieszczone pod strumieniem, książki, dom towarowy niknący w odmętach i rozbijający się o skały, spływająca woda.

Zignorowanie takiej mowy czy artykułu byłoby niemal tak trudne, jak nie zwrócenie najmniejszej uwagi na sceny toczące się na kinowym ekranie.

Herbert Spencer, w słynnym eseju „Filozofia stylu", już dawno temu wskazał na wyższość terminologii, przywołującej wyraźne obrazy:

> Nie myślimy przy pomocy wyrażeń ogólnych, ale konkretnych... Powinniśmy unikać zdań typu:
>
> „Okrutne i barbarzyńskie zachowania, obyczaje i rozrywki będą surowo karane".
>
> Zamiast tego, należy powiedzieć:
>
> „Uczestnictwo w bitwach, organizowanie walk byków i walk gladiatorów będzie karane przez powieszenie, spalenie na stosie i łamanie kołem".

Wyrażenia budujące obrazy roją się na kartach *Biblii* i w dziełach Szekspira niczym pszczoły wokół jabłecznika. Na przykład, o rzeczy zbytecznej pospolity pisarz napisałby, że jest jak próba udoskonalenia czegoś, co już jest doskonałe. Jak Szekspir wyraził tę samą myśl? Przy pomocy nieśmiertelnych słów budujących obraz: „Pozłocić najczystsze złoto, pomalować lilię, spryskać perfumami fiołki".

Czy zauważyłeś, że przekazywane z pokolenia na pokolenie przysłowia to niemal zawsze powiedzenia obrazowe? „Lepszy wróbel w garści niż gołąb na dachu". „Baba z wozu, koniom lżej". „Kto pod kim dołki kopie, ten sam w nie wpada". Te same obrazowe elementy odnajdziesz w niemal wszystkich porównaniach, jakie przetrwały stulecia i wytarły się od zbyt częstego używania: „Przebiegły jak lis". „Zimny jak trup". „Płaski jak naleśnik". „Twardy jak kamień".

Lincoln ciągle wyrażał się obrazowo. Gdy miał już dość długich, skomplikowanych, biurokratycznych raportów, jakie trafiały na jego biurko w Białym Domu, wyraził to nie przy pomocy beznamiętnych słów, ale zamykając swój sprzeciw w barwnej wypowiedzi, którą trudno zapomnieć: „Gdy wysyłam kogoś, by kupił konia – powiedział – nie chcę wysłuchiwać, ile zwierzę ma włosów w ogonie. Chcę jedynie znać jego cechy".

Ludzie sukcesu posługują się słownymi obrazami. Audrey L. sprzedaje komputery. Rozmawiając na temat problemów, z jakimi zmagał się jeden z jej potencjalnych klientów, dowiedziała się, że jego głównym zmartwieniem był bałagan w kierowanym przez niego biurze. „Wszędzie walają się jakieś papiery i skoroszyty – narzekał – i nigdy nie mogę znaleźć dokumentów, które są mi akurat potrzebne – nigdy nie ma ich tam, gdzie powinny być; prawdopodobnie leżą gdzieś w jednej z tych stert".

Po opisaniu technicznych aspektów produktu jej firmy, Audrey powiedziała: „Spójrzmy sześć miesięcy wprzód. Wchodzi pan do biura. Żadnych stert papierów na biurku czy na krzesłach. Pańscy ludzie pracują przy komputerach. Potrzebuje pan jakiegoś dokumentu. Siada pan przy terminalu i wpisuje nazwę tego dokumentu. Na ekranie natychmiast pojawia się żądana informacja. Żadnego czekania. Żadnej frustracji".

Przy pomocy słów Audrey odmalowała obraz przyszłości. Ów kierownik nie potrzebował dużej wyobraźni, by ten obraz zobaczyć oraz docenić wartość proponowanego mu zakupu. Metoda słownych obrazów sprawdza się w handlu i sprawdzi się również podczas przemawiania.

WARTOŚĆ KONTRASTÓW WE WZBUDZANIU ZAINTERESOWANIA

Przyjrzyj się poniższym słowom potępienia, jakie brytyjski historyk Thomas Babington Macaulay skierował przeciwko królowi Karolowi I. Zauważ, że Macaulay nie tylko posługuje się obrazami, lecz także wprowadza zdania równoważne. Jaskrawe kontrasty niemal zawsze przyciągają uwagę i wzbudzają zainteresowanie; jaskrawe kontrasty są cegłą i zaprawą murarską tego fragmentu:

> Oskarżamy go o złamanie przysięgi koronacyjnej; tymczasem słyszymy, że dochował przysięgi małżeńskiej! Oskarżamy go o oddanie swoich ludzi na łaskę i niełaskę najbardziej pochopnych prałatów, tymczasem na swą obronę ma fakt, że wziął swojego synka na kolano i go pocałował! Potępiamy go za pogwałcenie artykułów Petition of Right [Petycja Praw] po złożeniu, za solidną opłatą, obietnicy ich przestrzegania; tymczasem jesteśmy informowani, że był przyzwyczajony do słuchania modlitw o szóstej rano! Zaiste jesteśmy przekonani, że właśnie takim czynnikom jak te, wraz ze swym wyrafinowanym ubiorem, przystojną twarzą i spiczastą brodą, zawdzięcza większość swej popularności w obecnym pokoleniu.

ZAINTERESOWANIE JEST ZARAŹLIWE

Jak dotąd zastanawialiśmy się, jaki rodzaj materiału wzbudza zainteresowanie słuchaczy. Jednak ktoś może mechanicznie zastosować wszystkie poznane tu wskazówki a mimo będzie bezbarwnym i nudnym mówcą. Uchwycenie i utrzymanie czyjegoś zainteresowania to sprawa delikatna, kwestia uczucia i ducha. To nie jak obsługa silnika parowego. Nie można napisać na ten temat żadnego podręcznika czy zbioru dokładnych zasad.

Należy pamiętać, że zainteresowanie jest zaraźliwe. Twoi słuchacze niemal z pewnością je od ciebie złapią, jeśli będziesz nim solidnie „zainfekowany". Podczas jednej z sesji kursu, jaki niedawno prowadziłem w Baltimore, pewien dżentelmen wstał i rozpoczął swoją mowę od ostrzeżenia, że jeśli obecne metody połowu drapieżnych skorpen w zatoce Chesapeake będą kontynuowane, ów gatunek wymrze. I to zaledwie w ciągu kilku lat! Kursant czuł swój temat. Sprawa była dla niego ważna i facet traktował ją z najwyższą powagą i zaangażowaniem. Wszystko w jego zachowaniu o tym świadczyło. Gdy wstał, by zabrać głos, nawet nie wiedziałem, że w zatoce Chasepeake żyje stworzenie o nazwie skorpena. Przypuszczam, że większość słuchaczy podzielała mój brak wiedzy i brak zainteresowania. Lecz zanim nasz mówca skończył, każdy ze słuchaczy przejął jakąś część jego niepokoju. Wszyscy prawdopodobnie bylibyśmy skłonni podpisać petycję do legislatury w sprawie prawnej ochrony skorpen.

Któregoś razu zapytałem Richarda Washburna Childa, amerykańskiego ambasadora we Włoszech, co jest sekretem jego sukcesu jako interesującego pisarza. Odparł: „Życie tak bardzo mnie ekscytuje, że nie mogę usiedzieć w miejscu. Po prostu muszę ludziom o tym mówić". Nie można nie być oczarowanym takim mówcą czy pisarzem.

Niedawno pojechałem do Londynu posłuchać pewnego mówcy. Gdy przemówienie dobiegło końca, ktoś zauważył, że ostatnia część podobała mu się znacznie bardziej, niż pierwsza. Gdy zapytałem, dlaczego, powiedział: „Pod koniec sam mówca zdawał się być bardziej zainteresowany, a jeśli chodzi o poziom entuzjazmu i zainteresowania, zawsze kieruję się postawą mówcy".

I każdy słuchacz tak robi. Pamiętaj o tym.

W SKRÓCIE

- Interesują nas niezwykłe fakty na temat zwykłych rzeczy.
- Naszym głównym obiektem zainteresowania jesteśmy my sami.
- Ten, kto nakłania innych do mówienia o sobie i o swoich zainteresowaniach oraz uważnie słucha, będzie generalnie uznany za dobrego rozmówcę, choć sam będzie mówić niewiele.
- Zwykłe plotki i opowieści o innych niemal zawsze zdobędą i utrzymają zainteresowanie słuchaczy. Mówca powinien poruszyć tylko kilka kwestii, a każdą z nich zilustrować tzw. opowieścią z życia wziętą.
- Wyrażaj się konkretnie. Jako mówca, nie bądź reprezentantem szkoły „biedny, lecz uczciwy". Nie mów jedynie, że Martin Luther jako dziecko był „uparty i krnąbrny". Oznajmij ten fakt, po czym poprzyj go twierdzeniem, że jego nauczyciele łajali go aż „piętnaście razy w ciągu jednego przedpołudnia". W ten sposób przekaz ogólny stanie się zrozumiały i interesujący, robiąc na słuchaczach większe wrażenie.
- Wzbogać swoją mowę frazeologią tworzącą wyobrażenia; słowami, dzięki którym przed oczami słuchaczy będą przepływać obrazy.
- Jeśli to możliwe, posługuj się porównaniami i koncepcjami przeciwstawnymi.
- Zainteresowanie jest zaraźliwe. Słuchacze z pewnością je złapią, jeśli mówca będzie nim solidnie zainfekowany. Ale nie da się go zdobyć przez mechaniczne trzymanie się określonych zasad.

PRAWIDŁOWE POSŁUGIWANIE SIĘ SŁOWAMI

SKŁONNOŚĆ/TENDENCYJNOŚĆ/OCHOTA/UPODOBANIE. Te słowa dotyczą wpływu na sposób myślenia, decydującego o takim czy innym działaniu. *Skłonność* oznacza stałą tendencję w określonym kierunku. To najszerszy z tych terminów, odnoszący się do woli, intelektu i uczuć razem wziętych, np. mieć ogólną skłonność do złych czynów. *Tendencyjność* to stronniczość, brak obiektywizmu, działanie wynikające z braku otwartości na inne poglądy; dotyczy szczególnie osądów i ocen. *Ochota* to żywe pragnienie dotyczące jakiejś czynności, stanu lub przedmiotu, np.

mieć ogromną ochotę do pracy, mieć ochotę na jabłko. *Upodobanie* to skłonność, zamiłowanie, stan łączący myśli i uczucia w odniesieniu do czegoś, rzadziej do kogoś; termin najczęściej używany w pozytywnym znaczeniu (w sensie negatywnym mówi się raczej o uprzedzeniu). „Silne umysły mają silne skłonności i z reguły zmagają się z silną stronniczością; lecz nie ma umysłu tak słabego i bezsilnego, by nie miał własnych pragnień, ani tak pełnego rezerwy, by nie miał własnych upodobań" – Crabb.

OGROMNY, OLBRZYMI/PRZEPASTNY/NADMIERNY. *Ogromny*, *olbrzymi* wskazuje na rozmiar nieprzeciętny, niemieszczący się w tym, co normalne. Zawodowy bokser ma *ogromną* siłę. *Przepastny* to obszerny, rozległy, o ogromnym zakresie. *Nadmierny* to przekraczający poziom należyty i zawsze oznacza coś negatywnego. Titanic był *olbrzymim* okrętem, który wyruszył w rejs po *przepastnych* wodach oceanu. Gdyby ktoś o umiarkowanych dochodach miał wynająć pokój w luksusowym hotelu, bez wątpienia uznałby daną cenę za *nadmierną*.

ĆWICZENIE GŁOSU – JAK BYĆ SŁYSZANYM NA ODLEGŁOŚĆ

Niekoniecznie trzeba krzyczeć, by być słyszanym na dużej sali czy pod gołym niebem. Wystarczy prawidłowo posługiwać się głosem. Szept, wzmocniony właściwym brzmieniem głosu, poniesie się w najdalszy róg największego audytorium. Duże sale przeważnie wyposażone są w system nagłaśniający. Zasady skutecznego posługiwania się takim systemem zostały omówione w Rozdziale 5. Jeśli jednak sala nie ma nagłośnienia, albo decydujesz się z niego nie korzystać, oto kilka wskazówek, które pomogą ci być słyszanym:

1. Nie patrz w podłogę. To bardzo amatorskie, a z punktu widzenia publiczności, denerwujące. Patrzenie w podłogę niszczy poczucie komunikacji, poczucie dawania i brania między słuchaczami a mówcą. Poza tym, taka postawa kieruje głos ku dołowi, przeszkadzając w jego swobodnym niesieniu się ponad głowami słuchaczy.
2. „Oddech – powiedziała madame Schumann-Heink – to moc napędowa głosu. Bez inteligentnej kontroli oddechu nic nie można osiągnąć. Śpiewanie bez oddechu to jak jazda samochodem bez paliwa". Zgadza się; podobnie jak i mówienie bez oddechu. Oddech to proch w nabojach twoich słów. W twoich płucach zawsze powinien być zapas powietrza, działający jak trampolina, jak katapulta, wyrzucająca wypowiadane przez ciebie słowa. Być może kiedyś widziałeś, na wystawach sklepowych czy na strzelnicach, małe kulki podskakujące na strumieniach wody. Twoje słowa powinny być wypychane przez powietrze właśnie w ten sposób. Powinny szybować jak latawiec na powietrznej poduszce. Dlatego oddychaj głęboko, czując, jak niższe partie płuc

napierają na dolne żebra oraz jak wypychają i spłaszczają łukowato sklepiony mięsień przepony. Gdy zaczynasz mówić, nie wykorzystuj od razu całego zapasu powietrza. Postaraj się zużyć go możliwie jak najmniej. Kontroluj jego ucieczkę zgodnie ze wskazówkami z Rozdziału 5.

3. Rozluźnij gardło, usta i szczękę (zob. Rozdział 4., 9. i 10.). Tony wydane przez zaciśnięte gardło nie będą się niosły, gdyż brak im dostatecznej wibracji.
4. Uderzanie młotem w kawałek żelaza powoduje nieprzyjemny hałas, który z bliska jest ogłuszający, ale nie posiada siły niosącej. Natomiast muzyka, grana przez orkiestrę czy zespół, będzie słyszana z dużej odległości, choćby wokół panował harmider i wrzawa. Skąd ta różnica? Łatwo to wyjaśnić: instrumenty muzyczne tworzą czyste, harmonijne dźwięki, dźwięki z rezonansem; natomiast młot, uderzający w żelazo, tworzy jedynie głuchy, brzydki szczęk bez rezonansu. Zaledwie kilka dni temu autor stał obok trębacza, grającego hejnał. Gdyby trębacz wykorzystał tę samą ilość powietrza do krzyku, jego głos nie poniósłby się zbyt daleko; lecz ten sam oddech, posłany w trąbkę i wibrujący w jej komorach rezonansowych, wytworzył falę dźwięku, która pokonała długi, długi dystans.

   Teraz już rozumiemy, dlaczego pewne głosy, które brzmią bardzo głośno dla słuchaczy w pierwszych rzędach, nie niosą się daleko; brak im rezonansu, a to właśnie rezonans odpowiada za siłę nośną dźwięku – rezonans plus otwartość i zapas powietrza w płucach.

   Dlatego często wykonuj opracowane w tym celu ćwiczenia głosu z Rozdziałów 4., 9. i 10.

   Gdy słuchasz radia, nuć grane melodie, czując pod otwartą dłonią wibracje na czubku i z tyłu głowy, w nosie, na ustach, na policzkach, na klatce piersiowej. By w pełni wykorzystać swój naturalny rezonans, mów z tym samym wrażeniem otwartości w głowie, jakie odczuwasz przy głębokim wdechu. To rzecz najważniejsza.
5. Różnicuj brzmienie samogłosek. Samogłoski to serce wypowiadanych słów. To właśnie wibracja ich dźwięku jest tym, co się niesie. Dlatego nie wolno ich zaniedbywać czy osłabiać. Wypowiadaj je ze swobodą, otwartością i dokładnością. Oto sześć głównych samogłosek: a, e, i, o, u, y. Przećwicz je, pamiętając o rozluźnieniu szczęki.

   Zrób to jeszcze raz, tym razem traktując to jako ćwiczenie na elastyczność ust.
6. Ton twojego głosu powinien być zróżnicowany, podążając w trakcie mówienia w górę i w dół skali, naturalnie i spontanicznie. Ta zasada przekazu została omówiona w Rozdziale 7. Różnicowanie tonu pomaga indywidualizować słowa, sprawiając, że stają się one bardziej charakterystyczne.

7. By słyszano cię z odległości, twój głos musi być donośny. Co nie znaczy po prostu głośny. Ktoś, kto nie wierzy w to, co mówi i nie bardzo się tym interesuje, nie będzie słyszany tak dobrze i na taką odległość, jak ktoś, kto mówi z głębi serca, szczerze i z pełnym przekonaniem. W mowie to nie pustka jest tym, co się niesie, ale bogactwo.

Jedną z pierwszych rzeczy, jaką zauważa lekarz po wejściu do pokoju chorego, jest głos. Głos odzwierciedla witalność człowieka. Krzepki głos o potężnej sile nośnej nie pochodzi z ciała chorego czy choćby zmęczonego. Dlatego zanim wejdziesz na mównicę, odpocznij. Przestrzegaj zasad rozsądnego trybu życia.

„Piękny głos – powiedziała madame Melba – pięknie używany, może pochodzić tylko z ciała wypoczętego... Krzepkie zdrowie to rzecz niezbędna dla każdego sukcesu... Mnóstwo świeżego powietrza, proste, odżywcze pożywienie i osiem czy dziewięć godzin snu są konieczne dla śpiewaka czy mówcy, którego krtań niezmiennie odzwierciedla jego stan zdrowia”.

Prawdziwie skuteczni mówcy nigdy nie uczynili ślepego impulsu swoim bogiem. Kontrolowali go i kierowali nim w oparciu o osąd zrodzony z uważnego przyglądania się prawom rządzącym działaniem i przekonaniem.

ARTHUR EDWARD PHILLIPS
Effective Speaking

Czego zatem, w skrócie, żąda od mówcy wyrobiona, nowoczesna publiczność? Po pierwsze, by był autentyczny; po drugie, by wiedział coś, czego warto posłuchać, i by jego znajomość danego tematu była wyczerpująca; po trzecie, by w prezentowanym temacie była obecna pełnia jego własnych uczuć i przekonań; i po czwarte, by przechodził od razu do sedna, posługując się językiem prostym, naturalnym i przekonywującym.

LOCKWOOD-THORPE
Public Speaking Today

Ukoronowaniem życia nie jest wiedza, lecz działanie.

THOMAS H. HUXLEY

Działanie to charakterystyczna cecha wielkości.

E. ST. ELMO LEWIS

Ogólnie rzecz biorąc, znacznie łatwiej dajemy się przekonać przy pomocy argumentów, jakie sami odkrywamy, niż tych, jakie sugerują nam inni.

PASCAL

ROZDZIAŁ

15

JAK NAKŁONIĆ DO DZIAŁANIA

Gdybyś mógł w mgnieniu oka podwoić czy potroić moc któregokolwiek ze swoich talentów, który talent byś wybrał? Prawdopodobnie wskazałbyś na umiejętność wpływu na innych, na zdolność nakłaniania ludzi do działania, zgadza się? Oznaczałoby to dodatkową moc, dodatkowy zysk i dodatkową przyjemność.

Czy ta sztuka, tak ważna dla naszego życiowego sukcesu, już na zawsze musi pozostać poza zasięgiem większości z nas? Czy musimy brnąć przez życie, polegając jedynie na instynkcie i na praktycznych zasadach? A może jest jakiś inteligentniejszy sposób dotarcia do upragnionego celu?

Istnieje pewna metoda – i trzeba natychmiast się nią zająć – oparta na zasadach zdrowego rozsądku, na zasadach dotyczących ludzkiej natury, natury twojej i mojej, metoda, którą autor sam często stosuje, i której uczy innych.

Pierwszym krokiem jest zdobycie uwagi pełnej zainteresowania. Dopóki tego nie zrobisz, ludzie nie będą cię uważnie słuchać.

Problem skutecznego zdobywania uwagi został poruszony w Rozdziale 9. i 14. Warto ponownie do nich zajrzeć i przypomnieć sobie zawarte tam wskazówki.

Krok drugi to zdobycie zaufania słuchaczy. Dopóki tego nie zrobisz, ludzie nie będą wierzyć twoim słowom. Właśnie ten brak zaufania staje się przyczyną porażki wielu mówców. I to on odpowiada za brak pożądanego odzewu na kampanię reklamową czy list handlowy, a także przyczynia się do porażki pracownika czy przedsiębiorstwa. Z powodu braku zaufania wielu ludzi nie jest w stanie działać skutecznie w swoim środowisku.

ZDOBĄDŹ ZAUFANIE, ZASŁUGUJĄC NA NIE

Najlepszym sposobem zdobycia zaufania jest zasłużenie na nie. Prezbiter J. Pierpont Morgan powiedział, że charakter to najważniejszy element w zdobywaniu uznania. To również jeden z najważniejszych czynników w zdobywaniu zaufania słuchaczy. Wiele razy widziałem, jak mówcy, których głównymi atutami były łatwość przemawiania i dowcip, nie osiągali tak dobrego rezultatu jak mówcy mniej błyskotliwi, ale za to bardziej szczerzy.

W jednym z kursów przemawiania uczestniczył pewien człowiek obdarzony uderzającą powierzchownością oraz godną podziwu płynnością myśli i wypowiedzi. Gdy kończył mówić, ludzie komentowali: „Mądry gość". Jednak ów kursant wywierał szybkie, lecz powierzchowne wrażenie, które nie trwało długo i do niczego nie prowadziło. W tej samej grupie była pewna agentka ubezpieczeniowa, kobieta o niepozornej posturze, której nieraz brakowało słów i której styl nie należał do najpiękniejszych. Jednak przemawiała z głęboką szczerością, wyzierającą z jej oczu i wibrującą w głosie. Pozostali uczestnicy uważnie słuchali tego, co mówiła, wierzyli jej i darzyli sympatią, nawet nie wiedzieli, dlaczego.

Szczerość, głęboka, prawdziwa szczerość, to najważniejsza cecha ludzi godnych zaufania. Nie taka szczerość, która sama siebie nazywa szczerą, nie; to w istocie bardzo przykra sprawa – świadoma szczerość to płytkie samochwalstwo i najczęściej głównie próżność. Prawdziwa szczerość to taka, o której posiadająca ją osoba nie mówi, wręcz nie jest jej świadoma. Próba udawania współczucia czy szczerości nie ma sensu. Nie uda się. Uczucie musi być autentyczne, musi mieć właściwy wydźwięk.

Elementem mającym największy wpływ na ludzi jest religia. Reakcja na nią to odruch tak podstawowy, jak instynkt samozachowawczy. Przenika ludzki intelekt i osobowość. Ten, kto chce mieć wpływ na innych przez wypowiadanie ich niewyrażonych myśli, musi posiadać tę wielką i niepoddającą się analizie więź solidarności z ludźmi.

Lincoln posiadał tę więź. Rzadko olśniewał. Nikt raczej nie nazwałby go „oratorem". W debatach ze Stephenem Douglasem brakowało mu wdzięku, gładkości i retoryki jego przeciwnika. Ludzie ochrzcili Douglasa „Małym Gigantem". A jak nazwali Lincolna? „Szczerym Abem".

Douglas miał czarującą osobowość i był człowiekiem o nieprzeciętnym duchu i witalności, ale był też kimś, kto przedkłada politykę ponad zasady, dla kogo własne interesy i doraźne korzyści są ważniejsze od sprawiedliwości. To go ostatecznie zgubiło.

A Lincoln? Gdy mówił, emanowała od niego pewna surowość i szorstkość, która podwajała moc jego słów. Ludzie wyczuwali jego uczciwość i szczerość oraz nieskazitelny charakter. Jeśli chodzi o znajomość prawa, mnóstwo ludzi go przewyższało, jednak bardzo niewielu z nich potrafiło tak skutecznie wpływać na ławę przysięgłych. Nie był szczególnie zainteresowany służeniu samemu sobie. Przedmiotem jego zainteresowania było raczej służenie sprawiedliwości i odwiecznej prawdzie. I ludzie to czuli, gdy do nich mówił.

MÓW Z WŁASNEGO DOŚWIADCZENIA

Drugim sposobem zdobycia zaufania słuchaczy jest dyskretne mówienie z własnego doświadczenia. To ogromnie pomaga. Jeśli dzielisz się cudzymi opiniami, ludzie mogą je podważać. Jeśli relacjonujesz pogłoski lub powtarzasz coś, co przeczytałeś, twój przekaz może brzmieć nieświeżo. Tylko to, przez co sam przeszedłeś i czego sam doświadczyłeś, brzmi autentycznie, posiada smak prawdy i wiarygodności; a ludzie to przyjmują. Wierzą w to. Patrzą na ciebie jak na wiodący, światowy autorytet w danej dziedzinie.

Zajrzyj do aneksu i przeczytaj „Wiadomość dla Garcii". Świat miał ogromne zaufanie do tamtych słów Elberta Hubbarda. Ich autor mówił z własnego doświadczenia. To się wie. To się czuje. Cały tekst jest tym przesiąknięty: „Pracowałem za dniówkę, ale byłem też i pracodawcą, zatrudniającym robotników, i wiem, że obie strony mają coś do powiedzenia".

BĄDŹ WŁAŚCIWIE ZAPOWIEDZIANY

Niejeden mówca już na starcie ponosi porażkę w kwestii zdobycia uwagi, gdyż nie zostaje właściwie zapowiedziany.

Zapowiedź powinna wprowadzać w temat dość skutecznie, by słuchacze chcieli usłyszeć jego rozwinięcie. Powinna zawierać informacje dotyczące mówcy, fakty potwierdzające jego prawo do wypowiadania się w danej kwestii. Innymi słowy, wprowadzenie powinno „sprzedawać" temat słuchaczom oraz „sprzedawać" samego mówcę. I to w czasie możliwie najkrótszym.

Taki właśnie jest cel zapowiedzi. Ale czy jest on realizowany? W dziewięciu przypadkach na dziesięć nie jest – *stanowczo* nie jest. Większość zapowiedzi do niczego się nie nadaje – są nieudolne, nieprzekonujące, często pomijające istotne fakty dotyczące mówcy.

Na przykład, słyszałem kiedyś, jak pewien znany mówca, człowiek, który powinien znać się na rzeczy, zapowiadał irlandzkiego poetę, W. B. Yeatsa. Yeats miał przeczytać fragment swojej poezji. Trzy lata wcześniej został uhonorowany literacką nagrodą Nobla, najwyższym wyróżnieniem, jakie może otrzymać pisarz. Jestem pewny, że nawet jedna dziesiąta zgromadzonych tam ludzi nie zdawała sobie sprawy ani z tego faktu, ani z jego znaczenia. O obu tych rzeczach zapowiadający powinien był wspomnieć. Oba te fakty powinien był zakomunikować, choćby nawet miał nie powiedzieć już nic więcej. A co rzeczywiście zrobił? Zupełnie te informacje zignorował, mówiąc coś na temat mitologii i greckiej poezji. Bez wątpienia był zupełnie nieświadomy tego, że jego własne ego skłania go do wypowiadania słów, które zrobią wrażenie na słuchaczach jego własną wiedzą i własną ważnością.

Ów prowadzący, mimo, że jest mówcą znanym na arenie międzynarodowej i sam był zapowiadany tysiące razy, poniósł kompletną porażkę w kwestii zapowiedzenia kogoś innego. Jeśli człowiek jego kalibru popełnia taką gafę, to czego można się spodziewać po przeciętnym prowadzącym?

Co ty jako mówca możesz w tej sprawie zrobić? W duchu należnej pokory, pójdź odpowiednio wcześniej do osoby, która będzie cię zapowiadać i podrzuć kilka informacji na swój temat, jakie może w zapowiedzi wykorzystać. Na pewno będzie ci wdzięczna za wskazówki. Wskaż informacje, o jakich chciałbyś, by ta osoba wspomniała, fakty, które potwierdzają twoje prawo do wypowiadania się na dany temat, zwykłe rzeczy, o jakich słuchacze powinni wiedzieć, rzeczy, jakie zdobędą ich uwagę. Napisz to wszystko na kartce i wręcz zapowiadającemu, by podczas zapowiedzi mógł się do tego odnieść.

NIEBIESKA TRAWA I POPIÓŁ Z DRZEWA ORZESZNIKA

Pewnej jesieni autor prowadził kursy publicznego przemawiania w różnych placówkach YMCA w Nowym Jorku. W jednym z tych kursów uczestniczył najlepszy handlowiec jednej z najbardziej znanych nowojorskich organizacji handlowych. Któregoś wieczora ów człowiek wygłosił niedorzeczne twierdzenie, że potrafi wyhodować niebieską trawę bez pomocy nasion czy korzeni. Powiedział, że na świeżo zaoranej ziemi rozsypuje popiół z drzewa orzesznika i gotowe! Wyrasta niebieska trawa. Był głęboko przekonany, że właśnie ten popiół i tylko on odpowiada za pojawienie się niebieskiej trawy.

Komentując jego przemowę, z uśmiechem zauważyłem, że gdyby jego cudowne odkrycie było prawdą, uczyniłoby go milionerem, gdyż niebieska trawa kosztuje kilka dolarów za buszel[26]. Powiedziałem też, że zapewniłoby mu nieśmiertelność, czyniąc go jednym z najwybitniejszych naukowców wszechczasów. Poinformowałem go, że żaden człowiek w historii, żywy bądź martwy, nigdy nie dokonał cudu, jaki on sobie przypisuje; że jeszcze nikomu nie udało się stworzyć życia z martwej substancji.

Powiedziałem mu to wszystko bardzo spokojnie, gdyż sądziłem, że jego mylne przekonanie jest tak namacalne, tak absurdalne, że jego obalenie nie wymaga dużej siły przekonywania. Gdy skończyłem, wszyscy pozostali uczestnicy kursu dostrzegli niedorzeczność jego twierdzenia; wszyscy, tylko nie on, ani na chwilę. Traktował sprawę poważnie, śmiertelnie poważnie. Skoczył na równe nogi i powiedział, że się nie myli. Że nie opowiada o domysłach, ale o czymś, co naprawdę miało miejsce. I że wie, o czym mówi. Kontynuował, rozwijając poprzednie uwagi, podając dodatkowe informacje i kolejne dowody, a w jego głosie wybrzmiewała surowa szczerość i uczciwość.

---

[26] Miara pojemności dla towarów sypkich. 1 buszel amer.– 35,238 litra.

Ponownie poinformowałem go, że nie istnieje najmniejszy cień nadziei na to, że ma rację, czy choćby jest bliski racji, a nawet tysiąc mil od racji. Natychmiast stwierdził, że jest gotów założyć się ze mną o pięć dolarów i niech Amerykańskie Ministerstwo Rolnictwa rozstrzygnie spór.

Zauważyłem, że zdołał przekonać kilku członków grupy. Nie mogąc nadziwić się ich łatwowierności, zapytałem, dlaczego nagle zaczęli mu wierzyć. Jego śmiertelna powaga i głębokie przekonanie było jedynym wyjaśnieniem, jakie potrafili podać – powaga, przekonanie i żarliwość.

Przekonanie i żarliwość: ich moc jest wprost niewiarygodna, szczególnie wobec przeciętnych słuchaczy.

Bardzo niewiele osób posiada zdolność niezależnego myślenia. Jednak każdy z nas ma uczucia i emocje i każdy z nas podatny jest na uczucia mówcy. Jeśli mówca wierzy w coś *dość głęboko*, nawet jeśli jest to niedorzeczne, zdobędzie pewien posłuch i zdoła zgromadzić wokół siebie pewną liczbę zwolenników – także wśród ponoć wyrobionych i niezaprzeczalnie inteligentnych słuchaczy.

Gdy już zdobędziesz pełną zainteresowania uwagę i zaufanie publiczności, dopiero zacznie się prawdziwa praca. Twoim kolejnym krokiem jest stwierdzić fakty, czyli:

PRZEKAZAĆ SŁUCHACZOM TREŚĆ TEGO, CO MASZ IM DO POWIEDZENIA

To sedno twojej przemowy, jej najważniejsza część. Będziesz musiał poświęcić na nią najwięcej przydzielonego ci czasu. Nadszedł czas, byś wykorzystał wszystko, czego nauczyłeś się z Rozdziału 12. na temat zrozumiałości i jasności wypowiedzi oraz z Rozdziału 13. na temat mocy wywierania wrażenia i przekonywania.

Właśnie tu najbardziej liczy się przygotowanie. I właśnie tutaj jego brak będzie najbardziej widoczny.

Oto znajdujesz się na linii ognia. A jak powiedział marszałek Foch: „Pole walki to nie miejsce na rozmyślania. Człowiek robi, co może, stosując to, co już wie, dlatego jest tak ważne, by posiadać dogłębną wiedzę i umieć szybko ją wykorzystać".

W tym momencie musisz wiedzieć na dany temat znacznie więcej, niż jesteś w stanie przekazać. Gdy Biały Rycerz z bajki *Alicja po drugiej stronie lustra* Lewisa Carrolla wyruszał w podróż, był przygotowany na każdą ewentualność: miał ze sobą pułapkę na myszy, gdyby gryzonie nie dawały mu spać po nocach; miał też ul, na wypadek, gdyby napotkał zabłąkany rój pszczół. Gdyby Biały Rycerz z podobnym podejściem przygotował się do przemowy, jego wystąpienie byłoby strzałem w dziesiątkę. Gradem argumentów byłby w stanie odeprzeć każdy słowny atak i pokonać każdy sprzeciw, jaki jego oponenci mogliby zgłosić. Tak dobrze znałby temat swojej przemowy i tak dokładnie wszystko by zaplanował, że jego mowa z pewnością okazałaby się sukcesem.

JAK PATTERSON ODPOWIADAŁ NA ZASTRZEŻENIA I ZARZUTY

Jeśli zwracasz się do ludzi z kręgu biznesu i mówisz o czymś, co ich dotyczy, powinieneś nie tylko ich informować, ale też pozwolić, by oni informowali ciebie. Najpierw ustal, jakimi torami biegną ich myśli, by nie zajmować się czymś zupełnie poza tematem. Pozwól im powiedzieć, co myślą, po czym odpowiedz na ich zastrzeżenia; dzięki temu będą bardziej skłonni cię wysłuchać. Oto, jak John H. Patterson, pierwszy prezes National Cash Register Company, poradził sobie w tego typu sytuacji. Fragment pochodzi z jego artykułu, jaki ukazał się w „System Magazine":

> Zaszła konieczność podniesienia cen naszych kas sklepowych. Przedstawiciele handlowi i dyrektorzy sprzedaży zaprotestowali; powiedzieli, że stracimy klientów, że ceny powinny pozostać na dotychczasowym poziomie. Zaprosiłem ich wszystkich na spotkanie do Dayton. Powiedziałem, co i jak, za plecami mając ogromną płachtę papieru i pomocnika do zapisywania.
>
> Poprosiłem zgromadzonych, by wyrazili swoje obiekcje wobec podniesienia cen. Zastrzeżenia posypały się niczym strzały z karabinu maszynowego. Każde z nich mój pomocnik zapisywał na płachcie. Cały pierwszy dzień spędziliśmy na tworzeniu ich listy, a moja rola ograniczała się jedynie do nakłaniania ludzi do mówienia. Gdy spotkanie dobiegło końca, mieliśmy listę co najmniej stu różnych powodów, dlaczego ceny nie powinny zostać podniesione. Każdy możliwy powód wisiał tam czarno na białym i zdawało się, że zgromadzeni są dość mocno utwierdzeni w swym sprzeciwie wobec jakichkolwiek zmian. Na tym przerwaliśmy.
>
> Kolejnego dnia rano zająłem się każdą z obiekcji, jedną po drugiej wyjaśniałem przy pomocy diagramów i słów, dlaczego oparte są one na błędnych przesłankach. Ludzie dali się przekonać. Dlaczego? Wszystkie argumenty przeciw wisiały spisane przed oczami zgromadzonych i wiadomo było, do czego się odnieść. Żadnych niedomówień, żadnych niewyjaśnionych kwestii. Wszystko od razu ustaliliśmy.
>
> Sądzę jednak, że w sprawie takiej jak ta nie wystarczy jedynie uzgodnić coś na płaszczyźnie dyskusji. Spotkanie przedstawicieli handlowych powinno zakończyć się napełnieniem wszystkich uczestników nowym entuzjazmem, który nieco przygasł w trakcie omawiania poszczególnych kwestii spornych. A to nie było korzystne. Musieliśmy mieć jakiś dramatyczny punkt kulminacyjny. Poczyniłem pewne przygotowania i tuż przed zakończeniem konferencji poprosiłem zgromadzonych, a było ich około stu osób, by jeden po drugim przemaszerowa-

li przez podium; każdy z nich trzymał karton ze zdjęciem fragmentu naszej najnowszej kasy i z wyjaśnieniem, do czego ten fragment służy. Gdy przemaszerował ostatni uczestnik, wszyscy ponownie weszli na podium i w wielkim finale wspólnie utworzyli jedną, pełną maszynę. Spotkanie zakończyło się ogólnym aplauzem i radosnymi wiwatami!

POSŁUŻ SIĘ JEDNYM PRAGNIENIEM DO ZWALCZENIA INNEGO

Czwartym krokiem tej metody jest odwołanie się do motywów, jakie skłaniają ludzi do działania.

Ziemia i wszystko, co na niej żyje, w powietrzu, na lądzie czy w wodzie, funkcjonuje nie na chybił trafił, ale według niezmiennego prawa przyczynowo-skutkowego.

Gdyż świat został stworzony w określonym porządku,
A atomy maszerują jednym rytmem.

Wszystko, co kiedykolwiek się wydarzyło lub jeszcze wydarzy, było lub będzie logicznym i nieuchronnym skutkiem czegoś, co to wydarzenie poprzedzało, a także logiczną i nieuchronną przyczyną czegoś, co po tym wydarzeniu nastąpi. I dotyczy to zarówno trzęsień ziemi, krzyku dzikich gęsi, zazdrości, ceny fasolki po bretońsku, diamentu Kohinoor, czy pięknego portu w Sydney, jak i tego, że po włożeniu monety do automatu, dostajesz paczkę gumy do żucia. Gdy raz na zawsze uznasz to i zrozumiesz, wszelkie przesądy wydadzą się niewymownie głupie – bo czy jest możliwe, by niezmienne prawa natury zostały powstrzymane, zmienione lub choćby w minimalnym stopniu naruszone przez sam fakt posadzenia przy stole trzynastu osób, czy przez zbicie lustra?

Co jest przyczyną każdego świadomego i celowego działania, jakie wykonujemy? Pragnienie. Niewiele jest rzeczy, jakie nami kierują. Godzina po godzinie, dniem i nocą naszym zachowaniem rządzi zaskakująco niewielka liczba pragnień.

Wszystko to znaczy jedynie tyle: jeśli ktoś pozna te motywy, i jeśli z wystarczającą siłą będzie potrafił się do nich odwołać, zyska niezwykłą moc. Mądry mówca właśnie to usiłuje zrobić. Niezdarny mówca szuka zaś drogi po omacku i na chybił trafił.

Na przykład, ojciec dowiaduje się, że jego nastoletni syn ukradkiem pali papierosy. Wpada w gniew, wścieka się i krzyczy, nakazuje chłopcu skończyć ze zgubnym nawykiem i ostrzegając go przed zniszczeniem sobie zdrowia.

Załóżmy jednak, że chłopak nie przejmuje się swoim zdrowiem, a dreszcz emocji związany z paleniem uwielbia bardziej, niż obawia się negatywnych skutków zdrowotnych. Co się dzieje? Słowa ojca na nic się nie zdają, jego apel okazuje się daremny. Dlaczego? Bo nie jest on dość sprytny, by odwołać się do motywów, jakie kierują jego synem. Odwołuje się jedynie do tych, jakie kierują nim samym. Nie próbuje postawić się w sytuacji syna, w ogóle nie próbuje go zrozumieć.

Jest jednak dość prawdopodobne, że chłopiec całym sercem pragnie dostać się do szkolnej drużyny sportowej, wziąć udział w biegu na 60 metrów, być świetnym sportowcem. Zatem, jeśli tylko ojciec przestanie wyrażać swe własne uczucia i pokaże synowi, że palenie stanie na drodze jego głęboko żywionym ambicjom sportowym, najpewniej uzyska pożądany efekt – uzyska go gładko i w pełni, w nadzwyczaj delikatnym procesie przeciwstawienia silniejszego pragnienia pragnieniu słabszemu. I właśnie to dzieje się podczas jednego z największych wydarzeń sportowych na świecie: podczas regat wioślarskich na Tamizie (między drużynami uniwersytetów w Oxford i Cambridge). Na cały czas trwania treningów wioślarze rezygnują z palenia tytoniu. W porównaniu z wygraną każde inne pragnienie jest drugorzędne.

Jednym z najpoważniejszych problemów, przed jakimi stoi dzisiaj świat, jest walka z insektami. Jakiś czas temu, do USA trafiła ćma owocu azjatyckiego, będąc nieopatrznie sprowadzona na sadzonkach wiśni, jakie rząd Japonii podarował Amerykanom (drzewka ozdobiły brzegi jeziora w stolicy kraju). Ćma rozprzestrzeniła się, zagrażając zbiorom owoców w niektórych wschodnich stanach. Opryski zdawały się nie przynosić efektów, dlatego rząd zmuszony był sprowadzić z Japonii innego owada, który żywi się tamtym. Zatem nasi eksperci od rolnictwa zwalczają jednego szkodnika innym.

Ludzie wprawieni w nakłanianiu innych do określonego działania posługują się podobnymi metodami. Podają jeden motyw, by zwalczyć inny. Ten sposób jest tak sensowny, tak prosty i tak oczywisty, że ktoś mógłby pomyśleć, że jest on powszechnie wykorzystywany. Nic z tego. Często widzi się przypadki, które skłaniają do przypuszczania, że jest wręcz odwrotnie.

Konkretny przykład: autor uczestniczył niedawno w spotkaniu pewnego klubu. Jego prezes zorganizował wyjazd na golfa do sąsiedniego miasta, korzystając z uprzejmości tamtejszego country klubu, który użyczył mu swojego pola golfowego. Zgłosiło się jedynie kilku chętnych. Prezes był niezadowolony; sprawa, za którą stał, miała się nie powieść. Chodziło tu o jego dobre imię. Dlatego postanowił zaapelować do członków swego klubu, by więcej osób zgłosiło chęć udziału w wyjeździe. Jego mowa była rozpaczliwie nieporadna i niewłaściwa, a całą jego argumentację można streścić jednym zdaniem: *macie pojechać, bo ja tak chcę*. To w ogóle nie jest wezwanie. Prezesowi najwyraźniej brakowało wprawy w obchodzeniu się z ludzką naturą; ograniczył się jedynie do wyrażenia swoich uczuć. Tak jak ojciec, rozgniewany na palącego syna, zupełnie zaniedbał konieczność podejścia do problemu od strony pragnień swoich słuchaczy.

Co powinien był zrobić? Przede wszystkim posłużyć się sporą dozą zdrowego rozsądku; zanim zaapelował do członków swojego klubu, powinien był odbyć krótką, cichą rozmowę z samym sobą i najpierw zwrócić się do siebie, próbując odpowiedzieć na pytanie: „Dlaczego tak mało ludzi zgłosiło chęć wyjazdu? Niektórzy być może uznali, że nie mają czasu; innych mogą zniechęcać koszty przejazdu i inne wydatki. Jak pokonać te przeszkody? Pokażę im, że rekreacja nie jest czasem straconym; że ci, którzy tylko harują, nie odnoszą samych sukcesów; że człowiek odświeżony i wypoczęty w kilka dni może zrobić więcej, niż w ciągu całego tygodnia, gdy jego baterie wymagają naładowania. Wszystko to oczywiście już wiedzą, ale trzeba im to przypomnieć. Zwrócę ich uwagę na rzeczy, jakich powinni pragnąć bardziej, niż pragną zaoszczędzić tę niewielką sumę, jaka wiąże się z wyjazdem. Pokażę im, że to doskonała inwestycja w zdrowie i przyjemność. Przemówię do ich wyobraźni, sprawię, że zobaczą się na polu golfowym, z zachodnim wiatrem owiewającym ich twarze, z zieloną murawą pod stopami i ze współczuciem dla tych, którzy zostali w gorącym mieście i żyją tylko dla pieniędzy".

Jak sądzisz, czy taka taktyka przyniosłaby lepszy skutek, niż mało wyszukany apel „chcę, żebyście pojechali", jaki wystosował mówca?

PRAGNIENIA, JAKIE DETERMINUJĄ NASZE CZYNY

Jakie zatem są te podstawowe, ludzkie pragnienia, kształtujące nasze postępowanie i sprawiające, że zachowujemy się jak istoty ludzkie? Jeśli ich zrozumienie i zgodne z nimi działanie jest tak istotne dla naszego sukcesu, to trzeba je sobie uświadomić. Rzućmy na nie nieco światła i przyjrzyjmy się im z bliska.

Reszta tego rozdziału została poświęcona omówieniu i poparciu przykładami poszczególnych pragnień. Czytelnik zapewne się zgodzi, że przykłady z życia wzięte to najlepszy sposób na wyjaśnienie danego tematu, uczynienie go przekonującym i głębokie zapisanie go w pamięci.

Jednym z najsilniejszych spośród wszystkich motywów jest pragnienie zdobywania wartości, zyskiwania korzyści materialnych. Dzięki niemu kilkaset milionów ludzi wstanie jutro rano z łóżka dwie czy trzy godziny wcześniej, niż zrobiłoby to bez tego bodźca. Czy trzeba dalej rozwodzić się nad potencjałem tego dobrze znanego pragnienia?

Jeszcze silniejsza od motywu materialnego jest chęć ochrony samego siebie. Każde odwoływanie się do wpływu na zdrowie opiera się właśnie na tej chęci. Na przykład, gdy miasto reklamuje swój zdrowotny klimat; gdy producent wskazuje na naturalność i budujące siłę wartości swojego produktu; gdy sprzedawca leku wymienia wszystkie przypadłości, jakie jego panaceum złagodzi; gdy zrzeszenie producentów przetworów mlecznych głosi, że mleko jest bogate w witaminy niezbędne aby podtrzymać życie; gdy przeciwnik palenia mówi, że około trzech procent tytoniu to nikotyna i że jedna kropla nikotyny może zabić psa, a osiem kropel powali konia – wszyscy ci ludzie apelują do naszego wrodzonego pragnienia ochrony życia.

By dodać mocy odwołaniu się do tego motywu, nadaj mu charakter osobisty. Na przykład, nie cytuj statystyk, by pokazać, że choroby nowotworowe są coraz powszechniejsze. Nie. Powiąż to twierdzenie bezpośrednio z tymi, którzy cię słuchają, np.: „W tym pomieszczeniu jest trzydzieści osób. Gdyby każdy z was przeżył czterdzieści pięć lat, to zgodnie z prawem medycznej średniej, trzy osoby umrą na raka. Zastanawiam się, czy będziesz to ty, ty, czy może ty".

Równie silne, jak pragnienie dobrobytu materialnego – choć w wielu przypadkach znacznie silniejsze – jest pragnienie, by dobrze o nas myślano, by nas podziwiano. Innymi słowy, chodzi o dumę. Dumę przez duże D. *Dumę* pisaną kursywą. DUMĘ pisaną dużymi literami.

Duma... Ileż zbrodni popełniono w jej imieniu! Przez wiele lat tysiące młodych dziewcząt cierpiały w Chinach straszliwe męki, wyjąc z bólu, lecz poddając się im z ochotą, gdyż duma nakazywała znoszenie krępowania stóp, by nie dopuścić do ich rozwoju. W tej chwili, tysiące rodowitych mieszkanek pewnych części środkowej Afryki nosi w wargach drewniane dyski. Brzmi niewiarygodnie, ale owe dyski są tak duże, jak talerz, na którym zjadłeś dziś śniadanie. Gdy dziewczynka urodzona w jednym z tych plemion skończy osiem lat, w jej ustach robiony jest otwór, w którym umieszcza się niewielki dysk. Z czasem zastępuje się go większym i jeszcze większym. W końcu trzeba usunąć zęby, by zrobić miejsce na tak cenną ozdobę. Ten kłopotliwy dodatek sprawia, że nieszczęsna dziewczyna nie jest w stanie wyartykułować żadnego zrozumiałego dźwięku. Rzadko się zdarza, by ktokolwiek z plemienia rozumiał ich próby porozumiewania się. A to wszystko, łącznie z ciszą, znoszą one po to, by wydawać się piękniejszymi, by wzbudzać podziw i zajmować wysoką pozycję na skali swej własnej samooceny; jednym słowem, by ich duma była zaspokojona.

Choć w Europie czy Ameryce ludzie nie posuwają się do tak drastycznych metod, to jednak współczesne kobiety również poddają się różnym „torturom" w celu poprawy swego wizerunku.

Zatem odniesienie się do dumy, jeśli wykonane umiejętnie, posiada moc zaledwie odrobinę mniejszą od trotylu.

Zadaj sobie pytanie, dlaczego sięgnąłeś po tę książkę. Czy twoja decyzja nie została w pewnym stopniu podyktowana chęcią wywierania lepszego wrażenia? Czy nie zapragnąłeś blasku wewnętrznej satysfakcji, jaka płynie z wygłoszenia wzbudzającej powszechne uznanie mowy? Czy nie skusiła cię jakże usprawiedliwiona duma z mocy, przywództwa i wyróżnienia, jakie w sposób naturalny wiążą się z funkcją mówcy publicznego?

Redaktor naczelny pewnego magazynu wysyłkowego stwierdził niedawno w publicznym przemówieniu, że ze wszystkich rzeczy, do jakich ktoś mógłby się odwołać w liście handlowym, nic nie jest tak skuteczne, jak zaapelowanie do dumy i korzyści materialnych.

Któregoś razu Lincoln wygrał sprawę sądową przez mądre odwołanie się do dumy. Rzecz miała miejsce w 1847 roku przed Sądem Okręgowym w Tazewell. Dwaj bracia o nazwisku Snow kupili od niejakiego pana Case'a dwa jarzma na woły i pług. Mimo, że byli nieletni, kupiec przyjął od nich czek na dwieście dolarów. Gdy poszedł z nim do banku, urzędnik, zamiast wydać mu gotówkę, zaśmiał mu się w twarz. Ale Case'owi wcale nie było do śmiechu, dlatego wynajął prawnika (Lincolna) i pozwał chłopców do sądu. Bracia Snow bronili się, że są nieletni i że Case o tym wiedział, gdy brał od nich czek. Lincoln zgodził się ze wszystkim, co powiedzieli, uznając słuszność argumentu o braku pełnoletniości. „Tak, panowie, macie rację" – powtarzał raz za razem. Zdawało się, że złożył broń i oddał sprawę. Jednak, gdy nadeszła jego kolej, zwrócił się do dwunastu sędziów przysięgłych takimi oto słowami:

> Panowie przysięgli, czy jesteście skłonni pozwolić, by ci chłopcy rozpoczęli życie z takim wstydem i hańbą na charakterze? Jak Szekspir napisał w sztuce *Otello*:
>
> „Dobre imię, wodzu, to skarb, to klejnot duszy własny, osobisty –
> tak u mężczyzn, jak i u niewiast...
> Kto kradnie sakiewkę, ten śmiecie kradnie!
> Było coś i nie ma; coś miałem, teraz on ma, a przed nami miały tysiące!
> Ale ten, kto kradnie mi dobre imię, sam się nie bogaci,
> A mnie rujnuje i czyni nędzarzem!"[27].

Następnie Lincoln zauważył, że ci chłopcy mogliby nigdy nie zniżyć się do takiej nikczemności, gdyby nie niemądra rada ich adwokata. Pokazując, jak ta szlachetna profesja jest niekiedy wykorzystywana do zapobiegania raczej niż promowania sprawiedliwości, odwrócił się i ostro zganił broniącego ich prawnika. „Teraz zaś, panowie przysięgli – kontynuował – w waszych rękach spoczywa moc oczyszczenia charakteru tych chłopców". Sędziowie przysięgli z pewnością nie chcieliby, by ich imię czy wpływ, jaki posiadali, mały służyć ukryciu oczywistej nieuczciwości. Nie mogli pozostać wierni swoim ideałom i jednocześnie pozwolić na coś takiego – taki był zasadniczy sens jego przekazu. Lincoln odwołał się do ich dumy i zrobił to na tyle skutecznie, że bez opuszczania swych miejsc jednogłośnie uznali, że dług musi zostać zapłacony.

W tym przypadku Lincoln zaapelował również do wrodzonego umiłowania sprawiedliwości sędziów przysięgłych. Tę cechę posiada niemal każdy z nas. Zatrzymamy się na ulicy, by wziąć w obronę małego chłopca, popychanego czy bitego przez większego kolegę.

---

[27] *Otello*, William Szekspir, Ex Libris, Warszawa, 2000 r., tłum. Jerzy S. Sito.

Człowiek to istota zmysłowa, spragniona wygody, zadowolenia i przyjemności. Pijemy kawę i nosimy wygodne ubrania, chodzimy do teatru i śpimy na łóżku zamiast na podłodze nie dlatego, że uznaliśmy, że to wszystko jest dla nas dobre, ale dlatego, że wszystkie te rzeczy są przyjemne. Pokaż słuchaczom, że to, co proponujesz, przyczyni się do ich zadowolenia i sprawi im przyjemność, a zdobędziesz potężne narzędzie wywoływania określonego działania.

Gdy Seattle ogłosiło, że u nich wskaźnik umieralności jest najniższy spośród wszystkich dużych miast w Stanach Zjednoczonych, i że dziecko tam urodzone ma największe szanse na przeżycie i doczekanie późnej starości, do jakiego motywu się odwołało? Do takiego, który posiada ogromną moc i który odpowiada za większość ludzkich zachowań: do uczucia. Patriotyzm również opiera się na uczuciu, na miłości.

Niekiedy odwołanie się do uczucia wywoła pożądane działanie, gdy wszystko inne zawiedzie. Właśnie to przydarzyło się Josephowi P. Dayowi, znanemu licytatorowi nieruchomości z Nowego Jorku. Dzięki zaapelowaniu do uczucia doprowadził do finalizacji największej sprzedaży w swoim życiu. Oto jego opowieść, jak tego dokonał.

> Specjalistyczna wiedza nie jest wszystkim, co wystarczy do skutecznego sprzedawania. Realizując moją największą transakcję, nie posłużyłem się żadną specjalistyczną wiedzą. Negocjowałem z United States Steel Corporation (w której imieniu występował Judge Gary), a sprawa dotyczyła budynku przy Broadway 71, w którym znajdowały się kiedyś biura korporacji. Sądziłem, że się dogadaliśmy, gdy któregoś dnia Gary bardzo spokojnie, lecz stanowczo powiedział:
>
> „Panie Day, otrzymaliśmy ofertę znacznie bardziej nowoczesnego budynku stojącego niedaleko stąd i zdaje się, że lepiej odpowiada ona naszym potrzebom. To budynek lepiej wykończony. Ten zaś jest zbyt staroświecki; jego konstrukcja jest bardzo stara, sam pan wie. Niektórzy z moich wspólników uważają, że, koniec końców, tamten budynek będzie bardziej odpowiedni dla celów firmy, niż ten".
>
> Warta 5 milionów dolarów transakcja właśnie przechodziła mi koło nosa! Przez chwilę milczałem; Judge Gary też nic nie mówił. Podjął już decyzję. Gdyby w tamtej chwili na podłogę upadła szpilka, dźwięk byłby głośny niczym eksplozja. Nie usiłowałem dyskutować. Zamiast tego zapytałem:
>
> „Panie Gary, gdzie znajdowało się pańskie pierwsze biuro, gdy przybył pan do Nowego Jorku?".
>
> „Tutaj – powiedział – czy raczej w pomieszczeniu po drugiej stronie".
>
> „A gdzie była siedziba Steel Corporation?".
>
> „Tu, w tych biurach" – pogrążył się w zadumie. Po czym dodał: „Niektórzy z młodszych kierowników mieli nieraz bardziej rozbudowane biura niż to. Nie do końca podobało im się stare umeblowanie. Ale żaden z nich już u nas nie pracuje".

Dogadaliśmy się. A w następnym tygodniu oficjalnie zamknęliśmy transakcję. Oczywiście wiedziałem o tamtej drugiej ofercie i mogłem porównać zalety konstrukcyjne obu budynków. Następnie mogłem nakłonić Gary'ego do dyskusji – jeśli nie ze mną, to z samym sobą – na temat każdej z cech konstrukcji. Zamiast tego odwołałem się do jego uczuć, do sentymentu.

MOTYWY RELIGIJNE

Jest jeszcze inna grupa motywów o wielkiej mocy, które mają na nas ogromny wpływ. Nazwijmy je motywami religijnym. Nie chodzi tu jednak o pobudki związane z oddawaniem czci, czy z zasadami jakiegoś konkretnego wyznania lub sekty. Chodzi raczej o liczną grupę pięknych i odwiecznych wartości, jakimi są: sprawiedliwość, przebaczenie, miłosierdzie, służenie innym oraz kochanie bliźniego jak siebie samego.

Nikt nie lubi przyznawać, że brak mu dobroci, życzliwości i wielkoduszności. Dlatego uwielbiamy, gdy ktoś odwołuje się do tych wartości, sugerując, że je posiadamy. Wskazują one na pewną szlachetność naszej duszy. Karmią naszą dumę.

Przez wiele lat C. S. Ward pełnił funkcję sekretarza Międzynarodowego Komitetu YMCA, poświęcając cały swój czas na prowadzenie kampanii na rzecz zbierania funduszy na budynki Stowarzyszenia. Wypisanie dla lokalnej placówki YMCA czeku na tysiąc dolarów nie jest przejawem instynktu samozachowawczego, ani nie wiąże się ze wzrostem majątku czy mocy ofiarodawcy, jednak wiele osób jest gotowych to zrobić, kierując się pragnieniem postąpienia w sposób szlachetny i słuszny oraz chęcią niesienia pomocy.

Kiedy Ward organizował kampanię w Northwestern, zwrócił się do pewnego znanego biznesmena, który nigdy nie był kojarzony z kościołem ani z żadnym ruchem społecznym. Że co? Miałby na tydzień zaniedbać interesy, by zająć się zbieraniem funduszy na rzecz YMCA? Pomysł absurdalny. Ostatecznie biznesmen zgodził się przyjść na otwarcie kampanii... i był tak poruszony apelem pana Warda, który odwołał się do jego szlachetności i altruizmu, że przez cały kolejny tydzień z entuzjazmem zbierał pieniądze na wyznaczony cel. Zanim tydzień dobiegł końca, ów człowiek, znany ze swojej nieustannej bezbożności, modlił się o powodzenie całego przedsięwzięcia.

Któregoś razu zwrócono się do magnata kolejowego Jamesa J. Hilla, by namówić go na założenie placówek YMCA wzdłuż jego linii kolejowych w Northwest. Potrzebna była dość duża suma pieniędzy; a jako że Hill był sprytnym biznesmenem, główne argumenty nieopatrznie oparto na jego chęci zysku. Wskazano, że założone Stowarzyszenia będą sprzyjały zadowoleniu pracowników i podniosą wartość jego majątku.

„Nie wspomnieliście jeszcze o czymś – odpowiedział Hill – co naprawdę skłoniłoby mnie do założenia tych placówek, czyli o pragnieniu robienia tego, co prawe i budowania ludzkiego charakteru”.

Wieloletni spór o tereny przygraniczne sprawił, że w 1900 roku Argentyna i Chile znalazły się u progu wojny. Zbudowano okręty wojenne, zgromadzono broń, podniesiono podatki i poczyniono kosztowne przygotowania, by rozstrzygnąć sprawę na drodze rozlewu krwi. W Wielkanoc 1900 roku argentyński biskup wygłosił żarliwy apel o pokój w imieniu Chrystusa. Jego słowa powtórzył do mieszkańców Andów biskup chilijski. Obaj biskupi podróżowali od wioski do wioski, apelując o pokój i braterską miłość. Na początku ich słuchaczami były głównie kobiety, lecz w końcu głoszony przez nich przekaz poruszył wszystkich. Petycje społeczne i opinia publiczna zmusiły rządy obu krajów do rozpoczęcia mediacji i zredukowania sił zbrojnych na morzu i lądzie. Fortyfikacje graniczne zostały rozbrojone, a z przetopionej broni utworzono ogromną postać Chrystusa. Dziś wysoko w Andach wznosi się posąg Księcia Pokoju, trzymającego krzyż i strzegącego spornych granic. Napis na piedestale głosi: „Prędzej te góry upadną i zamienią się w pył, niż narody Chile i Republiki Argentyny zapomną o swym świętym przymierzu, zawartym u stóp Chrystusa”.

Taka jest moc odwołania się do religijnych emocji i przekonań.

CZY AUTOR Z POWODZENIEM POSŁUŻYŁ SIĘ PRZEDSTAWIONĄ TU METODĄ?

Krok pierwszy: czy autor zdobył twoją pełną zainteresowania uwagę, podkreślając znaczenie wpływu na ludzką naturę oraz stwierdzając, że wiąże się z tym pewna naukowa metoda, którą niezwłocznie się zajmiemy?

Krok drugi: czy autor zdobył twoje zaufanie, mówiąc, że ten system opiera się na zasadach zdrowego rozsądku oraz, że on sam go stosował i przekazywał tysiącom innych?

Krok trzeci: czy autor przekazał daną treść jasno i zrozumiale, czy poinformował cię o działaniu i zaletach omawianej metody?

Krok czwarty: czy autor przekonał cię, że korzystanie z tej metody zwiększy twoją moc wywierania wpływu i przyniesie ci dodatkowe zyski? Czy lektura tego rozdziału zachęciła cię do jej wypróbowania? Innymi słowy, czy autor zdołał nakłonić cię do podjęcia działania?

W SKRÓCIE

- Zdobądź pełną zainteresowania uwagę słuchaczy.
- Zasłuż na ich zaufanie – swoją szczerością, odpowiednią, poprawną zapowiedzią, miej podstawy uzasadnione wiedzą i doświadczeniem, by wypowiadać się na dany temat, oraz mów o tym, czego nauczyłeś się z własnego doświadczenia.
- Przedstaw właściwą treść przekazu, poinformuj słuchaczy o wartościach swojej propozycji i odpowiedz na ich zastrzeżenia.
- Odwołaj się do motywów, które skłaniają ludzi do działania: do pragnienia korzyści materialnych, do instynktu samozachowawczego, do dumy, przyjemności, sentymentów, uczuć oraz ideałów religijnych, takich jak sprawiedliwość, miłosierdzie, przebaczenie i miłość.

Ta metoda, jeśli będzie mądrze wykorzystywana, pomoże mówcom nie tylko na arenie zawodowej, ale również w życiu prywatnym. Pomoże im w pisaniu listów handlowych, w tworzeniu ogłoszeń i reklam, a także w domu, w relacjach z najbliższymi, z przyjaciółmi i z członkami ich społeczności.

WŁAŚCIWE POSŁUGIWANIE SIĘ SŁOWAMI

Osoba *sprawna* skutecznie korzysta z posiadanej wiedzy i doświadczenia, jak *sprawny* lekarz. *Zręczny*, *wprawny* wskazuje na łatwość i pewność, z jaką ktoś zwykle coś robi, jak *zręczny* dyplomata, czy *wprawny* pianista. *Zwinny* to prawie to samo, co *zręczny*, przy czym oznacza też zdolność wykonywania szybkich, pewnych ruchów (*zwinne* ciało). *Uzdolniony* wskazuje na talent w jakimś kierunku; określeniem o silniejszym natężeniu jest *wybitny*, *genialny*. *Sprytny*, *bystry* oznacza błyskotliwą inteligencję i umiejętność szybkiego, trafnego rozeznania. Osoba *biegła* to ktoś, kto wysunął się do przodu i poczynił spore postępy. Termin *zdolny*, *dobry* często używany jest dla wskazania na ogólną, naturalną umiejętność wykonywania danego zadania. *Wykwalifikowany*, *kompetentny* powszechnie odnosi się do kogoś, kto przeszedł odpowiednie szkolenie. *Zdolny* muzyk, dzięki nauce i ćwiczeniom, może stać się dość *kompetentny*, by grać w filharmonii. *Wtajemniczony* to wprowadzony w tajniki jakiejś dziedziny. Ktoś, kto dopiero został *wtajemniczony* w problematykę finansów, nie posiada *kwalifikacji*, by zajmować się finansami dużej korporacji.

ĆWICZENIE GŁOSU – MÓWIENIE BARDZIEJ WYRAŹNE

Według „New York Timesa", spośród ubiegających się o stanowisko oficerskie w amerykańskiej armii podczas wojny, jeden mężczyzna na siedmiu został odrzucony z powodu „kiepskiej artykulacji, braku głosu i niedoskonałej wymowy".

Wśród cywilów te niedoskonałości są równie powszechne i niemal równie poważne. Czy nie zdarza ci się, szczególnie podczas rozmowy z nieznajomym, że musisz prosić o powtórzenie? Czy nie miałeś kiedyś okazji słuchać mówcy, który denerwował cię fatalną wymową i którego czasami ledwo rozumiałeś?

Jakże często nawet ci, których rozumiemy, nie mogą pochwalić się doskonałą artykulacją, która, według autora „Ziemi diamentów", jest urokiem mówienia. Z jaką przyjemnością się jej słucha. Ogólnie uważa się ją za nieomylny znak elegancji i kultury.

Każdy z nas może poprawić swoją artykulację dzięki ćwiczeniom. Głuchoniemi uczeni są prawidłowego posługiwania się językiem oraz mięśniami ust i policzków. W rezultacie potrafią mówić niemal tak samo wyraźnie, jak wielu z tych, którzy słyszą. Wyobraź sobie zatem, co taki trening może zdziałać dla przeciętnego człowieka.

Zacznijmy od najprostszych dźwięków, czyli od spółgłosek, które powstają przez zbliżenie do siebie warg. Są to: p, b, m. A oto kilka zasad.

Gdy wypowiadasz którąś z tych głosek, *zawsze mocno* złączaj usta. *Mocniej*, niż zwykłeś to robić i *na dłużej*. Wielu ludzi ledwo styka usta, wypowiadając *p*, *b* czy *m*; jesteś jednym z nich? Podkreśl każdy z tych dźwięków; niech brzmi, jakby był *podwójny*.

DŹWIĘK	BRZMIENIE NIEMAL JAK
kopia	koppia
but	bbut
moment	mmomment

Zlokalizuj *wrażenie*, jakie towarzyszy artykulacji poszczególnych dźwięków – poczuj *nacisk m* w *moment*, *b* w *but* i *p* w *kopia*, nacisk w samym centrum ust, tuż przed jedynkami. Używaj obu warg, górnej i dolnej. Używasz ich teraz? Stań przed lustrem i zobacz.

Nie bój się lekko *wypychać* ust przy wypowiadaniu tych głosek, tworząc coś na kształt niewielkiego megafonu. Tylko w ten sposób wybrzmią bez zarzutu.

KILKA ĆWICZEŃ DO CODZIENNEGO WYKONYWANIA

Powtarzaj pojedyncze dźwięki: me-me-me-me, pep-pep-pep-pep, be-be-be-be.

A teraz przećwicz takie oto zdania:

Miliony mamroczących mumii omamiły bezimienne miasto.
Popękane popiersia papierowych posągów.
Bezbronny biedak zabębnił w bramy zabudowań.

Przez dotykanie językiem różnych punktów podniebienia tworzone są następujące spółgłoski i dźwięki: t, d, n, l, z, r, k, g, sz, cz, dż. Są one obecne niemal w każdym słowie. Dla wygody można je pogrupować następująco:

1. t, d, n, cz, dż,
2. k, g
3. l, s, z, r, sz

Przyjrzyjmy się pierwszej grupie.

By szybko, łatwo i dokładnie wymówić głoski t, d, n, cz, dż, postaraj się mocno przycisnąć język do podniebienia. Większość ludzi leniwie posługuje się językiem. Mówią „dzien dobry" zamiast „dzień dobry", albo „dwaeścia" zamiast „dwadzieścia". To jawna niedbałość. Ćwicz przyciskanie języka, a będziesz mówić wyraźniej.

Jeśli chcesz poprawić artykulację tych dźwięków, spróbuj zwęzić język na kształt ołówka i posługiwać się tylko jego czubkiem, dosłownie pierwszymi kilkoma milimetrami – gdy wypowiadasz t, d, itd. nie uderzaj w podniebienie całą jego powierzchnią. I dotykaj podniebienie tuż za jedynkami, nie głębiej.

Trzymaj przed ustami lusterko i powtarzaj poniższe zdania, aktywnie posługując się wszystkimi narządami mowy (możesz wymyślić własne zdania):

Strudzony potruchtał twardym trotuarem.
Zalękniona przytuliła kwilące maleństwo.
Czerwona dżdżownica przygwożdżona do wyszczerbionej deszczułki.

W książce *Caruso i sztuka śpiewania* autorzy Fucito i Beyer podają, że „bezbłędna artykulacja Caruso wynikała z elastyczności jego ust i języka. Doskonałym ćwiczeniem na elastyczność języka i ust (a także na wyraźne *r*) jest powtarzanie: tra, tre, tro, tru; bra, bre, bri, bro, bru".

Włoscy nauczyciele śpiewu szczególny nacisk kładą na dokładne wymawianie *l*. Z czubkiem języka na podniebieniu, lekko wysuniętymi ustami i luźną brodą, powtarzaj: lul, lul, lul, lul, tul, lul, lul.

Dźwięki *l*, *n* i *m* zwane są spółgłoskami śpiewnymi. Powinny brzmieć melodyjnie, jednak u większości mówców tak nie jest. Głoska *n* jest bardzo dobra do ćwiczenia, gdyż posiada silny rezonans. Można ją połączyć z samogłoskami (co zostało uczynione w ostatnim rozdziale): an, in, itd.

By ucho świata było wyczulone, trzeba je połaskotać – przejrzystość, siła i piękno stylu są absolutnie konieczne u kogoś, kto chce przekonać innych do swego sposobu myślenia; więcej, są konieczne u każdego, kto chce nakłonić szerokie rzesze ludzi do wzięcia pod rozwagę to, co ma do powiedzenia.

WOODROW WILSON

Wszystko, co jest w kazaniu, najpierw musi być w kaznodziei; wyrazistość, logiczność, żywość, żarliwość muszą być czyimiś osobistymi cechami, zanim staną się cechami myśli i języka, jakim ktoś się posługuje.

PHILLIPS BROOKS

Ludzie, którzy dobrze mówią, z reguły czytają więcej, niż przeciętnie. Bez świadomego wysiłku, chłoną wiele koncepcji i wyrażających je słów. Coś ze stylu i smaku wyśmienitych pisarzy dostaje się do ich myśli i mowy. Czytanie zwykle uważane jest za najpotężniejszy czynnik poszerzania słownictwa.

WILLIAM G. HOFFMAN
Public Speaking for Business Men

Nie chcesz stylu gazetowego, podłapanego na ulicy, pospolitego i pustego; chcesz takiego, w którym każde słowo jest pełne znaczenia, pełne piękna i mocy.

RUFUS CHOATE

Przesiąknij do cna najlepszą na świecie literaturą, byś miał słowa, mocne słowa, wyraziste słowa do swojej mowy.

DR LYNN HAROLD HOUGH

ROZDZIAŁ

16

POPRAW SWÓJ STYL

Gdy Janice D. wstała, by zabrać głos na spotkaniu rady szkolnej, prawie nikt z zebranych nie zadał sobie trudu, by posłuchać. Kilku członków rady rzuciło okiem na przeciętnie wyglądającą kobietę w średnim wieku, po czym wzięło się za przekładanie papierów na biurku, sądząc, że to jeszcze jedna matka, mająca jakieś osobiste uwagi na temat któregoś z nauczycieli jej dziecka, bądź chcąca zgłosić jakiś pomniejszy problem związany ze szkołą. I rzeczywiście, Janice poruszyła kwestię, jaka została już wcześniej dokładnie omówiona, jednak po kilku minutach postawa członków rady i pozostałych obecnych uległa zmianie. Przestali przekładać papiery; podnieśli spojrzenia i z uwagą słuchali słów kobiety. Nie chodziło tak bardzo o to, co mówiła – większość jej argumentów padła już z ust poprzedniego mówcy – ale o to, jak mówiła. Jej styl był doskonały, głos świetnie modulowany, główne kwestie jasno i wyraźnie przedstawione. Słuchanie jej było czystą przyjemnością.

Przykład tej kobiety nie jest czymś niezwykłym. Ilustruje powszechną i podstawową prawdę – mianowicie, że codziennie jesteśmy oceniani na podstawie naszej mowy. Nasze słowa świadczą o naszym poziomie; mówią wymagającym słuchaczom, że jesteśmy mówcami wykształconymi i obytymi .

Każdy z nas kontaktuje się ze światem na cztery sposoby. Jesteśmy oceniani i klasyfikowani na podstawie czterech rzeczy: naszych czynów, wyglądu, słów oraz sposobu, w jaki te słowa wypowiadamy. A jednak wielu ludzi po opuszczeniu szkoły przez długi czas brnie niezdarnie przez życie, nie podejmując żadnych świadomych wysiłków w celu wzbogacenia swojego zasobu słów, opanowania odcieni ich znaczeń oraz precyzyjnego i eleganckiego wypowiadania się. Ciągle posługują się tymi samymi, wytartymi i nadużywanymi frazami z języka biurowego i ulicznego. Nic dziwnego, że ich mowie brak elegancji i indywidualności. Nic dziwnego, że często naruszają powszechnie przyjęte zasady wymowy i nieraz przekraczają kanony gramatyczne ojczystego języka. Ile razy słyszy się, jak absolwenci szkół wyższych mówią „poszłem", „półtorej metra" i „w cudzysłowiu". Jeśli ludzie, których nazwiska uświetniają tytuły naukowe, popełniają takie błędy, to czego można spodziewać się po tych, których edukacja została przerwana z takich czy innych względów?

Lata temu stałem zamyślony przed rzymskim Koloseum, gdy podszedł do mnie jakiś nieznajomy, emigrant z Anglii. Przedstawił się i zaczął opowiadać o swoich doświadczeniach w Wiecznym Mieście. Nie minęły trzy minuty, zanim popełnił kilka poważnych błędów gramatycznych. Tamtego dnia rano wypolerował buty i założył czystą bieliznę, by podtrzymać swój szacunek do samego siebie, a także zdobyć szacunek tych, z którymi w ciągu dnia będzie się kontaktować, jednak nie poczynił żadnych starań w kierunku wypolerowania swego języka i posługiwania się czystymi zdaniami. Byłoby mu wstyd, gdyby np. miał na sobie wygnieciony garnitur, ale wcale się nie wstydził – nawet nie był tego świadom – pogwałcania reguł ojczystej gramatyki i obrażania uszu wymagających słuchaczy. Jego własne słowa obnażały go i klasyfikowały. Jego godne pożałowania posługiwanie się językiem angielskim nieustannie i wyraźnie dawało do zrozumienia, że nie jest on człowiekiem na poziomie.

Dr Charles W. Eliot, po trzydziestu latach pełnienia funkcji rektora Harvardu, oznajmił: „Dostrzegam zaledwie jedną umiejętność, jaką bezwzględnie powinien opanować każdy wykształcony człowiek, mianowicie, umiejętność precyzyjnego i doskonałego posługiwania się ojczystym językiem". To ważne twierdzenie. Zastanów się nad nim.

Ale jak, zapytasz, mam posiąść tak dogłębną znajomość słów, jak wypowiadać je w sposób pełen piękna i precyzji? Na szczęście, w środkach ku temu stosowanych nie kryje się żadna tajemnica. Każdy może je poznać, każdy może z nich skorzystać – Lincoln robił to z ogromnym powodzeniem. Żaden inny Amerykanin nie potrafił splatać słów w tak nadobne frazy, ani przy pomocy prozy tworzyć tak niezrównanej muzyki: „Bez złych zamiarów wobec nikogo, lecz w duchu miłosierdzia wobec wszystkich...". Czy Lincoln, którego ojciec był niezaradnym, niepiśmiennym cieślą, a matka kobietą bez żadnych szczególnych osiągnięć... czy został on obdarzony przez naturę tym talentem wymowy? Nie ma żadnych dowodów na poparcie takiego przypuszczenia. Gdy został wybrany do Kongresu, w oficjalnych dokumentach rządowych swoją edukację określił jednym przymiotnikiem: „niedostateczna". W całym swoim życiu chodził do szkoły mniej niż dwanaście miesięcy, otrzymał bardzo mizerną pomoc w zdobywaniu wiedzy i jeszcze mniejszą zachętę ze swego codziennego środowiska.

Farmerzy i kupcy, prawnicy i strony procesujące się, z którymi miał do czynienia w Ósmym Okręgu Sądowym Illinois – wszyscy ci ludzie nie byli szczególnie uzdolnionymi mówcami. Jednak Lincoln – i jest to ważny fakt, który należy zapamiętać – nie trwonił czasu z tymi, którzy pod względem zdolności byli równi jemu lub gorsi. Obracał się w elitarnym towarzystwie ludzi wybitnych, w towarzystwie wielkich śpiewaków i poetów. Znał na pamięć całe strony dzieł takich twórców, jak Burns, Byron czy Browning. Napisał wykład na temat Burnsa. Miał dwa egzemplarze dzieł Byrona: jeden trzymał w biurze, drugi w domu. Egzemplarz biurowy był tak często używany, że gdy brało się go do ręki, zawsze otwierał się na *Don Juanie*. Nawet, gdy był już w Białym Domu, a tragiczne wydarzenia wojny secesyjnej podkopywały jego siłę i ryły głębokie bruzdy na jego twarzy, często znajdował czas, by poczytać przed snem poezję Thomasa Hooda. Nieraz budził się w środku nocy i otwierając książkę, przypadkiem trafiał na wersy, które szczególnie go poruszały lub wyjątkowo przypadały do gustu. Wtedy wstawał i w samej tylko koszuli nocnej i kapciach, przemierzał ukradkiem rządowe korytarze, aż znajdował swego sekretarza i czytał mu wiersz za wierszem. Będąc prezydentem, znajdował czas na powtarzanie z pamięci długich fragmentów z dzieł Szekspira, na komentowanie sposobu, w jaki odczytywał je aktor, oraz na przedstawianie swej własnej, osobistej interpretacji. „Niektóre ze sztuk Szekspira – napisał – przeczytałem może tyle razy, co każdy zwykły czytelnik. *Króla Leara*, *Ryszarda III*, *Henryka VIII*, *Hamleta*, a szczególnie *Makbeta*. Sądzę, że nic nie dorównuje *Makbetowi*. To wspaniała sztuka!".

Lincoln był miłośnikiem poezji. Nie tylko ją zapamiętywał i recytował, zarówno prywatnie, jak i publicznie, ale również podejmował próby jej tworzenia. Jeden ze swych długich wierszy odczytał na ślubie swojej siostry. Później, będąc już w średnim wieku, zapełniał zeszyt swoimi oryginalnymi kompozycjami, jednak tak bardzo się ich wstydził, że nawet najbliższym przyjaciołom nie pozwalał ich czytać.

„Ten samouk – pisze Luther E. Robinson w książce *Lincoln as a Man of Letters* – żywił swój umysł pokarmem z najwyższej półki. Czy nazwać to geniuszem, czy talentem, proces jego samodoskonalenia... odbywał się na drodze jedynej pedagogicznej metody, jaka kiedykolwiek przyniosła jakieś rezultaty: mianowicie, dzięki własnemu, niestrudzonemu wysiłkowi, wkładanemu w nieustanną naukę i ćwiczenia".

Ten nieporadny pionier, który w pewnym okresie swego życia łuskał kukurydzę i rozbierał mięso tuczników za trzydzieści jeden centów dziennie na farmach Pigeon Creek w Indianie, wygłosił w Gettysburgu jedną z najpiękniejszych mów, jakie wyszły z ust śmiertelnika. Walczyło tam sto siedemdziesiąt tysięcy żołnierzy. Siedem tysięcy poległo. A jednak, krótko po śmierci Lincolna Charles Sumner powiedział, że tamta przemowa wciąż będzie żyć, gdy pamięć o bitwie pod Gettysburgiem zaginie, i że kiedyś nadejdzie dzień, gdy sama bitwa będzie pamiętana w dużej mierze dzięki mowie Lincolna. Kto odważyłby się wątpić w prawdziwość takiego proroctwa? Czy już teraz, w tym pokoleniu, nie zaczyna się ono sprawdzać? Czy hasło „Gettysburg" nie kojarzy ci się raczej z owym przemówieniem, niż z bitwą?

Edward Everett przemawiał w Gettysburgu dwie godziny, a jednak jego słowa już dawno zostały zapomniane. Lincoln mówił przez niecałe dwie minuty; pewien fotograf usiłował uwiecznić ten moment na zdjęciu, ale nie zdążył – Lincoln skończył, zanim tamten zdołał ustawić i przygotować swój prymitywny sprzęt fotograficzny.

Odezwa Lincolna została wyryta w niezniszczalnym brązie i umieszczona w bibliotece w Oxfordzie jako przykład tego, co można zrobić z językiem angielskim. Powinien znać ją każdy, kto zgłębia tajniki publicznego przemawiania.

Osiemdziesiąt siedem lat temu nasi ojcowie sprowadzili na ten kontynent nowy naród, poczęty w wolności i oddany idei, że wszyscy ludzie są równi. Obecnie toczymy potężną wojnę domową, która jest sprawdzianem, czy ów naród lub jakikolwiek naród w ten sposób poczęty i takiej idei oddany, jest w stanie przetrwać. Spotykamy się na wielkim polu bitwy tej wojny. Postanowiliśmy poświęcić część tego pola na miejsce wiecznego spoczynku tych, którzy oddali swe życie, by ów naród mógł żyć. To czyn słuszny i ze wszech miar właściwy. Lecz nie możemy tej ziemi poświęcić, nie możemy uświęcić jej ani uczcić ponad to, jak już jest święta. Zrobili to ci dzielni mężczyźni, którzy toczyli tu bój i przeżyli bądź polegli, i my naszą marną mocą nie jesteśmy w stanie do tego uświęcenia niczego dodać ani z niego ująć. Świat prawie nie zauważy i na długo nie zapamięta słów, jakie tu wygłaszamy, ale nigdy nie zapomni tego, co ci ludzi tu zrobili. Teraz zaś my, żyjący, powinniśmy poświęcić się dokończeniu dzieła, jakie ci, którzy tu walczyli, tak daleko w szlachetności swych serc doprowadzili. My, którzy tu jesteśmy, powinniśmy teraz poświęcić się wielkiemu zadaniu, jakie przed nami stoi, by w naszym oddaniu sprawie wziąć przykład z tych, którzy ginąc tak zaszczytną śmiercią, złożyli najwyższy wyraz swego oddania; by dołożyć wszelkich starań, by ci polegli nie pomarli na próżno; by ten kraj, jeśli Bóg pozwoli, odrodził się w wolności; oraz by te rządy narodu, sprawowane przez naród i dla narodu, nie zginęły na wieki. [tłum. Dorota Piotrowska]

Powszechnie uważa się, że to Lincoln jest autorem nieśmiertelnych słów, zamykających tę przemowę, ale czy na pewno? Herndon, jego wspólnik w praktyce prawniczej, kilka lat wcześniej podarował mu zbiór przemów Theodore'a Parkera. Czytając je, Lincoln podkreślił słowa: *„Demokracja to bezpośrednia samorządność, władza sprawowana nad całym narodem, przez cały naród i dla całego narodu".* Theodore Parker mógł zapożyczyć ową frazeologię od Daniela Webstera, który cztery lata wcześniej, w swojej słynnej odpowiedzi udzielonej Robertowi Hayne'owi, użył słów: „Rząd narodu, stworzony dla narodu, stworzony przez naród i odpowiedzialny przed narodem". Webster mógł z kolei zapożyczyć te słowa od prezydenta Jamesa Monroe, który wypowiedział się na temat tej koncepcji już około trzydziestu lat wcześniej. A do czyich słów sięgnął James Monroe? Pięćset lat przed Monroe, John Wyclif napisał w przedmowie do tłumaczenia Pisma Świętego, że „ta *Biblia* jest dla rządu narodu, sprawowanego przez naród i dla narodu". A na długo przed Wyclifem, ponad czterysta lat przed narodzeniem Chrystusa, Kleon, w mowie do Ateńczyków, powiedział o rządach „narodu, sprawowanych przez naród i dla narodu". Z jakiego antycznego źródła pochodziła inspiracja Kleona, to już zagadnienie niknące w mrokach starożytności.

Jak mało jest tego, co nowe! Jak wiele nawet najwięksi mówcy zawdzięczają swym lekturom i kontaktom z książkami!

Książki! Oto cały sekret! By wzbogacić i poszerzyć swój zasób słów, trzeba nieustannie zanurzać swój umysł w kadzi literatury. „Jedyne, czego zawsze żałuję, będąc w bibliotece – powiedział John Bright – to fakt, że życie jest za krótkie i nie ma najmniejszej nadziei na to, bym mógł w pełni nacieszyć się tym jakże obfitym posiłkiem, jaki mam przed sobą". Bright opuścił szkołę w wieku piętnastu lat, by podjąć pracę w przędzalni bawełny, i już nigdy nie miał szansy na wznowienie oficjalnej edukacji. Mimo to, został jednym z najbardziej błyskotliwych mówców swojego pokolenia, słynnym ze swego doskonałego władania językiem angielskim. Czytał, studiował, zapisywał w notatnikach i zapamiętywał długie fragmenty poezji Byrona, Miltona, Wadswortha, Whittiera, Szekspira i Shelleya. Co roku czytał *Raj utracony*, by wzbogacić swój zasób słów.

Młody William Pitt zwykł zaglądać do pism greckich czy łacińskich, czytać stronę czy dwie, po czym przekładać dany fragment na własny język. Robił tak codziennie przez dziesięć lat, dzięki czemu „nabył niemal niedościgniona moc ujmowania swych myśli, bez przygotowania, w słowa doskonale wybrane i doskonale uporządkowane".

Demostenes osiem razy własnoręcznie skopiował pisma historyczne Tukidydesa, by przejąć majestatyczną i imponującą frazeologię tego słynnego historyka. Skutek? Dwa tysiące lat później, by poprawić swój styl, Woodrow Wilson studiował dzieła Demostenesa. Premier Wielkiej Brytanii, Herbert Asquith, najwięcej nauczył się dzięki lekturze pism biskupa Berkeleya.

Tennyson codziennie studiował *Biblię*. Tołstoj po wielokroć czytał Ewangelie, aż długie fragmenty znał na pamięć. Matka Johna Ruskina zmuszała go do systematycznej, codziennej pracy nad zapamiętywaniem długich rozdziałów *Biblii* oraz do przeczytania na głos całego Pisma w ciągu roku, „każdej sylaby, każdego trudnego imienia i wszystkiego, od Księgi Rodzaju, aż po Apokalipsę". Swoje wyczucie literackie i styl Ruskin przypisywał właśnie tej dyscyplinie i żmudnej pracy.

R.L.S. to ponoć najbardziej ukochane inicjały w języku angielskim. Robert Louis Stevenson to w rzeczy samej pisarz nad pisarze. Jak rozwinął swój urzekający styl, który uczynił go sławnym? Na szczęście sam o tym opowiedział.

> Ilekroć czytałem jakąś książkę bądź fragment, który szczególnie mi się podobał, w którym coś było doskonale powiedziane lub jakiś efekt przyzwoicie wywołany, który odznaczał się wyraźną siłą lub niezwykłością stylu, natychmiast siadałem i próbowałem naśladować tę cechę. Nie udawało mi się i wiedziałem o tym; próbowałem ponownie i znów mi się nie udawało, wciąż bez rezultatu; lecz dzięki tym próżnym wysiłkom zyskałem przynajmniej pewną wprawę jeśli chodzi o rytm, harmonię, konstrukcję wypowiedzi oraz koordynację poszczególnych jej części.
>
> W ten sposób gorliwie naśladowałem Hazlitta, Lamba, Wordswortha, Sir Thomasa Browne'a, Defoe, Hawthorne'a i Montaigne'a.

Czy się to komuś podoba, czy nie, właśnie to jest drogą ku opanowaniu sztuki pisania; i czy wyniosłem z tego jakąś korzyść, czy nie, właśnie to jest tą drogą. W ten sposób uczył się Keats, a któż dorówna Keatsowi pod względem talentu literackiego.

Najlepsze w tych próbach naśladowania jest to, że twój niedościgniony wzorzec wciąż pozostaje poza twoim zasięgiem. Próbuj, ile chcesz, i tak nigdy mu nie dorównasz; a jak mówi pewne stare i bardzo słuszne powiedzenie, porażka to jedyna, najlepsza droga do sukcesu.

Dość już nazwisk i przykładów. Sekret został ujawniony. Jak napisał Lincoln w liście do pewnego młodzieńca, pragnącego zostać świetnym prawnikiem: „Obłóż się książkami, czytaj je i studiuj. Praca, praca i jeszcze raz praca – oto rzecz najważniejsza".

„Zrezygnowałem z gazet dla dzieł Tacyta i Tukidydesa, dla Newtona i Euklidesa – napisał Thomas Jefferson – i świetnie mi to zrobiło". Nie sądzisz, że idąc za przykładem Jeffersona i choć o połowę zmniejszając lekturę gazet, stałbyś się z czasem mądrzejszy i szczęśliwszy? Ile czasu marnujesz na oglądanie telewizji? Badania pokazują, że większość z nas codziennie spędza przed telewizorem dwie do trzech godzin. Poświęcając zaledwie jedną trzecią tego czasu na czytanie dobrych książek, zwiększyłbyś swą wiedzę, poszerzył zasób słów oraz wspiąłbyś się na wyższy poziom samorozwoju.

Spróbuj choćby przez miesiąc. Noś ze sobą kieszonkowe wydanie jakiejś książki; bez problemu zmieścisz je w kieszeni bądź torebce. Czytaj w oczekiwaniu na windę, w supermarkecie w kolejce do kasy i podczas niekończących się minut w poczekalni u lekarza. Regularnie chodź do miejskiej biblioteki. Poznaj bibliotekarza. Z przyjemnością poleci ci książki, które przyczynią się do twojego rozwoju, a także te, które dostarczą ci rozrywki i zainspirują.

Najlepiej wyraził to Ralph Waldo Emerson w swoim słynnym eseju *Self-reliance*:

> Mów o tym, co głęboko w tobie, a nabierze to znaczenia uniwersalnego; gdyż zawsze to, co najgłębsze i najskrytsze, staje się tym, co najbardziej jawne – a nasza pierwsza myśl wraca do nas wraz z trąbami Sądu Ostatecznego. Najwyższą wartością przypisywaną takim postaciom, jak Mojżesz, Platon czy Milton, jest to, że nie zważali na książki i tradycje i nie powtarzali czyichś słów, ale mówili to, co sami myśleli. Człowiek powinien nauczyć się dostrzegać i obserwować błysk myśli, jaki wydostaje się z jego własnego wnętrza i oświetla umysł, i wpatrywać się w niego usilniej, niż w blask firmamentu bardów i mędrców. A jednak, nieświadom jego istnienia, pozwala mu umknąć, bo pochodzi on od niego. W każdym dziele geniuszu rozpoznajemy nasze własne, odrzucone myśli: powracają do nas spowite w obcy majestat. Wielkie dzieła sztuki nie mają dla nas bardziej wstrząsającej lekcji niż ta. Uczą nas trwania przy naszych spontanicznych wrażeniach

z przyjazną nieugiętością, trwania tym mocniejszego, im głośniej nawołują głosy z zewnątrz. W przeciwnym razie, jutro ktoś inny z mistrzowskim wyczuciem powie dokładnie to, co w owym czasie myśleliśmy i czuliśmy, a nam pozostanie ze wstydem sięgnąć po opinię kogoś innego i uznać ją za własną.

Każdy człowiek w którymś momencie swej edukacji dochodzi do przekonania, że zazdrość to brak wiedzy; że imitacja to samobójstwo; że, na dobre czy na złe, musi zaufać samemu sobie; bo choć szeroki świat pełen jest wszelkiego dobra, to ani jedno ziarno pożywnej kukurydzy nie trafi do jego ręki inaczej, niż dzięki ciężkiej pracy, wkładanej w ziemię, jaką przyszło mu uprawiać. Moc, jaka w nim spoczywa, jest jedyna w swoim rodzaju, i tylko on wie, na co go stać i czego może dokonać, lecz przekonać się o tym może dopiero wtedy, gdy spróbuje.

Gdy Sir Henry Irving został poproszony o zestawienie listy stu najlepszych książek, odparł: „Zanim wezmę się za sto, polećcie mi przestudiowanie dwóch: *Biblii* i Szekspira". Sir Henry miał rację. Czerp z tych odwiecznych źródeł literatury. Czerp z nich często i bez umiaru. Odłóż na bok swoją wieczorną gazetę, wyłącz telewizor i powiedz: „Mistrzu Szekspirze, przyjdź i opowiedz mi dziś o Romeo i jego Julii, o Makbecie i jego ambicji".

Co będzie twoją nagrodą? Stopniowo, nieświadomie, lecz nieuchronnie, twój styl zacznie nabierać piękna i szlifu. Dzień po dniu, zaczniesz w pewnym stopniu odzwierciedlać chwałę, piękno i majestat swoich towarzyszy. „Powiedz mi, co czytasz – zauważył Goethe – a powiem ci, kim jesteś".

Taka codzienna lektura wymaga nieco samozaparcia i silnej woli oraz trochę bardziej uważnego gospodarowania czasem. Kieszonkowe wydania esejów Emersona i sztuk Szekspira kosztują niedrogo, a dostępne są niemal w każdej księgarni.

SEKRET MARKA TWAINA W RADZENIU SOBIE ZE SŁOWAMI

Jak Mark Twain doszedł do tak doskonałej wprawy w posługiwaniu się słowami? W młodości odbył długą podróż z Missouri do Nevady, poruszając się powolnym i trudnym do zniesienia środkiem lokomocji, jakim był dyliżans. Jedzenie, zarówno dla pasażerów, jak i dla koni – a czasem nawet i wodę – trzeba było wieźć. Dodatkowe obciążenie zmniejszało bezpieczeństwo jazdy, mogąc doprowadzić do katastrofy; opłata za bagaż liczona była od uncji, a jednak Mark Twain zabrał ze sobą pełne wydanie Słownika Webstera, które towarzyszyło mu na górskich drogach, na spalonych słońcem pustyniach i na ziemi pełnej bandytów i rabusiów. Twain chciał zostać mistrzem słów, dlatego z charakterystyczną dla siebie odwagą i zdrowym rozsądkiem, oddał się robieniu tego, co konieczne, by owo mistrzostwo stało się rzeczywistością.

Także Pitt i lord Chatham studiowali ów słownik, dwukrotnie zapoznając się z całą jego treścią, słowo po słowie. Browning codziennie nad nim ślęczał, znajdując w tym zajęciu zarówno rozrywkę, jak i wskazówki. „Lincoln siadywał w mroku – piszą jego biografowie, Nicolay i Hay – i czytał słownik dopóty, dopóki coś widział". Nie są to wyjątkowe przykłady. Każdy wyróżniający się pisarz i mówca ma za sobą podobne doświadczenia.

Również Woodrow Wilson znakomicie władał językiem angielskim. Niektóre z jego prac bez wątpienia trafią do kanonu literatury. Opowiada, jak nauczył się posługiwać słowami:

> Mój ojciec nigdy nie pozwalał, by ktokolwiek pod jego dachem używał nieprawidłowych wyrażeń. Każdy błąd językowy, popełniony przez któreś z jego dzieci, był natychmiast poprawiany, a każde nieznane słowo od razu wyjaśniane – ojciec zachęcał nas do używania tych słów w naszych rozmowach, byśmy lepiej je zapamiętali.

Pewien znany mówca, często chwalony za solidną strukturę swoich zdań i proste piękno języka, podczas niedawno prowadzonej rozmowy ujawnił tajemnicę swej niezwykłej umiejętności doboru prawdziwych i celnych słów. Za każdym razem, gdy usłyszy lub przeczyta jakieś nieznane słowo, zapisuje je w notatniku. Potem, tuż przed pójściem spać, sprawdza je w słowniku i wprowadza do swojego zasobu słów. Jeśli w danym dniu na nic nowego nie trafi, bierze *Słownik synonimów* Rogeta i studiuje stronę lub dwie, zapisując dokładne znaczenie słów, jakich użyłby jako doskonałych synonimów. Jedno nowe słowo dziennie – oto jego motto. W ciągu roku oznacza to trzysta sześćdziesiąt pięć dodatkowych narzędzi ekspresji. Nowopoznane słowa przechowuje w kieszonkowym notatniku, do którego zagląda od czasu do czasu w ciągu dnia. Przekonał się, że jeśli użyje jakieś słowo trzy razy, to już na stałe wchodzi ono do jego języka.

PRZEPISYWANIE JEDNEGO ZDANIA STO CZTERY RAZY

Staraj się mówić dokładnie to, o co ci chodzi, wyrażając najbardziej delikatne niuanse myśli. Nie zawsze jest to proste – nawet dla doświadczonych pisarzy. Fanny Hurst powiedziała mi, że czasem przepisuje swoje zdania od pięćdziesięciu do stu razy. Zaledwie kilka dni przed naszą rozmową przepisała jedno zdanie dokładnie sto cztery razy. A jednak była tak świetną pisarką, że magazyn „Cosmopolitan" płacił jej dwa tysiące dolarów za opowiadanie. Inny autor przyznał mi się, że nieraz spędza całe popołudnie na eliminowaniu jednego czy dwóch zdań z krótkiego opowiadania, jakie ma ukazać się w gazetach.

Gubernator Morris opisuje, jak dziennikarz Richard Harding Davies uparcie szukał właściwych słów:

> Każdy zwrot w jego dziełach, spośród niezliczonej liczby zwrotów, jakie mogły przyjść mu na myśl, był tym, który pasował najlepiej. Wyrażenia, paragrafy, strony, a nawet całe opowiadania, były wciąż na nowo pisane i przepisywane. Pracował zgodnie z zasadą eliminacji. Chcąc opisać, jak samochód zawraca w bramie, najpierw tworzył długi, złożony opis, w którym nie pomijał żadnego szczegółu, i do którego najbardziej spostrzegawcze oko nie miałoby najmniejszych zastrzeżeń. Następnie rozpoczynał proces wykluczania jednego po drugim słów, których z takim mozołem szukał, za każdym razem zadając sobie pytanie: „Czy obraz wciąż jest widoczny?". Jeśli stwierdzał, że nie jest, przywracał dane słowo i próbował pozbyć się jakiegoś innego, itd., itd., aż w efekcie owych herkulesowych wysiłków powstawał jeden z tych błyskawicznych, doskonale wyraźnych i przejrzystych obrazów (dopracowanych do ostatniego szczegółu), które z takim wdziękiem niezmiennie ozdabiają jego opowiadania i romanse.

Większość czytelników tej książki nie ma ani czasu, ani usposobienia, by z taką gorliwością szukać odpowiednich słów. Ten i inne przykłady są tu podane po to, by pokazać, jak duże znaczenie wielcy pisarze przypisują właściwemu stylowi i ekspresji – w nadziei, że może zachęci to czytelnika do większego zainteresowania się ojczystym językiem. Oczywiście, mówca nie powinien w trakcie mówienia wahać się i zacinać, szukając odpowiednich słów, które najlepiej oddawałyby dokładne znaczenie, jakie chce przekazać; jednak precyzyjne wyrażanie się powinno być ćwiczone podczas każdej rozmowy, aż stanie się czymś, co przychodzi nieświadomie. Milton ponoć posługiwał się ośmioma tysiącami słów, Szekspir piętnastoma tysiącami. Standardowy słownik zawiera 450 tysięcy haseł, jednak szacuje się, że przeciętny człowiek korzysta z około dwóch tysięcy słów. W naszym osobistym słowniku znajdują się różne czasowniki, łączniki, garść rzeczowników oraz kilka wyświechtanych przymiotników. Jesteśmy zbyt leniwi lub zbyt zajęci pracą, domem czy innymi czynnościami, by ćwiczyć nasze umysły w precyzji i dokładności wypowiedzi. Skutek? Podam przykład. Spędziłem kiedyś kilka niezapomnianych dni nad krawędzią Wielkiego Kanionu w Kolorado. Któregoś popołudnia usłyszałem, jak pewna dama użyła tego samego przymiotnika dla opisania psa rasy chow-chow, repertuaru orkiestry, czyjegoś usposobienia i samego Wielkiego Kanionu. Wszystko to było „piękne".

Co powinna była powiedzieć? Oto synonimy, jakie słownik wyrazów bliskoznacznych podaje dla przymiotnika *piękny*. Jak sądzisz, z jakich słów powinna była skorzystać?

Piękny: ładny, śliczny, cudny, cudowny, estetyczny, malowniczy, efektowny, przystojny, urodziwy, dorodny, nadobny, czarowny, czarujący, wdzięczny, uroczy, zachwycający, urzekający.

Słownik wyrazów bliskoznacznych to ogromna pomoc. Zawsze, gdy coś piszę, mam go pod ręką, a korzystam z niego znacznie częściej, niż z innych słowników. Nie jest to książka, która powinna kurzyć się gdzieś na bibliotecznej półce. To narzędzie do codziennego użytku. Posługuj się nim, gdy przygotowujesz przemówienie i dopracowujesz jego styl; gdy piszesz listy i sprawozdania biznesowe. Korzystaj z niego każdego dnia, a podwoisz i potroisz swoją władzę nad słowami.

UNIKAJ WYTARTYCH ZWROTÓW

Niech twój język będzie nie tylko precyzyjny, ale także świeży i oryginalny. Unikaj komunałów, wyrażeń wyświechtanych i zużytych. Na przykład, wieki temu jakiś oryginalny umysł wymyślił porównanie „zimny jak lód". Kiedyś był to zwrot świetny, bo nowy. Jednak dziś zhańbiłby się nim jedynie mówca najmniej oryginalny.

Oto kilka innych porównań, wyrażających chłód. Czyż nie są równie skuteczne, lecz znacznie świeższe i lepsze w odbiorze?

Zimny jak nagrobek.
Zimny jak śniegi Grenlandii.
Zimny jak jesienny deszcz.
Zimny jak spojrzenie mordercy.
Zimny jak noc polarna.

Zachęcam, byś wymyślił własne porównania. Odważ się stworzyć coś charakterystycznego i oryginalnego. Zapisz je poniżej.

Zimny jak...............
Zimny jak................
Zimny jak...............
Zimny jak...............

Zapytałem kiedyś Kathleen Norris, ponoć najlepiej opłacaną amerykańską autorkę opowiadań prasowych swoich czasów, jak można rozwinąć styl. „Przez czytanie klasyków prozy i poezji – odpowiedziała – oraz przez krytyczne eliminowanie ze swojej pracy szablonowych zwrotów i wyświechtanych wyrażeń".

Któregoś razu redaktor naczelny pewnego magazynu powiedział mi, że gdy w tekście przekazanym do publikacji znajduje dwa czy trzy oklepane wyrażenia, zwraca go autorowi bez zawracania sobie głowy jego lekturą; gdyż, jak dodał, ten, komu brakuje oryginalności wypowiedzi, będzie przejawiał znikomą oryginalność myśli.

NIE CHODZI JEDYNIE O TO, CO MÓWISZ, ALE JAK TO MÓWISZ

Wielu mówców dysponuje doskonałym zasobem słów i niesamowitym wachlarzem porównań, metafor i tajemniczych zwrotów, przy pomocy których wyrażają swe myśli, a ich przemowy, gdy się je czyta, są inspirujące i pouczające. Często jednak, niestety, gdy się ich słucha, całe to piękno znika z powodu kiepskiej dykcji czy artykulacji.

Bez względu na to, jak świetnie przygotujesz i przemyślisz swój przekaz, nikt go nie zrozumie, jeśli nie będziesz mówić wyraźnie. Oto sześć najbardziej powszechnych problemów, związanych ze sposobem mówienia:

1. *Mamrotanie.* Czy połykasz końcówki słów? Czy mówisz z niemal zamkniętymi ustami? Ćwicz przed lustrem. Otwieraj usta.
2. *Mówienie za szybko.* Daj ludziom szansę przyjęcia tego, co mówisz. Słuchaj nagrań ze swoich przemówień. Zmierz swoją prędkość mówienia. Jeśli wyrzucasz z siebie więcej niż 150 słów na minutę, mówisz za szybko.
3. *Mówienie za wolno.* Mów bardzo powoli, a stracisz słuchaczy. Bo gdy mówca z trudem brnie przez kolejne zdania, umysły słuchaczy zaczynają gdzieś błądzić. Najlepiej nie schodzić poniżej 120 słów na minutę, chyba że podkreśla się jakąś kwestię. Wtedy warto nieco zwolnić.
4. *Nieprawidłowe wypowiadanie słów.* W razie wątpliwości, zajrzyj do słownika.
5. *Przerywniki.* Istnieje kilka dodatkowych dźwięków, słów czy zwrotów, jakimi wielu ludzi szpikuje swoją mowę – „ee", „yy", „no wiesz", „tak więc". Przeszkadzają w śledzeniu tego, co mówisz. Posłuchaj siebie samego i pozbądź się wszelkich niepotrzebnych wstawek.
6. *Mówienie monotonne.* Różnicuj modulację dźwięku oraz ton głosu. W przeciwnym razie uśpisz słuchaczy.

W SKRÓCIE

- Kontaktujemy się z ludźmi jedynie na cztery sposoby. Jesteśmy oceniani i klasyfikowani według: naszych czynów, naszego wyglądu, według tego, co mówimy, oraz tego, jak to mówimy. Ludzie często oceniają nas na podstawie języka, jakim się posługujemy. Charles W. Eliot, po trzydziestu latach pełnienia funkcji rektora Harvardu, oznajmił: „Dostrzegam zaledwie jedną umiejętność, jaką bezwzględnie powinien opanować każdy wykształcony człowiek, mianowicie, umiejętność precyzyjnego i doskonałego posługiwania się ojczystym językiem".

- Twój styl wypowiadania się w dużym stopniu odzwierciedla towarzystwo, w jakim się obracasz. Dlatego pójdź za przykładem Lincolna i spędzaj czas z mistrzami literatury. Spędzaj wieczory, tak jak często robił to Lincoln, w towarzystwie Szekspira oraz innych wielkich poetów i mistrzów prozy. Dzięki temu twój umysł zostanie nieuchronnie i podświadomie wzbogacony, a twój styl przejmie jakąś część chwały twoich towarzyszy.
- „Zrezygnowałem z gazet dla dzieł Tacyta i Tukidydesa, dla Newtona i Euklidesa – napisał Thomas Jefferson – i świetnie mi to zrobiło". Dlaczego nie wziąć z niego przykładu? Nie musisz całkowicie rezygnować z gazet; wystarczy, że ograniczysz ich lekturę o połowę. Zredukuj liczbę godzin, jakie marnujesz przed telewizorem. Zyskany w ten sposób czas poświęć na czytanie jakichś ponadczasowych książek. Kupuj tanie wydania kieszonkowe; noś je przy sobie i czytaj w wolnych chwilach w ciągu dnia.
- Czytaj ze słownikiem pod ręką. Zaglądaj do niego, gdy trafisz na jakieś nieznane ci słowo. Spróbuj znaleźć dla takiego słowa zastosowanie, by zapadło ci ono w pamięć.
- Zgłębiaj pochodzenie słów, jakimi się posługujesz. Ich historia nie jest sucha i nudna; często pełna jest romantyki.
- Nie używaj banałów czy zleżałych, wytartych słów. Wyrażaj się precyzyjnie i dokładnie. Miej pod ręką słownik wyrazów bliskoznacznych i często do niego zaglądaj. Nie posługuj się oklepanymi porównaniami, np. „zimny jak lód". Staraj się, by twój język był świeży. Twórz własne metafory. Odważ się stworzyć coś charakterystycznego i oryginalnego.
- Mów wyraźnie. Nie mamrocz, nie mów za szybko ani za wolno, dbaj o prawidłową wymowę słów, unikaj niepotrzebnych przerywników i monotonii głosu.

WŁAŚCIWE POSŁUGIWANIE SIĘ SŁOWAMI

Które zdania są nieprawidłowe i dlaczego?

1. Między stanami Unii musi panować duch lojalności.
2. Nabrałem niechęci do tego człowieka.
3. Jest zobowiązany odnieść sukces bez względu na koszty.
4. Miał szczęście w zdobywaniu dobrego wykształcenia.
5. Ona posiada możliwość doskonałego śpiewania.
6. Mogę zadzwonić jutro?
7. Zjedliśmy zachwycający obiad.
8. Wiadomość o jej śmierci odniosła na nim ogromny wpływ.
9. Próbował wzbudzić we mnie entuzjazm nad obydwoma planami.

10. Cebula to bardzo zdrowe jedzenie.
11. Pływanie to zdrowotne ćwiczenie.
12. Istnieje szansa, że będziemy mieć trudności.
13. Mamy unikalną okazję kupienia nieruchomości po tak niskiej cenie.
14. To bardzo społeczny facet.
15. On ma niezwykłą możliwość do ciężkiej pracy.
16. Już zeszłej jesieni przewidziałem ten postęp cen.
17. Ten pięściarz dysponuje przepastną siłą.
18. On ma nastawienie do zajęć manualnych.
19. Wydarzenie nastąpiło, ale nie zyskało rozgłosu.
20. Nasz koń jest narażony na wygranie.

ĆWICZENIE GŁOSU – POWTÓRKA

ĆWICZENIE 1
Przeczytaj na głos wiersz „Tam, dokąd płynę" z Rozdziału 6., zwracając szczególną uwagę na cztery sprawy:

1. Stosuj oddech przeponowy.
2. Upewnij się, że w twoich płucach jest zapas powietrza, który działa jak wyrzutnia dla wypowiadanych słów, wyposażając je w siłę nośną.
3. Niech twoje gardło będzie otwarte, w pełni swobodne i rozluźnione.
4. Używaj rezonansu nosowego.

(Zob. Ćwiczenie głosu, Rozdział 13.). Akcentuj dźwięki nosowe; niech wybrzmią w twojej jamie nosowej.

ĆWICZENIE 2
Przeczytaj falsetem poniższe wersety, by rozwinąć jasność głosu (zob. Ćwiczenie głosu, Rozdział 7.).

Prawdziwa wartość kryje się w byciu, nie w pozorach,
W czynieniu każdego dnia
Jakiegoś niewielkiego dobra, nie w marzeniach
O dokonywaniu wielkich czynów.
Bo cokolwiek ludzie mówią w swej ślepocie,
I pomimo szaleństw młodości,
Nie ma nic tak królewskiego jak dobroć,
I nic tak wzniosłego jak prawda.

ĆWICZENIE 3

Przeczytaj na głos poniższy wiersz George'a Herberta, zwracając szczególną uwagę na czubek języka. Poczuj, jak elastycznymi ruchami uderza w podniebienie tuż za przednimi zębami. Nada to żywotności i energii wypowiadanym słowom (zob. Rozdział 6.).

Cnota

„Dniu, taki piękny, jasny i pogodny,
Z niebem, co czule na ziemię spoziera:
Rosa opłacze dzisiaj zmierzch twój chłodny,
Bo każdy dzień umiera.

Różo, choć w tobie barw palących tyle,
Że widz niebaczny oko aż przeciera,
Twoje korzenie tkwią w własnej mogile:
Kwiat każdy też umiera.

Wiosno, pogody i róż poro słodka,
Jak puzdro perfum twój czas się otwiera,
Lecz ma kadencję swą, jak pieśni zwrotka;
Bo cały świat umiera.

I tylko dusza prawa i cnotliwa
Trwa niczym dobrze wytrawione drewno:
Choć świat w popiołach wszystek dogorywa,
Ona żyje na pewno"[29].

ĆWICZENIE 4

Zanuć „Hej sokoły". Kierując się wskazówkami z Ćwiczenia głosu z Rozdziału 11., poczuj rezonans, wibracje w różnych częściach ciała: u góry głowy, z tyłu głowy, w klatce piersiowej, w jamie nosowej, w twarzy. W trakcie nucenia spróbuj poczuć w głowie to samo chłodne, otwarte wrażenie nabierania powietrza, jakie odczuwasz przy głębokim wdechu.

Hej, tam gdzieś znad czarnej wody
Siada na koń ułan młody.
Czule żegna się z dziewczyną,
Jeszcze czulej z Ukrainą.

---

[29] *Antologia angielskiej poezji metafizycznej XVII stulecia*, wybór i przekład Stanisław Barańczak, wyd. PIW, Warszawa 1982 r.

Hej, hej, hej sokoły,
Omijajcie góry, lasy, doły.
Dzwoń, dzwoń, dzwoń dzwoneczku,
Mój stepowy skowroneczku.

ĆWICZENIE 5

Przeczytaj poniższy wiersz Williama Blake'a, robiąc to z tym samym tonem szczęścia w głosie, jakie musiało wypełniać serce autora, gdy go tworzył. Jak zauważyliśmy w Ćwiczeniu głosu z Rozdziału 7., czytanie pogodnej, pełnej radości poezji to jeden z najlepszych sposobów rozwinięcia jasnych, atrakcyjnych tonów.

Pieśń roześmiana

„Teraz, kiedy się śmieje każde ziele w lesie
I jasnym śmiechem pluszcze ten strumień przejrzysty,
I śmieją się obłoki, i echo, co niesie
Naszą wesołość w bory, nie milknąc wśród liści,

Gdy piękne nad pięknymi śmieją się łąkami
Drzewa, gdy w polu śmieje się i świerszcz, i zając,
Gdy Marysia, Emilka i Zuzia głosami
Jak dzwoneczki: „Hej! hej!" – i znów: „Hej! hej!", wołają,

Gdy ptaki, wielobarwni ci duszkowie leśni
Śmieją się, gdy orzechów pełno i czereśni,
Przyjdźcie, by się weselić, biesiadę ze mną dzielić,
Śmiać się jak ja: „Hej! hej!" – te same śpiewać pieśni"[30].

Na koniec pozwolę sobie ostrzec każdego adepta sztuki przemawiania, że samo czytanie i okazjonalne wykonywanie przedstawionych tu ćwiczeń głosu nie przyniesie najbardziej pożądanych rezultatów. Wszystkie te ćwiczenia należy wykonywać codziennie. Bo wynieść z nich można jedynie tyle, ile się w nie włoży – ni mniej, ni więcej.

---

[30] William Blake, *Twarde dno snu, Tradycja romantyczna w poezji języka angielskiego*, wybór, opracowanie i przekład Zygmunt Kubiak, Noir sur Blanc, Warszawa 2002 r.

ESEJE

WSTĘP

Dale Carnegie umieścił poniższe eseje w oryginalnym wydaniu tej książki, bo, choć nie są one bezpośrednio związane z publicznym przemawianiem, uznał, że zawarte w nich pozytywne przekazy będą dla czytelników inspirujące.

Te eseje zostały napisane pod koniec dziewiętnastego wieku w stylu, języku i kulturze tamtych czasów. Zostały tu przedrukowane w dokładnie takiej samej formie, w jakiej powstały.

Żaden inny wykład nie był wygłaszany przez jego autora tak często, jak „Ziemia diamentów"[31]. *Gdyby ktoś chciał mówić ten sam wykład każdego wieczora przez piętnaście lat, pod koniec tego czasu nie wyrównałby rekordu dr* Conwella. *Ten słynny Filadelfijczyk głosił filozofię zawartą w* „Ziemi diamentów" *ponad pięć tysięcy siedemset razy. Gdyby wypływy z tego wykładu umieścić na koncie z odsetkami składanymi, uzyskana suma przekroczyłaby osiem milionów dolarów. Dzięki zyskom z różnych wykładów, dr Conwell, który w młodości stoczył tak ciężką walkę o zdobycie wykształcenia, pomógł ponad trzem tysiącom osób ukończyć college.*

ZIEMIA DIAMENTÓW

RUSSELL H. CONWELL[32]

W 1870 roku odbyliśmy podróż w dół rzeki Tygrys. W Bagdadzie wynajęliśmy przewodnika, by pokazał nam Persepolis, Niniwę i Babilon oraz starożytne miasta Asyrii aż po Zatokę Arabską. Człowiek świetnie znał te ziemie, należał jednak do typu przewodników, którzy uwielbiają zabawiać swoich podopiecznych; był jak golibroda, który opowiada mnóstwo różnych historii, by odwrócić twą uwagę od wykonywanych zabiegów pielęgnacyjnych. Opowiedział mi tyle rzeczy, że miałem już dość jego nieustannego gadania i nie chciałem więcej słuchać – odwracałem wzrok ilekroć zaczynał, co go dość złościło. Pamiętam, że pod wieczór zdjął z głowy swą turecką czapkę i zaczął wymachiwać nią w powietrzu. Nie rozumiałem, o co mu chodzi, ale nie patrzyłem na niego z obawy, że stanę się ofiarą kolejnej opowieści. W którymś momencie jednak spojrzałem i w tej samej chwili z ust przewodnika znów popłynął potok słów. Powiedział: „Opowiem ci teraz historię, jaką zachowuję tylko dla mych szczególnych przyjaciół!". Zatem, jako szczególny przyjaciel, nadstawiłem ucha, i nigdy tego nie pożałowałem.

Przewodnik powiedział, że w pobliżu rzeki Indus żył kiedyś pewien stary Pers imieniem Al Hafed. Posiadał on spory kawał ziemi, na której rosły zboża, były sady i ogrody. Był człowiekiem zadowolonym i bogatym – zadowolonym, bo bogatym i bogatym, bo zadowolonym. Któregoś dnia starego farmera odwiedził buddyjski nauczyciel – usiadł przy palenisku Al Hafeda i opowiedział mu, jak ten nasz świat powstał. Powiedział, że świat był kiedyś obłokiem mgły, co z naukowego punku widzenia jest prawdą; Wszechmocny włożył palec w tę mgłę i zaczął zataczać nim kręgi, najpierw powoli, potem coraz szybciej i szybciej, aż z obłoku mgły powstała kula ognia, która potoczyła się przez wszechświat, wypalając sobie drogę przez inne kosmiczne obłoki mgły. I tak toczyła się i toczyła, aż cała para uległa skropleniu i spa-

[31] Wyd. Euronet, 1995 r., tłum. Maria Dembowska.
[32] Tłumaczenie eseju dla tej publikacji – Dorota Piotrowska.

dła w potokach deszczu na rozgrzaną powierzchnię, ochładzając zewnętrzną powłokę. Wtedy wewnętrzne płomienie wybuchły przez stygnącą powłokę, wypiętrzając góry i kształtując wzgórza i doliny naszego pięknego świata. Ta część tej wewnętrznej, stopionej masy, która wydostała się na powierzchnię i zastygła bardzo szybko, stała się granitem; ta, która ostygła wolniej, stała się srebrem; ta, która jeszcze wolniej, złotem; a po złocie powstały diamenty. Nauczyciel powiedział: „Diament to zastygła kropla słońca".

To także prawda naukowa. Wszyscy wiemy, że diament to czysty węgiel, który nie powstałby bez udziału słońca – powiedział też jeszcze coś, czego nie zapomnę: oznajmił, że diament to ostatni i najwyższy z boskich tworów mineralnych, tak jak kobieta jest ostatnim i najwyższym z boskich stworzeń cielesnych. Przypuszczam, że właśnie to jest przyczyną wzajemnego przyciągania, jakie między nimi zachodzi. Stary nauczyciel powiedział też Al Hafedowi, że gdyby miał garść diamentów, mógłby kupić cały kraj, a mając kopalnię diamentów, mocą tak wielkiego majątku mógłby umieścić swe dzieci na tronach. Al Hafed wysłuchał lekcji na temat diamentów i ich ogromnej wartości, kładąc się tamtej nocy jako człowiek biedny – nie dlatego, że coś stracił, ale dlatego, że był niezadowolony, a był niezadowolony, bo nabrał przekonania, że jest biedny. Powiedział: „Chcę kopalnię diamentów". Całą noc nie zmrużył oka, a wcześnie rano udał się do owego nauczyciela. Z doświadczenia wiem, że nauczyciel, zbudzony bladym świtem, nie jest w najlepszym humorze. Al Hafed wyrwał go ze snu i powiedział: „Powiedz, gdzie mogę znaleźć diamenty". Nauczyciel na to: „Diamenty? Po co ci diamenty?". „Chcę być niewiarygodnie bogaty – odparł farmer – ale nie wiem, dokąd się udać". „Cóż – powiedział nauczyciel – znajdź rzekę, która płynie po białych piaskach między wysokimi górami; w tych piaskach dostrzeżesz diamenty". „Naprawdę wierzysz, że istnieje taka rzeka?". „Mnóstwo, całe mnóstwo; wystarczy, że pójdziesz i je znajdziesz, a będą twoje". Na co Al Hafed: „Dobrze, pójdę". Sprzedał farmę, włożył pieniądze do banku, rodzinę powierzył opiece sąsiada i wyruszył na poszukiwanie diamentów. Zaczął, jak sądzę, bardzo słusznie, od gór Księżycowych. Potem udał się do Palestyny, następnie zawędrował do Europy. W końcu, gdy wydał już wszystko, co miał, będąc w ostatnich łachmanach, w nędzy i niedoli, stanął nad brzegiem zatoki w Barcelonie, a gdy nadeszła fala przypływu, biedny, znękany i zbolały człowiek nie mógł oprzeć się okropnej pokusie i rzucił się we wzbierające wody, ginąc w ich spienionych grzebieniach i na zawsze żegnając się z życiem doczesnym.

Gdy przewodnik opowiedział mi tę smutną historię, zatrzymał mojego wielbłąda, po czym udał się na tyły karawany, by poprawić bagaż na jednym z pozostałych wielbłądów, a ja pomyślałem: „Dlaczego trzyma tę opowieść dla swoich *szczególnych przyjaciół*?". Zdawała się nie mieć początku, środka, ani zakończenia – żadnych wyraźnych części. Była to pierwsza opowieść, jaką kiedykolwiek usłyszałem bądź przeczytałem, w której główny bohater ginie już w pierwszym rozdziale. Oto pierwszy rozdział, a główny bohater nie żyje. Gdy przewodnik wrócił i ponownie chwycił wędzidło mojego wielbłąda, kontynuował opowieść. Powiedział, że gdy potomek Al Hafeda wyprowadził swego wielbłąda do ogrodu, by go napoić, i gdy zwierzę zbliżyło nos do płynących wód, mężczyzna zauważył dziwny błysk na piaszczystym dnie płytkiego potoku. Sięgnął i wydobył czarny kamień ze świetlistym okiem, które odbijało wszystkie kolory tęczy. Zabrał ten dziwny kamień do domu i położył na kominku, po czym zajął się swoimi sprawami i zapomniał o nim. Kilka dni później, ten sam stary nauczyciel, który opowiedział Al Hafedowi o diamentach, przyszedł w odwiedziny do jego potomka. Gdy dostrzegł na kominku błysk światła, ożywił się i krzyknął: „To diament, diament! Czy Al Hafed wrócił?". „Nie, Al Hafed nie wrócił, a to nie jest diament, tylko zwykły kamień. Znalazłem go w ogrodzie". „Poznam diament, gdy tylko go zobaczę" – zaprotestował nauczyciel. „To z całą pewnością diament!".

Obaj pospieszyli do ogrodu, dotarli nad potok i zanurzywszy dłonie w białym, piaszczystym dnie, znaleźli kolejne diamenty, jeszcze piękniejsze i cenniejsze od tamtego. W ten sposób, powiedział przewodnik, odkryto kopalnię w Golkondzie, najwspanialszą kopalnię diamentów w historii ludzkości, swą wartością przekraczającą Kimberley. Wielki diament Kohinoor z angielskich klejnotów koronnych oraz największy diament na ziemi, znajdujący się w klejnotach koronnych Rosji (miałem nadzieję, że Rosja będzie musiała go sprzedać, zanim zawrze pokój z Japonią), pochodzą właśnie z tej kopalni. Gdy stary przewodnik poinformował mnie o tym wspaniałym odkryciu, ponownie zdjął swą turecką czapkę i pomachał nią w powietrzu, by zwrócić moją uwagę na morał. Ci arabscy przewodnicy mają morał do każdej historii, choć nie każda historia może być pouczająca. Powiedział, że gdyby Al Hafed został w domu i zaczął kopać we własnej piwnicy lub we własnym ogrodzie, zamiast włóczyć się gdzieś po świecie, w nędzy, niedoli, o głodzie i chłodzie i w końcu umrzeć, miałby tą swoją „ziemię diamentów" – gdyż każdy akr, zgadza się, każda łopata tamtej starej ziemi okazała się być pełna owych klejnotów, które po dziś dzień ozdabiają monarsze korony. Gdy przewodnik wyjawił morał swej opowieści, wiedziałem już, dlaczego zachował ją dla swych „szczególnych przyjaciół". Nie powiedziałem mu, że już teraz to wiem; nie zamierzałem mówić temu staremu Arabowi, że już wiem, gdyż był to jego pokrętny sposób przekazania czegoś (jak nieraz robią to prawnicy), czego nie odważyłby się powiedzieć wprost – że pewien młody człowiek podróżuje właśnie w dół rzeki Tygrys, a lepiej by było, gdyby został w domu, w Ameryce. Nie powiedziałem mu, że rozumiem.

Powiedziałem mu za to, że jego opowieść przypomina mi inną, i szybko mu ją przedstawiłem. Opowiedziałem mu o pewnym człowieku z Kalifornii, który w 1847 roku posiadał tam ranczo. Gdy przeczytał, że w Południowej Kalifornii odkryto złoto, sprzedał ranczo pułkownikowi Sutterowi i wyruszył na południe za złotem. Pułkownik Sutter postawił młyn nad niewielkim strumieniem, który przepływał przez zakupioną ziemię. Pewnego dnia jego kilkuletnia córka przyniosła do domu nieco mokrego piasku wyrzucanego przez ten młyn i położyła przed kominkiem, by wysechł. Gdy przesypywała piasek między palcami, jej ojciec dostrzegł pierwsze lśniące grudki prawdziwego złota, jakie odkryto w Kalifornii. Zaś człowiek, który chciał tego złota, sprzedał ziemię, jaka je w sobie nosiła, i wyjechał, by już nigdy nie wrócić. Dwa lata temu miałem wykład w mieście nieopodal tamtego rancza, i tamtejsi mieszkańcy powiedzieli mi, że owe złoża nie zostały jeszcze wyeksploatowane. Ponoć właściciel tej ziemi „wydobywa" co piętnaście minut dwadzieścia dolarów w złocie, w dzień i w nocy. Kto nie chciałby tak zarabiać.

Jednak najlepsza ilustracja tej myśli pochodzi z Pensylwanii. Żył tam pewien człowiek, właściciel farmy, i któregoś razu zrobił on to, co sam bym zrobił, gdybym miał farmę w Pensylwanii – sprzedał ją. Lecz zanim ją sprzedał, postanowił załatwić sobie pracę na szybie naftowym u kuzyna w Kanadzie. Odkryto tam naftę i ów farmer pomyślał, że postara się o robotę przy jej wydobyciu. Facet nie był głupi. Nie chciał opuścić farmy, dopóki nie będzie miał czegoś innego do roboty. Ze wszystkich głupków na świecie, najgłupszy jest ten, kto porzuca jedną pracę przed załatwieniem sobie innej. Szczególnie odnosi się to do moich kolegów po fachu, zaś w ogóle nie dotyczy tych, którzy się rozwodzą. A zatem, nasz farmer postanowił nie opuszczać swej ziemi, dopóki nie znajdzie innej pracy. Napisał do Kanady, lecz kuzyn odpisał, że nie może go zatrudnić, bo ten nic nie wie o biznesie naftowym. „Cóż – pomyślał – to się dowiem". I wziął się za zdobywanie wiedzy. Zaczął od drugiego dnia stworzenia, studiując dzieje ziemi począwszy od czasów prymitywnej wegetacji aż po czasy przemysłu naftowego, aż wiedział wszystko na ten temat. Następnie napisał do kuzyna: „Już wiem, o co chodzi w biznesie naftowym". Kuzyn na to: „Dobra, przyjeżdżaj".

Zgodnie z zapisem w dokumentach administracyjnych powiatu, farmer sprzedał swą ziemię za osiemset trzydzieści trzy dolary – równa suma, żadnych centów. Ledwo opuścił farmę, gdy przyjechał nowy właściciel, chcąc przygotować wodopój dla bydła; stwierdził jednak, że jego poprzednik bardzo dobrze sobie z tym poradził. Był tam spływający ze zbocza strumień, na którym stary farmer umieścił specjalną drewnianą konstrukcję. Zadaniem owej konstrukcji było oddzielanie wody od okropnie wyglądającej szumowiny, by chcące napić się bydło nie musiało nurzać w niej pysków. W ten sposób człowiek, który wyjechał do Kanady, przez dwadzieścia trzy lata oczyszczał wodę dla swoich zwierząt, oddzielając ją od wypływającej nafty, której tamtejsze pokłady już w 1870 roku zostały oficjalnie wycenione na setki milionów dolarów. Dziś na tych ziemiach znajduje się miasto Titusville, a strumień ropy naftowej wciąż płynie. Zaś farmer, który z takim zapałem uczył się o nafcie i jej pochodzeniu począwszy od drugiego dnia Boskiego dzieła stworzenia aż po dzień dzisiejszy, sprzedał swą roponośną ziemię za 833 dolary i ani centa więcej – jak szkoda.

Potrzebuję jednak jeszcze jednego przykładu i jest, znalazłem go w Massachusetts, i przykro mi z tego powodu, gdyż to mój rodzinny stan. Pewien młody człowiek wyjechał z Massachusetts na studia – pojechał do Yale, by studiować kopalnictwo. Na ostatnim roku uczelnia płaciła mu piętnaście dolarów tygodniowo za doszkalanie studentów, którzy mieli zaległości z mineralogii. Gdy skończył studia, zaproponowano mu etat nauczycielski za czterdzieści pięć dolarów. Młody człowiek poszedł do domu i oznajmił matce: „Mamo, nie będę pracować za czterdzieści pięć dolarów tygodniowo. Co to jest czterdzieści pięć dolarów dla takiego umysłu jak mój! Jedźmy do Kalifornii, poszukajmy złota i zostańmy nieprawdopodobnie bogaci". „Nie" – powiedziała matka. „Niepotrzebne nam bogactwo; wystarczy, że będziemy szczęśliwi".

Ale że był jedynakiem, postawił na swoim – jak to zawsze jedynacy. Sprzedali dom i wyjechali do Wisconsin, gdzie niedoszły nauczyciel zatrudnił się w kopalni miedzi, ponownie za piętnaście dolarów tygodniowo. Miał też mieć udział w odkrytych przez siebie złożach. Nie sądzę, by kiedykolwiek jakieś odkrył – nic mi o tym nie wiadomo, jednak nie sądzę, by mu się to udało. Wiem za to, że farmer, który kupił jego ziemię, zaraz po jego wyjeździe zabrał się za kopanie ziemniaków. Gdy wnosił je przez bramę w ogromnym koszu, okazało się, że przejście jest zbyt wąskie. Postawił więc kosz i zaczął go ciągnąć, najpierw z jednej strony, potem z drugiej. Nasze farmy w Massachusetts mają dość wąskie bramy. Kosz był naprawdę bardzo duży, i gdy go tak ciągnął, w jednym z kamieni tuż obok wejścia zauważył spory kawałek naturalnego srebra, osiem cali kwadratowych. Znawca kopalnictwa i mineralogii, który nie chciał pracować za czterdzieści pięć dolarów tygodniowo, gdy sprzedawał to gospodarstwo i dobijał targu, siedział właśnie na tym kamieniu. Wychował się na tej ziemi; wiele razy przechodził obok tego kamienia, ocierając się o niego, a on zdawał się mówić: „Tutaj, tu jestem, to ja, twoje sto tysięcy dolarów. Chodź i weź mnie". Ale na próżno. Jego właściciel był przekonany, że na jego ziemi nie ma żadnych minerałów szlachetnych, że są gdzie indziej – nie wiadomo gdzie, ale z pewnością nie na jego ziemi. Tak sądził ów znawca mineralogii.

Nic nie sprawiłoby mi większej przyjemności, niż opowiadanie przez cały wieczór o błędach, jakie popełniali różni ludzie - wykształceni i uczeni. Chciałbym też wiedzieć, co tamten człowiek robi teraz w Wisconsin. Wyobrażam go sobie, jak siedzi z przyjaciółmi przy kominku i mówi: „Znacie niejakiego Conwella z Filadelfii?". „Tak, słyszeliśmy o nim". „A znacie Jonesa, też z Filadelfii?". „Tak, znamy". Wtedy zaczyna się śmiać i mówi: „Obaj zrobili to samo, co ja, dokładnie to samo". I tą uwagą psuje cały dowcip, bo ty i ja to zrobiliśmy.

Dziewięćdziesiąt osób na sto co dzień popełnia ten błąd. Każdy z was powinien być bogaty; nie macie prawa być biedni. Żyć w Filadelfii i nie być bogatym to nieszczęście i to podwójne nieszczęście, bo równie dobrze moglibyście być bogaci, tak jak i biedni. Filadelfia stwarza tak wiele możliwości. Powinniście być bogaci. Ale ludzie z pewnymi przekonaniami religijnymi zapytają: „Jak możesz radzić młodemu pokoleniu, by poświęcało czas na zdobywanie pieniędzy i oddawało się duchowi komercji?".

A jednak muszę powiedzieć, że należy poświęcać czas na bogacenie się. Ty i ja wiemy, że są rzeczy cenniejsze od pieniędzy; oczywiście, że wiemy. Z sercem zasnutym niewymownym smutkiem z powodu grobu, na który opadają teraz jesienne liście, wiem, że są rzeczy wyższe, większe i wznioślejsze niż pieniądze. Równie dobrze wie ten, kto cierpiał, że są rzeczy słodsze i świętsze niż złoto. Jednakże, człowiek rozsądny wie też, że bez pieniędzy żadna z tych rzeczy nie osiąga swego pełnego potencjału. Pieniądze to moc. Miłość to największa rzecz na Bożym świecie, lecz szczęśliwy ten kochanek, który ma mnóstwo pieniędzy. Pieniądze to moc; pieniądze mają moc, a ten, kto mówi: „Nie chcę pieniędzy", tym samym mówi: „Nie chcę wyświadczać żadnego dobra mojemu bliźniemu". Takie słowa to czysty absurd. Oddzielanie pieniędzy od życia to czysty absurd. Życie jest wspaniałe i człowiek powinien oddawać się zdobywaniu pieniędzy z powodu mocy, jaka w nich tkwi. A jednak zasady, będące skutkiem przekonań religijnych są bardzo silne: niektórzy uważają, że bycie jednym z Bożych biedaków to ogromny zaszczyt. Patrzę w twarze tych, którzy tak myślą. Któregoś razu słyszałem, jak na spotkaniu modlitewnym pewien człowiek mówił, że jest wdzięczny za bycie biednym dzieckiem Bożym. Zastanawiałem się wtedy, co na to powiedziałaby jego żona, która dorabia praniem cudzych ubrań, podczas gdy jej mąż siedzi na werandzie i pali papierosa. Nie chcę więcej widzieć żadnego z takich biednych dzieci Bożych. W sytuacji, gdy człowiek mógłby być bogaty, ale cierpi w nędzy, winny jest poważnego zaniedbania; dopuścił się bowiem niewierności wobec samego siebie i nie okazał serca bliźniemu. Jeśli tylko możemy, powinniśmy zdobywać majątek i powinniśmy robić to uczciwymi i chrześcijańskimi metodami, gdyż są to jedyne metody, jakie szybko doprowadzą nas do upragnionego celu.

Pamiętam, jak kilka lat temu przyszedł do mojego biura pewien młody student teologii i powiedział, że uznał za swój obowiązek, by przyjść i „podyskutować ze mną". Zapytałem, o co chodzi, na co on: „Poczułem się w obowiązku przyjść i powiedzieć, że Pismo Święte uważa pieniądze za źródło wszelkiego zła". Zapytałem, gdzie znalazł takie słowa; powiedział, że w *Biblii*. Spytałem, czy chodzi mu o nowe wydanie *Biblii*; odparł, że nie, że nie ma nowego wydania, znalazł te słowa w starym. „Cóż – powiedziałem – jeśli w mojej *Biblii* jest tak napisane, to nigdy tego nie zauważyłem. Pokaże mi pan, o które miejsce chodzi?". Mężczyzna wyszedł i po chwili wrócił z otwartą *Biblią*, emanując pełną bigoterii dumą wąsko myślącego wyznawcy, który opiera swą wiarę na niewłaściwie zinterpretowanym fragmencie Pisma. Położył przede mną *Biblię* i głośno zakomunikował: „Tutaj. Niech pan sam przeczyta". Powiedziałem: „Młody człowieku, z wiekiem nauczysz się, że nie można ufać osobie o innym wyznaniu, by przeczytała ci fragment z *Biblii*". Po czym dodałem: „Należy pan do innego wyznania. Proszę to przeczytać, pamiętając, że uczy się pan w szkole, gdzie emfaza to interpretacja". Młody teolog wziął *Biblię* i przeczytał: „*Umiłowanie* pieniędzy jest źródłem wszelkiego zła". Teraz powiedział dobrze. Wielka Księga wróciła do szacunku i miłości ludzi, do poszanowania największych umysłów świata, a teraz możesz ją cytować i bez lęku oprzeć na tych słowach swoje życie i śmierć. Gdy mój gość przytoczył dokładne słowa *Biblii*, powiedział prawdę. „Umiłowanie pieniędzy jest źródłem wszelkiego zła". Święta prawda. Chodzi o koncentrację uwagi na środkach, zamiast na rezultacie, choć nie można osiągnąć rezultatu bez środków. Gdy człowiek robi z pieniędzy bożka, zamiast skupić się na celach, do jakich można je wykorzystać; gdy ściska banknot tak mocno, że aż bieleją mu knykcie, wtedy pieniądze stają się źródłem wszelkiego zła. Gdybyś miał dość pieniędzy, pomyśl, co mógłbyś zrobić dla swoich najbliższych, dla swojego domu i miasta. Pomyśl o organizacjach użytku publicznego, jakie mógłbyś wesprzeć, gdybyś miał pieniądze i umiejętność dzielenia się nimi. A jednak, przyjacielu, ludzie mówią, że ty i ja nie powinniśmy oddawać się ich zdobywaniu. To wszystko jest nielogiczne. Powinniśmy być bogaci, bo pieniądze mają moc. Najlepiej zrobię, jeśli poprę to przykładem, bo skoro już mówię, że należy być bogatym, to powinienem przynajmniej zasugerować, jak to zrobić. Nabieramy uprzedzeń wobec ludzi zamożnych z powodu kłamstw, jakie się o nich opowiada. Wiele ludzi wierzy w kłamstwa, jakie się mówi o panu Rockefellerze, bo jego majątek sięga dwustu milionów dolarów: przez co świat ma zupełnie błędną opinię na jego temat. Trudno dziś powiedzieć, co jest prawdą, gdy gazety opierają swoją sprzedaż na sensacji. Sposób, w jaki kłamią na temat bogatych, jest czymś okropnym; chyba najlepszym przykładem takich kłamstw jest to, co gazety obecnie wypisują o Filadelfii. Któregoś dnia przyszedł do mnie pewien młody człowiek i powiedział: „Skoro pan Rockefeller, tak jak pan sądzi, jest dobrym człowiekiem, to dlaczego wszyscy mówią o nim tyle złego?". Dlatego, że zaszedł dalej, niż inni; oto i cały powód – zaszedł dalej niż inni. Dlaczego pan Andrew Carnegie jest tak ostro krytykowany przez zazdrosny świat? Bo zdobył więcej, niż ma większość z nas. Jeśli ktoś wie więcej ode mnie, to czy nie jestem skłonny patrzeć krytycznym okiem na jego nauczanie? Jeśli ktoś stoi na mównicy i naucza tysiące, a ja mam w moim kościele piętnaście osób i wszyscy śpią, to czy nie będę go krytykować? Zawsze reagujemy tak na kogoś, kto osiągnął więcej od nas. A przecież, jeśli ten, kogo krytykujesz, ma sto milionów dolarów, a ty pięćdziesiąt centów, to oboje macie tyle, ile jesteście warci. Jeden z najbogatszych ludzi tego stulecia przyszedł do mojego domu, usiadł w salonie i powiedział: „Widziałeś te wszystkie kłamstwa o mojej rodzinie, jakie ukazały się w prasie?". „Oczywiście, że widziałem; i od razu wiedziałem, że to kłamstwa". „Dlaczego w ten sposób kłamią na mój temat?". „Cóż – powiedziałem – jeśli dasz mi czek na sto milionów, wezmę wraz z nim wszystkie te kłamstwa". „Nie widzę żadnego sensu w takim mówieniu o mnie i o mojej rodzinie. Conwell, powiedz mi szczerze, co według ciebie Amerykanie o mnie myślą?". „Cóż, myślą, że jesteś najbardziej podłym łajdakiem, jaki kiedykolwiek kroczył po tej ziemi!". „Ale co ja mogę na to poradzić?". Mój przyjaciel nic nie może na to poradzić, choć jest jednym z najmilszych chrześcijan, jakich znam. Jeśli zdobędziesz sto milionów, będziesz też musiał zmierzyć się z kłamstwami; ludzie będą o tobie opowiadać bzdury, a rozmiarem tych kłamstw będziesz mógł mierzyć skalę swego sukcesu. Twierdzę, że człowiek powinien być bogaty. Ale wciąż przychodzą do mnie młodzi ludzie i mówią: „Chciałbym rozpocząć własny biznes, ale nie mogę". „Dlaczego nie możesz?". „Bo nie mam kapitału na rozruch". Kapitał, kapitał na rozruch! O czym wy mówicie! Żyjecie w Filadelfii, patrząc na bogate pokolenie, które zaczynało w biedzie, a mimo to chcecie kapitału na rozruch? To dobrze, że nie macie kapitału. Cieszę się, że nie macie pieniędzy. Żal mi syna bogacza. Syn bogacza znajduje się w dzisiejszych czasach w bardzo trudnej sytuacji. Trzeba go żałować. Syn bogacza nie ma możliwości poznania tego, co w ludzkim życiu najlepsze. Nie ma takiej możliwości. Statystyki Massachusetts pokazują, że mniej niż jeden na siedemnastu spośród synów ludzi zamożnych umiera w bogactwie. Ci ludzie wychowywani są w luksusie, lecz umierają w biedzie. Nawet, jeśli ten syn bogacza zdoła zachować majątek swego ojca, nawet wtedy nie pozna tego, co w życiu najlepsze.

Pewien młody człowiek, student college'u, zapytał mnie, co uważam za najszczęśliwszą chwilę w życiu mężczyzny. Długo się zastanawiałem i wreszcie doszedłem do przekonania, że najszczęśliwszą chwilą jest ta, gdy młody mężczyzna przenosi swą świeżo poślubioną małżonkę przez próg domu, na który sam zapracował i który sam zbudował, po czym zwraca się do niej, i z elokwencją przewyższającą wszelkie zdolności językowe, mówi do swej żony: „Ukochana, sam na ten dom zapracowałem; na wszystko, co tu widzisz. To wszystko moje, a teraz także i twoje". To najwznioślejszy moment, jakiego może doświadczyć ludzkie serce. Ale syn człowieka bogatego nie wie, co to znaczy. Wprowadza się do luksusowej posiadłości i mówi: „Matka dała mi to, matka dała mi tamto", aż jego żona zaczyna żałować, że nie poślubiła jego matki. Tak, żal mi syna człowieka bogatego. Bo w końcu tak daleko posunie się w swym samozachwycie, że wyciągnie na boki ręce i nie będzie mógł ich opuścić. Nigdy nie widzieliście, jak błąkają się tacy po Atlantic City? Widziałem kiedyś jednego z takich strachów na wróble i ten widok wciąż do mnie powraca. Przemawiałem w Niagara Falls i po wykładzie pojechałem do hotelu; gdy wszedłem do recepcji, stał tam syn pewnego milionera z Nowego Jorku. Oto miałem przed sobą nieopisany okaz antropologicznej niemocy. Pod ramieniem trzymał laskę ze złotą gałką – więcej w niej było wartości, niż w głowie jej właściciela. Chyba nie zdołałbym opisać tego młodego człowieka. Powiem tylko, że miał monokl, przez który nic nie widział, buty z lakierowanej skóry, w których nie mógł chodzić, oraz spodnie, w których nie mógł siadać – wyglądał jak konik polny! Gdy wchodziłem, ów ludzki świerszcz właśnie podszedł do recepcjonisty. Poprawił swój niewidzący monokl i zmanierowanym tonem powiedział: „Phoszę pana, bahdzo phoszę, niech będzie pan tak uprzejmy i użyczy mi papieh i kopehty!" Recepcjonista zmierzył go szybko wzrokiem, wysunął szufladę, wyjął papier i koperty i przesunął po ladzie w kierunku gościa, po czym odwrócił się do swych zajęć. Trzeba było widzieć minę owego ludzkiego okazu, gdy rzeczone przedmioty powędrowały w jego kierunku – człowieka, który miał do swej dyspozycji zastęp służących, przewidujących każde jego pragnienie. Ponownie poprawił swój niewidzący monokl i krzyknął za recepcjonistą: „Phoszę tu whócić, phoszę pana, phoszę tu natychmiast whócić! Phoszę zlecić służącemu, by wziął ten papieh i kopehty i zaniósł je do tamtego stolika". Nieszczęsny, godny pogardy, amerykański dureń. Nie mógł wziąć papieru i kopert i zanieść ich kilka metrów dalej. Przypuszczam, że nie mógł też opuścić ramion. Nie żal mi takich ludzkich karykatur. Jeśli nie masz kapitału na rozruch, to bardzo dobrze. Nie potrzebujesz żadnego kapitału; jedyne, czego ci potrzeba, to zdrowy rozum.

A. T. Stewart, doskonały handlowiec z Nowego Jorku, najbogatszy Amerykanin swoich czasów, był kiedyś biednym chłopakiem. Gdy zaczynał w handlu, miał zaledwie półtora dolara, z czego stracił osiemdziesiąt siedem i pół centa, gdyż kupił igły, nici i guziki, aby sprzedać je z zyskiem – niestety nie znalazł na nie chętnych.

Jesteś biedny? To dlatego, że nikt nie chce tego, co oferujesz. A oto świetna lekcja. Każdy może ją zastosować w swoim życiu, młody czy stary. Stewart nie wiedział, czego ludzie potrzebują, przez co zaopatrzył się w towar, którego nikt nie chciał, poniósł bezpowrotną stratę. Nauczył się wtedy czegoś bardzo ważnego na temat handlu. Powiedział: „Nigdy więcej niczego nie kupię, dopóki nie dowiem się, czego ludzie chcą; dopiero wtedy zaopatrzę się w towar". Chodził od drzwi do drzwi i pytał, a gdy już się dowiedział, jakie są potrzeby i pragnienia jego potencjalnych klientów, zainwestował swoje sześćdziesiąt dwa i pół centa i zaczął zaspokajać „znany popyt". Nieważne, czym się w życiu zajmujesz; nieważne, czy jesteś prawnikiem, lekarzem, dozorcą, nauczycielem, czy kimkolwiek innym; zasada pozostaje ta sama. Najpierw musisz wiedzieć, czego świat chce, i dopiero potem oddać się zaspokajaniu tych potrzeb – wtedy twój sukces jest niemal pewny. A. T. Stewart rozwijał swój biznes, aż wartość jego majątku sięgnęła czterdziestu milionów dolarów. „No cóż – powiesz – w Nowym Jorku takie rzeczy są możliwe, ale nie tu, w Filadelfii". Według danych statystycznych, zebranych w Nowym Jorku w 1889 roku, w owym czasie żyło tam stu siedmiu milionerów, z których każdy posiadał majątek wart ponad dziesięć milionów dolarów. Dane robią wrażenie; jednak ludzie sądzą, że aby stać się bogatym, trzeba pojechać do Nowego Jorku. Tylko że spośród tych stu siedmiu milionerów, zaledwie siedmiu zbudowało swój majątek właśnie w tym mieście, pozostali zaś przenieśli się tam już jako posiadacze fortuny. Sześćdziesięciu siedmiu z nich zdobyło majątek w miastach o populacji mniejszej niż sześć tysięcy mieszkańców, a ówcześnie najbogatszy człowiek w kraju pochodził z miejscowości liczącej trzy i pół tysiąca mieszkańców – zawsze tam mieszkał i nigdy się nie przeprowadził. Bo najważniejsze nie jest to, gdzie jesteś, ale kim jesteś. Lecz jeśli wielkość miasta stanowi problem, pamiętaj, że małe miasto daje ogromne możliwości zarobienia milionów. Najlepszą ilustracją, jaką mogę podać, jest przykład Johna Jacoba Astora, biednego dzieciaka, który zbił rodzinną fortunę. Zarobił więcej, niż ktokolwiek z jego potomków, a wszystko zaczęło się od tego, że udzielił kiedyś pożyczki hipotecznej właścicielowi pewnego sklepu z kapeluszami w Nowym Jorku. Gdy dłużnik nie mógł zarobić dość pieniędzy, by starczyło na odsetki i czynsz, Astor zajął obciążoną nieruchomość, przejął sklep i wszedł w spółkę z byłym właścicielem. Zatrzymał ten sam towar i nie zostawił wspólnikowi żadnych pieniędzy; poszedł za to do parku i usiadł na ławce. Tam wykonał najważniejsze i, jak sądzę, najprzyjemniejsze zadanie, jakie wiązało się z jego nowym zajęciem. Przyglądał się spacerującym kobietom; a kto nie wzbogaciłby się na takim biznesie? Gdy John Jacob Astor zobaczył jakąś kobietę, jak przechodziła wyprostowana i z wysoko podniesioną głową, jakby w ogóle się nie przejmowała, czy ktoś na nią patrzy, przyglądał się jej czepkowi; i zanim ów czepek znikł mu z oczu, znał jego kształt, kolor przybrania i rodzaj ozdób. Czasem próbuję opisać kobiecy czepek, ale to bez sensu, bo jutro wieczór ów czepek będzie już niemodny. Następnie John Jacob szedł do swego sklepu i mówił: „Postaw na wystawie dokładnie taki czepek, jaki ci opiszę, bo właśnie widziałem kobietę, która ma upodobanie w takim modelu. Nie rób nic więcej, dopóki nie wrócę". Ponownie szedł do parku i siadał na ławce, a po chwili przechodziła kolejna kobieta, lecz o innej posturze i, oczywiście, z czepkiem o innym kształcie i kolorze. „A teraz – mówił – umieść na wystawie taki czepek". Nie zapełnił wystawy towarem, który by ludzi odstraszał, po czym nie siedział gdzieś w kącie sklepu i głośno narzekał, bo wszyscy poszli kupować gdzie indziej. Nie postawił na wystawie kapelusza czy czepka, którego wcześniej nie zobaczył na czyjejś głowie.

Nasze miasto stwarza wyjątkowe możliwości rozwoju produkcji przemysłowej, a właśnie nadszedł czas, gdy droga od statusu robotnika do udziałowca fabryki jest wyraźna i prosta. Lecz, przyjaciele, ten kraj pogrąża się też w atmosferze zniechęcenia i przygnębienia, gdyż robotnicy zaczynają mieć poczucie, że przygniata ich skorupa, przez którą nie mogą się przebić, natomiast arystokratyczny właściciel pieniędzy jest tak wysoko nad nimi, że nigdy nie zejdzie, by im pomóc. Tak właśnie myśli nasz naród. Jednak, przyjaciele, w historii naszego kraju nigdy nie było tak wspaniałej możliwości wzbogacenia się ludzi biednych, jaka istnieje teraz w Filadelfii. A tym, co nie pozwala się ludziom wzbogacić, jest właśnie owo zniechęcenie. Oto cały powód. Droga od biedy do bogactwa jest otwarta, i niech taka pozostanie. Wiem, że związki zawodowe zmagają się obecnie z dwoma poważnymi problemami, i jest tylko jeden sposób, by sobie z nimi poradzić. Związki w równym stopniu próbują zapobiec rozwiązaniu tych problemów, co kapitaliści; a chodzi tu o dwie rzeczy. Po pierwsze o zrównywanie wszystkich klas pracujących przez redukcję do dwóch i pół dolara płacy tego, kto zarabia pięć dolarów dziennie, by podciągnąć do jego poziomu półgłówka, który nie jest w stanie zarobić dziennie pięćdziesięciu centów. To jedna z najbardziej niebezpiecznych i zniechęcających rzeczy dla człowieka pracującego. Nie może cieszyć się on rezultatami swojej pracy, choćby pracował lepiej, dłużej, czy na wyższym stanowisku. To bardzo niebezpieczne; bo żeby każdy pracujący człowiek był wolny, a każdy Amerykanin był równy każdemu innemu Amerykaninowi, trzeba pozwolić pracującemu człowiekowi zadać sobie pytanie, ile jest wart, po czym pozwolić mu sięgnąć po tę wartość. Nie można zaś godzić się na to, by jakiś kapitalista mówił: „Będziesz pracować dla mnie za połowę tego, co jesteś wart", ani też na to, by jakaś organizacja pracy mówiła mu: „Będziesz pracować dla tamtego kapitalisty za połowę tego, co jesteś wart". Bo dopiero przed człowiekiem w pełni niezależnym otwiera się droga, jaka prowadzi od biedy do bogactwa. Innym problemem, z jakim związki zawodowe muszą się zmierzyć (a chodzi o coś, z czym muszą poradzić sobie same), to mówcy, którzy przychodzą i mówią im o ciemiężących bogaczach. Przez sen mogę powtarzać słowa, jakie po wielokroć słyszałem w takich okolicznościach. Całe życie spędziłem wśród ludzi z klas pracujących. Sam do nich należę. Podczas zgromadzeń robotniczych nieraz słuchałem zaproszonych mówców, mających powiedzieć kilka zdań do związkowców. Staje taki przed grupą uczciwie pracujących ludzi i zaczyna od słów: „Wy, uczciwi ludzie pracy, którzy jesteście źródłem całego kapitału świata, którzy wznieśliście wszystkie pałace, zbudowaliście szlaki kolejowe i zapełniliście oceany statkami parowymi. O wy, ludzie pracy! Jesteście niczym więcej, jak niewolnikami; jesteście podnóżkiem kapitalisty, który triumfuje nad wami, ciesząc się swymi wspaniałymi posiadłościami i gromadząc złoto w swych bankach, a każdy dolar, jaki posiada, okupiony jest krwią uczciwego, pracującego człowieka". To kłamstwo, i dobrze wiecie, że to kłamstwo; a jednak są to słowa, jakie słyszy się bez przerwy, słowa, które przedstawiają kapitalistów jako tych złych, a lud pracujący jako tych zniewolonych. To złe i krzywdzące! Niech ten, kto kocha swoją flagę i wierzy w amerykańskie zasady, ze wszystkich sił postara się doprowadzić do tego, by kapitalista zszedł się z robotnikiem, by obaj stanęli ramię w ramię i wzięli się do pracy na rzecz wspólnego dobra ludzkości.

Bo wrogiem swego kraju jest ten, kto nastawia kapitał przeciwko pracy i pracę przeciwko kapitałowi.

Załóżmy, że poprosiłbym moich słuchaczy o przedstawienie mnie wielkim wynalazcom, którzy żyją tu, w Filadelfii. „Wynalazcy z Filadelfii... – ktoś by powiedział – cóż, nikogo takiego tu nie mamy. W tym mieście nie da się niczego wynaleźć". To nieprawda, macie wielkich wynalazców, i siedzą oni tu, wśród tej publiczności. Najprawdopodobniej jednak ten, kto mógłby przysłużyć się światu jakimś wspaniałym wynalazkiem, jakiś mężczyzna, a może kobieta, trwa w przekonaniu, że nie potrafi niczego odkryć ani stworzyć. Przyglądaliście się kiedyś historii wynalazku? Ciekawe, że ci, którzy dokonywali największych odkryć, robili to bez najmniejszego poczucia, że są wynalazcami. Kim zatem są ci wielcy wynalazcy i odkrywcy? To ludzie ze zwykłym, czystym, zdrowym rozsądkiem, którzy dostrzegli na świecie jakąś potrzebę i natychmiast przystąpili do jej zgłębiania. Jeśli chcesz zostać wynalazcą, nie szukaj pomysłu w zakamarkach swego umysłu, ale najpierw dowiedz się, czego ludzie potrzebują. Kieruj się tą potrzebą, a doprowadzi cię to do odkryć, o jakich jeszcze nie śniłeś. Wielcy wynalazcy to po prostu wielcy ludzie; ludzie wielcy to ludzie prości, a im prostsza jakaś maszyna, tym cenniejsza. Znałeś kiedyś naprawdę wielkiego człowieka? Jego ścieżki są tak proste i tak zwyczajne, iż ma się wrażenie, że każdy mógłby robić to, co on. Tacy właśnie są wielcy ludzie tego świata. Jeśli znasz naprawdę wielkiego człowieka, jeśli mieszka tuż obok, możesz do niego podejść i powiedzieć: „Jak się masz, Jim, dzień dobry, Sam". Oczywiście, że możesz to zrobić, bo ci ludzie zawsze wiodą zwyczajne, proste życie.

Gdy napisałem biografię generała Garfielda, jeden z jego sąsiadów zaprowadził mnie na tyły swego domu i krzyknął: „Jim!". Ów „Jim" ukazał się w drzwiach i już po chwili sam generał Garfield – jeden z największych ludzi naszego stulecia – zaprosił mnie do środka. Wielcy tego świata zawsze są właśnie tacy. Kiedy byłem kiedyś w Virginii, udałem się do pewnej placówki edukacyjnej, a zapytawszy o pewnego człowieka, zostałem skierowany do kogoś, kto akurat sadził drzewo. Podszedłem do niego i powiedziałem: „Szukam generała Roberta E. Lee, rektora tego uniwersytetu". Mężczyzna odparł: „We własnej osobie". No jasne, bo gdy spotykasz takiego człowieka, tak szlachetnego człowieka jak ten, okazuje się on kimś prostym i zwykłym. Wielkość zawsze jest niezwykle skromna, a wielkie wynalazki to rzeczy proste.

Zapytałem kiedyś uczniów w pewnej szkole, czy znają jakichś wielkich wynalazców, na co wstała mała dziewczynka i powiedziała: „Kolumb". Cóż, nie pomyliła się aż tak bardzo. Kolumb kupił ziemię nad oceanem i zamieszkał na niej, tak jak ja zamieszkałem na farmie mojego ojca. Któregoś razu wziął motykę, wyszedł w pole i usiadł na kamieniu. I gdy tak siedział i patrzył na ocean, zauważył, że im bardziej odpływające statki oddalały się od brzegu, tym bardziej zanurzały się w morze. Również i statki hiszpańskie. Widząc, jak czubki masztów nikną w oddali, powiedział: „To samo dzieje się z drążkiem motyki; jeśli go okrążę, to im bardziej się od niego oddalę, tym niżej zejdę. Mogę popłynąć naokoło do Wschodnich Indii". Jakie to było proste. Zwykły, prosty umysł – w swej prostocie podobny do góry wraz z całą jej wspaniałością i majestatem. Kim są wielcy wynalazcy? To zwyczajni ludzie, którzy dostrzegają potrzebę i postanawiają ją zaspokoić.

Miałem kiedyś wykład w Północnej Karolinie. Owego wieczora kasjer tamtejszego banku siedział dokładnie za kobietą, która miała bardzo duży kapelusz. Powiedziałem do zgromadzonych: „Wasze bogactwo jest tak blisko was; dosłownie przed waszymi oczami". Kasjer wyszeptał do swego przyjaciela: „W takim razie moje bogactwo jest w tym kapeluszu". Nieco później, gdy do mnie napisał, odpowiedziałem: „Gdzie istnieje jakaś ludzka potrzeba, tam też jest i wielka fortuna". Mężczyzna zapamiętał te słowa i wziął się do roboty – wymyślił szpilkę do kapelusza, lepszą niż ta, która tkwiła w kapeluszu przed jego oczami; obecnie jego wynalazek produkowany jest na masową skalę. Zaproponowano mu pięćdziesiąt pięć tysięcy dolarów za jego patent. Tamten człowiek zdobył swoją fortunę jeszcze zanim opuścił salę wykładową. I oto właśnie chodzi: czy dostrzegasz potrzebę?

Dobrze pamiętam pewnego mężczyznę z moich rodzinnych stron, biednego człowieka, który przez dwadzieścia lat korzystał z pomocy społecznej. Obok jego chaty rósł rozłożysty klon, który rozpościerał się nad dachem niczym błogosławieństwo z wyżyn niebieskich. Pamiętam to drzewo, gdyż – za moich młodych lat mieszkało w okolicy kilku chłopaków łobuziaków – na wiosnę ów człowiek stawiał tam naczynie, by nałapać soku klonowego, i ci chłopcy zakradali się tam wcześnie rano i wypijali cały ten słodki sok. Mógłbym przysiąc, że to robili. Staremu człowiekowi nie udawało się zebrać zbyt wiele. Lecz któregoś dnia zdołał uzyskać trochę cukru i był on tak biały i krystaliczny, że pewien przejezdny nie wierzył, że to cukier klonowy, sądząc, że cukier klonowy z pewnością jest znacznie ciemniejszy. Ów przejezdny powiedział: „Dlaczego nie zrobi pan więcej takiego cukru i nie sprzeda go cukiernikowi?". Stary człowiek podchwycił pomysł i opatentował „kamienny kryształ klonowy". Zanim jego patent wygasł, zarobił dziewięćdziesiąt tysięcy dolarów i zbudował piękny dwór z widokiem na tamten klon. Po czterdziestu latach mieszkania w jego cieniu, w końcu odkrył, że tkwi w nim prawdziwa fortuna. Wielu z nas również posiada takie drzewa, lecz nie zna ich wartości, bo nie dostrzega ludzkiej potrzeby. A przecież takie odkrycia i wynalazki to jedne z najbardziej porywających rzeczy w życiu.

Otrzymuję listy z różnych z miejsc, w których miałem wykłady, i ludzie piszą, że odkryli to czy tamto. Pewien człowiek z Ohio zabrał mnie zeszłej wiosny na wycieczkę po swych wspaniałych fabrykach, które kosztowały go 680 tysięcy dolarów, i powiedział: „Gdy usłyszałem pański wykład «Ziemia diamentów», nie miałem niczego; ale wtedy postanowiłem, że się tu zatrzymam i zbiję fortunę, i oto jest". Oprowadził mnie po swoich nieobciążonych żadną hipoteką nieruchomościach. I po tych wszystkich latach ciągle spotykam takich ludzi, gdy podróżuję po kraju. Wspominam o tym jednym nie po to, by się chełpić, ale by ci pokazać, że jeśli tylko chcesz, możesz zrobić to samo.

Kim są wielcy wynalazcy? Dobrym przykładem może być pewien człowiek, który żył kiedyś w East Brookfield w Massachusetts. Był szewcem i nie miał pracy; ciągle przesiadywał w domu, aż któregoś razu jego żona powiedziała mu, by „wyszedł na zewnątrz". I zrobił to, co każdy mąż zgodnie z prawem powinien robić – posłuchał swej żony. Wyszedł i usiadł za domem na jesionowej beczce. Tylko pomyśl. Facet siedzi na podwórzu, a dom w rękach wroga! Gdy tak siedział na tej beczce, patrzył na strumyk, przepływający przez podwórze i niknący na łące. W pewnej chwili dostrzegł niewielkiego pstrąga, płynącego szybko w górę strumienia. Nie przypuszczam, by pomyślał wtedy o pięknym wierszu Tennysona:

„Szemrzę i szemrzę, gdy tak płynę,
By dołączyć do wezbranej rzeki;
Bo ludzie przychodzą i odchodzą,
Lecz ja podążam na wieki".

I gdy ów mężczyzna tak patrzył na strumień, w jednej chwili zeskoczył ze swego siedziska i złapał pstrąga gołymi rękami, po czym wysłał go do Worcester. Dostał odpowiedź, że dadzą mu pięć dolarów za kolejnego takiego pstrąga – nie żeby ryba była tyle warta; po prostu chcieli pomóc biedakowi. Zatem szewc i jego żona, tym razem zjednoczeni w wysiłkach, z wizją pięciodolarowego banknotu przed oczami, udali się na połów. Poszli w górę strumienia, ku jego źródłu i w dół, ku wezbranej rzece, ale nie dostrzegli po drodze ani jednego pstrąga. Wrócili do domu niepocieszeni i poszli do pastora. Pastor nie wiedział, jak rozwijają się pstrągi, ale dał im pewną radę: „Weźcie książkę Setha Greena; znajdziecie w niej potrzebne informacje". Tak też zrobili i dowiedzieli się wszystkiego na temat hodowli pstrągów. Przeczytali, że pstrąg składa co roku trzy tysiące sześćset jaj, a młode przybierają rocznie ćwierć funta, zatem po czterech latach z jednego pstrąga można uzyskać cztery tony rybiego mięsa i sprzedać po pięćdziesiąt centów za funt. Szewc i jego żona stwierdzili, że nie wierzą w takie opowieści, ale jeśli dostaną pięć dolarów od sztuki, to już będzie coś. I tam, na tym samym podwórzu, rozpoczęli hodowlę pstrągów. Potem przenieśli się do Hudson, a były szewc już wkrótce stał się krajowym autorytetem w dziedzinie hodowli ryb, zajmując wysokie stanowisko w United States Fish Commission [Komisja ds. Rybołóstwa Stanów Zjednoczonych] w Waszyngtonie. Bogactwo tego człowieka przez dwadzieścia lat przepływało przez jego podwórze, ale on tego nie widział, dopóki żona nie wyrzuciła go na dwór.

Pamiętam, jak kiedyś poznałem pewnego cieślę z Hingham w Massachusetts, który nie miał pracy i klepał biedę. Jego żona również wyrzuciła go na dwór. Usiadł nad wodą, wziął kawałek mokrego gontu i wystrugał drewniany łańcuch. Wieczorem jego dzieci pokłóciły się o ten łańcuch, dlatego zaczął robić następny. Wtedy przyszedł sąsiad i powiedział: „Dlaczego nie weźmiesz się za struganie zabawek, skoro umiesz zrobić coś takiego". Na co cieśla: „Nie wiem, co miałbym wystrugać". I oto cały problem. „Zapytaj swoje dzieci" – poradził sąsiad. „Po co? Moje dzieci różnią się od innych". Widywałem takich ludzi, gdy uczyłem w szkole. Następnego dnia rano, gdy jego syn zszedł na dół, cieśla zwrócił się do niego i zapytał: „Sam, jaką chciałbyś zabawkę?". „Chciałbym taczki". Potem zapytał o to samo swoją kilkuletnią córkę. Dziewczynka zaczęła wymieniać: „Chciałabym toaletkę dla lalek, wózek dla lalek, parasolkę dla lalek..." i całe mnóstwo innych rzeczy, których zrobienie zajęłoby jej ojcu resztę życia. Cieśla skonsultował się z własnymi dziećmi w swoim własnym domu i zaczął strugać zabawki, które sprawiłyby im przyjemność. Na początku posługiwał się tylko scyzorykiem, spod którego wychodziły słynne, niemalowane zabawki z Hingham. Obecnie jest najbogatszym człowiekiem w całej Nowej Anglii, zaś jego fortuna wzięła swój początek w zaciszu jego domu, gdy pytał swoje dzieci, czym chciałyby się pobawić. Nie musisz wychodzić za próg swego domu, by dowiedzieć się, co nowego stworzyć. Zawsze zbyt długo rozwodzę się nad tym tematem.

Chciałbym poznać wielkich ludzi, którzy są tu dziś z nami. Wielcy ludzie! Nie mamy żadnych wielkich ludzi w Filadelfii. Wielcy ludzie! Mówicie, że wszyscy oni pochodzą z Londynu, albo z San Francisco, z Rzymu, z Manayunk, czy z jakiegokolwiek innego miejsca – jakiegokolwiek, tylko nie z Filadelfii – a jednak prawda jest taka, że w Filadelfii są równie wielcy, wspaniali ludzie, co w każdym innym mieście tej wielkości. Wielcy mężczyźni i wspaniałe kobiety siedzą tu, na tej sali. Wielcy ludzie, jak już mówiłem, to ludzie bardzo prości, tak tutaj, jak i gdziekolwiek indziej. Największym błędem w ocenie wielkich ludzi jest trwanie w przekonaniu, że takie osoby zawsze zajmują wysokie stanowiska. Ale świat nie wie nic o swoich najwspanialszych, największych ludziach. Kim są wielcy ludzie tego świata? Każdy może zadać to pytanie, młodzi mężczyźni i młode kobiety. Wysokie stanowisko nie jest konieczne, by być kimś wielkim, a jednak właśnie tak się powszechnie uważa. I tego też uczymy w naszych szkołach, że wielcy ludzie to ci, którzy sprawują jakieś ważne funkcje. Jeśli już wkrótce tego nie zmienimy i nie porzucimy takiego przekonania, nasz kraj zamieni się w imperium. Nie ma co do tego żadnych wątpliwości. Musimy uczyć, że wielkość człowieka opiera się jedynie na jego wewnętrznej wartości, nie zaś na stanowisku, jakie przypadkiem zdarzy mu się zajmować. Nie wińmy młodych ludzi, gdy mówią, że będą wielcy, jeśli uda im się trafić na jakieś wysokie stanowisko. Ponownie pytam publiczność, kto z was chce być wielki? Młody człowiek mówi: „Ja będę wielki". „Kiedy to się stanie?". „Kiedy mnie wybiorą, powierzając jakąś polityczną funkcję". Czy jeszcze się nie nauczyłeś, młody człowieku, że piastowanie publicznego urzędu w naszym ustroju politycznym to ewidentny dowód ludzkiej małości? Pomyśl o tym. Nasz ustrój to rząd ludu, sprawowany przez lud i dla ludu, a nie dla zajmujących stanowiska. Jeśli lud tego kraju będzie rządził tak, jak zawsze powinien rządzić, zajmujący stanowisko będzie zaledwie jego sługą, a jak mówi *Biblia*: „Sługa nie jest większy od swego pana" i „Ten, który został posłany, nie jest większy od tego, który go posłał". W tym kraju to lud jest panem, a piastujący urzędy nigdy nie będą więksi od ludu; piastujący urzędy powinni być uczciwymi sługami ludu, ale nie są oni naszymi największymi ludźmi. Młody człowieku, pamiętaj, że wielcy ludzie tego kraju obejmują stanowiska polityczne kosztem samych siebie. Objęcie funkcji publicznej w tym kraju to strata dla każdego wielkiego człowieka. Zachowaj w pamięci, młody człowieku, że nie staniesz się wielki dzięki politycznym wyborom.

Inny młody człowiek mówi: „Kiedyś będę kimś wielkim w Filadelfii". „Naprawdę? A kiedy?". „Gdy wybuchnie kolejna wojna! Gdy pokłócimy się z Meksykiem, albo z Anglią, z Rosją, czy z Japonią, czy może znowu z Hiszpanią o Kubę, albo z New Jersey. Pomaszeruję wprost na wroga i pośród lśniących bagnetów powalę ich sztandar, i wrócę do domu z gwiazdami na ramionach i będę mógł wybierać wśród stanowisk, jakie zaproponuje mi rząd. Wtedy będę wielki". „Nie, nie będziesz! Nie będziesz; to żaden dowód prawdziwej wielkości, młody człowieku". Ale nie wińmy młodych ludzi za to, że tak myślą; nauczono ich tego w szkole. Tak właśnie uczą historii w szkołach wyższych. Uczą, że ci, którzy piastują urzędy, zasłużyli na nie ciężką pracą i walką.

Pamiętam, że tuż po wojnie z Hiszpanią mieliśmy tu, w Filadelfii, Peace Jubilee [Jubileusz Pokoju]. Być może niektórzy z przyjezdnych sądzą, że nie powinniśmy byli obchodzić wtedy tego święta, że dopiero teraz nadszedł w Filadelfii właściwy czas. W każdym razie, gdy wielka procesja szła Broad Street, ktoś mi powiedział, że przed moim domem zatrzymał się autokar i w tym autokarze jechał Hobson, i wszyscy ludzie podrzucali kapelusze i machali chusteczkami i krzyczeli: „Niech żyje Hobson!”. Ja też bym krzyczał, bo ten człowiek zasługuje od swego kraju na wiele więcej niż otrzymał. Ale przypuśćmy, że pójdę jutro do jakiegoś liceum i zapytam: „Chłopaki, kto zatopił Merrimaka?”. Jeśli powiedzą, że Hobson, będzie to siedem ósmych kłamstwa – siedem ósmych, bo Merrimaka zatopiło osiem osób. Pozostałych siedmiu mężczyzn, ze względu na swe stanowiska na okręcie, było nieustannie wystawionych na hiszpański ostrzał, podczas gdy Hobson, jako oficer, kierował całą akcją. Cóż, przyjaciele, nie sądzę, bym wśród tej inteligentnej publiczności, która dziś się tu zebrała, znalazł choć jedną osobę, która potrafiłaby wymienić nazwiska pozostałych siedmiu, którzy byli wtedy z Hobsonem. Dlaczego w ten sposób uczymy historii? Powinniśmy uczyć, że choćby ktoś zajmował nawet najniższą pozycję, to jeśli wypełnia swe zadanie bez zarzutu, ma takie samo prawo do czci amerykańskiego ludu, jakie przysługiwałoby królowi na jego tronie. My za to uczymy tak, jak pewna matka uczyła w Nowym Jorku swego syna, gdy ten zapytał: „Mamo, co to za budowla?”. „To grób generała Granta”. „Kim był generał Grant?”. „Generał Grant był człowiekiem, który stłumił bunt”. Czy właśnie w ten sposób należy uczyć historii?

Sądzicie, że odnieślibyśmy zwycięstwo, gdyby zależało ono jedynie od wysiłków generała Granta? O nie. To dlaczego w ogóle postawiliśmy mu nad rzeką Hudson tak okazały grób? Nie tylko dlatego, że generał Grant był wielkim człowiekiem, lecz także dlatego, że reprezentował dwieście tysięcy mężczyzn, którzy poszli na śmierć za swój naród, a wielu z nich było ludźmi równie wielkimi, jak ich generał. Właśnie dlatego jego piękny grób wznosi się nad wodami rzeki Hudson.

Pamiętam pewne zajście, które ilustruje tę myśl, i jest to jedyny przykład, jaki mogę tutaj podać. Wstyd mi o tym opowiadać, ale nie odważyłbym się tego pominąć. Zamykam teraz oczy i patrzę wstecz do roku 1863. Widzę moje rodzinne miasto na wzgórzach Berkshire; widzę tamto pole pełne ludzi; widzę kościół i zatłoczony ratusz, słyszę orkiestrę i widzę powiewające flagi i chusteczki – dobrze pamiętam tamten dzień. Ludzie wyszli na ulice, by powitać kompanię żołnierzy, która wmaszerowała na błonia. Ci żołnierze właśnie skończyli służbę w wojnie secesyjnej i zaciągnęli się ponownie, a teraz witani byli przez mieszkańców swego miasta. Choć byłem jeszcze bardzo młody, maszerowałem z nimi już jako ich kapitan i dosłownie pękałem z dumy. Gdy tak szedłem na czele mojej kompanii, nie było tam człowieka dumniejszego ode mnie. Wmaszerowaliśmy do ratusza; moich żołnierzy posadzono po środku pomieszczenia, ja zaś zająłem miejsce na przedzie. Wtedy wkroczyli urzędnicy miejscy, aby zrobić przejście pośród ludzi, którzy tłoczyli się w niewielkim audytorium. Weszli na podium, stanęli w półokręgu, a burmistrz miasta, przewodniczący radnych Nowej Anglii – zajął miejsce pośrodku tego półokręgu. Był to stary człowiek o siwych włosach, który nigdy wcześniej nie zajmował żadnego stanowiska. Sądził, że stanowisko jest wszystkim, czego potrzebuje, by być prawdziwie wielkim człowiekiem; i gdy tak stał, poprawił swe mocne okulary i z niezwykłą godnością popatrzył spokojnie po zebranych. Nagle jego spojrzenie spoczęło na mnie i wtedy ten dobry, stary człowiek podszedł i zaprosił mnie na podium, bym dołączył do urzędników miejskich. Zaprosił mnie na podium! Żaden urzędnik miejski nie zwrócił na mnie uwagi, dopóki nie poszedłem na wojnę. Zaraz, nie powinienem tak mówić. Był pewien urzędnik, który poradził mojemu nauczycielowi, żeby „dał mi do wiwatu"; chodzi mi jednak o bardziej „zaszczytną uwagę". Zatem zaproszono mnie na podium, bym dołączył do przedstawicieli miasta. Zająłem wskazane mi miejsce, położyłem szablę na podłodze i skrzyżowałem ramiona na piersi. Napoleon Piąty! Duma kroczy przed zniszczeniem i upadkiem. Gdy nastała zupełna cisza, przewodniczący radnych wstał i z godnością podszedł do mównicy. Wszyscy sądziliśmy, że za chwilę przedstawi duchownego kongregacjonalistów, który, jako jedyny mówca w mieście, wygłosi mowę do powracających żołnierzy. Ale, przyjaciele, powinniście widzieć zaskoczenie, jakie odmalowało się na twarzach zebranych, gdy zrozumieli, że ten stary farmer sam zamierza wygłosić przemówienie. Nigdy wcześniej nie przemawiał i popełnił ten sam błąd, jaki popełniło przed nim wielu innych – uległ przekonaniu, że zajmowane stanowisko zrobi z niego mówcę. Dlatego napisał przemówienie i chodził po polu w tę i z powrotem, strasząc bydło, aż nauczył się go na pamięć; teraz zaś sięgnął do kieszeni, wyjął rękopis i ostrożnie rozłożył go przed sobą. Poprawił okulary, by dobrze widzieć tekst, po czym odsunął się kilka kroków do tyłu i ponownie zbliżył się do mównicy. Musiał długo zastanawiać się nad tematem, gdyż przyjął bardzo wymowną postawę; oparł ciężar ciała na lewej stopie, prawą lekko wysunął do przodu, wyprostował plecy, otworzył usta i wysunął prawą rękę pod kątem czterdziestu pięciu stopni. I gdy tak stał, oto, co powiedział, słowo w słowo. Niektórzy z moich przyjaciół pytali mnie, czy nie przesadzam, ale jakże bym mógł. Niemożliwe! Tak właśnie powiedział; i nie chodzi mi o samą opowieść, ale o lekcję, jaka się za nią kryje:

„Współobywatele". Gdy tylko usłyszał swój głos, zaczęła drżeć mu ręka, potem kolana, a za chwilę trząsł się już cały. Kaszlnął, chrząknął i w końcu doszedł do siebie na tyle, by spojrzeć w rękopis. Zaczął ponownie: „Współobywatele: Je-steśmy... jesteśmy... jesteśmy... jesteśmy szczęśliwi... jesteśmy baaardzo szczęśliwi... baaardzo szczęśliwi... mogąc powitać w ich rodzinnym mieście tych żołnierzy, którzy walczyli i przelewali krew... i powrócili do swego rodzinnego miasta. Ze szczególną... ze szczególną... ze szczególną przyjemnością witamy tu dziś tego młodego bohatera (czyli mnie)... tego młodego bohatera, którego oczyma wyobraźni (pamiętajcie, przyjaciele, «oczyma wyobraźni» to jego słowa; gdyby tego nie powiedział, nie byłbym na tyle egotystyczny, by się do tego odnosić) – tego młodego bohatera, którego oczyma wyobraźni widzieliśmy, jak wiedzie... widzieliśmy, jak wiedzie... jak wiedzie swoje wojska ku śmiertelnemu starciu. Widzieliśmy, jak jego lśniąca... jego lśniąca... widzieliśmy, jak jego lśniąca... jak lśniąca... jak jego lśniąca szpada... pobłyskuje w słońcu, gdy krzyczy do swych zastępów: «Naprzód!»".

O jejku, jejku! Jak niewiele ten stary, dobry człowiek wiedział o wojnie. Gdyby miał jakieś pojęcie na ten temat, wiedziałby o czymś, o czym wie każdy żołnierz na tej sali – że jest niemal zbrodnią, by dowódca piechoty w obliczu zagrożenia podążał na czele swych ludzi. Ja, ze lśniącą, pobłyskującą w słońcu szpadą, krzyczący do moich żołnierzy: „Naprzód!" .Taka sytuacja nigdy nie miała miejsca. Sądzicie, że szarżowałbym na samym przedzie, by pójść na pierwszy ogień i dać się zabić? Oficerowie tak nie robią. Podczas walki miejsce oficera jest za żołnierzem szeregowym. Ile razy było tak, że jako oficer sztabowy, podążałem na przedzie, gdy nagle nadjeżdżał zwiadowca, krzycząc: „Oficerowie na tyły! Oficerowie na tyły!". Wtedy wraz z innymi oficerami schodziłem z linii frontu, a im wyższą ktoś miał rangę, tym bardziej się wycofywał. Nie z powodu braku odwagi, ale dlatego, że takie były zasady. Gdyby generał wysforował się naprzód i poległ, bitwa byłaby przegrana, bo tylko generał ma w głowie plan boju i dlatego też musi być chroniony. Ja, z moją „lśniącą szpadą, pobłyskującą w słońcu"...! Owego dnia siedzieli na tamtej sali ludzie, którzy oddali temu młodzieńcowi (czyli mnie) swój ostatni suchar, i którzy przenosili go na plecach przez głębokie rzeki. Lecz niektórych z nich tam nie było; ponieśli śmierć za swój kraj. Mówca o nich wspomniał, ale była to zaledwie krótka uwaga, a przecież oddali za kraj swoje życie, polegli za sprawę, którą uważali za słuszną – przyznając drugiej stronie to samo, czego sam od siebie chcę. A jednak ci mężczyźni, którzy umarli za swój kraj, zostali ledwo wspomniani, zaś bohaterem dnia był ów młodzieniec. Dlaczego właśnie on? Z powodu błędnego spojrzenia na świat. Ten młodzieniec był oficerem, tamci tylko szeregowcami. Nauczyłem się wtedy czegoś, czego nigdy nie zapomnę. Wielkość nie polega na sprawowaniu jakiejś wzniosłej funkcji; wielkość tak naprawdę polega na pełnieniu wielkich czynów, mając do dyspozycji niewielkie środki, na osiąganiu wysokich celów, będąc na najniższych szczeblach życia; właśnie tym jest prawdziwa wielkość. Ten, kto może dać tym ludziom lepsze ulice, lepsze domy, lepsze szkoły, lepsze kościoły, więcej duchowości, więcej szczęścia, więcej Boga; ten, kto jest błogosławieństwem dla społeczności, w której dziś żyje, będzie wielki wszędzie. Ale ten, kto nie jest błogosławieństwem tam, gdzie żyje obecnie, nigdzie i nigdy nie będzie wielki, w żadnym miejscu pod słońcem. „Żyjemy czynami, nie latami; uczuciami, nie liczbami na tarczy zegara; myślami, nie oddechami; powinniśmy mierzyć czas uderzeniami serca, działając w imię tego, co słuszne". Bailey mówi: „Ten żyje najwięcej, kto najwięcej myśli".

Gdybyście zapomnieli wszystko, co tu do was powiedziałem, nie zapomnijcie tego, gdyż w tych kilku słowach jest więcej treści, niż we wszystkim, co powiedziałem. Bailey mówi: „Ten żyje najwięcej, kto najwięcej myśli, kto najszlachetniej czuje i kto najlepiej postępuje".

To nie jest przemówienie. Pierwotnie ten tekst ukazał się jako artykuł w „Philistine Magazine”, *w wydaniu z marca 1899 roku. A znalazł się tu dlatego, że reprezentuje przekaz popularny w świecie biznesu.*
Centralne Koleje Nowego Jorku rozprowadziły około półtora miliona egzemparzy tego artykułu. Został on przetłumaczony na wszystkie pisane języki świata.
Podczas wojny między Rosją a Japonią, każdy rosyjski żołnierz idący na front otrzymywał egzemplarz „Wiadomości dla Garcii”.
Japończycy znajdujący przy rosyjskich jeńcach owe broszury, uznali, że musi to być coś wartościowego, i zawarty w nich tekst przetłumaczyli na japoński.
Z rozkazu Mikado, każdy zatrudniony w japońskim rządzie, wojskowy czy cywil, otrzymał egzemplarz artykułu.
„Wiadomość dla Garcii” *została wydrukowana w ponad czterdziestu milionach egzemplarzy. Jest to ponoć największy nakład, jaki został dotąd osiągnięty w odniesieniu do jakiegoś przedsięwzięcia literackiego za życia jego autora.*

WIADOMOŚĆ DLA GARCII

ELBERT HUBBARD

W całym kubańskim biznesie jeden człowiek jaśnieje na horyzoncie mojej pamięci niczym Mars na perihelium[33].

Gdy między Hiszpanią a Stanami Zjednoczonymi wybuchła wojna, konieczna była szybka komunikacja z przywódcą buntowników. Garcia przebywał gdzieś w górskich twierdzach Kuby – nikt nie wiedział gdzie. Nie docierały do niego żadne listy ani wiadomości telegraficzne. Prezydent musiał nawiązać z nim współpracę, i to szybko.

Co robić!

Ktoś powiedział do prezydenta: „Jest pewien człowiek o nazwisku Rowan; jeśli ktokolwiek potrafi odnaleźć Garcię, to tylko on”.

Wezwano go i wręczono mu list z poleceniem dostarczenia Garcii. Szczegóły całej akcji: „człowiek o nazwisku Rowan” wziął list i szczelnie zamknął go w impregnowanej torbie, którą powiesił sobie na sercu; po czterech dniach przybił pod osłoną nocy do wybrzeży Kuby, zniknął w dżungli, a po trzech tygodniach wyszedł po drugiej stronie wyspy, przebywszy pieszo wrogi kraj, odnalazł Garcię i doręczył mu ów list – wszystko to są rzeczy, o których nie będę opowiadał. Najważniejsze jest to: McKinley dał Rowanowi list z poleceniem doręczenia go Garcii; Rowan wziął list i nie zapytał: „A gdzie on jest?”.

Na Odwiecznego! Oto człowiek, którego sylwetkę powinno się odlać w niezniszczalnym brązie, a odlew postawić w każdym amerykańskim college’u. Gdyż to nie książka jest tym, czego potrzebują młodzi, uczący się ludzie, lecz instrukcje doty-

---

[33] Perihellium – z gr. najbliższy słońca punkt na orbicie planety.

czące tego czy tamtego; młodzi potrzebują solidnej konstrukcji moralnej, dzięki której będą lojalni i godni zaufania, będą działać bezzwłocznie i koncentrować całą swą energię na powierzonym zadaniu: dzięki której będą robić, co należy – „zaniosą wiadomość Garcii".

Generał Garcia już nie żyje, ale są inni jemu podobni. Każdemu, kto kiedykolwiek usiłował zrealizować przedsięwzięcie, wymagające współpracy wielu osób, zdarzało się być niemal wstrząśniętym głupotą przeciętnego człowieka – jego brakiem zdolności lub chęci skupienia się na danej rzeczy i zrobienia jej.

Niedbała pomoc, głupia nieuwaga, podszyta abnegacją obojętność i działanie pozbawione entuzjazmu zdają się wysuwać na pierwszy plan; nikomu nic się nie udaje, chyba że jakimiś pokrętnymi sposobami, wraz ze zmuszaniem innych do pomocy lub werbowaniem pomocników przekupstwem. Albo, jeśli Bóg w swej dobroci uczyni cud i ześle do pomocy anioła światłości.

Wyobraź sobie taką sytuację: siedzisz w swoim biurze, w zasięgu sześciu podwładnych. Wzywasz któregoś z nich i mówisz: „Proszę zajrzeć do encyklopedii i zrobić dla mnie krótką notatkę na temat życia Correggia".

Czy podwładny ze spokojem odpowie: „Oczywiście, proszę pana", po czym weźmie się do roboty? Z pewnością nie. Spojrzy na ciebie niepewnym wzrokiem i zada co najmniej jedno z następujących pytań:

Co za Correggio?

O jaką encyklopedię chodzi?

Gdzie ona jest?

Czy należy to do moich obowiązków?

A może chodzi panu o kogoś innego?

Dlaczego Charlie tego nie zrobi?

Nie żyje?

Mam to zrobić teraz?

A może przynieść panu tę encyklopedię i sam pan sobie przeczyta?

Po co panu ta notatka?

Mogę się założyć, że gdy już odpowiesz na wszystkie pytania i wyjaśnisz, jak odnaleźć pożądane informacje, i dlaczego ich potrzebujesz, twój pracownik pójdzie i powie któremuś z pozostałych pięciu, by znalazł coś na temat Correggia – po czym wróci i poinformuje cię, że nikt taki nie figuruje [Correggio – malarz włoski]. Oczywiście mogę przegrać zakład, jednak statystycznie rzecz biorąc, raczej nie przegram. Jeśli jesteś rozsądny, nie będziesz zawracać sobie głowy tłumaczeniem swojemu „pomocnikowi", że Correggio jest pod „C", nie pod „K", ale uroczo się uśmiechniesz i powiesz: „Nieważne", po czym sam poszukasz. Ta niezdolność do samodzielnego działania, ta moralna głupota, niemoc woli i niechęć do zabrania się do roboty z entuzjazmem i zapałem – oto, czym karmi się czysty socjalizm. Jeśli ludzie nie będą działać dla siebie samych, co zrobią, gdy korzyść z ich wysiłków będzie dzielona na wszystkich?

Pierwszy pomocnik zdaje się być niezbędny, a strach przed „wylaniem" trzyma wielu pracowników w sobotni wieczór na stanowisku. Daj ogłoszenie, że potrzebujesz stenografa, a dziewięciu na dziesięciu kandydatów nie będzie potrafiło poprawnie literować ani stawiać znaków interpunkcyjnych – na dodatek uważając, że nie jest to konieczne. Czy ktoś taki może napisać list do Garcii?

„Widzi pan tamtego buchaltera?" – zapytał mnie brygadzista w pewnej fabryce.

„Tak; a o co chodzi?".

„To świetny księgowy, ale gdybym wysłał go do miasta w jakiejś sprawie, mógłby wstąpić po drodze do czterech barów, a po dotarciu na Main Street zapomniałby już, po co został wysłany".

Czy takiemu człowiekowi można powierzyć zaniesienie wiadomości Garcii?

Ostatnio słyszy się mnóstwo chwytających za serce słów współczucia dla „uciskanych pracowników zakładów, które wyzyskują siłę roboczą", czy dla „bezdomnych włóczęgów, szukających uczciwego zatrudnienia", a wraz z tym mnóstwo ostrej krytyki pod adresem ludzi władzy.

Za to nic się nie mówi o pracodawcy, który przedwcześnie się starzeje, podejmując daremne wysiłki nakłonienia swoich niechlujnych podwładnych do inteligentnego wywiązania się z powierzonych im zadań, oraz długo i cierpliwie usiłując zwerbować „pomocników", którzy tylko się obijają, gdy ten odwróci się do nich plecami. W każdym zakładzie pracy trwa nieustanny proces wymiany pracowników. Pracodawca bez przerwy odsyła „pomocników", którzy udowodnili swą niezdolność do działania na rzecz interesów przedsiębiorstwa, a na ich miejsce przyjmuje innych. I czy dzieje się dobrze, czy źle, ta wymiana wciąż trwa; jedynie, gdy czasy są wyjątkowo ciężkie, a pracy mało, sortowanie jest bardziej kategoryczne – niekompetentni i bezwartościowi odchodzą na zawsze. Zostają zaś ci, którzy nadają się najlepiej. Własna korzyść skłania pracodawców do zatrzymywania ludzi najlepszych – tych, którzy potrafią „zanieść Garcii wiadomość".

Znam kogoś, kto naprawdę wiele potrafi, lecz nie jest w stanie poprowadzić własnej firmy, a przy tym nie nadaje się do pracy dla kogoś innego, gdyż nosi w sobie nieustanne podejrzenie, że jego pracodawca go wykorzystuje i ciemięży lub przynajmniej ma taki zamiar. Nie umie wydawać poleceń i nie chce ich przyjmować. Gdyby polecić mu zaniesienie wiadomości Garcii, prawdopodobnie odpowiedziałby: „Sam ją sobie zanieś!".

Dziś ów człowiek włóczy się po mieście w poszukiwaniu pracy, a wiatr przewiewa na wylot jego wytarty płaszcz. Nikt, kto go zna, nie odważy się go zatrudnić, bo to zwykły podżegacz i maruder. Jest obojętny na logiczne argumenty, a jedyne, co robi na nim wrażenie, to palec wystający mu z buta.

Oczywiście, wiem, że ktoś tak wypaczony moralnie jest równie godny pożałowania, jak człowiek upośledzony fizycznie. Jednak w tym naszym użalaniu się nad ludzkim losem urońmy łzę również i nad tymi, którzy podejmują ogromne wysiłki, by utrzymać na powierzchni duże przedsiębiorstwa; których godziny pracy nie są ograniczone gwizdkiem; których włosy szybko stają się siwe z powodu wiecznych zmagań z abnegacją i obojętnością, z niechlujną głupotą i z bezduszną niewdzięcznością swoich pracowników; i którzy, gdyby nie owe przedsiębiorstwa, również chodziliby głodni i bezdomni.

Przedstawiłem ten problem zbyt dosadnie? Być może; lecz gdy świat płacze nad nędzarzami, chciałbym wyrazić nieco współczucia dla tego, któremu się powiodło – dla człowieka, który, wbrew poważnym przeciwnościom losu, kierował wysiłkami innych, a odniósłszy sukces, stwierdza, że nie ma w nim żadnego głębszego sensu: nic poza dachem nad głową i przyodziewkiem. Pracowałem za dniówkę, ale byłem też pracodawcą dla robotników i wiem, że obie strony mają coś do powiedzenia. Ubóstwo samo w sobie nie jest czymś doskonałym, a łachmany nie są niczym godnym polecenia; nie wszyscy pracodawcy są pazerni i aroganccy, tak jak nie wszyscy biedni są prawi i cnotliwi. Moje serce otwiera się na tego, kto wykonuje swoją pracę, gdy „szefa" nie ma w pobliżu, oraz na tego, kto dostawszy list dla Garcii, nie zadaje żadnych idiotycznych pytań, tylko natychmiast bierze się do roboty – bez zamiaru wyrzucenia go do najbliższego kanału ściekowego, czy zajmowania się czymkolwiek innym, tylko nie dostarczeniem go adresatowi, nie „dając sobie luzu", ani nie strajkując dla wymuszenia wyższych stawek. Cywilizacja to jedno długie, niespokojne poszukiwanie właśnie takich osób. Wszystko, o co taki człowiek poprosi, powinno być mu dane. Jest on pożądany w każdym mieście, miasteczku i wsi – w każdym biurze, sklepie, magazynie i fabryce. Świat wypatruje go z utęsknieniem: potrzebuje go, i to bardzo – człowieka, który „zaniesie wiadomość Garcii".

Ten krótki esej – „Tak jak człowiek myśli”[34] *– po dziś dzień wywiera ogromny wpływ na życie wielu.*

Przeczytaj go bez pośpiechu, z namysłem i często do niego powracaj.

Nie znajdziesz w nim ani jednego odniesienia do sztuki przemawiania, ale za to dowiesz się mnóstwa rzeczy, które mają wiele wspólnego z budowaniem podstawowych wymogów doskonałego mówcy: nieprzemijającej pewności siebie, szczerości i osobowości.

Skuteczne przemawianie, tak jak prawdziwe przywództwo, bierze swój początek w skutecznym myśleniu.

Istnieje wiele przypadków, w jakich to krótkie opracowanie okazało swą cudowną moc w ludzkim życiu.

TAK JAK CZŁOWIEK MYŚLI

JAMES ALLEN[35]

Myśl i charakter

Powiedzenie: „Jak człowiek myśli w swoim sercu, takim też jest” nie tylko obejmuje pełnię ludzkiego istnienia, ale jest tak obszerne, że dotyka każdego stanu i każdej sytuacji ludzkiego życia. Człowiek jest dosłownie *tym, co myśli*; jego charakter jest pełną sumą wszystkich jego myśli.

Tak jak roślina wyrasta z ziarna i nie mogłaby bez niego zaistnieć, tak samo każdy czyn człowieka wyrasta z ukrytych ziaren jego myśli i nie mógłby dokonać się bez tych ziaren. W jednakowym stopniu dotyczy to czynów zwanych „spontanicznymi” i „nierozmyślnymi”, jak i tych, które wykonywane są celowo.

Czyn to kwiat myśli, a radość i cierpienie to jej owoce; w ten sposób człowiek gromadzi słodkie i gorzkie owoce swojego gospodarowania.

„Myśl nas uczyniła. To, czym jesteśmy,
Przez myśl zostało wzniesione. Jeśli umysł człowieka
Nosi złe myśli, ból zniewala go
Niczym jarzmo wołu.

Jeśli ktoś trwa
W czystości myśli, radość podąża za nim
Jak jego własny cień”.

---

[34] Wyd. Instytut praktyki Edukacji, Sielsko, 2001 r., 2005 r., tłum. Krzysztof Rogowski.
[35] Tłumaczenie dla tej publikacji – Dorota Piotrowska.

Człowiek wzrasta dzięki trzymaniu się ustalonego prawa, nie dzięki sztuczkom i sprytowi, a przyczyna i skutek są czymś absolutnym i niezachwianym, tak w ukrytym królestwie myśli, jak i w świecie rzeczy widzialnych i materialnych. Szlachetny i pobożny charakter nie jest łaską ani dziełem przypadku, ale naturalnym rezultatem nieprzerwanego wysiłku i właściwego myślenia, efektem długotrwale pielęgnowanego związku z pobożnymi myślami. W ten sam sposób, charakter podły i nikczemny jest rezultatem ciągłego posiadania niskich myśli.

Człowiek jest produktem swoich własnych działań – w zbrojowni myśli produkuje broń, która służy mu do niszczenia samego siebie; tworzy też narzędzia, przy pomocy których buduje dla siebie niebiańskie rezydencje radości, siły i pokoju. Dzięki właściwemu wyborowi i słusznemu zastosowaniu myśli, człowiek wznosi się ku Boskiej Doskonałości; natomiast z powodu nadużycia i niewłaściwego zastosowania myśli, schodzi poniżej poziomu bestii. Między tymi dwoma biegunami mieści się wachlarz wszelkich odcieni ludzkiego charakteru, a człowiek jest ich twórcą i panem.

Ze wszystkich wspaniałych prawd na temat duszy, która została odnowiona i przywiedziona do światła, nic tak nie raduje ani nie obfituje w boską obietnicę i pewność, jak to że człowiek jest panem myśli i twórcą charakteru; to on odpowiada za powstanie i kształt uwarunkowań, środowiska i przeznaczenia.

Jako istota Mocy, Inteligencji i Miłości oraz jako pan swoich własnych myśli, człowiek posiada klucz do każdej sytuacji, nosi w sobie potencjał transformacji i odnowy, dzięki któremu może uczynić siebie takim, jakim chce być.

Człowiek zawsze jest panem, nawet w najsłabszym i najbardziej zrezygnowanym stanie; jednak w swej słabości i degradacji jest panem głupim, który źle zarządza swym „domostwem". Gdy zaczyna zastanawiać się nad swoim stanem i pilnie szukać Prawa, na którym opiera się jego jestestwo, wtedy też zaczyna być panem mądrym, który inteligentnie kieruje swoimi siłami i zasobami oraz kształtuje swe myśli; tak, by przynosiły pożądane owoce. Taki właśnie jest pan świadomy, a człowiek może się takim stać jedynie przez odkrycie w sobie praw rządzących myślami, co jest w pełni kwestią zastosowania samoanalizy i doświadczenia.

Tylko dzięki takiemu poszukiwaniu i wydobywaniu pozyskuje się diamenty, a człowiek może znaleźć każdą prawdę związaną ze swoim jestestwem, jeśli będzie dość głęboko kopać w kopalni swej duszy. Może też nieomylnie dowieść, że jest twórcą swego charakteru, tym, który nadaje kształt swojemu życiu i buduje swoje przeznaczenie, jeśli będzie obserwować, kontrolować i odmieniać swe myśli, śledząc ich skutki na sobie samym, na innych oraz na swoim życiu i okolicznościach. Jest twórcą swojego charakteru, bo łączy przyczynę i skutek dzięki cierpliwej praktyce i dochodzeniom, a także wykorzystuje każde swoje doświadczenie, nawet najbardziej błahe i codzienne, by zdobyć wiedzę o sobie samym oraz sięgnąć po Zrozumienie, Mądrość i Moc. Na tym też opiera się odwieczna i absolutna prawda: „Kto szuka, ten znajdzie, a temu, kto puka, otworzą"; gdyż tylko dzięki cierpliwości, praktyce i nieprzerwanej natarczywości człowiek może przekroczyć próg Świątyni Wiedzy.

Wpływ myśli na okoliczności

Umysł człowieka można porównać do ogrodu, który może być inteligentnie uprawiany bądź pozostawiony samemu sobie; lecz bez względu na to, czy uprawiany, czy zaniedbywany, wyda swoje owoce. Jeśli nie posadzisz tam żadnych pożytecznych nasion, rozsieją się na nim nasiona chwastów i ogród będzie zarastać wszelkiego rodzaju zielskiem.

Tak jak ogrodnik uprawia swój zagon, odchwaszcza go i hoduje pożądane przez siebie kwiaty i owoce, tak i człowiek powinien dbać o ogród swego umysłu i wyplenić wszelkie złe, bezwartościowe i nieczyste myśli oraz dołożyć starań, by wyhodować doskonałe kwiaty i owoce myśli dobrych, wartościowych i czystych. Jeśli człowiek podąża tą ścieżką, prędzej czy później odkrywa, że sam jest nadrzędnym ogrodnikiem swej duszy, reżyserem swego życia. Uświadamia też sobie prawa rządzące myślami i zaczyna coraz lepiej rozumieć, w jaki sposób siła myśli i elementy umysłu wpływają na kształtowanie jego charakteru, okoliczności życia i przeznaczenia.

Myśl i charakter są jednym, a jako że charakter może manifestować się i ujawniać jedynie poprzez środowisko i wydarzenia, zewnętrzne warunki czyjegoś życia zawsze będą harmonijnie powiązane z jego stanem wewnętrznym. To nie znaczy, że okoliczności czyjegoś życia w każdej chwili są odbiciem całego charakteru danej osoby, ale że owe okoliczności są tak ściśle związane z pewnymi istotnymi myślami, jakie zamieszkują umysł tej osoby, że na dzień dzisiejszy są one nieodłącznym elementem jej rozwoju.

Każdy człowiek znajduje się tam, gdzie jest, na mocy prawa swojego jestestwa; zawiodły go tam myśli, jakie wbudował w swój charakter. W okolicznościach jego życia nie ma elementu przypadku, ale wszystko, co ma w nim miejsce, jest rezultatem prawa, które nie może się mylić. Jest to prawda zarówno w przypadku tych, którzy odczuwają dysharmonię ze swym otoczeniem, jak i tych, którzy są zadowoleni z sytuacji, w której się znajdują.

Jako byt rozwijający się i ewoluujący, człowiek jest tam, gdzie jest po to, by nauczył się, że może wzrastać; a gdy już pozna lekcję duchową, jaka kryje się w danych okolicznościach, owe okoliczności przeminą, by zrobić miejsce kolejnym.

Człowiek doświadcza pewnych okoliczności dopóty, dopóki uważa się za twór zewnętrznych uwarunkowań. Lecz gdy w końcu sobie uświadomi, że to on jest siłą twórczą, i że może sprawować kontrolę nad ukrytą glebą i ziarnami swego jestestwa, z których wyrastają okoliczności jego życia, wtedy staje się prawowitym panem samego siebie.

Te okoliczności wyrastają z myśli, jakie zna każdy, kto przez dowolny odcinek czasu ćwiczył samokontrolę i samooczyszczanie, zauważając, że zmiana w tym, co dzieje się wokół, odpowiada zmianie jego umysłowego nastawienia. Prawdą jest też, że gdy człowiek gorliwie oddaje się naprawie ułomności swojego charakteru, czyni szybki i znaczny postęp, błyskawicznie przechodzi przez ciąg zmiennych kolei losu.

Dusza przyciąga to, co potajemnie skrywa; to, co kocha, ale także to, czego się boi; wspina się na wyżyny swych pielęgnowanych dążeń oraz zniża do poziomu swych niecnych pragnień – a okoliczności są środkiem, przy pomocy którego otrzymuje to, co do niej należy.

Każde ziarno myśli, celowo zasiane w umyśle lub dopuszczone, by zapuściło w nim korzenie, rodzi to, co jest zgodne z jego naturą; prędzej czy później rozkwita w czyn i wydaje własny owoc możliwości i zdarzeń. Dobre myśli rodzą dobry owoc, złe myśli rodzą zły owoc.

Zewnętrzny świat okoliczności dopasowuje się do wewnętrznego świata myśli, a miłe i niemiłe uwarunkowania zewnętrzne są czynnikami, które stanowią o ostatecznym dobru człowieka. Człowiek uczy się zarówno poprzez cierpienie, jak i błogostan – jest żeńcem własnych zbiorów.

Jeśli ktoś podąża za najgłębszymi pragnieniami, dążeniami i myślami, którym pozwala nad sobą panować (goni za zmiennością nieczystych wyobrażeń lub nieugięcie kroczy drogą silnych i wzniosłych zmagań), w końcu dociera do owocu swych działań i spełnienia się w zewnętrznych uwarunkowaniach swego życia. Prawa wzrostu i dopasowania obowiązują wszędzie.

Człowiek nie stacza się ani nie trafia do więzienia z powodu tyranii losu czy okoliczności, ale w wyniku podążania ścieżką niskich myśli i podłych pożądliwości. Tak samo nikt o czystych myślach nie staje się nagle przestępcą z powodu nacisku ze strony jakiejś zewnętrznej siły – złe, przestępcze myśli przez dłuższy czas musiały gnieździć się w jego sercu, a nadarzająca się okazja jedynie ujawniła ich od dawna narastającą moc. Okoliczności nie tworzą człowieka, a zaledwie ujawniają go przed nim samym. Nie istnieją żadne zewnętrzne uwarunkowania, za sprawą których człowiek zniżyłby się do występku i naraził na towarzyszące temu cierpienia, nie mając w sobie żadnych niecnych skłonności. Nie istnieją też takie, które wyniosłyby go na wyżyny cnoty i obdarzyły czystym szczęściem, jeśli ów człowiek nie podejmowałby nieustannych wysiłków w celu podtrzymywania swych cnotliwych dążeń. Dlatego też człowiek, jako pan i władca swych myśli, jest twórcą samego siebie, autorem i tym, kto nadaje kształt środowisku, w jakim się znajduje. Nawet podczas narodzin dusza przychodzi do tego, co odpowiada jej naturze, a poprzez każdy krok swego ziemskiego pielgrzymowania przyciąga do siebie te kombinacje okoliczności, które ujawniają ją samą i które są odzwierciedleniem jej własnej czystości i nieczystości, jej mocnych stron i słabości.

Ludzie nie przyciągają tego, czego *chcą*, ale to, czym *są*. Ich zachcianki, kaprysy i ambicje są blokowane i udaremniane na każdym kroku, ale ich najgłębsze myśli i pragnienia żywią się ich własnych pokarmem, zbrukanym bądź czystym. „Boskość, jaka kształtuje nasze cele”, jest w nas samych. Człowiek jest zakuty w kajdany jedynie przez siebie samego: myśl i czyn to strażnicy więzienni Przeznaczenia – uwalniają tych, którzy są szlachetni. Człowiek nie otrzymuje tego, czego pragnie i o co się modli, ale to, na co sprawiedliwie zasługuje. Jego pragnienia są zaspokajane, a modlitwy wysłuchiwane tylko wtedy, gdy harmonizują z jego myślami i czynami.

W świetle prawdy, co zatem znaczy „walczyć z okolicznościami"? To znaczy, że człowiek nieustannie zwraca się przeciwko skutkowi, wciąż podtrzymując w sobie i zachowując w swym sercu przyczynę. Ta przyczyna może przyjmować formę świadomego występku lub nieświadomej słabości; tak czy owak, uparcie opóźnia wysiłki jej twórcy i w ten sposób głośno domaga się podjęcia działań w kierunku jej usunięcia.

Ludzie niecierpliwią się, by poprawiać okoliczności, w jakich się znajdują, ale z niechęcią odnoszą się do udoskonalania samych siebie; dlatego też pozostają tam, gdzie są. Człowiek, który nie cofa się przed wzięciem na siebie swojego krzyża, zawsze osiągnie cel, na który ukierunkowane jest jego serce. To prawda; zarówno jeśli chodzi o rzeczy ziemskie, jak i niebiańskie. Nawet ten, którego jedynym celem jest gromadzenie bogactw, musi być przygotowany na ogromne, osobiste poświęcenia, bez których nie dotrze tam, dokąd zmierza. O ile bardziej musi być na nie przygotowany ten, kto chce wieść życie pożyteczne i pełne wartości.

Oto człowiek, który jest żałośnie biedny. Bardzo by chciał, by jego otoczenie i warunki bytowe uległy poprawie, jednak przez cały czas wymiguje się od pracy i uważa, że ma pełne prawo oszukiwać swojego pracodawcę, tłumacząc się niedostatecznymi zarobkami. Taki człowiek nie rozumie najprostszych zasad, będących podstawą prawdziwego dobrobytu. Jest nie tylko zupełnie nieprzystosowany do wzniesienia się ponad swą nędzę, lecz także przyciąga do siebie jeszcze większą niedolę przez trwanie w leniwych, zwodniczych, niegodnych myślach i przez odpowiadające tym myślom postępowanie.

A oto bogaty człowiek, który padł ofiarą bolesnej i uporczywej choroby, będącej skutkiem obżarstwa. Jest skłonny wydać ogromne sumy pieniędzy, by się tej choroby pozbyć, ale nie zrezygnuje z żarłoczności. Chce zaspokajać swoje nieustanne pragnienie kosztowania bogatych i wymyślnych specjałów i jednocześnie zachować pełnię zdrowia. Taki człowiek jest zupełnie niezdolny do bycia zdrowym, bo nie opanował jeszcze podstawowych zasad zdrowego życia.

Oto pracodawca, który stosuje nieuczciwe mierniki, by unikać płacenia robotnikom przepisowych stawek, a mając nadzieję na wyższe zyski, obniża im wynagrodzenie. Taki człowiek nigdy nie osiągnie pomyślności finansowej, a gdy w końcu zbankrutuje, zarówno pod względem materialnym, jak i moralnym, będzie winić okoliczności, nie zdając sobie sprawy, że jest jedynym autorem sytuacji, w której się znalazł.

Przytoczyłem te trzy przykłady zaledwie po to, by zilustrować prawdę, że sam człowiek jest elementem sprawczym okoliczności swojego życia (choć niemal zawsze postępuje nieświadomie) oraz, że mimo działań ukierunkowanych na pozytywny cel, nieustannie przeszkadza w jego osiągnięciu przez dopuszczanie do siebie myśli i pragnień, które z tym celem nie mogą harmonizować. Takie przykłady można mnożyć i wymieniać niemal w nieskończoność, jednak nie jest to konieczne, gdyż czytelnik może sam, jeśli tylko zechce, prześledzić działanie praw myślowych w swoim własnym umyśle i życiu. Dopóki tego nie zrobi, informacje czysto teoretyczne nie zdołają go przekonać.

Jednakże okoliczności życia są tak skomplikowane, myśli tak głęboko zakorzenione, a stan szczęścia tak zróżnicowany w odniesieniu do różnych osób, że rzeczywisty stan czyjejś duszy (choć być może danej osobie znany) nie może być osądzany przez kogoś innego na podstawie jedynie samych zewnętrznych aspektów życia tej osoby. Ktoś może być uczciwy, a jednak cierpieć z powodu niedostatku; kto inny może żyć nieuczciwie, a jednak gromadzić majątek. Częsty wniosek, że komuś się nie wiedzie *z powodu jego uczciwości*, a inny prosperuje *z powodu swej nieuczciwości*, jest wynikiem powierzchownej oceny, która zakłada, że człowiek nieuczciwy jest niemal całkowicie zdeprawowany, a człowiek uczciwy niemal całkowicie moralny. W świetle głębszej wiedzy i szerszego doświadczenia, taka ocena okazuje się mylna. Człowiek nieuczciwy może posiadać jakieś godne podziwu zalety, których tamten nie posiada; człowiek uczciwy zaś może mieć jakieś odrażające wady, które nieobecne są w życiu tego drugiego. Człowiek uczciwy zbiera dobre owoce swych uczciwych myśli i czynów, przy czym ściąga na siebie cierpienia związane z owymi wadami. Podobnie i człowiek nieuczciwy ma udział w swym własnym szczęściu i cierpieniu.

Ludzka próżność skłania do myślenia, że ktoś cierpi z powodu swych cnót. Lecz dopóki człowiek nie wykorzeni ze swego umysłu wszelkich chorych, gorzkich i nieczystych myśli, i dopóki nie usunie ze swojej duszy każdej grzesznej plamy, skłonny jest utrzymywać, że jego cierpienia są rezultatem jego dobrych cech, nie złych. A po drodze, lecz na długo przed osiągnięciem tej najwyższej doskonałości, podczas pracy w swym umyśle i życiu odkryje Najwyższe Prawo, które jest absolutnie słuszne i sprawiedliwe, i dlatego też nie może dawać dobra za zło, a zła za dobro. Wyposażony w tę wiedzę, spojrzy wstecz na swoją przeszłą ignorancję i ślepotę i będzie już wiedzieć, czym jest i czym zawsze było jego życie, w którym wszystko znajdowało się na swoim miejscu. Zrozumie też, że wszystkie jego przeszłe doświadczenia, dobre i złe, były słusznym przejawem jego rozwijającego się, lecz wciąż jeszcze nie rozwiniętego „ja".

Dobre myśli i czyny nigdy nie przyniosą złych wyników; złe myśli i czyny nigdy nie przyniosą dobrych wyników. Tak jak w powiedzeniu, że z kukurydzy może wyrosnąć tylko kukurydza, a z pokrzywy pokrzywa. Ludzie znają i rozumieją działanie tego prawa w świecie natury i postępują zgodnie z nim. Jednak bardzo niewielu rozumie jego działanie w świecie psychicznym i moralnym (choć i tam przejawia się ono w sposób równie prosty i niezachwiany) i dlatego też bardzo niewielu z tym prawem współpracuje.

Cierpienie jest *zawsze* efektem złych, niewłaściwych myśli w jakimś kierunku. Cierpienie wskazuje na fakt, że dana osoba nie żyje w harmonii z samą sobą, z Prawem swego istnienia. Jedynym i najwyższym pożytkiem z cierpienia jest oczyszczenie, wypalenie wszystkiego, co bezużyteczne i nieczyste. Cierpienie ustaje dla tego, kto jest czysty. Nie byłoby sensu w wypalaniu złota po usunięciu z niego wszystkich nieczystości. Tak samo byt doskonale czysty i oświecony nie może cierpieć.

Okoliczności, które przysparzają człowiekowi cierpień, są rezultatem jego własnej, psychicznej dysharmonii. Okoliczności, dzięki którym na człowieka spływa błogostan, są rezultatem jego własnej, psychicznej harmonii. Błogostan, nie własność materialna, jest miernikiem dobrych, właściwych myśli; tak samo i niedola, a nie brak dóbr materialnych, jest miernikiem złych, niewłaściwych myśli. Człowiek może być przeklęty i bogaty; może też być szczęśliwy i biedny. Błogostan i bogactwo idą w parze jedynie wtedy, gdy posiadany majątek jest słusznie i mądrze pożytkowany. Zaś człowiek biedny pogrąża się w niedoli jedynie wtedy, gdy zaczyna uważać swój los za niesprawiedliwie nałożony ciężar.

Ubóstwo i pobłażanie sobie to dwa bieguny niedoli. Oba są jednakowo nienaturalne i oba są wynikiem umysłowego nieporządku. Człowiek nie żyje w sprzyjających dla siebie warunkach, dopóki nie jest szczęśliwy, zdrowy i dopóki mu się nie wiedzie; a szczęście, zdrowie i powodzenie materialne są rezultatem harmonijnego dopasowania tego, co wewnątrz, z tym, co na zewnątrz, rezultatem harmonii człowieka z jego otoczeniem.

Człowiek zaczyna być człowiekiem jedynie wtedy, gdy przestaje jęczeć i piętnować, a rozpoczyna poszukiwania ukrytej sprawiedliwości, jaka reguluje jego życie. Gdy w końcu przystosowuje swój umysł do tego regulującego czynnika, przestaje oskarżać innych o bycie przyczyną stanu, w jakim się znalazł, a zaczyna napełniać się silnymi, szlachetnymi myślami – przestaje „szarpać się" z okolicznościami, lecz zaczyna je wykorzystywać jako pomoc w swoim szybszym postępie oraz jako narzędzie dotarcia do ukrytych w sobie mocy i możliwości.

Prawo, nie zamęt, jest we wszechświecie dominującą zasadą; sprawiedliwość, nie niesprawiedliwość, jest duszą i istotą życia; a prawość, nie zdeprawowanie, jest siłą kształtującą i napędzającą w duchowych rządach świata. A skoro tak, to człowiek musi jedynie sam wejść na ścieżkę prawości, by przekonać się, że i świat nią podąża. W procesie wkraczania na tę ścieżkę przekona się, że wystarczy odmienić swe myśli wobec różnych rzeczy i wobec innych ludzi, by rzeczy i ludzie zmienili swój stosunek do niego.

Dowód na tę prawdę leży w każdym człowieku i dlatego łatwo go zbadać, dokonać systematycznej introspekcji i samoanalizy. Niech ktoś radykalnie odmieni swoje myślenie, a będzie zdumiony błyskawiczną transformacją w sferze materialnych warunków swojego życia, jaka w wyniku tej odmiany nastąpi. Ludzie wyobrażają sobie, że myśli można utrzymać w ukryciu, ale to niemożliwe. Myśl błyskawicznie przeradza się w nawyk, a nawyk znajduje swoje odbicie w warunkach zewnętrznych. Rozwiązłe myśli przeradzają się w nawyki pijaństwa i zmysłowości, co znajduje odbicie w narastającej nędzy i chorobie. Nieczyste myśli wszelkiego rodzaju przeradzają się w wycieńczające i pogmatwane nawyki, które utrwalają się w nieznośnych i szkodliwych okolicznościach życia: myśli pełne lęku, wątpliwości i niezdecydowania przeradzają się w słabe, niegodne i nierozsądne nawyki, które znajdują odbicie w życiu naznaczonym porażką, ubóstwem i niewolniczą zależnością; myśli leniwe przeradzają się w nawyki nieporządku i nieuczciwości, które znajdują odbicie w nikczemności i skrajnej nędzy; myśli pełne nienawiści i potępienia przeradzają się w nawyki oskarżania i przemocy, które znajdują odbicie w ranach i prześladowaniach; wszelkiego rodzaju myśli samolubne przeradzają się w nawyk koncentracji na samym sobie, co znajduje wyraz w mniej lub bardziej przykrych okolicznościach życia. Z drugiej strony, piękne myśli wszelkiego rodzaju przeradzają się w nawyki łaski, dobroci i życzliwości, które znajdują wyraz w miłych, słonecznych okolicznościach; myśli czyste przeradzają się w nawyki umiarkowania i samokontroli, które znajdują wyraz w życiu pełnym spokoju i pokoju; myśli o odwadze, samodzielności i stanowczości przeradzają się w godne nawyki, które znajdują odbicie w życiu naznaczonym sukcesami, obfitością i wolnością; myśli energetyczne przeradzają się w nawyki czystości, schludności i zaradności, które znajdują wyraz w tym, co miłe i przyjemne; myśli łagodne i wybaczające przeradzają się w nawyki łagodności, które znajdują wyraz w okolicznościach zapewniających bezpieczeństwo i trwałość; myśli kochające i niesamolubne przeradzają się w nawyki wybaczania sobie i innym, co znajduje wyraz w życiu pełnym stałego i nieprzemijającego powodzenia i prawdziwych bogactw.

Uporczywy ciąg konkretnych myśli, dobrych czy złych, nie może nie wywrzeć wpływu na charakter danej osoby i na okoliczności jej życia. Człowiek nie może po prostu wskazać palcem i wybrać sobie okoliczności i warunków, w jakich chce żyć, ale może wybierać rodzaj swoich myśli i w ten sposób pośrednio, lecz skutecznie, nadawać kształt swojemu życiu.

Natura współgra z dominującymi myślami każdego człowieka, podsuwając mu okazje i możliwości, które najszybciej wydobędą na światło dzienne zarówno dobre, jak i złe myśli.

Niech człowiek zaprzestanie złych, grzesznych myśli, a cały świat stanie się wobec niego przychylniejszy i będzie gotów mu pomóc. Niech odłoży na bok myśli słabe i chore, a ze wszystkich stron zaczną napływać możliwości, by wspomóc jego silne decyzje; niech napełni się dobrymi myślami, a żaden ciężki los nie przygniecie go niedolą i wstydem. Świat jest twoim kalejdoskopem, a zmieniające się kombinacje kolorów, jakie raz za razem przesuwają się przed twymi oczami, są doskonale dopasowanymi obrazami twoich wciąż płynących myśli.

„Będziesz tym, kim chcesz być;
Niech porażka znajdzie swe fałszywe zadowolenie
W tym biednym świecie, w 'środowisku',
Lecz duch nią pogardza, i jest wolny.

Panuje nad czasem, podbija przestrzeń;
Zastrasza chełpliwą oszustkę Szansę,
I przebija tyrana Okoliczności
Bez korony, i zajmuje miejsce sługi.

Ludzka Wola, ta niewidzialna siła,
Potomek nieśmiertelnej Duszy,
Wytnie ścieżkę do każdego celu,
Choćby ściana granitu drogę jej zagrodziła.

Nie niecierpliw się z powodu opóźnienia,
Ale czekaj jak ten, kto rozumie;
Gdy duch powstaje i zawiaduje,
Bogowie gotowi są okazać posłuszeństwo".

Wpływ myśli na zdrowie i ciało

Ciało jest sługą umysłu. Jest posłuszne działaniom umysłu, czy to świadomie wybranym, czy wyrażonym w sposób automatyczny. Pod naporem nieprawych myśli, ciało błyskawicznie pogrąża się w chorobie i upadku; pod kontrolą dobrych i pięknych myśli, okrywa się młodzieńczością i pięknem.

Choroba i zdrowie, tak jak okoliczności życia, są zakorzenione w myśli. Chore myśli będą znajdować wyraz w chorym ciele. Myśli pełne lęku mogą zabić człowieka równie szybko, co pocisk, i nieustannie zabijają tysiące ludzi, co dzieje się równie pewnie, choć nieco wolniej. Ci, którzy żyją w lęku przed chorobą, są tymi, którzy na tę chorobę zapadają. Niepokój szybko niszczy całe ciało, otwierając je na chorobę, a nieczyste myśli, nawet jeśli nie są bezpośrednio związane z ciałem, w krótkim czasie rujnują system nerwowy.

Silne, czyste i szczęśliwe myśli napełniają ciało wigorem i wdziękiem. Ciało to delikatny i plastyczny instrument, który z łatwością reaguje na myśli, jakimi jest nasączane, a nawyki wywołane przez te myśli wywierają na nim swój wpływ, dobry lub zły.

Ludzie dopóty będą mieć nieczystą, zatrutą krew, dopóki będą nosić w sobie nieczyste myśli. Bo z czystego serca pochodzi czyste życie i czyste ciało. A ze skalanego umysłu wywodzi się skalane życie i zdeprawowane, niemoralne ciało. Myśl to źródło czynu, życia i manifestacji; uczyń źródło czystym, a wszystko będzie czyste.

Zmiana diety nie pomoże komuś, kto nie zmieni swych myśli. Gdy człowiek oczyszcza swoje myśli, przestaje pragnąć nieczystego pokarmu.

Czyste myśli to czyste nawyki. Tak zwany święty, który nie obmywa swego ciała, nie jest świętym. Ten, kto umocnił i oczyścił swoje myśli, nie musi brać pod uwagę złowrogich mikrobów.

Jeśli chcesz udoskonalić swoje ciało, strzeż swego umysłu. Jeśli chcesz odnowić swoje ciało, upiększ swój umysł. Myśli pełne złośliwości i złych zamiarów, pełne zazdrości, rozczarowania, zniechęcenia i przygnębienia ograbiają ciało ze zdrowia i wdzięku. Zgorzkniała twarz nie jest dziełem przypadku, ale wynikiem gorzkich myśli. Zmarszczki, które szpecą, rysowane są przez głupotę, furię i pychę.

Znam kobietę, która ma dziewięćdziesiąt sześć lat i jasną, niewinną twarz dziewczynki. Znam też mężczyznę sporo poniżej wieku średniego, którego twarz posiada rysy pozbawione harmonii. Twarz kobiety to wynik miłego, pogodnego usposobienia; twarz mężczyzny to odbicie jego gwałtowności i wiecznego niezadowolenia.

Tak jak nie można mieć miłego, zdrowego mieszkania, dopóki nie wpuści się do środka powietrza i słońca, tak samo i silne ciało oraz jasne, szczęśliwe czy pogodne oblicze może być jedynie wynikiem swobodnego dopuszczenia do umysłu myśli pełnych radości, dobrej woli i pogody.

Na twarzach ludzi wiekowych widnieją różne zmarszczki: jedne wyryte przez współczucie, inne przez silne i czyste myśli, jeszcze inne przez gwałtowność. Kto nie potrafiłby ich rozróżnić? Z tymi, którzy żyją sprawiedliwie, lata obchodzą się łagodnie, spokojnie i delikatnie, malując się na ich twarzach jak zachodzące słońce. Widziałem niedawno pewnego filozofa na łożu śmierci. Jedynie metryka świadczyła o jego wieku. Umarł równie łagodnie i spokojnie, jak żył.

Żaden lekarz nie zgasi bolączek ciała tak skutecznie, jak radosna myśl; żaden pocieszyciel nie dorówna dobrej woli w rozpraszaniu cieni żalu i smutku. Życie nieustannie zanurzone w myślach pełnych złej woli, cynizmu, podejrzliwości i zazdrości to życie we własnoręcznie wykopanym więziennym lochu. Ale dobre myślenie o wszystkim, pogoda ducha wobec wszystkiego i cierpliwe uczenie się odnajdywania dobra we wszystkim – takie niesamolubne myśli są samymi drzwiami do nieba. Zaś codzienne trwanie w myślach pełnych pokoju wobec każdego stworzenia przyniesie obfity pokój ich posiadaczowi.

Dopóki myśl nie zostanie połączona z celem, nie może być mowy o inteligentnym dokonaniu. W przypadku większości ludzi, barka ich myśli swobodnie „dryfuje" po oceanie życia. Bezcelowość to rzecz wielce niepożądana, a takie dryfowanie nie może mieć miejsca w życiu kogoś, kto chce uniknąć katastrofy i zniszczenia.

Ci, którym nie przyświeca żaden nadrzędny cel życiowy, z łatwością padają ofiarą błahych zmartwień, lęków, kłopotów i użalania się nad sobą. Każda z tych rzeczy świadczy o słabości, prowadząc, równie pewnie jak umyślnie zaplanowane występki (choć inną ścieżką), do porażki, braku szczęścia i straty, gdyż w świecie kierowanym mocą nie ma miejsca na słabość.

Człowiek powinien począć w swym sercu prawy cel i dążyć do jego osiągnięcia. Powinien uczynić go centralnym punktem swoich myśli. Ten cel może przyjąć formę jakiejś duchowej idei lub mieć charakter materialny, zgodnie ze swą naturą w danym czasie. Lecz jakikolwiek by nie był, człowiek powinien trwale skoncentrować na nim swe myślowe moce. Powinien uczynić ten cel swym najwyższym priorytetem, oddać się jego realizacji i nie pozwolić, by jego myśli rozpraszały się i odpływały w kierunku ulotnych zachcianek, pragnień i wyobrażeń. To jedyna droga do samokontroli i prawdziwej koncentracji myśli. Nawet, jeśli raz po raz będzie ponosić porażkę w osiągnięciu obranego celu (czego nie da się uniknąć, dopóki w pełni nie przezwycięży się słabości), *rozwinięta siła charakteru* będzie miernikiem jego *prawdziwego* sukcesu, stając się nowym punktem wyjścia dla przyszłej mocy i triumfu.

Ci, którzy nie są przygotowani na lęk przed *wielkim* celem, powinni zatrzymać myśli na bezbłędnym wykonywaniu swych obowiązków, bez względu na to, jak mało znaczące zdaje się być dane zadanie. Tylko w ten sposób można zebrać i skoncentrować myśli oraz nabrać zdecydowania i energii; a gdy to zostanie zrobione, żaden cel nie będzie niemożliwy do osiągnięcia.

Najsłabsza dusza, jeśli zna swą słabość i uznaje tę prawdę – *że siła może zostać rozwinięta jedynie na drodze wysiłku i praktyki* – natychmiast przystąpi do pracy i doda wysiłek do wysiłku, cierpliwość do cierpliwości i siłę do siły, nie przestanie rozwijać się i wzrastać, aż stanie się doskonale silna.

Tak jak fizycznie słaby człowiek może się wzmocnić przez uważny i cierpliwy trening, tak i człowiek o słabych myślach może uczynić je silnymi przez ćwiczenie się we właściwym myśleniu.

Pozbyć się bezcelowości i słabości oraz zacząć myśleć celowo to wkroczyć w szeregi silnych, którzy uznają porażkę za jedną z dróg prowadzących do sukcesu; którzy umieją sprawić, by służyły im wszelkie warunki i okoliczności, oraz których myśli są pełne mocy i siły: których usiłowania i próby pozbawione są lęku, a dokonania są mistrzowskie.

Obmyśliwszy swój cel, człowiek powinien podążać *prostą* ścieżką do jego osiągnięcia, nie spoglądając ani na prawo, ani na lewo. Wątpliwości i lęki powinny zostać rygorystycznie wykluczone, gdyż stanowią element dezintegrujący, który zakłóca prostą linię kolejnych prób i wysiłków, czyni ją krętą, nieskuteczną i bezużyteczną. Myśli pełne wątpliwości i lęku nigdy nie sprzyjają osiągnięciu żadnego celu. Zawsze prowadzą do porażki. Cel, energia, moc sprawcza i wszelkie silne myśli ustają, gdy do umysłu zakrada się wątpliwość i lęk.

Wola działania wypływa z przekonania, że człowiek jest w stanie daną rzecz dokonać. Wątpliwość i lęk to najwięksi wrogowie takiego przekonania, a ten, kto je do siebie dopuszcza, kto ich nie niszczy, na każdym kroku sam udaremnia swoje wysiłki.

Ten, kto pokonał wątpliwość i lęk, pokonał porażkę. Każda jego myśl jest ożywiona mocą, a wszelkie trudności odważnie zaatakowane i mądrze przezwyciężone. Jego cele są niczym roślina, która posadzona w odpowiedniej porze, zakwita i przynosi owoce, osiągające pełną dojrzałość, zanim spadną na ziemię.

Myśl bez lęku, sprzymierzona z celem, staje się siłą twórczą: ten, kto *zna* tę prawdę, gotów jest stać się kimś wznioślejszym i silniejszym, a nie tylko samą wiązką chwiejnych myśli i zmiennych wrażeń; ten, kto tę prawdę przeradza w *czyn*, staje się świadomym i inteligentnym gospodarzem swoich umysłowych mocy.

Czynnik myślowy w dokonaniach

Wszystko, co człowiek osiąga, i wszystko, czego nie udaje mu się osiągnąć, jest bezpośrednim rezultatem jego własnych myśli. W sprawiedliwie uporządkowanym świecie, gdzie utrata woli działania oznacza kompletną porażkę, osobista odpowiedzialność jest absolutnie niezbędna. Czyjaś słabość i siła, czystość i nieczystość, są cechami danej osoby, nie kogoś innego; istnieją za sprawą tego, kto je przejawia, nie za sprawą kogoś innego; i mogą zostać odmienione tylko przez tę osobę, nigdy przez kogoś innego. Stan, w jakim ktoś się znajduje, również jest jego własnym stanem, nie czyimś. Cierpienie i szczęście danego człowieka wyrasta z jego wnętrza. Tak jak ktoś myśli, taki też jest; w jakich myślach trwa, taki też pozostaje. Człowiek silny nie może pomóc słabszemu, dopóki ten słabszy nie będzie *chciał*, by mu tej pomocy udzielono. Lecz nawet, gdy korzysta z czyjejś pomocy, ostatecznie sam musi stać się silny; własnymi staraniami musi rozwinąć siłę, jaką podziwia w kimś innym. Nikt poza nim samym nie jest w stanie odmienić stanu, w którym się znajduje. Ludzie zwykli sądzić i mówić: „Wielu jest niewolnikami, bo ktoś ich ciemięży i zniewala; trzeba walczyć z ciemiężycielem". Istnieje jednak nieliczne, lecz coraz szersze grono, które skłania się ku odwracaniu tego osądu i mówi: „Ktoś jest ciemiężycielem, bo wielu pozwala się ciemiężyć i zniewalać; trzeba gardzić niewolnikami". Prawda jest taka, że ciemiężyciel i niewolnik współpracują ze sobą w ignorancji, a choć jeden zdaje się działać przeciwko drugiemu, to w rzeczywistości każdy z nich działa przeciwko samemu sobie. Doskonała Wiedza dostrzega działanie prawa w słabości ciemiężonego i w nieprawidłowo stosowanej mocy ciemiężyciela; doskonała miłość, widząc cierpienie, które jest udziałem obu stron, nie potępia żadnej z nich; doskonałe Współczucie ogarnia zarówno ciemiężyciela, jak i ciemiężonego.

Ten, kto pokonał słabość i odsunął od siebie wszelkie samolubne myśli, nie jest ani ciemiężycielem, ani ciemiężonym. Jest wolny.

Człowiek może powstać, pokonać przeszkody i osiągnąć cel jedynie przez udoskonalenie swoich myśli. Jeśli tego nie zrobi, pozostanie słaby, nędzny i nieszczęśliwy.

Zanim człowiek cokolwiek osiągnie, choćby w świecie materialnym, musi wznieść swoje myśli ponad niewolnicze, zmysłowe oddawanie się przyjemnościom. By odnieść sukces, może nie rezygnować z *całej* zmysłowości i egoizmu; jednak musi poświęcić przynajmniej jego część. Człowiek, którego pierwszą myślą jest zwierzęce zaspokojenie swoich zachcianek, nie może ani jasno myśleć, ani metodycznie planować. Nie potrafi odszukać ani rozwinąć swoich ukrytych zasobów, a każde jego przedsięwzięcie kończy się porażką. Dopóki nie zacznie mężnie kontrolować swoich myśli, nie będzie w stanie kontrolować wydarzeń i wziąć na siebie prawdziwej odpowiedzialności. Nie będzie działać niezależnie i samodzielnie. Jego ograniczeniem są myśli, które sam wybiera.

Bez poświęcenia nie może być mowy o postępie i dokonaniach, a rozmiar osiągniętego w świecie sukcesu zależy od stopnia, w jakim człowiek poświęca swe pogmatwane, zmysłowe myśli i koncentruje moce umysłowe na opracowaniu planów oraz na umocnieniu swego zdecydowania i samodzielności. A im wyżej wznosi swe myśli, tym bardziej staje się godny, prawy i sprawiedliwy, tym większy będzie jego sukces i tym bardziej błogosławione i trwałe będą jego osiągnięcia.

Świat nie faworyzuje chciwych, nieuczciwych, podłych i zdeprawowanych, choć na pierwszy rzut oka czasem może się wydawać, że tak jest. Świat pomaga uczciwym, wielkodusznym i cnotliwym. Od zarania dziejów, wszyscy wielcy Nauczyciele głosili tę prawdę na różny sposób; a żeby ją poznać i przekonać się o jej słuszności, człowiek musi wytrwać w samodoskonaleniu przez oczyszczanie swych myśli.

Osiągnięcia intelektualne są rezultatem myśli poświęconych poszukiwaniu wiedzy lub piękna i prawdy w życiu i naturze. Takie dokonania mogą czasem wiązać się z próżnością i ambicją, ale nie są wynikiem tych cech; są raczej naturalnym owocem długiego i mozolnego wysiłku oraz czystych i niesamolubnych myśli.

Osiągnięcia duchowe są spełnieniem świętych dążeń. Ten, kto nieustannie napełnia się szlachetnymi, wzniosłymi myślami, kto rozmyśla nad tym, co czyste i niesamolubne, ten równie pewnie, jak słońce osiąga zenit, a księżyc swą pełnię, stanie się człowiekiem mądrym i szlachetnym, który wywiera błogosławiony wpływ na swe otoczenie.

Każde osiągnięcie jest koroną wysiłku, diademem myśli. Podążając drogą samokontroli, zdecydowania, czystości, prawości i dobrze ukierunkowanych myśli człowiek wznosi się na wyższy poziom; idąc drogą zmysłowości, gnuśności, nieczystości, zdeprawowania i pogmatwania myśli - ulega degradacji.

Człowiek może wspiąć się na szczyt światowego sukcesu, a nawet osiągnąć wyżyny w sferze duchowej, po czym znów stoczyć się ku słabości i niedoli przez pozwolenie, by owładnęły nim myśli aroganckie, samolubne i zdeprawowane.

By utrzymać zwycięstwo, odniesione dzięki właściwym myślom, trzeba zachować czujność. Wielu ją traci, mając sukces w kieszeni, po czym natychmiast cofa się ku porażce.

Wszelkie osiągnięcia, czy to w świecie biznesu, w dziedzinie nauki i wiedzy, czy też w wymiarze duchowym, są rezultatem precyzyjnie ukierunkowanych myśli, podlegając temu samemu prawu i tej samej metodzie; jedyne, co je różni, to *przedmiot wysiłków*.

Ten, kto chce osiągnąć niewiele, musi niewiele poświęcić; ten, kto chce osiągnąć dużo, musi dużo poświęcić; ten, kto chce wznieść się na wyżyny osiągnięć, musi poświęcić najwięcej.

Wizje i ideały

Marzyciele są zbawicielami świata. Tak jak świat widzialny jest podtrzymywany przez to, co niewidzialne, tak i ludzie, pośród wszystkich swych udręk, występków i niecnych powołań żywią się pięknymi wizjami samotnych marzycieli. Ludzkość nie może zapomnieć o swych marzycielach; nie może pozwolić, by ich ideały wyblakły i umarły. Ona żyje w tych ideałach, traktując je jako *rzeczywistość*, którą pewnego dnia zobaczy, i której doświadczy.

Kompozytor, rzeźbiarz, malarz, poeta, prorok, mędrzec – wszyscy ci ludzie to twórcy świata przyszłości, architekci niebios. Świat obecny jest piękny, bo oni na nim żyli; gdyby nie oni, mozoląca się ludzkość zniknęłaby z powierzchni ziemi.

Ten, kto pielęgnuje piękną wizję, kto nosi w swym sercu wzniosły ideał, któregoś dnia go urzeczywistni. Kolumb pielęgnował wizję innego świata i w końcu go odkrył; Kopernik karmił się wizją mnogości światów i przepastnego kosmosu i rzeczywiście ten kosmos ujawnił; Budda miał wizję duchowego świata nieblaknącego piękna i doskonałego pokoju i któregoś dnia w taki świat wkroczył.

Pielęgnuj swoją wizję; pielęgnuj swoje ideały; pielęgnuj muzykę, która gra w twoim sercu, piękno, które mieszka w twoim umyśle, urok, jaki spowija twe najczystsze myśli, gdyż to właśnie na ich gruncie powstanie cała zachwycająca, niebiańska rzeczywistość. To właśnie z nich, jeśli tylko pozostaniesz im wierny, zostanie ostatecznie zbudowany twój świat.

Pragnąć - to otrzymywać; dążyć – to osiągać. Czy najniższe ludzkie pragnienia powinny być najwyżej nagradzane, a najczystsze dążenia umierać z głodu z powodu braku pożywienia? Prawo takie nie jest; taki stan rzeczy nie może obowiązywać. „Proś i otrzymuj".

Miej wzniosłe marzenia, bo tak jak marzysz, takim też się staniesz. Twoja wizja jest obietnicą tego, czym pewnego dnia będziesz; twój Ideał jest proroctwem, zapowiedzią tego, co ostatecznie ujawnisz.

Na początku i przez pewien czas, największe osiągnięcie jest marzeniem. Dąb śpi w żołędziu; ptak czeka w jajku; a najwyższa wizja duszy niesiona jest na skrzydłach anioła. Marzenia to sadzonki rzeczywistości.

Okoliczności twego życia mogą być nieprzyjazne, ale nie będą trwać długo, jeśli tylko skupisz wzrok na Ideale i dołożysz wszelkich starań, by go dosięgnąć. Nie da się podróżować *wewnątrz* i stać nieruchomo *na zewnątrz*. Oto młody człowiek, przygnieciony ubóstwem i ciężką pracą; zamknięty na długie godziny w niezdrowym warsztacie; niewykształcony i „nieoszlifowany". Ale marzy o rzeczach lepszych; myśli o inteligencji, o doskonałości, o wdzięku i pięknie. W swej wyobraźni tworzy i buduje obraz idealnego życia. Opanowuje go wizja większej wolności i większych możliwości; wewnętrzny niepokój zmusza go do działania – cały wolny czas i posiadane środki, choć tak skąpe, poświęca na rozwój swych ukrytych mocy i zasobów. Już wkrótce jego umysł ulega tak ogromnej przemianie, że warsztat nie może go już zatrzymać. Dotychczasowa, obskurna rzeczywistość zaczyna tak bardzo odstawać od jego nowego stanu psychicznego, że opada z jego życia jak stare, znoszone ubranie. A on, wraz z pojawieniem się nowych możliwości, które odpowiadają zakresowi jego rozrastających się mocy, opuszcza tę rzeczywistość już na zawsze. Lata później widzimy tego młodzieńca już jako w pełni dorosłego mężczyznę. Opanował pewne umiejętności i siły umysłowe, którymi włada z niemal niezrównaną mocą, wywierając wpływ o ogólnoświatowym zasięgu. W jego rękach spoczywa ogromna odpowiedzialność; otwiera usta i oto życie wielu ulega zmianie; mężczyźni i kobiety polegają na jego słowach i zgodnie z nimi kształtują swoje charaktery. I niczym słońce, ów człowiek staje się stałym i jaśniejącym centrum, wokół którego krążą niezliczone byty i przeznaczenia. Zrealizował Wizję swej młodości. On i jego Ideał stali się jednością.

Ty również, młody czytelniku, urzeczywistnisz Wizję (nie jałowe życzenie) swego serca, czy to niską, czy piękną, lub też stanowiącą połączenie obu, jeśli nieustannie będziesz skłaniał się ku temu, co potajemnie najbardziej ukochałeś. W twoje ręce zostaną złożone dokładne rezultaty twoich własnych myśli; otrzymasz to, na co zasłużyłeś, ni mniej, ni więcej. Bez względu na to, w jakich okolicznościach obecnie żyjesz, upadniesz, pozostaniesz na tym samym poziomie lub wzniesiesz się wraz ze swoimi myślami, swoją Wizją i swoim Ideałem. Staniesz się tak mały jak twoje nadrzędne pragnienie; tak wielki jak twe dominujące dążenie. Mówiąc pięknymi słowami Stantona Kirkhama Davisa: „Być może prowadzisz księgi rachunkowe; lecz teraz wyjdź tymi drzwiami, które przez tak długi czas postrzegałeś jako barierę dla swych ideałów, i stań przed publicznością – z długopisem wciąż wetkniętym za ucho, z plamami atramentu na palcach – po czym wylej potoki swego natchnienia. Być może zaganiasz owce; lecz teraz pójdź do miasta – z zapachem wsi we włosach; pod nieustraszonym przewodnictwem ducha pójdź do siedziby pana, a po jakimś czasie powie ci: «Nie mam już nic, czego mógłbym cię nauczyć». Bo oto teraz sam stałeś się panem, który jeszcze tak niedawno marzył o wielkich rzeczach, zaganiając owce. Odłuż piłę i hebel, by przyjąć na siebie odnowę świata".

Bezmyślni, ignoranci i gnuśni, dostrzegają tylko widoczne skutki rzeczy, nie zaś same rzeczy, mówią o szczęściu, o szczęśliwym trafie i losie. Widząc, jak ktoś się bogaci, mówią: „Ten to ma szczęście!". Patrząc na innego, który staje się uznanym naukowcem, wykrzykują: „Ależ mu się trafiło!". A jeśli zauważą u kogoś szlachetny charakter i zdolność wywierania wpływu na innych, komentują: „Los sprzyja mu na każdym kroku". Nie widzą prób, porażek i zmagań, przez jakie ci ludzie dobrowolnie przeszli, by zdobyć doświadczenie; nie wiedzą o poświęceniach, na jakie się zdobyli, o wysiłkach, jakie podjęli, ani o wierze, jaką okazali, by pokonać to, co jest z pozoru nie do pokonania, i zrealizować Wizję swego serca. Nie znają ciemności ani cierpień; widzą tylko światło i radość i zwą to „szczęściem". Nie widzą długiej i znojnej podróży, lecz jedynie świetlisty cel i zwą to „szczęśliwym trafem". Nie rozumieją procesu, a dostrzegają tylko jego rezultat i zwą to „losem".

We wszystkich ludzkich sprawach są *wysiłki* i są *rezultaty*, natężenie wysiłku jest zaś miernikiem rezultatu. Nie los. „Dary", moce, zasoby materialne, intelektualne i duchowe są owocami wysiłku, są ukończonymi myślami, wykonanymi zadaniami, zrealizowanymi wizjami.

Wizja, którą otaczasz czcią w swym umyśle, Ideał, jaki wielbisz w swym sercu – z tego zbudujesz swoje życie, tym się staniesz.

Spokój

Spokój umysłu to jeden z pięknych klejnotów mądrości. To wynik długiego i cierpliwego praktykowania samokontroli. Jego obecność jest wskaźnikiem dojrzałego doświadczenia oraz więcej niż przeciętnej znajomości praw i zasad funkcjonowania myśli.

Człowiek osiąga spokój w takim stopniu, w jakim zna i rozumie samego siebie jako byt ukształtowany przez myśl, gdyż taka wiedza wymaga też zrozumienia innych, jako bytów powstałych na gruncie myśli. Nabierając właściwego zrozumienia, i coraz wyraźniej widząc wewnętrzne relacje zachodzące między rzeczami, a oparte na prawie przyczyny i skutku, przestaje się gorączkować, denerwować, martwić i rozpaczać, lecz staje się opanowany, niezachwiany i spokojny.

Człowiek spokojny, opanowawszy sztukę samokontroli, potrafi dopasować się do innych, którzy w zamian podziwiają jego duchową siłę, czując, że mogą się od niego uczyć i na nim polegać. Im bardziej spokojny ktoś się staje, tym większy osiąga sukces, tym większy wywiera wpływ i tym większa jest jego moc czynienia dobra. Nawet zwykły handlarz przekonuje się, że jego interesy idą lepiej, gdy nabiera większej samokontroli i staje się bardziej spokojny; ludzie zawsze wolą mieć do czynienia z kimś, czyje zachowanie i sposób bycia są doskonale zrównoważone.

Silny, spokojny człowiek zawsze jest kochany i otaczany czcią. Jest jak drzewo ocieniające spragnioną wilgoci ziemię, jak skała dająca schronienie pośród szalejącej burzy. „Któż nie kocha spokojnego serca, łagodnie usposobionego, zrównoważonego istnienia? Nieważne, czy pada deszcz, czy świeci słońce, albo jakie zmiany nadchodzą dla tych, którzy posiadają te cnoty, gdyż nic nie zdoła odebrać im ich łagodności, spokoju i duchowej ciszy. Doskonałe opanowanie charakteru, jakie zwiemy spokojem, to najwyższa lekcja kultury; to kwiat życia, owoc duszy. Jest tak cenne, jak mądrość, a bardziej pożądane, niż złoto – tak, nawet najczystsze złoto. Jak mało znacząca jest pogoń za pieniędzmi w porównaniu z życiem pełnym spokoju – życiem, które zanurzone jest w oceanie Prawdy, głęboko pod falami, poza zasięgiem nawałnicy, w Odwiecznej Ciszy.

„Jak wielu znanych nam ludzi napełnia goryczą swoje życie, wybuchowym usposobieniem rujnuje wszystko, co kochane i piękne, niszczy w sobie opanowanie i wprowadza waśnie! Nieprzebrane rzesze brakiem samokontroli niszczą swoje życie i szkodzą swojemu szczęściu. Jakże niewielu spotykamy na naszej drodze tych, którzy są zrównoważeni i którzy posiadają to doskonałe opanowanie, jakim odznacza się w pełni uformowany charakter!” .

Tak, ludzkość kipi niekontrolowaną gwałtownością, tonie w nieokiełznanym żalu, targana jest niepokojem i wątpliwościami. Tylko człowiek mądry, tylko ten, kto panuje nad swymi myślami i kto je oczyszcza, potrafi sprawić, by wichry i sztormy duszy były mu posłuszne.

Istnienia targane nawałnicami, gdziekolwiek byście się znajdowały, w jakichkolwiek warunkach byście żyły, wiedzcie jedno – wyspy Błogostanu na oceanie życia uśmiechają się do was, a słoneczne wybrzeże waszych ideałów czeka na wasze przybycie. Mocno trzymajcie ster waszych myśli. W barce waszych dusz spoczywa Głównodowodzący; śpi: obudźcie Go. Samokontrola to siła; Właściwa Myśl to mistrzostwo; Spokój to moc. Powiedzcie do swojego serca: „Już dobrze, odpocznij”.

O AUTORZE WYDANIA POPRAWIONEGO

Arthur R. Pell – pisarz o krajowej renomie, wykładowca i konsultant zarządzania zasobami ludzkimi – zajmował się przygotowaniem najnowszego wydania klasycznego dzieła Dale'a Carnegie *Jak zdobyć przyjaciół i zjednać sobie ludzi*. Przez dwadzieścia lat był konsultantem organizacji Dale Carnegie & Associates, Inc. Jest również autorem wielu arykułów, programów szkoleniowych audio oraz pięćdziesięciu książek poruszających problematykę zarządzania, kadr, planowania kariery i relacji międzyludzkich, w tym kilku pozycji z serii *The Complete Idiot Guide*. Jego książka *The Complete Idiot's Guide to Managing People* sprzedała się w ponad 130 tysiącach egzemplarzy. Pell, jako częsty gość programów radiowych i telewizyjnych, napisał też *Enrich Your Life the Dale Carnegie Way*, książkę wydaną przez Dale Carnegie & Associates, Inc. Mieszka w Hartsdale, w stanie Nowy Jork.

SŁOWO OD REDAKTORA

DALE CARNEGIE – MISTRZ SŁOWA I PSYCHOLOG

Wchodzisz na mównicę...

„Wyprostuj się i spójrz swoim słuchaczom prosto w oczy, po czym zacznij mówić głosem tak pewnym, jakby każda z siedzących przed tobą osób winna ci była pieniądze".

Ale musisz wiedzieć, co chcesz powiedzieć:

„Zanim mówca stanie przed słuchaczami, powinien napisać list do przyjaciela, zawierający takie oto słowa: «Zamierzam wygłosić mowę na pewien temat i chcę poruszyć następujące kwestie». Następnie powinien wskazać na rzeczy, o jakich chce mówić, wymieniając je w takiej kolejności, w jakiej zamierza przedstawić je w swojej mowie. Jeśli w trakcie pisania listu przekona się, że tak naprawdę nie ma nic do powiedzenia, niech czym prędzej napisze do organizatora, który zaprosił go do zabrania głosu, by z żalem zawiadomić, że prawdopodobna śmierć jego babki może uniemożliwić mu przybycie na miejsce".

Na początku było Słowo (*Biblia* Jan 1.1-18)
Zanim wymyślono wojny i broń – było słowo. A dziś ileż się słów wypowiada każdej minuty na świecie, a krew leje się nieustannie.
Ile słowo może?
Przywoływany w tej książce przykład Lincolna świadczy, że bardzo dużo. Jak twierdzi wielu – Gettysburg niedługo będzie pamiętany nie jako pole wielkiej bitwy, ale jako miejsce, gdzie Lincoln wygłosił sławną mowę.

Zaprzęgnijmy słowo do pracy, ale świadomie, i będąc starannie przygotowanymi. A książka Dale'a Carniegie'go będzie tu znakomitym przewodnikiem po

wszystkich aspektach tematu. Od sposobu mówienia, oddychania, postawy przed audytorium – po budowę mowy, i sposób jej wygłoszenia.
Autor szczególnie podkreśla aspekt psychologiczny wystąpień.
Trzeba wiedzieć, jak „grać" na emocjach słuchaczy, by osiągnąć zamierzony cel. Książka zawiera bardzo dużo przykładów mów, które przeszły do historii (nie tylko amerykańskiej czy angielskiej) ale też wierszy, fragmentów dzieł literackich czy powiedzeń sławnych ludzi – a wszystko po, by jaśniej i atrakcyjniej przedstawić i udokumentować tezy autora. Jest to jakby książka w książce, tak wiele znakomitych nazwisk przywołał Carnegie. Czyta się ten poradnik jak dobrą powieść, gęsto inkrustowaną poczuciem humoru.

Zdziwią się Państwo pewnie, kiedy dotrą do słów znanej polskiej piosenki „O mój rozmarynie..." czy „Hej, hej, hej sokoły...". Utwory te zastąpiły przykłady angielskie. Często wiersze dobierane były przez autora w określonym celu, np.: ćwiczenia jakichś zgłosek, czy oddania nastroju, co w przekładach bywa trudne – lub niemożliwe – do zachowania. Tak więc Dorota Piotrowska – tłumaczka – wybrała inne utwory z literatury angielskiej i amerykańskiej, z tego samego okresu, z którego pochodziły utwory w oryginale. Dla ćwiczeń np. zbitki 'ng' można wybrać np.: strong, long (silny, długi). No i masz babo placek. Stąd polskie przykłady, które w przybliżeniu oddają intencje autora. Autor poświęcił bardzo dużo miejsca i uwagi nie tylko sprawom języka (w odniesieniu do języka angielskiego), lecz także sprawom psychologii, której rola jest zasadnicza w osiągnięciu sukcesu. Bo wstając przed słuchaczami mamy „coś do załatwienia". Musimy być zatem skuteczni.

„Sztuka wojenna – powiedział Napoleon – to dziedzina nauki, w której nic, co nie jest skalkulowane i przemyślane, nie ma szans na powodzenie".
„To prawda – pisze Carnegie – zarówno w przypadku strzelania, jak i przemawiania. Mowa jest jak podróż. Musi zostać zaplanowana. Mówca, który zaczyna znikąd, przeważnie tam też dociera".
Wspomniałam już, że autor ilustruje swoje tezy przykładami mów, które przeszły do historii, fragmentami literackimi, trafnymi powiedzeniami, które funkcjonują w języku – także polskim – jako złote myśli. Erudycja godna podziwu i szacunku. Gdyby znał język polski zacytowałby też zapewne Juliusza Słowackiego:

„Chodzi mi o to, aby język giętki
Powiedział wszystko, co pomyśli głowa:
A czasem był jak piorun jasny, prędki,
A czasem smutny jako pieśń stepowa".

Beniowski, Pieśn piąta

ar